U0462048

人文书托邦

街边社会

美国黑人贫民区犯罪调查

GHETTOSIDE

A True Story of Murder in America

[美] 吉尔·里奥维(Jill Leovy) 著
龚佳云 译

中国人民大学出版社
·北京·

对《街边社会》的赞誉之词

掷地有声……一部庄严肃穆而视角变幻的杰作……文字的力量蓄势待发，如同潮汐一般……（里奥维是）一位利落洒脱的作家，令人眼前一亮，并能将浩瀚星空般的信息蒸腾成一场新闻界的流星雨。

——德怀特 · 加纳，《纽约时报》

入木三分……想想电影《街区男孩》，既不像《唐人街》，亦不似《洛城机密》。报道之逼真写实足以媲美警方的调查……布莱恩特一案触动人心，而正是里奥维高超且鞭辟入里的剖析吸引着读者的注意力……她的分析逻辑清晰、令人叹服。

——《洛杉矶时报》

在新作中，她将（洛杉矶最危险的街区）写活了，文字隽永，潜藏着一股隐忍而刻骨的怒火……《街边社会》，说句公道话，是近几十年里刻画城市暴力的最重要的作品。

——大卫 · M. 肯尼迪，《华盛顿邮报》

客观翔实地描写了这个国家的贫民区几十年来的苦难，实事求是，令人痛心；还有那根植其中的无休止的杀戮，无论是借警方之手，还是文中多次强调的，借其他黑人之手……可谓感人至深、引人入胜。

——《旧金山纪事报》

丝丝入扣、入木三分……《街边社会》这部作品指出，不论是几十年前，还是最近几年，美国有多不在乎黑人年轻男性，尤其是那些活在贫民区的黑人年轻男性的生命。

——《今日美国》

ii 回味无穷……读着就像是一部惊悚刑侦小说，在危机四伏的街区里展开调查……这部作品及时问世，其重要性不言而喻。

——美联社

既是一部节奏紧凑的刑侦小说，也在……声声控诉法律的失格……里奥维掷地有声的证词值得尊敬、值得关注。

——《波士顿环球报》

一部勇敢的作品……翻开一本纪实小说，我很少能一下想象出一幅画面。《街边社会》也镇定地解剖了美国长久以来盛行的疾病……（里奥维的）学识加工打磨出这部迸发着真知灼见的散文式小说，同时不乏崇高的人道主义理念。

——《金融时报》

铿锵有力……虽然关注的是一桩发生在城市一角的杀人案，但里奥维一路娓娓道来，细细审查一系列更宏大的问题，包括美国警方的执法行为、暴力以及种族歧视等问题。最终，她为读者呈现出一部真实的犯罪故事，萦绕在读者心头的不是罪犯的形象，而是他们操控的社会。

——《图书论坛》

《街边社会》可谓一部上乘之作……迄今为止，在我读过的纪实文学作品中，这一部在字里行间让我看到了最多的信息，我仿佛身临其境……（该书）令人难以释怀，经过大量考证，蕴涵在其中的信息值得倾听。

——《泰晤士报》（英国）

里奥维不懈的报道成就了这部作品，承载的见解深刻宝贵，且来之不易；这部作品时刻警醒人们“黑人的命也是命”。

——《纽约时报书评》

（该书）分析了造成黑人杀害黑人这一流行病的缘由，令人叹 iii
服；同时也为应对该问题首次提出政策上的处方……很有意义的一本书，希望更多的人读一读。

——哈里·昆兹鲁，《卫报》（英国）

《街边社会》在许多方面刻画得很成功：塑造了洛杉矶警察局的复杂形象；引发人们对谋杀案受害人家属的人道主义关怀；成功带领读者穿梭于历史和当下的时代背景（里奥维贯穿全书的事实虽纷繁复杂，却没有给人窒息的感觉）。

——詹森·帕勒姆，《高客书评》

吉尔·里奥维……是少数那类心怀同情和怜悯，却不仅仅干坐着满心愤慨的人……《街边社会》是一位洛杉矶人发来的快件，没有它，我们可能不会知道一些人、一些事……堪称一流之作。

——《新闻周刊》

《洛杉矶时报》获奖记者里奥维的这部处女作极尽优秀的犯罪类书籍之所能，叫人爱不释手，心跳加速。这是继大卫·西蒙以巴尔的摩杀人案为主题的《凶年》（1991）之后我读过的最好的犯罪类纪实小说。

——弗雷德里克斯伯格，《自由兰斯星报》

当我们阅读一些非凡的叙事小说，诸如凯瑟琳·布的《地下城》、谢里·芬克的《纪念医事五日》、乔纳森·哈尔的《漫长的诉讼》，以及劳拉·希伦布兰德的《坚不可摧》时，都会在第一时间屏息凝神，而吉尔·里奥维的这部处女作也给人相同的体验。小说围绕一桩谋杀案的经过、调查及最终结果，无情地剖析了美国社会百态。

——《货架意识》

这部作品跟其他优秀的叙事性纪实文学一样，深入人的大脑和心灵，使读者为那些不幸的家庭烦忧不已，同时也学会批判性地看
iv 待新闻报道中往往被描绘成冷血杀手的青少年罪犯……任何对美国犯罪感兴趣的人都不能错过这本书。对侦探小说感兴趣的学者或业余人士同样会发现本书值得一品。

——《图书馆杂志》（星级书评）

（该书）以海量信息和理性的描摹展现贫民区犯罪的现实。

——《科克斯书评》

吉尔·里奥维即将面世的《街边社会》一书深深地震撼（着我），它以司法鉴定般的技巧和卓越的文笔审视美国的警察制度及种族问题，字里行间流露着愤懑。行文清晰且极富启发性；构思巧妙且恰逢其时。本书可以说不容错过，当获评年度书籍。

——克里斯·克利夫，《小蜜蜂》作者

《街边社会》，了不起的作品，将优秀叙事性纪实文学的特点发挥得淋漓尽致：它将个人的生命历程变成众人的人生体验，以此升华主旨；它告诉人们世界上的每个生命都同样珍贵，如果区别对待，那么最终所有人都将命如草芥。这也使它不仅仅成为一部生动逼真、牵动人心的作品，更在同类作品中占有重要地位。上至总统，下至普通警察都应读读此书。

——迈克尔·康奈利

《街边社会》给我们呈现出美国种族主义不断滋生的新趋势。吉尔·里奥维笔锋极其辛辣讽刺，篇章之间那些街头的重拼诗熠熠生辉。这部作品足以同大卫·西蒙的《凶年》以及米歇尔·亚历山大的《新种族隔离主义》摆放在同一书架上。

——马丁·埃米斯

记者里奥维的这部处女作极具吸引力，它追踪了 2007 年南洛杉矶一起谋杀案件的调查和起诉，一路呈现种族与刑事司法制度之间的角力……也许有的读者是为一览里奥维的侦探故事而捧起此书，不料竟深陷作者对社会犀利的批判之中。

——《出版人周刊》（星级书评）

《街边社会》乔装成一部极具休闲性的犯罪纪实小说，实则是对盛行于美国的病态暴力的精彩分类调查。吉尔·里奥维属于少数那类记者：勇于付出，迫使公众面对令人不快的现实。她在自己位于《洛杉矶时报》知名的“凶杀案报道”专栏中践行此事，提醒着读者他们情愿忽视的谋杀案。现在，通过描写布莱恩特·特内勒遭人麻木地枪杀致死，里奥维用一页页的侦查记录逼迫美国民众面对丑陋的现实，注视城市暴力的本质原因。她的观点令人信服，贫民区的混乱无序是美国历史上种族隔离法律的遗祸，白人“掌控法律”，而黑人则被排除在外。在弗格森之后，我们扪心自问：贫民区法律存在的意义控制大于保护，蚁居于斯的居民长久以来承受着怎样的心理创伤？里奥维的这本书对关键问题做出回应，回应的形式便是这个扣人心弦的推理故事。

——马特·塔伊比，《隔绝》作者

吉尔·里奥维叙述了一起美国城市杀人案的调查，行文铿锵有力。她凭借高超的叙事手法讲述了洛杉矶一名警探决心破获一起谋杀案，即使年轻的受害人很快便会被人遗忘。里奥维揭露出21世纪美国种族和犯罪的软肋。《街边社会》既是在积极探查谋杀案发生的原因及过程，也是一篇结构紧凑，与大卫·西蒙的《凶年》异曲同工的叙事小说。

——吉尔伯特·金，普利策获奖图书《树丛中的恶魔》作者

一部令人称赞不已的作品——一篇慷慨控诉的报道。《街边社
vi 会》带我们深入南洛杉矶的罪恶之地。我们直面帮派、受其迫害之人以及不幸的家庭，还有一群试图在这片屠戮人类之所寻找正义的警探。里奥维的报道有力地展现出那些在77街区生活和工作的人的命运是如何紧密交织在一起的。

——保罗·弗伦奇，《午夜北平》作者

（该书）既讲述了一起谋杀案，也揭露了一个国家的失败：没能保护穷人和弱者……继 1991 年出版的《凶年》之后呈现法律执行的最佳书籍……里奥维同时对保守和自由两派关于城市犯罪的设想提出了挑战。

——《基督教科学箴言报》

发人深省，必读之作……《街边社会》义正词严地讲述着这个国家的黑人凶杀案，值得一读。

——《匹兹堡邮报》

献给克里斯托弗

For Christopher

目睹瘟疫带给人们的痛苦和煎熬后，只有瞎了、疯了、懦弱不堪，才会对它逆来顺受。

——阿尔贝 · 加缪:《瘟疫》(Albert Camus, *The Plague*)

目录

第一部分　瘟疫

第二部分　布莱恩特一案

第一部分

瘟疫

第一章

悲痛的循环

洛杉矶警察约翰·斯凯格胸前端着个鞋盒，活像一名端着盘子 3
的服务生。

盒子里装着一双高帮运动鞋，是一名黑人少年的遗物。这名年仅 15 岁的黑人少年——戴文·哈里斯，于去年 6 月遇害，而事发时穿的这双鞋已在物证室封存了近一年。

案子即将送审，44 岁的斯凯格是这件案子的主要负责人。

斯凯格身高六英尺四英寸①，即使是在位于洛杉矶东南的沃茨也很引人注目：一头金发，身材壮硕，穿着一身价格不菲的浅色西装，大步流星地迈步向前。

穿过早晨明媚的阳光，斯凯格转向一条狭窄的街道，顺着一面墙继续往前。这面墙上缠了一圈铁丝网，斯凯格在一扇铁门前停下脚步。这是一扇典型的“贫民区大门”——嵌有金属纱网的防盗门，和周围的灰色墙壁以及铁栅栏窗户一道，构成了洛杉矶最具特色的

① 约 1.93 米（1 英尺约等于 0.305 米，1 英寸约等于 2.54 厘米）。——译者注

建筑风格之一。他敲了敲门，没等应答，便推开了门。

大门的另一头站着一个皮肤黝黑、身材结实的女人。斯凯格跨进门，把未封的鞋盒交到她手里。

4 女人双眼注视鞋盒，哽咽着，一时说不出话来。斯凯格走进屋里，经过女人时瞥见她满面愁容。“嘿，芭芭拉，”他说，“今天过得也不容易吧。”

斯凯格一贯如此，跳过寒暄，直奔正题。

他的一举一动都充满干劲且坚定干脆。与人谈话时，他有时会把钥匙弄得叮当作响，有时会晃一晃胳膊，或者踮着脚尖跳来跳去。这些小动作并不显得他烦躁而局促，反倒是具有一定节奏且相当放松的，就像运动员跑步前做的热身活动一样。在庭审或会议等场合中无法做小动作，斯凯格则会保持一种姿势不变——用指关节压着嘴唇，仿佛在经受煎熬似的。相比那些习惯性的小动作，这个姿势更能让人看出斯凯格汇思凝神的能力。

此刻，鞋盒已被交到芭芭拉·普里切特的手中，她没有答话，斯凯格走到铺了地毯的客厅中央便停住了脚步。普里切特依旧没说话，低着头，眼睛牢牢盯着盒子里的那双鞋。

女人42岁，身体很差。最近她刚被诊断出患有糖尿病，医生叮嘱她要多出门走动走动。可儿子就在离家几个街区的地方遭到了枪杀，普里切特实在是吓得不敢出门。大白天，她就在昏暗的家中躺着，懒得动弹，也不愿开口。那天早上，她像平常一样穿着件宽松T恤，上面印有戴文的照片。这间小小的客厅摆满了与戴文相关的物品：体育奖杯、照片、吊唁卡片、毕业证书、填充玩具……环绕在这位母亲周围，时时勾起她对自己遇害儿子的种种回忆。

普里切特小心翼翼地把鞋盒放在门口的一把塑料椅子的扶手上，从里头缓缓拎出一只运动鞋。鞋子已经磨损，脏兮兮的，还沾着沃茨当地的红土。对成年男子来说，这只鞋显得稍短，对孩子来说又显得长了。她靠在墙上，把鼻子和嘴靠近鞋口，深吸一口气，嗅了嗅里面的味道；而后便闭上眼睛，哭了起来。

斯凯格往后退了几步。普里切特的膝盖一点点瘫软，斯凯格看着她的身体顺着墙面慢慢向下滑落，脸依旧贴着鞋子。她一拳捶在绿色的地毯上，一只橘黄色的拖鞋从脚上滑落。房间另一头的电视里，福克斯 11 频道的早间新闻主播正噼里啪啦地报道新闻，掩盖了女人的啜泣声。

斯凯格已经侦办了 20 年的杀人案，其间，他到过无数家像这样的客厅——每家都放着一台大电视，摆着带有非洲特色的小玩意儿，充斥着沉痛与悲伤，铺天盖地。

两人同处一室，画面多少有些怪异，不甚和谐：一位是白人警察，身材高大；另一位是黑人妇女，伤心欲绝。和洛杉矶警察局里的大多数警察一样，斯凯格是共和党人。那年的总统竞选，他会把选票投给约翰 · 麦凯恩。他拿着六位数的年收入，住在郊区的一幢房子里，里面有个泳池。可以说，他不仅是白人，还是典型的高加索人种：金发白皮肤、苏格兰 - 爱尔兰人的面部轮廓。在沃茨曾两度爆发针对这类“入侵者”——白人警察的叛乱，因为这层历史渊源，当斯凯格出现在附近社区时，无疑更加显眼。

普里切特则是典型的沃茨人出身。她的祖辈是来自路易斯安那州的采棉工人，她的母亲在 20 世纪 60 年代跟随成千上万的路易斯安那州黑人向西迁徙，来到洛杉矶。不久，沃茨发生黑人骚乱[①]，此事件过后数月，普里切特便出生了。她住在一所出租公寓里，享受联邦政府的租房补贴。她支持民主党，要是那年秋天在电视上看

① 1965 年，沃茨当地白人警察拦住两名疑似酒驾的黑人司机后，引发了持续六天的暴动，造成了数十人死亡以及价值千万的财产损失。——译者注

到巴拉克·奥巴马赢得总统大选，她会激动得对着电视哭泣，心里希望母亲还活着，能亲眼看到眼前这一幕。

尽管各方面相距甚远，普里切特和斯凯格却属于同一类美国人，这类美国人的生活在不同方面受制于一种怪异的现象：谋杀，如瘟疫[1]般在黑人中蔓延。

百年来，甚至从更早开始，凶杀案件便蹂躏着美国黑人族裔。然而，主流群体充其量是抱着好奇的心态来看这件事的。至于数千普通人为此承受的巨大痛苦，人们视若无睹，也毫不在意，对案件定论不过像走过场一般讨论一番，具体伤亡损失也鲜有记录。

6 应对这类多发且集中在黑人当中的杀人案，美国社会所做的努力可谓疲软无力、支离分散又缺乏资金，更何况常因意识形态、政治及种族敏感等因素而扭曲。若是杀人案引发社会关注，关注焦点又会被放在大规模枪击事件或名人谋杀案上，偏离死亡人数最多的群体——黑人。

在美国，黑人是犯罪的最大受害人。他们受到的伤害最严重且最频繁。黑人仅占全美人口的6%，可受害人数却占受害人总数的40%。虽然人们常常谈起美国的犯罪，但他们往往掩饰一点——受害人中的大多数不是妇女、儿童、婴儿或者老人，也不是工作场所或学校枪击事件的受害人，而是成群的美国黑人。其中很多黑人是失业人口，而且与刑事案件有牵扯。每一天、每一座城市都有黑人被杀害，年复一年，尸身数以千计、堆积成山。

戴文·哈里斯便是这群隐形受害人中的一员。他的案件几乎不受媒体关注，也很难真相大白。约翰·斯凯格在沃茨辖区存档了大量的杀人案，有的案子能追溯到好些年前——层层架子上堆满了蓝色的文件夹，里面登记着那些遇害黑人男子或少年的姓名。他们中的大部分是被其黑人同胞杀害的，而那些杀人的黑人男子或少年仍逍遥法外[2]。

根据洛杉矶警察局以往不成文的法规，戴文的案子并不是什么谋杀案。“没人影——根本没人参与其中啊。”警察总这么搪塞。“也算人口控制了。”市区的检察官曾开玩笑道。这只是黑人谋杀案不值一提这种观念的最新版本。“黑鬼①的命不值钱了。”早在重建时期②，田纳西州的一名白人在被问及为什么发生在黑人当中的命案引起的关注度那么低时，他便是如此回答的。

几年后，一名证人在出席国会举证提及路易斯安那州的黑人被杀时说：“只有几句简短的陈述，口头陈述或书面陈述，除此之外什么也没有，根本不会进行任何调查。”19世纪末，路易斯安那州的一家报纸发表社论说：“如果黑人继续互相残杀，那么我们只能断定是上帝要以这种方式让黑人灭绝。”1915年，一名南卡罗来纳州官员解释为何赦免杀害同族的黑人杀人犯时说道：“这案子只不过是黑人杀黑人[3]——耳熟能详的事儿罢了。”20世纪30年代，在密西西比州，人类学家霍顿斯·鲍德梅克在研究刑事司法制度时总结道：“白人和法院的态度……是对黑人暴力的迎合。”同一时期，研究密西西比州纳齐兹人③的一个团队说：“黑人受伤或死亡，白人认为不是什么严重的事。”该研究团队由来自不同人种的人类学家组成。那时候，亚拉巴马州的一名警长更加简洁明了地说道：“又少了一个黑鬼。”[4]1968年，一名纽约记者作为科纳委员会成员对全美骚乱进行调查后作证说：“几十年来，美国法律对黑人效力很小（如果有的话）。如果黑人杀了黑人，那么法律往往按照最低刑罚执行。”

卡特·斯派克斯曾经是洛杉矶中南部黑人商人帮派的一名成

① 原文Nigger，美国俚语，是对黑人的蔑视性称呼。——译者注

② 指美国南北战争后，南方各州的重建时期。——译者注

③ 北美印第安部落人种之一。——译者注

员，他回忆道，20 世纪 70 年代的警察“不关心黑人之间的事，一个黑人杀死另一个黑人没什么大不了的”。

约翰 · 斯凯格却同这一传统背道而行。他的整个警察生涯都倾注于一个目标：让黑人的命同样珍贵。不仅是珍贵，并且值得为之倾尽全力，动用国家可召集的一切警备，同杀人犯抗争到底。斯凯格处理起戴文 · 哈里斯的谋杀案来就像处理市里炙手可热的名流被杀案一样，动用一切可用资源，在体制的各方面下功夫，动作迅速、毫不含糊地查清案件。

斯凯格以实际行动抗议这种由来已久的不公正。在民权运动 40 年后的今天，谋杀黑人却不受法律制裁仍然是美国最严重且最受忽视的种族问题。在这量刑渐趋严苛、“预防性”治安备受重视的年代，刑事司法机构在其他方面尽显铁面无私，单单在审判黑人遇害案件时依旧软弱无能，无法给予逝者公道。警察的日常工作所反映出的问题显而易见，但却少有专家展开调查。国家连沃茨等黑人聚居区里的寥寥凶手都无法成功逮捕并给予惩罚，这才是导致
8 暴力犯罪的根源，同时该问题令人生畏——也许这是当代美国人生活中最可怕的事情。体制无法有效抓到凶手使得黑人性命轻贱如蝼蚁。

而约翰 · 斯凯格正是针对这一潜藏问题的一剂良药。

戴文的案子但凡被分配到其他警察手里，就很可能会像其他数百件相似案子一样不了了之——只不过是架子上又多了一个蓝色的文件夹。可在斯凯格手上，它便成了对正义的不懈追求。

戴文的母亲对这一点自然再清楚不过。诉诸正义也是两人密切关系的基础。

所以现在，斯凯格只是一只手插进口袋里，一只手放在胯上，看着坐在地上的普里切特，不慌不忙，只是静静地等待。多年处理

命案的经验让他知道这种时候该怎么做。

普里切特闭上眼睛，仿佛房间里只有她一人，没有丝毫尴尬，把脸埋在死去儿子的鞋里，幽幽地抽噎、啜泣着。

本书只想传达一个简单的道理：如果刑事司法制度无法强力回应暴力伤人和暴力致死，那么杀人即会生根蔓延。

因为刑事司法制度的疲软无力，美国黑人正饱受煎熬，而这一点，也是这个国家黑人凶杀案的破获长期受到阻挠的主要原因。具体而言，美国黑人并未从马克斯·韦伯所谓的国家垄断暴力[5]中受益。国家垄断暴力即唯有政府拥有合法行使武力的权利。这一垄断给予公民法律上的自主权，以及让公民知道，政府将追究任何侵犯人身安全的行为。而黑人反抗这一垄断的结局便是沦为黑奴、种族隔离和几代美国黑人的悲惨遭遇。国家对暴力缺乏垄断的地方会不可避免地滋生个人犯罪，这造成每年数以千计的美国人死亡。

当黑人被他人侵害或杀害时，法律没有为其伸张正义，而这却
被一整套冷血、廉价又便捷的“预防”策略掩盖。美国支离分散且 9
缺少资金支持的警察队伍历来忙于控制、预防和打击滋扰，而非应
对暴力行为的受害人。这就给自卫报复行为腾出了充足的地盘——
尤其是在南方，大多数美国黑人的出生地。包括霍顿斯·鲍德梅克
在内的少数生活在吉姆·克劳时代的人类学家指出，20 世纪 30 年
代的南方法律体系重拳打击黑人偷窃、流浪等轻微犯罪，却往往
对杀害同族的黑人罪犯从轻发落。在吉姆·克劳时代的密西西比
州[6]，杀害黑人的凶手的定罪率只比半个世纪后的洛杉矶县稍微
低一些——那时的定罪率达 30%，而 20 世纪 90 年代早期的洛杉
矶县也只有近 36% 的定罪率。“法院对黑人杀害黑人的案件宽大处
理，”鲍德梅克总结道，“这仅仅是将黑人置于法外[7]的情况的冰

山一角。”几十年后，在离她发表此番言论的棉花地遥远的洛杉矶，住在那里的贫困地区的黑人仍然忍受着曾经的那种痛苦。

在这个时代，提出这样的观点绝非易事。如今有很多批评家抱怨刑事司法系统过于严苛，对少数族裔多有不公。我们耳边议论不断：对死刑的非议，认为禁毒法刑罚太过，怀疑滥用证人证言，担心黑人男性监禁率过高，等等。

因此，声称美国黑人因法律适用太少而不是太多而遭受痛苦，似乎与普遍观点有所出入。然而，在我们的观念中，美国刑事司法系统的严酷与其基本漏洞实际上是一枚硬币的两面，而前者未能适当地弥补后者。与校园霸凌者一样，我们的刑事司法系统因鸡毛蒜皮之事骚扰人们，但在谋杀面前却怯懦不堪；借着国家机器逮捕大量黑人，却不曾保护他们免于人身伤害和死亡。这立显其压迫有余而保护不足。

美国发生暴力事件一直以来就比其他发达国家频繁得多，这
10 与黑人杀害黑人的案件关系甚大[8]。这倒不是什么新鲜事。由于1950年以前官方基本不对黑人杀人案展开追踪，因此计算出的数据无疑存在问题。然而，历史学家一直追溯到[9]19世纪晚期，发现黑人的谋杀率高得不成比例，并且在20世纪初，“非白人”的谋杀率超过了所有城市中联邦数据统计的白人谋杀率。20世纪20年代，一名学者得出结论说，在全美杀人案中，黑人的死亡率约是白人的七倍。20世纪30年代，南方的评论家也注意到[10]黑人暴力事件的惊人比例。20世纪40年代，费城的一项研究显示[11]，死于杀人案的黑人男性比例是白人男性的12倍。1950年，当美国政府开始发布针对黑人的数据时，这种差距在全美范围内别无二致。20世纪六七十年代，死于杀人案的黑人的比例比白人高出10倍，即使是在过去的30年间，也往往高出五至七倍[12]。目前，在

洛杉矶，尽管黑人和拉美裔生活在同一社区，但黑人年轻男性被杀的概率却莫名其妙地比拉美裔年轻男性高出两到四倍[13]。这一点较为突出，因为洛杉矶不像底特律等城市，以高谋杀率闻名。实际上，洛杉矶的黑人数量相对较少，且在不断下降。在斯凯格生活的年代，当地已经没剩几个固定的黑人社区了；而洛杉矶南部的大部分黑人居住在以拉美裔为主的社区里。然而，即便是在这样的社区里，黑人依旧持续丧命，这同黑人数量众多且密集的城市，如新奥尔良、华盛顿以及芝加哥的情形相差无几——黑人死亡最为频繁，并且基本上都死于黑人之手。令人奇怪的是，在洛杉矶这样一个种族混杂的地方，无数子弹是如何穿越人海精准地射中黑人的——就像一个年轻人所说的那样，仿佛黑人的背后总有双眼睛盯着他们。

到 2007 年，即戴文 · 哈里斯被杀的那一年，洛杉矶县的暴力犯罪率正大幅下降[14]，全美的情况也是如此。可黑人男性死亡率与其他族裔相比仍旧居高不下。无论犯罪减少了多少，美国杀人案 11
问题都依旧集中在黑人身上，这令人恼火、困惑不已。

然而，尽管黑人杀人案问题如此突出，但相关研究或行动很少围绕黑人杀害黑人展开。美国南方各州曾经令人毛骨悚然的种族主义使这一话题让许多美国人感到不舒服。流传已久的种族主义传说之一便是“黑人野兽”，讲的是一个底层黑人无法控制自己的冲动并常常诉诸暴力的故事。到 21 世纪初，人们普遍认为，强调黑人犯罪率高有可能被贴上白人种族主义的标签，因而人们在谈论这件事时总是异常谨慎。

研究人员因害怕被贴上白人种族主义的标签而回避该话题，激进主义分子则尽可能少提起该话题。“当讨论转向暴力犯罪时，”法学家小詹姆斯 · 福尔曼指出，“进步人士倾向于绕开话题或是换个话题。”一些黑人民权人士私下称对此痼疾感到尴尬和困惑。“就像乱伦一样。”洛杉矶街头活动家纳吉·阿里是这么形容这个问题是多么令人感到汗颜且讳莫如深的。关心此问题的其他黑人也说出了他们的担心，他们害怕激化白人种族主义：既然明知道这事儿会被用来攻击黑人，那么为何还总提它呢？

可这数据实实在在摆在面前，无从否认。虽说大部分美国人不会在体面的场合谈论这种事，但他们也直觉地明白这一点。国家默许“内城”黑人男子之间的枪战和杀戮在某些方面暗含这些人可有可无——或者更有甚者，没了他们，这个国家说不定会更好。

约翰·斯凯格无法理解国人对黑人杀人案件的集体冷淡，也感觉到公众的漠不关心会加大其工作难度。他也许只能从黑人法学家兰德尔·肯尼迪那里获得一些支持。“假装黑人和白人有着相似的犯罪率和被害率并没有任何益处，更何况事实并非如此，”肯尼迪写
12 道，“熟悉而令人沮丧的统计数据以及数不清的悲剧并不是黑人恐惧者们凭借想象力虚构出来的。”

坦率面对美国杀人案件的始末，是我们在认定这样的事不容姑息，并承认长期以来黑人没有得到美国法律的充分保护方面迈出的第一步。

第二章

枪杀

那是洛杉矶星期五的一个傍晚，大约是戴文·哈里斯被杀一个 13
月前，天气暖和。

海风习习，小镇上干燥的棕榈叶飒飒作响。时间大概是下午 6 点 15 分，小镇上的居民正给花草浇水，空气中弥漫着嘶嘶的洒水声。春日的夕阳还未完全落下，徘徊在离地平线约 20 度的半空中，仿佛炫目的天空悬着个亮白的小圆盘。

两名年轻黑人男子沿着西 80 街走着，那里位于洛杉矶警察局管辖的 77 街区的西部边界，离戴文·哈里斯住的地方只有几英里[①]远。两人中一个个子很高，浅棕色皮肤；另一个稍矮些，瘦瘦的，黑皮肤。

两人中稍矮的那个名叫沃尔特·李·布里奇斯，十八九岁的样子。男孩儿身材精瘦健壮，脖子上有文身，一脸阴郁，又有点神经兮兮。生活在南中央的年轻男子神色往往如此，毕竟他们见识过险

① 1 英里约等于 1.609 千米。——译者注

象环生。沃尔特身姿轻盈，走路时双腿微曲，这些特征暗示着在紧要关头，他能移动迅捷、疾如闪电。

身旁的同伴头戴棒球帽，手推自行车，神色更为放松，没那么
14 警觉。布莱恩特·特内勒那时 18 岁，瘦高身材，焦糖色的皮肤颇为光滑，还有一头“漂亮的头发”，平滑且卷曲。他眼角的弧度微微向下，使得脸庞看起来很温和，有种小狗般的天真。两个年轻人家住隔壁，时常在一起捣鼓自行车来打发时间，有时一弄便是好几个小时。

他们在西 80 街的南边闲逛。布莱恩特一手拿着刚买的艾德熊乐啤露，还没开瓶。街道两边矗立着一排排 20 世纪 30 年代的西班牙式住宅——换了乙烯基材质的窗户，离人行道只有几英尺远。这里家家户户都有一方小草坪，修理得又短又齐，看着似乎和路面融为一体。西 80 街上公交车疾驰而过。当飞机降落至洛杉矶国际机场时，一群乌鸦叫个不停，飞机则在头顶轰鸣，离地面很近，让人足以看清机尾的标识。一帮青少年在街道两侧闲逛。这条街的尽头长着一棵木兰，体态优雅，隐约可见；而街对面则是一棵莫德斯托白蜡木，枝叶极为繁茂，压弯了树干。

白蜡木立在街角一幢整洁的房子前面。在房子后面，有个男人正在院子栅栏的内侧清理瓷砖切割机。他刚给母亲的浴室铺上了新瓷砖。

沃尔特和布莱恩特缓缓走在西 80 街上，边走边聊，身后拖着两道长长的影子。街道的另一侧隐没在黄昏之中。这时三个朋友从他们身后那片街区尽头处的一幢房子走出来，在后面打了声招呼。沃尔特停下脚步，转过身朝他们大声说了些什么。布莱恩特则继续朝那棵白蜡木的方向径直走去。一辆黑色的雪佛兰萨博班停在拐角的路边，就在与圣安德鲁斯街的交叉口上。车门开了，一名年轻男

子跳了下来。他戴上手套，跑了几步，停在树下，径直举起戴手套的手，手里握着枪：“砰”“砰砰”。

沃尔特瞬间做出反应。尽管他疾速跑开，他仍看到了枪口冒出火光，看到了持枪的男子——身穿白色T恤，黑皮肤，戴手套。那个清理瓷砖切割机的男人仍在栅栏后面。他虽然没有看见开枪的人，但听见了枪声，于是随即本能地卧倒在地。男人40岁，是在南中央长大的黑人，和沃尔特一样反应敏捷，有着时刻准备好应对战斗的反射神经。他直直地趴在地上，枪声在耳边“砰砰”响起。

布莱恩特反应得慢一些，也许是因为他面对夕阳，持枪男子在 15
他眼中只是个黑影罢了。他身体一晃，踉跄着倒在一块草坪上，那里倒悬着一株天堂鸟。四周寂静无声。拿着瓷砖切割机的男人爬起来，半蹲着挪到栅栏边，从缝隙偷偷往外瞄。

开枪的人站在几英尺远的地方，就在栅栏外侧的白蜡木旁，手里还握着枪。

正当开枪的人迈开腿，飞奔离开时，男人做了个大胆的决定：跟着开枪的人，看他跳上那辆雪佛兰萨博班，趁车疾驰离开前努力记下车牌号。随后，男人转过身，看见躺在草坪上的布莱恩特。

几名年轻人从三面跑过来。一名年轻男子在布莱恩特身边屈膝跪地，他叫约书亚·亨利，是布莱恩特的好朋友。他抓起布莱恩特的一只手，紧紧攥着。当感受到布莱恩特的手还有气力时，他松了口气。“我累了，真的累了。”布莱恩特对他说。布莱恩特想休息了。乔什（约书亚的昵称）看到布莱恩特的头上只流了点血。幸好只是擦伤，他心想。这时，布莱恩特的脑袋偏了过来——大概四分之一的头盖骨没了。

乔什盯着布莱恩特的伤口，这时才注意到他的帽子，静静躺在一旁的地上，他的头血肉模糊。乔什耳边回荡着自己的声音，不停安慰布莱恩特：“没事的，会没事的。”

男人站在他们身边，正给 911 的调度员打电话求救，尽力还原自己眼前看到的一切。“在西 80 街和圣安德鲁斯街这儿！”他喘了一口气，沙哑地喃喃着：“啊，上帝啊。”

男人收起电话，把布莱恩特的身子转了过来，给他做心肺复苏急救。旁边围成一圈的年轻人惊声尖叫，有人塞过来一条毛巾。他想用毛巾止住伤口的血，思忖着到底该怎么办。这时布莱恩特的嘴里喷出血来，嘴边满是血迹。男人也不自觉地看着那从人脑中流出来的东西——一块块灰黄的斑驳痕迹。黄的？男人的一部分思绪陷入困惑：为什么这东西会是黄的？另一部分思绪则挣扎着，竭力保持冷静。

男人的脑海里虽思绪如麻，但一个念头始终闪现：千万别让这孩子死了！

16 “突发枪击！”

克雷格·德拉罗萨是洛杉矶警察局 77 街区的一名三级警员，当警报嗡嗡响起时，他正在辖区北部的 54 街巡逻。

“突发枪击”是洛杉矶南部地区警方最常接到的谋杀或谋杀未遂类警报。77 街区、西南区和东南区覆盖了南洛杉矶的大部分区域，在这三个警区内，至少今年，平均每天不止一次接到这类警报[1]。

枪击地点在德拉罗萨所处位置南边约 30 个街区的地方。他拉响“三级警报”，警灯闪烁，驱车开上西大道，最先到达事发现场。天气依旧暖和，天色也还亮着。

德拉罗萨扫视现场：一辆镀铬越野自行车倒在人行道上，一顶棒球帽，一名躺在草坪上的受害人，黑人男性，十八九岁，棕色皮肤。德拉罗萨像一台自动驾驶仪，在脑海里飞速形成一份警方报告。他接到过太多枪击事件的警报，一如眼前这个；都是“黑人男性”，他只能勉强辨认。德拉罗萨仔细思索着自行车、帽子和受害人之间的位置关系，在人行道和草坪间理出一条路线。他想，这名年轻人当时撂下自行车，想跑到门廊那边躲起来。只差几步就到了。

德拉罗萨在帕诺拉马城长大，那里住着的多是拉美裔。他们家虽是墨西哥裔，但说的是英语。他们家住在圣费尔南多谷治安混乱的一处地方。德拉罗萨是个地道的洛杉矶人：道奇体育场建设期间，他的曾祖父被赶出了查维斯山谷。德拉罗萨还是一名退役军人，12 年前被分配到 77 街区，那时他还没准备好面对这里的一切。辖区位于沃茨与英格伍德之间，横跨南中央的中心地带——不少当地人仍然管这里叫“南中央”，但 2003 年它已正式更名为“南洛杉矶”，以消除之前地名的不光彩。但街上的人并不怎么提新地名，也不使用指代各区域的文雅说法——比方说，“世纪湾”。相 *17*
反，人们说“东区”和“西区”，用来表示长期以来约定俗成的种族界限，沿主街分界，边线分明；并且还保留了“南中央”的说法，代指整片地区。而 1992 年爆发骚乱的交汇处——佛罗伦萨大道和诺曼底街，就在 77 街区内，靠近德拉罗萨现在站着的地方。

德拉罗萨渐渐习惯了这里的生活方式，可有时还是难免感到困惑。在 77 街区，人人似乎都沾亲带故。谣言扩散的速度十分惊人。有时候，好像一给谁“啪”地一声戴上手铐，他的亲眷即刻便会从家里蜂拥而出，冲过来朝警察大嚷大叫，吵个没完。德拉罗萨那拉美裔聚居的老家帕诺拉马城尽管也相对贫困，但可不像这里，凶杀泛滥，也不似此处，人人怨怼警方。他也尽量避免与外人谈论工作上的事，因为他不想把口舌浪费在那些对 77 街区一无所知的人身上。况且就算他颇费口舌地解释一番，他们依旧不明白。

那天晚上的工作流程德拉罗萨再熟悉不过了，他几乎靠着肌肉记忆来做：封锁周边；确保证人的安危；保护现场以便警探取证；分发现场采访证；最后严阵以待——围观人员会马上围住警探，问东问西。

德拉罗萨一般不记得这些“突发枪击”事件，除非碰上特殊情形。有一次他被叫到佛罗伦萨大道和百老汇大道附近，就在路易斯安那炸鸡店的正前方。受害人是一名上了年纪的黑人，皮肤上有一个小孔，这种小孔往往可能掩盖了严重的内出血。“你他妈离我远点！”伤者吼道。尽管如此，德拉罗萨还是想要尽力帮他。那人不住地挣扎。最后，德拉罗萨和其他同事一起出手，四名警察一拥而上，联手降住了这名受害人。在适才发生的枪击中，他或许受了致命枪伤。即使场面一片混乱，德拉罗萨也记住了个中荒谬，一如黑色幽默——77 街区的日子可不正是如此吗？

黑色幽默确有帮助，可这里黑人居民的态度依然令他困扰。他们枪杀同族，却似乎始终认为警方才是问题所在。“条子。”他们冷
18 言嘲讽。一次，德拉罗萨得在医护人员到达之前看守一具黑人尸体。愤怒的人群围上来，指责他不尊重受害人的遗体。其中几个人想把尸体拖走。警方有个官方术语来形容这类突发危险：“私刑”。有些人不愿这么说。他们把这个词与“绞索”联系在一块儿，而不是那些曾从警察手里把人拽出来杀死或救走的暴徒。德拉罗萨挡住这群人。“你根本不在乎，因为他是黑人！”有人大喊道。德拉罗萨霎时愣住了。为什么他们会把种族牵扯进来？在 77 街区，德拉罗萨有时觉得自己并非身处美国。仿佛他把车停在高速公路边上，

自己却进入了另一个世界。

5 月的夜晚降临在南洛杉矶县黑人长久以来居住的地带，暴力在此处司空见惯地持续着，夜色就这样弥漫开来。在从斯劳森大街延伸至长滩北端方圆 10 平方英里①的范围内，每隔几天就有黑人男子死于枪下或刀下。

2007 年 5 月 11 日，布莱恩特 · 特内勒遭枪杀。大约在此一个月前，21 岁的法比安 · 库柏在雅典区参加完派对之后被人射杀身亡。和他一起的是他的邻居兼老友——19 岁的萨尔瓦多 · 阿雷东多，一名年轻的拉美裔男子，同时遇害身亡。

在那过后约一周，即 4 月 15 日，临近第二大道 54 街，22 岁的马克 · 韦伯斯特从附近一家机车俱乐部走出来后，被人远距离射中，遭受致命枪伤。袭击者几乎不可能看清射中的是谁。

当晚，同样 22 岁的马奎斯 · 亚历山大被一群黑人追赶，在克伦肖和斯劳森大街十字路口附近的一家壳牌加油站被追上并中枪死亡。四天后，4 月 19 日，41 岁的莫里斯 · 希尔晚上 10 点半左右跟平常一样在 64 街和佛蒙特大道的酒品商店前闲逛，一人持枪将其杀害。希尔一辈子都住在这片地区，大部分时间坐在佛蒙特大道的绿化带上喝啤酒。希尔去世当天，23 岁的艾萨克 · 托拜厄斯 19
在位于林伍德的圣弗朗西斯医疗中心不治身亡。此前几天，他在 120 街和威洛布鲁克大街附近同另外两名黑人男子起了争执，被后者枪击。

三天后于长滩，20 岁的艾瑞克 · 曼德维尔在街上溜达时被人枪杀。几乎可以确定的是，黑人帮派成员将其定为枪杀目标，只因他是个年轻的黑人小伙儿，长得像他们的一个敌人。曼德维尔是麦当

① 1 平方英里约等于 2.59 平方千米。——译者注

劳的员工，整洁规矩，颇受欢迎。他曾被人收养，熬过一段艰苦的童年。他死后几小时，47 岁的阿尔弗雷德 · 亨德森在不远处遇害。第二天，即 4 月 23 日，18 岁的肯尼思 · 弗里森在加利福尼亚州医院身亡，此前他已靠呼吸机撑了三周。4 月 1 日当天，他在 94 街和葛兰姆西街的拐角处遭遇枪击，头部中枪。在弗里森死后四天，16 岁的威尔伯特 · 杰克逊站在位于 51 街南面菲格罗亚路的一家鱼铺外时，一辆汽车经过，一排子弹朝他齐发而来，他中弹身亡。第二天，即 4 月 28 日一早，34 岁的罗伯特 · 亨特前往位于亚当斯大道的浸信会，参加堂兄艾萨克 · 托拜厄斯——前文提及的年轻受害人之一——的葬礼。教堂里突发冲突，亨特被枪杀，另外还有两名参加葬礼的人受伤。当天晚些时候，28 岁的拉尔夫 · 霍普于英格伍德中枪身亡。

第二天，4 月 29 日，23 岁的奥布里 · 吉布森被发现在他位于 64 街与布林赫斯特之间的公寓里死亡。三天后，几名黑人闯进位于第三大道与 42 街之间的一栋公寓，开枪射中 54 岁的梅尔文 · 詹姆斯的胸膛。同日，另有两名黑人遇害：44 岁的唐纳德 · 史蒂文斯在威洛布鲁克街上发生的枪击事件中身亡，25 岁的拉里 · 斯科特在位于西大道的 100 街同一名邻居扭打起来，被一刀刺中胸膛。

三天后，5 月 5 日，45 岁的马里奥 · 杰克逊和 36 岁的蒂尔尼 · 耶茨在沃茨 109 大街百老汇大道的一家摩托车俱乐部被枪杀，起因是在观看一场电视拳击赛时爆发打斗。杰克逊已搬离沃茨，且
20 在娱乐业混得风生水起，但以前的一些朋友对此颇为不满。警察赶到现场，草草拘留了 20 名当时在场的人，他们扎堆挤在那个摩托车俱乐部里；可大家都说什么也没看到。次日，41 岁的马克 · 史密斯紧接着在霍桑被枪杀。

第二章　枪杀

三天后，5 月 9 日，34 岁的卡尔 · 狄克逊在佛罗伦萨街中枪身亡。那次枪击事件还使另外三人身受重伤。此前所谈及的一起起袭击的嫌疑人均为黑人，只有这一起除外，嫌疑人为拉美裔。枪响时，37 岁的伯纳德 · 麦吉正坐在狄克逊旁边。他谈到目睹朋友死亡的情形，以及子弹击中狄克逊时，红衬衫的布料被震碎的样子，就像被一阵强风猛地一拽。

两天后，一名持枪男子在西 80 街朝着布莱恩特 · 特内勒扣下了扳机。

当德拉罗萨仔细看向受害人时，他明白眼前的这个年轻人濒临死亡。他的呼吸不太对。德拉罗萨也曾多次目睹此类情形。他没有接受过医疗培训，只不过是从频繁接触中对死亡的各个阶段有了某种直观判断。他很熟悉那种深度昏迷，在濒死之人的全身隐隐蔓延开来：那种死寂，纹丝不动；呼吸愈来愈缓，渐微渐弱。救护车总算到了。

那天晚上，德拉罗萨在枪击现场彻夜工作，红色的天空映衬着深黑的棕榈树，一排排门廊上悬着的灯照亮了整条街道。某一时刻，突然有传言说受害人是洛杉矶警察局一名刑侦警探的儿子。德拉罗萨想着那人是否曾经也是帮派成员。

传言属实。布莱恩特 · 特内勒的确是洛杉矶警察局一名刑侦警探——华莱士 · 特内勒，同事们叫他“沃利”，他比约翰 · 斯凯格大十几岁——的儿子。

特内勒和斯凯格互相并不认识。特内勒在位于市中心的抢劫 - 杀人调查司工作。洛杉矶警察局有很多机构，职员遍布 470 平方英里。大家平常联系较少，有时在同一办公室不同隔间工作的人可能 *21*
都不知道彼此的姓名，更何况斯凯格和特内勒甚至都没在同一个分局里工作过。尽管如此，两人将共同背负这黑暗的遗产，并将并肩展开这场拨乱反正的战斗。远在他们碰面之前，一股邪恶的浪潮，历经几代成形，一路席卷，将两人汇至一处，最终带到这一时刻：一个人的儿子在西 80 街和圣安德鲁斯街的交叉口被枪杀，而另一个人则会接到指派，义不容辞地抓捕凶手。

第三章

贫民区

约翰·斯凯格年少时有着一头红发。 22

1964 年，斯凯格在加利福尼亚州长滩出生，在一栋普通的 20 世纪 50 年代住宅中长大。后来他当上警察，在沃茨一带巡逻，那里的房子和他小时候住的房子很像——房子只有一层，带一间车库，可以停放一辆车，房子外面的街道上种满齐刷刷的美国梧桐。斯凯格的父亲是长滩的一名刑警，上小学时他的父母离异，基本上是母亲把他拉扯大的。

贾尼斯·斯凯格是一名煤矿工人的女儿，她原本是内布拉斯加州人，后移居此地。贾尼斯温柔善良，但却不苟言笑。她非常注重在外人面前不卑不亢、隐忍自制。除了斯凯格，她还要养活其他三个孩子，但她并没有多少经济来源。因此，四个孩子年纪尚小时便开始补贴家用。斯凯格一过 18 岁，用不着母亲开口，就开始向家里交房租。

斯凯格是家里最小的孩子，也是唯一的男孩。他从小就十分好胜，热衷于运动，尤其是打棒球。而对他来说，取胜一直都很重要。母亲并未刻意打压他这种心理，可她早就明确表过态：斯凯格家的孩子得时刻表现得温和有礼、有体育道德，无论心里多想获胜，外表看起来都得云淡风轻、客气得体。

23 后来，斯凯格进入加利福尼亚州立大学长滩分校就读，可读了一年便退学了，说是受不了一直坐在教室里。最后，他跟随父亲的脚步加入了警察队伍。后来，他虽年纪渐长，可母亲的教诲仍一直伴随他左右：表面始终波澜不惊，内心却精细缜密。斯凯格温和的微笑之下，潜藏着他那一等一的完美主义作风。他知道怎样能见成效，怎样只会徒劳无功。他对自己的见解不会反复推敲，也不喜欢与人争论。他虽显得漫不经心，却总是径自向前、牵头开路。

40 多岁时，斯凯格那一头浓密短发的发色开始变浅，唯一能看出他曾是红头发的迹象只剩下眉梢上的一抹红褐色，再配上浅蓝色的眼睛和白里透红的皮肤，斯凯格的金发看起来像是天生的——就像在加利福尼亚州海滩上常见的晒日光浴的金发男子。对此，朋友们常常抱怨上天真是偏心。他们要么脱发严重，要么头发逐渐灰白，而斯凯格的头发只是发色变浅，成了金色。这似乎也印证着好运就这样跟随着斯凯格。

斯凯格高颧骨、圆下巴，下巴上有一道浅浅的美人沟，眉宇之间有一道川字纹。他还有一双宽厚的大手。进入洛杉矶警察局工作的这么些年来，他瘦高的体型并未走样。更幸运的是，洛杉矶警察局的中年警探通常大腹便便，可他看起来却像“从《GQ》[1]里走出来的人一样”——他的上司评价道。斯凯格的体重偶尔会超过警察局规定的警察标准体重。但他把自己的行事原则贯彻到生活的方方

① 美国男士时尚杂志。——译者注

面面：减少进食，加强锻炼，最后减重 20 磅①。这有什么难的？他始终不理解为什么让有些人少吃点就那么困难。

斯凯格从不请病假，也从没看过医生。他不仅身体状况极佳，就连其他方面也堪称完美：一对完美的孩子（自然是一儿一女）；妻子特蕾莎一头金发，长相可人，与他十分般配；漂亮的别墅位于郊区，还有私人泳池、房车、冲浪板等等。特蕾莎是一名法务秘书，管理着一家律师事务所。夫妻俩生活规律、健康，偶尔上教堂，相互体贴。斯凯格心里有个原则，便是绝不容忍家人心生嫌隙，破坏家庭和睦。至于特蕾莎，她同样非常有主见，绝不会轻易屈从于斯凯格那春风拂面般的自信。“约翰就是约翰。”特蕾莎一言 24
以蔽之。她洞悉丈夫最大的优点——从不自我怀疑——恰恰也是他致命的缺点，便来了句倾情总结。

斯凯格的自信似乎没有尽头，可要论起履历，他的职业生涯又似乎并未出类拔萃。斯凯格有个叔叔是洛杉矶警察局副总警监，在他眼里，斯凯格就是个不思进取的半吊子。这么多年来，他一直数落斯凯格的职业选择，总是在电话里训斥自己的侄子：为什么没有一点抱负，想要往上爬呢？为什么要自毁前程，非得在洛杉矶最南端当个小警探不可呢？

洛杉矶的 19 个警区被称为分区[1]。大家都明白，要想升职，警员得从分区调到精英部门或是位于市中心总部的行政部门。当时洛杉矶警察局的总部是帕克中心，别称“PAB”——警察们口中的警察行政大楼。大家认为留在小镇警察局的警员并没有什么雄心壮志，要是他们常驻最南端则更是如此。

在分区之上，洛杉矶警察局又分几个行政分局。南部分局就是其中之一，它位于非官方边界——十号州际公路，一条横跨洛杉

① 约为 9 千克。——译者注

矶的东西向高速公路——以南，包括西南区、77街区和东南区三个地方警察局。此外，名叫牛顿的中央分局的大部分辖区也在十号州际公路以南，与77街区交界一直向北延伸，直到佛罗伦萨大道。两个分局一起覆盖了南中央的地界。

对警察来说，在这四个警察局中工作就意味着被边缘化。那里都属于洛杉矶最贫穷的地区，且在暴力犯罪率方面遥遥领先。警察们都知道这些地方满眼都是低矮的公寓、铁丝网栅栏、改装车库、不戴项圈的恶狗以及普通雪佛兰汽车。他们也都知道那里有穿着随便、骑自行车的男人，有家族经营的停尸房，到处都是编发辫的广告，有涂着高乐氏漂白剂的墙壁，还有破旧的商店——它们的名字倒是很花哨，比方说“陷阱美甲”“性感甜甜圈”“瓦妮莎正能量”。大家心里都明白在这样的社区工作会是什么光景，也都不想被派往这些地方。

25 选择在十号州际公路以南区域工作的警察常常以其吃苦耐劳而受到尊敬。但是，他们干的活可不是飞黄腾达的晋升跳板。事实上，南边的警察骨干们往往被看作洛杉矶警察局中的“劣等货”，往往由于工作原因招致民怨并且被认为工作覆盖领域太窄。斯凯格的叔叔觉得侄子留在沃茨真是前程无望。

最糟糕的是，在他叔叔眼里，斯凯格看起来心满意足地干着警探的活儿。这就意味着他这么多年来警衔一直相当于最低级别的警司。这也意味着他主动与警察们引以为豪的传统划清界限。洛杉矶警察局一直以来都以治安创新而非办案能力为衡量标准。20世纪70年代的电视剧《亚当 -12》刻画了洛杉矶警察局的经典形象——干净利落、办事专业的警察身穿蓝色制服，接到警报后开着警车快速游移，警笛长鸣。洛杉矶警察局的制服寓意丰富：纯海军深蓝——接近黑色——色调威严。部门文化要求天天穿着制服，制服要整洁，搭配像镜子一样光洁锃亮的皮鞋和皮带。警员们非常注重着装时髦且合身；有些警员甚至特意定制制服，让它贴合突起的肱二头肌。

然而警探却不在这种文化之内。许多分局的警探上班时都穿着土里土气的马球衫和卡其裤。大家都知道他们的身材常常走样。当然，像斯凯格这样的刑警会穿西装。然而，深夜执勤常常使刑警们睡眠不足，故而他们经常发胖。有时，对这些穿着随意的同事，连巡警们都丝毫不掩饰心中的不屑。

而警察局的架构和资源分配似乎与这种轻视相呼应。在派出所，穿制服的警察——负责处理团伙犯罪和社区警务的所谓资深警察——地位较高，而刑警则被发配到“边疆”地区——他们的办公桌与处理小偷小摸的警察的办公桌在一起，与宵禁特遣队、缉捕队抢资源。

在市中心警察局处理精英工作的刑警们则手握实权且名声在 26
外。抢劫 - 杀人调查司对斯凯格来说无疑是个好去处：坐落在总部，处理的案件非常复杂，往往吸引媒体关注，包括一些牵涉名人、大规模伤亡以及纵火杀人的案件。这里的刑警被视为整个洛杉矶最优秀的警察，不仅案件任务量少，还穿着考究的商务装，十分显眼。值得一提的是，他们的身影也常常出现在书籍和电视剧里。

但是抢劫 - 杀人调查司经常把所谓的普通街边谋杀案件塞给下面的警察局，而斯凯格把侦破这类案件当成自己的专长。街边谋杀案件构成了黑人杀害黑人的主流案件，因而抢劫 - 杀人调查司的做法也使黑人受害案件得到警察局精英处理的可能性很小。这一做法也让诸如斯凯格这样的警探感到不舒服，毕竟他们可不认为这类谋杀案的复杂程度低分毫。这种方针同时也触犯了斯凯格的正义感。这似乎也印证了南边警员耳边时常回荡的一句话——当地居民总是指责他们："你根本不在乎，因为他是黑人！"

当然了，斯凯格也不会说这是他从不申请升调至抢劫 - 杀人调查司的原因。无论是在这件事还是在其他事情上，他内心的想法只能凭行动推断一二。若是有人建议他去抢劫 - 杀人调查司，换来的不过是一声冷笑。

在十号州际公路以南工作的警察虽人微言轻，但自己倒是乐在其中。他们看不上其他分局的警察，说人家软弱无能，自认为高人一等。斯凯格的一名同事[2]借用一名沃茨黑帮成员的话形容这片社区：贫民区。这个词很好地把握住了现在的情形，将其自然地理、社会地位同犯罪分子颇具诗意的精准、乖张狂妄相结合。"贫民区"既是一个地方，也暗含一种困境，同时赋予洛杉矶某些地区一个相同的名字。这些地区充斥着黑人暴力，仿佛是异世界的隔绝之地，如雅典区、威洛布鲁克、长滩局部、沃茨等地。这些地区有共通之处，警卫工作的进行也如出一辙。约翰 · 斯凯格从始至终都属于这里。他从不费神向叔叔解释自己的想法；其他警察不明白他
27 工作的意义何在，为什么他如此坚信自己，他也并不在意。"这是斯凯格的世界。"他的老搭档克里斯 · 巴林会边翻白眼边这么回答。

这句话刻画出斯凯格独树一帜的性格，那种满不在乎、不受外物干扰的乐观，以及那十足的自信——虽然有时被人视为傲慢。最重要的是，这体现了他在警务上的内在精神气质，使他理解的真正的成功与警察局、公众、社会主流所定义的不同。对其他警察来说，贫民区就是巡逻车警笛长鸣、电脑键盘黏湿、工作时间漫长、葡萄球菌感染耐抗生素的地方。在那里工作让人感到徒劳无功，升迁无望，还得处理穷苦黑人枯燥又压抑、让人倍感压力的问题。可对斯凯格来说，那里就是他要去的地方，是真正做事的地方。当他在街上工作时，浑身透着满足感。他穿着清爽的衬衫，系着价格不

菲的领带，穿过肮脏的小巷，走走停停；他的座驾总是洗得干干净净、一尘不染。

斯凯格愿意在贫民区工作并不是因为他享受处理难题。他不是孤独的马洛，性格上也不愤世嫉俗。他热爱体育运动，是一名冲浪爱好者，开朗乐观；他也是一名家庭幸福的已婚男子。周末，他轻松转换生活重心，把注意力转向家里的房车和沙地自行车。斯凯格喜欢在沃茨工作有别的原因：他喜欢忙碌，他相信自己在那里的工作很重要，并且应该把它们做好。他身陷美国最可怕的暴力夹缝之中，却像木匠一样去上班，一手拿着锤子，一手拎着饭盒，一路吹着口哨。他的生命围绕着一个很少被认识到的紧迫问题，即便很多人没有意识到这个问题，他也不曾动摇，甚至可能干劲十足。他坚信，只要通过适当的努力，就可以改善眼前的一切。

这种信念一直伴随着他，即使所做的事情出人意料地扯上了私事。

第四章
多难的族群

28 1954年，华莱士（沃利）· 特内勒出生在亚拉巴马州贾斯珀市的一处煤矿区。传说，他的家族史上有一位祖先是白人种植园主和家里的一个女黑奴所生的私生女，他们家族的成员也因此继承了咖啡色的皮肤和浅褐色的头发。

沃利的母亲——德拉原本是密西西比州人，但她的童年时光是在亚拉巴马州煤矿丰富的乡村度过的，她家几乎从不与白人有任何来往。沃利的父亲——巴伦 · 特内勒向往过上更好的生活，他和德拉高中时期就相恋了，后来两人结婚生下两个儿子后，于1963年举家西迁。那一年正好是斯凯格出生的前一年，正值第二次南方黑人大迁徙之际，沃利家也是其中一员。沃利的父亲巴伦精力充沛，工作勤恳，还是个天生的推销员。在加利福尼亚州，他从美国联合航空公司的一份底层工作做起，后来成功谋得一份销售的差事。家里的日子渐渐宽裕，人丁也兴旺起来。在洛杉矶，他们的第三个孩子降生了，是个女孩儿。

作为家里的第二个孩子，沃利很小就养成了果断利索的性格，做事井井有条，而且非常爱干净。就算没有人跟他说要做这做那，他也会整理好自己穿的衣服、打扫干净自己住的房间，这让他的母亲很是惊讶。德拉觉得自己都不能像别的母亲那样念叨念叨儿子。
沃利的整洁源自他内心世界的有条不紊，而这种精神也是他一生的 29
坚守和缩影。

沃利高中毕业后决定不再继续读大学，而是报名参加海军陆战队，并且一心想去越南上战场。那时候越南战争已进入尾声，他错过了作战部署提交材料的时间，因为母亲花了很久才把他的受洗证寄过来。后来他才知道这事儿并非偶然拖延，而是母亲有意为之。于是，他接受了海军陆战队别的职位：担任美国驻哥斯达黎加大使馆的警卫。

抵达哥斯达黎加首都圣何塞三周后，沃利进了使馆对面的一家咖啡馆。在那里他当机立断，下定决心，做了影响一生的决定。

咖啡馆收银台的哥斯达黎加女孩亚迪拉·阿尔瓦拉多还只有 16 岁，出生在一个农民家庭。那时候才 18 岁的沃利不会说西班牙语，而亚迪拉则不会说英语。亚迪拉的一名同事帮沃利约亚迪拉出来。他们第一次晚上去看电影时，亚迪拉的大脑里天旋地转：如何打破这令人尴尬的沉默呢？但是沃利似乎并不怎么在意。那天晚上看完电影，亚迪拉开口让沃利送她到公交站，于是他便顺其所愿。第二天，20 多朵红玫瑰便出现在咖啡馆里等待着亚迪拉。他们谈了三年恋爱，当最后求婚时，沃利已经能说一口流利的西班牙语了。结婚时，女方 19 岁，男方 22 岁。

他们的第一个家安在南卡罗来纳州切里点的一个军事基地里。哥斯达黎加与美国对种族的看法有所不同，亚迪拉一开始并没有意识到她和沃利的结合在美国被叫作“跨种族联姻”，直到两人一起出门时她察觉到别人异样的目光后才慢慢有所了解。这也是她在这方面学到的第一课，后来她将之总结为“这些个事儿”，即美国的种族问题。

沃利服完兵役之后便和亚迪拉回到了家乡洛杉矶，在当地的凯马特公司当了保安。后来，他在父亲工作的公司——美国联合航空
30 公司找了一份更好的工作，但因一次罢工事件而丢了饭碗。不过，沃利想了个法子过活：在埃尔卡米诺学院报名入学。这么做主要是为了领取经济援助，他对念书可没什么兴趣。沃利用这笔钱付了房租，还购置了一台除草机，开始当起了园丁。

1980 年，沃利当上了警察。若问他当时为什么决定去当警察，他会说只是为了谋生，但亚迪拉可不是这么认为的。她说，记得还在哥斯达黎加的时候，沃利就曾向她提过他想当一名警察，给了她反悔的机会。亚迪拉对谋杀一无所知，对洛杉矶南中央那片沥青烽火战地也一无所知；可也许她就算知道，也不会后悔。多年后，他们的大女儿发现，沃利与亚迪拉之间既相互尊重又给彼此一定的私人空间的相处方式显示着他们婚姻的成功。在家里，他们一起度过舒适又惬意的时光，沃利常常待在室外，而亚迪拉则待在室内，各自都沉浸在自己手头的事中。

沃利和亚迪拉在南洛杉矶的第一幢房子正像他们的婚姻一样：井井有条又闲适恬静。亚迪拉在哥斯达黎加时见过那些追求年轻女性的男子恋爱时风度翩翩，婚后却蛮横跋扈。所幸沃利不像那些人一样，了解他的人都会说他始终如一：不论境况如何，沃利就是沃利。他们的家温馨整洁，两人从不吵架；女儿和沃利的母亲同名，都叫德拉，但他们一般喊她“迪迪”，连女儿迪迪都觉得听起来不可思议。然而这就是事实：至少她从没见过父母吵架。

他们一共生了三个孩子，迪迪后面是个儿子，小华莱士，再就是布莱恩特，1988 年 9 月出生。亚迪拉在恺撒医院的厨房找了份工作，从早上 5 点工作到下午 1 点半。年复一年，她每天摸黑起床，穿上厨房工作服开始工作。在朋友眼中，这份工作只能是一份启动工作，她们劝她去考护士资格证，但亚迪拉喜欢这份工作，喜欢在厨房做菜，喜欢忙碌的生活。

孩子们取笑父母生活乏味，迪迪私下还想出了另一个词来形容他们——“养生”。这个词虽然让她觉得尴尬，但确实很贴切，因 31
为她的父母就像《脱线家族》[①]里的人一样。或者，也不完全一样，迪迪笑着纠正自己：应该是像《考斯比[②]一家》，毕竟，就某种程度而言，他们是黑人。

他们在家里很少谈论种族身份问题。沃利虽在南中央长大，却几乎没有与暴力事件沾边，也没有与警方有过冲突。他的母亲甚至不让他留圆蓬式卷发，他也基本上不聊种族问题。他对个人责任和自我提升的保守看法代表了洛杉矶警察局的一众同僚。当谈起警察局内常常批判的对象之一——非裔众议员麦克辛 · 沃特斯时，沃利和其他警察同样表露出失望与不满。在这方面，沃利可以说是黑人中的保守派了。

沃利的三个孩子都和父母长得很像，但各有各的特点。迪迪皮肤瓷白，鼻子上一溜儿浅棕色雀斑，大眼棕瞳，嘴唇饱满，还有一头棕色卷发。她的肤色看着很白，在外人面前，她便故意把姓氏念成“特内尔”而不是“特内勒”，如此一来，别人便不会怀疑她有意大利血统。

老二小华莱士肤色较深，像父亲一样为偏褐色，黑眼睛十分

① 20 世纪 70 年代美国喜剧，叙述布莱迪一家所发生的趣事。——译者注

② 美国黑人演员。——译者注

清澈，头发则为深棕色。他西班牙语说得很好，并认为自己是半个拉美裔。“可要是赶时间的话，我就会直接说自己是黑人。”他说。

布莱恩特的肤色比哥哥浅，但又不像姐姐迪迪那么白。他身材颀长，皮肤光净，让他哥哥很是羡慕，因为他哥哥苦于满脸的青春痘。布莱恩特在匆忙中便会说自己是黑人，这一点倒是和哥哥一样。这么说归根结底是因为他们在洛杉矶长大，因为他们对美国的种族历史彼此心照不宣，还因为他们认识的其他混血孩子大都如此，都认为自己是黑人。

沃利在洛杉矶警察局东南区结束了短暂的实习期后便转入监狱
32 部门，后又调到缉毒部门，比一般的新入职警员的巡逻时间更短。20 世纪 80 年代初，沃利被调到牛顿中央分局的“粉碎”行动小队，队名是由“反街头流氓社区资源”的首字母缩写组成的，这个名字代表着洛杉矶警察局的过往。后来队名逐渐演变，努力试图消除其中鲁莽轻率和故作勇敢的嫌疑。该小队队名的演变记录着这一警察局的演进过程：77 街区早期的这一类型的特别行动组被起名为“爱国者”；后来便出现了名为“粉碎”的行动小队，遍布洛杉矶；自从出台了一项联邦民权和解法令之后，这些组织又被安上了新名字——平淡无奇的“打黑组”。

20 世纪 80 年代初，美国杀人案此起彼伏，沃利就在那个时候开始担任打黑警察。那是一个充斥着霹雳可卡因、毒品站和露天毒品市场的时代。这位年轻的海军陆战队复员士兵仿佛身处天堂。对他来说，穿着深蓝色制服，开着警车高速疾驰，整夜追捕犯罪分子实属完美。他只想做这份工作——当然不会想要当警探。大家都知道警探是“一群慢吞吞的家伙”，沃利回忆道。他和同事们有一句座右铭——“永远当 P-2”。P-2 即二级警员，一群死守街头的警察。

后来，到 1984 年的时候，沃利等一行打黑警察被借给刑警队处理数量繁多的杀人案。就这样，他接触到了人生中第一起杀人案。

优秀刑警的品质不同于优秀巡警的品质，但两者有一定的关联。沃利身上的一些特质使不少年轻人转向警察岗位。虽然他没有受过大学教育，但他聪明机灵且精力旺盛。对一些头脑灵光、行动力强但却因为某些原因对上学提不起兴趣的人来说，警察是个不错的归宿，迪迪断定他们家的人多少都患有“一点多动症”，也都属于这一类人。

这一特点让这些人非常适合做某些类型的工作，比如基本在户外进行的，要连续熬几个通宵、事情一件接一件没完没了的，以及需要迅速适应新情况不掉队的类型。一名优秀的警察或者说一名优秀的警探需要聪明机灵、反应迅速，但不一定需要学富五车或分析能力极强。记忆力超群、应变能力强、对人感兴趣以及精神放松， 33
即活泼开朗，能确保活跃的人把一项让别人感到精疲力竭的工作做得很好。

沃利不但具备所有这些特性，而且具有一些别的品质，这使得他即便是在十号州际公路以南地区的优秀警察行列中也能脱颖而出。这些品质正是他母亲曾经发现的：那种不同寻常的整洁，能掌控自己和所处环境的能力，以及整个人散发出的沉稳和笃定。沃利是个思维清晰的思考者。他喜欢考究细节，工作起来废寝忘食，甚至有些病态。他性格活泼，除了有点心理阴影之外没什么心魔，而这一点尤为重要，因为这使他目标明确、持之以恒。当他接手第一起杀人案时，一股坚定之感令他醍醐灌顶，他有种发现了命中注定之事的感觉。他想：不错，这正是我想做的事。

沃利在 20 世纪 80 年代末以前一直在南中央“粉碎”行动小队担任刑警，后来被调到牛顿中央分局的一个辖区继续做警探。他像大家一样工作——得到一个个案件的锤炼，努力在下一个案件劈头盖脸砸过来之前结束调查，并找出有用的证据递交法院，在审判中站得住脚；祈祷不会搞砸认罪协议——搞砸认罪协议在当时非常常见。20 世纪 80 年代末，沃利在一个周末被叫到四个谋杀现场。他回忆道，直到第五个案件出现，上面才同意叫一队新的人过来。

一路走来，沃利从之前的搭档身上学到了作为刑警的信条，那人站在一名被杀害的妓女的尸体旁说道：“她现在不是什么妓女了，她只是一位父亲的孩子。”沃利敬慕这种理念。不论这大千世界做何回应，刑警的使命都是把每个受害人看作无比纯洁的天使，无论他们曾经犯过何等罪孽。受害人神圣不可侵犯，人人享有同等正义。

洛杉矶正迎来老警探后来口中所说的“大事件年”。杀人案数
34 量在 1980 年达到巅峰后便逐渐下降，而后在 20 世纪 90 年代初期冲向第二波高峰。从原始数据来看，以前从来没有发生过这种情形（尽管在过去的十年中人均杀人率实际上更高）。1992 年，大约每 100 万美国人中就有 900 多人 [1] 死于杀人案，高于任何其他发达国家。而黑人面临的形势更为严峻：黑人死亡率是白人的六倍——早些年如此，“大事件年”后依旧如此。在高峰期，游离在威胁边缘的黑人的死亡率更是创下历史新高。1993 年，洛杉矶县 20 岁出头的黑人男子每 10 万人中便有 368 人死于谋杀，大概相当于 2003 年美国入侵伊拉克后被派遣作战的美军士兵的平均死亡率 [2]。

沃利在 1990 年升为警探，正赶上杀人案的高峰期，而那时候在洛杉矶南中央处理杀人案无异于生活在一个外人根本无法理解的魔鬼世界里。

兰德尔 · 肯尼迪把黑人他杀率称作“令人心寒的数字”——距离宁静的郊区只有十分钟车程之地，死亡率却近似战区。看到这一数据而陷入沉思是一回事，然而像沃利一样在接下来的十年里目睹这场灾难的一点一滴又是另一回事。

那时候的南中央像一座被隔绝的城市，四面被无形的墙围住，连空气中都弥漫着一丝悲伤，人们常常挂在嘴边的一个词便是“难以言说”。

当人们被问起与暴力的牵扯时，典型的回应便是如鲠在喉的沉默以及被一名宗教顾问形容为“罪犯眼神”的直勾勾的注视。当说起父亲的突然人间蒸发或是丈夫煎熬地咽下最后一口气时，他们的眼睛会突然失神，看向别处。而当说起谁家的儿子重伤致残时，他们往往无法继续，只是惋惜地摇摇头。那些从枪林弹雨中幸存下来的人在谈论那些没能躲过的朋友时，声音越来越小，直到沉默不言。人们常说：“无法用言语形容。”

杰弗逊公园的簿记员凯伦 · 汉密尔顿至今也没有谈起过儿子被 35
杀的事，而那件事已经过去七年了。她曾经努力过，深吸几口气，颤抖着双手，可就是说不出话来。他杀的悲恸也许是一种生不如死的人间地狱，活着的人苟延残喘、日渐衰弱，饱受失去的痛苦与不被理解的艰涩无奈。

对许多受害人的家人而言，他们的噩梦源于大部分美国人只在战争中才会有的经历：亲人突然惨死于家门口的大街上。这时，父母和兄弟姐妹往往最先赶到现场。

当年仅 18 岁的贾马尔 · 纳尔逊被射杀时，他的母亲跑出来，跪倒在地，撩起儿子的衬衣看到他身上满是弹孔。他粗声喘着气，最终死在了母亲怀里。

博比·汉密尔顿在附近的公园里找到了十几岁的儿子，后者倒在地上昏迷不醒。男孩呼吸沉重，后脑勺中弹。汉密尔顿像抱婴儿一般将他横抱起身，开车带着他来到一个消防站，男孩在那里咽了气。

还有些受害人的亲人是从电话里或者是从上门拜访的警察那里得知死亡的消息的。一位朋友给旺达·比卡姆打电话，告知她 19 岁的儿子泰伦被枪杀。比卡姆砰的一声挂断电话，无法再继续听下去了。路易斯·赖特在验尸所得知儿子死亡，当时一名官员把一张正面朝下的照片从桌子对面推过来。他的心脏怦怦地跳着，把照片翻过来后看到了儿子的脸。在 13 岁儿子生命的最后时刻，莎伦·布朗坐在儿子被枪击的娱乐中心外面的一条长凳上，免得打扰急救人员。后来，她对此后悔莫及。

凶杀发生后不久，对于许多失去亲人的人来说，他们情感麻木，有一阵儿仿佛失去了意识，脑袋天旋地转，并本能地推开痛苦。在一场葬礼上，一位母亲像个机器人一样从教堂的长凳上起身走向儿子还没盖上的棺材，她每走一步都像脚上绑着千斤重物。

真正意识到亲人已死的过程很漫长。有些人说，他们感到最悲伤的时候可能是凶杀发生之后两年、五年甚至二十年。“痛苦在后
36 头，在后头，在后头啊！”芭芭拉·普里切特在戴文死后两年痛苦地攥着拳头说道。很多人说自己深陷愤恨，无法解脱。一位失去儿子的父亲悲呼“究竟为何”。

有些人倒在绝望之下。在 42 岁的查尔斯·亚伯勒遇害后的几个月里，他的母亲安妮塔·麦基瑞每晚都脸朝下、四肢张开地趴在他的墓地上。一名来自康普顿的妇女也在凶杀案中失去了儿子，并

且不是一个，而是两个，她说自己只不过在“等死”罢了。卡尔顿·米切尔的弟弟保罗遇害身亡，卡尔顿便走向那些险象环生的街道，希望自己也像弟弟一样被枪弹击中而死去。

而杀人案可能会使失去亲人的人被社会遗弃。死者的亲属说人们刻意避开他们，仿佛不幸会传染。有时候，越接近问题所在之人被疏远的可能性越大。在黑人聚集的南中央一带，时常能听到用来描述这种疏离的话语，听起来含糊躲闪、冷酷无情。在大街上基本听不到“杀人”这类字眼，取而代之的是委婉语：“干活啦”，“招待”某人，“灭了”他，“把他撂了”，“让他高兴高兴”，“盯着这事儿”……一长串的清单没个头儿。血帮、瘸帮和胡佛帮都有自己的一套攻击和侵害他人的暗语——“冲”“上”“打”等。而那无处不在的“哇”“啊”“哇喔”及各种变体都是通用语，无论是轻微的口角还是大范围杀戮都适用，具体取决于当时的情况。

在街道和人行道上时常能见到亲属哀悼死者的混乱场面。母亲和祖母们试图冲破警方警戒线闯进现场。她们扑向受害人的尸首，捶打阻拦的警察。犯罪现场有时会发生小小的骚乱。当警察和歇斯底里的家属扭打在一起时，就会发生使用武力的情况。在沃茨发生的一个案子中，一名妇女因枪伤倒在一辆汽车旁边奄奄一息，她的儿子和亲属不停地挤过去，警察用武力将他们推回，并用警棍打伤了几个人[3]。

而在这“围城”之外却充斥着一种苍白而恶毒的麻木不仁。它渗透进官方、媒体及公众关于杀人案的说辞。几乎所有的死者家属都会有同样的感受：周遭世界冷漠地围观他们失去亲人。“大事件年”期间的十号州际公路以南地区，“没人在意”便是人人口中的 37
哀叹，即便过了很多年后也依旧如此。在杀人案和相关犯罪的处理过程中，充斥着一种公事公办的陈腐、阴郁和官僚做派，公务人员仓促办事，忙得焦头烂额。一位母亲曾讲述过她得知儿子死讯的经过：一名医院储藏室职员把她儿子的鞋递交给她，一个字也没说。

媒体报道的杀人案数量很少。虽然电视台比报纸报道得多，但是它不会持续跟进某个案件。很多人的死亡没有得到任何媒体机构的报道，尤其是当受害人是黑人时，因此所造成的积怨颇深。一位失去女儿的父亲说，媒体报道的缺乏似乎表明发生在黑人当中的杀人案在全世界看来就像“芝麻”般不值一提。“新闻上什么也没报道！”一位母亲在儿子遇害后的第二天在一名记者面前伤心落泪，“拜托你报道一下这件事吧！求求你了！”

即使有案件引起公众关注，关注点也经常有所倾斜。“帮派”是热门话题，但是“暴行”“创伤”和“一生的伤痛”并不是公众用来谈论黑人与黑人之间的暴力的用词。不知为何，美国主流对南中央的杀人案有种莫名的痴迷，但却仍无视它们带来的伤害。灾难的主要后果——痛苦——常常被人低估。

在这里，语言同样是战场。不止一位父母反对诸如“帮派暴力”这样的委婉说法，因为这样一来，他们所爱之人就被贴上了被社会抛弃的标签，或者他们作为“无辜受害人”的立场便会被削弱。杀人事件方面的社会活动家拉旺达·霍金斯的儿子也被人杀害了，她将这类抗议总结为：“‘帮派成员’是一个新的黑人词语。”像“有危险”这样的词更是糟糕，它们把受害人与罪犯搅和在了一起，令人无法分辨。维姬·林赛厌倦了一次次解释这些词，于是她在自己车子后面的挡风玻璃上贴了张贴纸，上面写着：我儿子是被杀害的。

警探布伦特·约瑟夫森在“大事件年”中的20世纪80年代末至90年代初一直在77街区的地方警察局工作。他给祸害南部分局众多居民的“症候群”起了个名字——“怪物”。这个名字成了整

个混乱局面的一个缩影——不仅是发生在一小群以黑人为主的人当 38
中的成堆的杀人案，还有这些犯罪背后隐藏的野蛮，以及世人对这些事件展现出的冷淡。

洛杉矶警察局也许从来就没有配备足够的警力处理十号州际公路以南地区的高频暴力事件。可是在“大事件年”中，案件堆积量多得有些离谱：少得可怜的警探们处理着数不清的案件，就像做战地手术一样。在那个时候的许多年间，案件数量至少是专家建议的两倍，并且是15年后抢劫 - 杀人调查司的警探所负责案件的十倍。包括沃利在内的一些警探在那些年里所做的事是无法再现的；直到今天，他那一代的刑警在对付“怪物”方面的经验仍是独一无二的。

他们不知疲倦地工作，每天加班加点，甚至导致婚姻破裂，同行里中风和心脏病频发。20 世纪 90 年代，南部分局的一名警探直接倒在了办公室里。然而即便如此，堆积成山的积压案件还在持续累积。“新案子总是层出不穷，没完没了，”一名叫杰瑞 · 皮洛的警探在“大事件年”高峰期过后十年回忆道，“后来我们差不多都住进了局里。甚至电话一响，你都觉得害怕。”

很难把工作和私生活撇清。警探们感到他们在进行一场看不见的战争。那时候，黑人和拉美裔毒贩、歹徒在社区内互相开枪袭击在人们的印象中已经成为常态，也都不是什么新闻了。“我记得《洛杉矶时报》某个周末的头版标题，”一名名叫保罗 · 麦兹的警探回忆说，“贝鲁特一枚炸弹炸死了六人。而那个周末我们正处理九起杀人案，却没有一起上报纸，没有一起。”这实在是太夸张、太让人抓狂了。“你处理的问题和人是社会上大多数人连想都不愿想的——他们不想处理那些人的悲剧和伤痛。”一名名叫约翰 · 加西亚的警探在 21 世纪初回忆道。当谈起他在牛顿中央分局和南部分局工作的日子时，他说："对那些人来说，他们不必在凌晨两点去敲门，然后告知'你的亲人被杀了'。"

似乎没人在意。麦兹回忆曾写过一封"匿名活动报告函"交给上级，请求更多的资源。"我曾气得火冒三丈，在房间里乱扔东西，"他说，"我实在无法相信帕克中心的人会做出那样的决定。"

39 可对警官们来说，警探工作就像一位高级别官员所称的那样"完全是无用功"，从而否定了这一整体机制。他们认为预防犯罪更有效用，因此，预防巡逻、团伙扫荡等项目似乎总能在调查中获得竞争优先权。一名名叫约翰尼·维拉的牛顿中央分局刑警说："全都颠倒过来了。"

当然，法律并不是卫生学，犯罪"预防"不可避免会使人将某些人看成潜在的威胁，而"积极的"巡逻听起来效果更佳。预防有个附带的好处，正如法学学者卡罗尔·斯泰克指出的那样：它能给予警察更宽的自由度，因为宪法限制了不少犯罪后的法律程序，但却没怎么在犯罪之前设限。

尽管存在层层阻碍，但许多警探在那些年里仍像上战场一样义无反顾投身于此。可工作中难免有些案子会受到影响。有的案子被弄砸了；有的调查太过仓促、粗糙，甚至半途而废。"有的案子可能有迹可循，可惜没时间发掘出来，因为不停地有新案子出现。"一名名叫瑞克·马克斯的警探如此说道，他在职业生涯中处理了160多个案件。

在这样的重压之下，唯一值得说道的便是它造就了一些鲜有人能匹敌的刑侦专家。全美上下只有为数不多的几名刑警敢称他们对杀人案的熟悉程度能够比肩洛杉矶警察局南部分局和牛顿中央分局的那些"刑侦专家"[4]。在纽约、底特律和华盛顿特区，也许存在这样的警探——他们从多年的办案经验和数十起杀人案中积累了不少心得。这样的警探能够成为专家并非因为处理过各种各样的案件，而仅仅是因为经手的案件基本上大同小异。

杀人案高发地带的环境非常相近。作案地点通常是少数族群聚居地或是有争议的领土，住在那里的人们不相信法律机关。就像南洛杉矶一样，在“大事件年”时期法律崩坏，血案四起。杀人案往往是由普通的口角引起的，大多数可以被概括为男人斗殴。这种斗殴可能是冲动下的激情犯罪，也可能是长期纠纷所致，或是斯凯格所说的“一场闹剧”达到高潮。据斯凯格观察，这些男人之间的“闹剧”同女人之间的拌嘴斗舌没太大差别，事实上，前者常常是 40
后者的延伸。“女人煽动男人去杀人从而实现背后操控。”一位人类学家在研究墨西哥的一个玛雅村庄时这样评价道。这一评价与洛杉矶发生的数十起命案的缘由相吻合，警察将之归结于“女人问题”。

贫民区里鸡毛蒜皮的摩擦都能演变成暴力，就好像法律缺失，人们没有别的办法来解决争端一样。负债或竞争商品和女人——尤其是女人——导致了许多杀人案。然而，侮辱、告密、酒后哗众取宠以及聚会上不受欢迎的客人，也都是常见的杀人动机。小小的冲突将人们划分为敌对的阵营并引爆宿怨。任何怨怼的情绪似乎都有爆发的可能：当彼此对立的两人偶然相遇时，相互之间的怨恨便如烈火燎原般席卷而来，在大街上或酒馆里爆发枪战。而复仇的欲望则是主要的杀人动机：在一些地区，为谋杀复仇被视为必行之举。然而，令人震惊不已的是，人们堂而皇之地讨论这种事，甚至在葬礼的布道台上讨论它的优点。

自古以来，对于“男人斗殴”的问题——在缺乏可信的法律权威的情况下，男人以杀戮定纷争、复前仇——人类一直在思考，可始终不得其解。

“罔顾法纪的族群都是蛇鼠一窝”这种言论未免太过笼统。但我们无法忽视，在不同的历史文化背景下，似乎有一种共同的借口被用来粉饰无法无天。

信口开河与流言蜚语尤其会加剧争端。加拿大的因纽特人因“世代的谎言”而战，苏丹人因“反复无常的会谈”而战，而吉姆·克劳时代的黑人因“嚼舌根和说长道短”而战。复仇和嫉妒型杀人最为常见，报复那些效忠失信于民的政权的告密者也是如此：在北爱尔兰，“探子”会被剜髌骨；而在南非，检举人会被施以火项链刑。宣称维持秩序的组织——比如加纳凶残的邻里监督组织——便是一个鲜明的例证：一旦合法的权威空白，凌驾于法律之上的暴力就即刻将其填补。从警察那里抢回朋友的风俗也是如此，而南非乡镇中的人们常常这么干。

处在这种境况下的目击者无疑内心惧怕，男人表现得很敏感。
41 他们的关注点在于荣誉和尊敬[5]——这是法律缺失的后果，而不是成因。拌个嘴就会伤及性命，并可能掩盖更深的敌对情绪。而由于某种原因，纵火倒成了主角——比如在俄罗斯、阿拉斯加淘金热时期的小村落，以及美国南方的租种区。

许多学者认为，在文明苏醒的朦胧时期，法律自身不断发展是回应合法的“自我救助”，即人们渴望自己动手“算总账”。粗糙的司法逐步让位于国家有序的暴力垄断。一些现代民主国家的杀人犯罪率较低也许是人类历史上的一种反常现象，因为它们并非通过任何正式行为建立起来，而是如学者艾瑞克·门克宁所说：“在漫长的发展过程中，个人自愿放弃自己隐性的权力而将其上交国家。”

虽然既有不少对这种观点的质疑，也有不少相近的观点，但是历史向我们展示的是：罔顾法律也是自有它的规矩的。这样看来，杀人案蔓延只不过是个别犯罪活动的扩散，它们是由法律缺失所导致的整个互动体系的一部分。而欧洲历史则为我们提供了一整套建立在个人复仇、家族仇恨、羞辱性仪式，以及各种形式的报复和部族暴力基础上的粗糙的司法制度，杀戮频发也占该图景一隅。在狩猎民族和其他没有完善司法架构的社会中同样存在关于高频杀人案的记录。

有趣的是，此类症候群也出现在离群索居的少数族群、边远地区的人以及被占领的族群之中——实际上，任何地方若正规权威不甚可靠或不得人心，就都会出现这种症状。因此，加拿大和美国国内的一些印第安部落的杀人犯罪率失调，瑞士、英格兰、威尔士和意大利的少数族裔及移民聚落也是如此[6]；而在祥和安宁的荷兰，非荷兰族裔同样饱受煎熬，他们的凶杀率是其荷兰族裔同胞的好几倍。18 世纪定居于美国殖民地荒蛮边境的人[7]，他们的杀人犯罪率与 21 世纪洛杉矶南中央的黑人杀人犯罪率几乎一致。今天，在以色列的提拉镇，阿拉伯裔以色列公民也在类似于洛杉矶南中央的黑人杀人犯罪率的境况下挣扎。他们用约翰 · 斯凯格听着非常耳熟 42
的话指责以色列警方——“凡是阿拉伯人杀阿拉伯人的事[8]，他们根本不在乎”，这是其中一位居民说的。

这情形堪比默认设置。无论在何处，只要人类在法律权威薄弱的情况下被迫对决，那只“怪物”就蠢蠢欲动。古希腊人曾写下复仇女神的故事[9]：可怕的黑色蛇发女人心怀怨恨，不停地喊着“抓住他、抓住他、抓住他”。只有法律能将其慑服。

为了解决此类背景下的案件，刑警们必须在民间接受锤炼。他们得清楚各种隐秘的俚语和用作象征的侮辱性话语，并在数不清的绰号和别名之中游刃有余；得理解人们对被贴上“告密者”标签的惧怕；得有能力一一解开缠着每个案子的盘根错节的关系网——复杂的家庭关系、“未婚夫”、少年爸爸，甚至是流浪狗。

刑警们必须学会撬动官僚主义的杠杆——在受了多年的漠视后

它都生锈了。他们还得学会高效、高速地工作，同时处理多起案件。将一件发生在贫民区的杀人案一点点拼凑起来并不是线性的渐进式任务：就像所有电视剧里演的一样，一条线索引出另一条，再引出下一条。它需要侦查人员来回探索并回头翻查，就像蜘蛛织网似的。目击者说谎、改口或是失踪都有可能发生，他们口中的故事往往也是前言不搭后语的。成功的案例都是由交叉的佐证点编织而成的，而不是直线的讲述。

最后，在那些年里学到各种技巧的警探们了解到杀人案中的那种沉痛的悲伤，这是最专业的知识。他们知道为死者感伤的家属们每时每刻都是如何挣扎着过日子的，也知道什么时候是好日子、什么时候是坏日子。优秀的警探会对死者家属说“我无法理解你此刻的心情”，而顶尖的警探不用这么说，多年来从事这项工作让他们对此有一种精神上的理解。就好比这本书被写作时还在南部分局工作的瑞克·戈登警探一样，他对经手的案件有着非常深刻的道德体悟，每次谈到这些案件时都用宗教的口吻，仿佛它们的结局早已注定。他总说，仿佛有什么东西——比他们自己更重要的东西——促使目击者出现在那里。保持谦卑是他办事的信条——这能够广开言路，能够让证据自己开口，也能够在鉴别说谎者的同时相信那些看起来在说谎实则在说实话的人。

43 沃利将会成为这些由灾难锻造出来的顶尖警探中的一员：卓越而罕见，但却不受待见。

在牛顿中央分局时，沃利·特内勒和克勒·拜特克斯搭档，后者是一名来自奥兰治县的爱尔兰裔中年人，脾气暴躁，性格阴沉。

拜特克斯和特内勒两人分工明确。拜特克斯负责处理犯罪现场，特内勒则凭借一口流利的西班牙语混进人群中，在犯罪现场的边缘区域转悠或融入附近的街道中去。他总能撞上巡逻警察错过的人并同其聊起来，总能恰好得到为其他人所忽略的小道信息。拜特克斯认为特内勒的这种游说盘查的能力神乎其神。不经意间，特内勒早已着手调查，而等到一天的时间快结束的时候，他便能在棘手的地方找到目击证人。

特内勒默默地展现着自己的才干，却丝毫没有咄咄逼人的样子。他的体格壮实，虽然不高但双肩宽阔，棕色的眼睛透露出真诚质朴，额头上布满岁月的痕迹。他深陷的皱纹一直蔓延到发际线，形成道道月牙，这使得他的脸庞看上去亲切和善。总而言之，在这个和人打交道的工作中——时时要寻找目击证人，并说服这些人开口——他表现出色。

1992 年杀人案爆发达到高峰，案件的数量多得简直令人天旋地转。拜特克斯和特内勒当年一共处理的案件数量达到惊人的 28 起，几乎是年均案件建议处理量的 3 倍之多。特内勒倒是乐此不疲。他热衷于其中的刺激兴奋，热衷于马不停蹄地工作。拜特克斯这时注意到了特内勒身上的其他特点：下班后，当其他警探都去喝酒时，特内勒会回家陪伴家人。虽然两人走得很近，但拜特克斯也只见过特内勒的妻子和三个年幼的孩子寥寥数面。拜特克斯知道，特内勒不工作时更喜欢家庭生活，希望同亚迪拉和孩子们待在一起，在家的周边闲逛。特内勒在家很少谈起工作的事，迪迪小时候丝毫没有发觉父亲是一名刑警，直到还是个小孩子的她有一次偷偷翻抽屉时发现了一些尸检照片才知道这事儿。

第五章

清案

44 1987 年，22 岁的约翰 · 斯凯格初入警校，整装待发；而此时，华莱士 · 特内勒已经经验颇丰，出师迈向成熟警察之列。

从警校毕业后，斯凯格被分配到 77 街区，成为一名还在强制试用期内的巡警。而接下来的职业生涯，他大部分时间都待在南部分局，或与体制周旋，想方设法回到南部分局的工作岗位。在那个充斥着暴力的年代，斯凯格办起事来却得心应手：作为一名身材高大、体格健壮，有着一头红发的警察，他浑身透着一股轻松自信，内心一片沉稳地投身于街头生活，学习其中的策略、手腕。

10 年前，华莱士 · 特内勒作为一名年轻的打黑警察被征募去做第一次凶手浪潮后的清理工作。10 年后的今天，约翰 · 斯凯格则在第二次凶手浪潮后被征募去做清理工作。20 世纪 90 年代前三年中骚乱肆虐，那段岁月可谓野蛮凶残，光洛杉矶县就有 6 000 多人死于杀人案。

第五章　清案

1994 年，斯凯格被“借调”至南部分局刑侦科。那时候，他还不是警探，而是三级警员，即见习警员。这种做法仍然存在于洛杉矶警察局：招募巡警和打黑警察填补刑事警探的空缺，但是不授 45
予相应的警探警衔。从警员晋升为警探的笔试和面试更看重一般的程序和相关的部门政策，而不是考察甄别优秀刑事侦查人员的办案能力。然而，办案能力却无法通过正式考试考量出来，所以一般在考试中取得良好成绩的警员往往缺乏杀人案方面的破案天分。因此，刑侦科的主管常常被一群无能的下属弄得心烦意乱，后来宁可绕过正式的晋升机制也要自己甄选人才。

他们会看上约翰 · 斯凯格，这一点也不稀奇：他本来就是年轻力壮的新人警察，况且在刑侦小队里又表现突出。可是当上级让他去西南分局的刑侦科（那时候是覆盖了西南区、东南区和 77 街区的联合刑侦队）工作时，斯凯格心里有些不情愿。即便是暂时当刑警，他也不情愿。斯凯格喜欢打黑警察的工作，并且他干劲十足地做着，而刑警却是一帮不中用的家伙，他可不想沦为刑警之流。然而，考虑到若是就这么拒绝了的话，上级会难堪，他便难以推辞了。

多年后，当被问及为什么刚当上杀人案警探不久就确信自己以后只想干这行时，斯凯格给出的回答值得玩味。他没说自己喜欢调查杀人案，只是说，如果一个人发现自己擅长做大部分人不擅长做的事，那么他就别无选择了。

“我知道我能做好，”斯凯格继续说道，“我能做好。但除了我还有谁可以呢？”

斯凯格的父亲向来很少谈论儿子做的选择。现在，面对儿子跟随自己的脚步踏上刑侦之路，他也只有一句话要说。“当心点儿，”他告诉斯凯格，“因为当你和杀人案打交道时，其他的一切都不重要了。”直到后来，斯凯格才真正体会到这话的分量究竟有多重。

斯凯格和一名教官搭档共事，但巨大的工作量打破了常规：斯凯格虽然只是一名执行警探，但不时会接到任务，要独自处理案件。他侦破了自己接手的第一个案件，然后又解决了下一个案件。这些案件让他一点一点地学到了更多东西。

早些时候，警察局曾将一起六个月未有定论的“悬案”派给他，看他能否给此案带来一线转机（那个时候，拖了几周没结的案子都可能成为“悬案”）。那起案件的受害人名叫利奥·梅西，是一名普通工人，某日在下班回家的路上顺道去了一家酒馆。在酒馆
46 里，一名行乞的黑人向他讨要啤酒喝，梅西拒绝，那名黑人便在他走出酒馆时袭击了他。那人开枪射穿了梅西的腿部，导致其失血过多而死。

梅西是一名父亲，也是一名丈夫。当斯凯格接手这个案子的时候，梅西的妻子格洛丽可谓怒火中烧，因为案发后几天她便听到了关于凶手的传言，好像别人都知道是谁杀了她的丈夫，唯独警察不知道。格洛丽·梅西心想，要是丈夫利奥·梅西是白人，警方铁定早已揪出凶手结案了。

斯凯格在位于克伦肖购物中心的分局警务室里见到了格洛丽，她因过度伤心患上了严重的背部疼痛。当时，她整个人怒气冲冲的，坚信官方根本不理会她丈夫的死，而且她害怕自己那两个十几岁的儿子或是街坊邻居家的年轻人会想报复凶手。现在又有一个洛杉矶警察局警探说对这案子感兴趣，格洛丽对此渐渐失去了耐心——这些人说自己很专业，却由着十几岁的男孩子自己去讨公道，而国家却真真切切地未能维持正义。

她把斯凯格上下打量了一番，心想，好啊，又是个从洛杉矶警察局来的白人警察，身材高大，“足足有八九英尺高吧”。格洛丽后来说，她当时下定决心不被吓倒。尽管自己身材矮小，但格洛丽尽可能把脸凑近斯凯格，差不多直勾勾地和他对视。然后，她向斯凯格发泄了一通，发泄她心中压抑许久的种种失望与愤慨。“他不过就是个命贱的黑人嘛，对吧？”格洛丽朝着斯凯格大吼，“不过就是个命贱的黑人死了！”

斯凯格什么也没说，只是默默地听着。

等格洛丽喊累了，上气不接下气的时候，斯凯格就开始询问起来。此后，斯凯格还去看过她。他先通过电话打了声招呼才到了她家里，确认她没事后又问了她两个孩子的情况。

不止格洛丽一个人感觉到好些人都知道凶手是谁。对于发生在南中央的杀人案，最常听说的一句话就是“谁都知道”。许多人听到了枪声，其中有些人认出了嫌疑人——他是那个社区的常客。可不管斯凯格怎么追问，他们给出的人名都相互矛盾。有的人说叫“贾马尔”，有的人说叫“贾巴尔”。似乎没人确切知道那名暴力杀人的行乞者究竟是谁、住在哪里。

斯凯格到处走访敲门，问了又问，最后他寻到一处仓库，里面 47
“住着”的一名男子与人们对那名行乞者的描述相符。他在镜子上发现了指纹并幸运地破了案。斯凯格的老搭档克里斯·巴林后来注意到，斯凯格总是能幸运地将案件侦破。斯凯格当时扯了扯镜子，结果从后面掉出一张驾驶证，上面有一名男子的照片、出生日期和全名——贾巴尔·斯特劳德，剩下的就是找目击证人证实了。

斯凯格亲自开车送格洛丽·梅西去法庭，并告诫她在展示那些血淋淋的照片之前出来。格洛丽慢慢对斯凯格产生了好感，斯凯格也一样。刚开始格洛丽的盛怒并未对斯凯格有丝毫影响，因此，这事儿过去后他便什么都不记得了。那时候，他早就习惯被人骂作冷血无情的白人种族主义条子，也听过各种各样说“又死了个黑人”的话。这就是这份工作要承担的一部分——贫民区工作的永恒主题，但他耸耸肩，只当没听见。毕竟，那里的人也总认为他不在乎。

感觉警方和大城市对此不在乎可不仅仅是老掉牙的话，而是生活在南洛杉矶的黑人居民的生活体验——都能用数据量化。民权运动期间以及后来的几十年里，社会剧变，刑事司法制度也有所变化，但是快速精准地对杀害黑人的凶手处以相应刑罚仍是一项薄弱环节。

无论受害人是谁，美国历来都没能好好惩治凶手。在 19 世纪的纽约，大约只有 1/10 的杀人犯被定罪，而在 19 世纪末的费城和芝加哥，只有不到一半的杀人犯被定罪[1]，这种情况大概持续到 20 世纪。例如，在 20 世纪二三十年代的洛杉矶，疑似有很大一部分的杀人案[2]——超过 1/4——甚至没有经过刑事调查。其中有些案件的受害人可能是被警察杀害的，也有些案件看起来是因为嫌疑人死亡或得到赦免而被搁置。当时社会道德的尺度也明显不同：1925 年《洛杉矶时报》刊登的一篇文章称赞了两名追杀抢劫犯的
48 杀人凶手，且当时警方也赞同不该因此行为而将其逮捕。报纸称，这两名杀人犯“只是将法律攥在了自己手里”[3]。

在接下来的几十年里，官方声称杀人案件的结案率很高，可加利福尼亚州监狱里的卷宗显示的可不是这么一回事[4]。20 世纪 60 年代，因杀人罪入狱的人数不到杀人犯总数的一半。20 世纪 70 年代，这种差距愈演愈烈，当时被杀身亡的人数比被定罪和监禁的杀人犯数量多三倍。除了能得出上千名杀人犯没有受到惩罚之外，似乎得不出其他结论。

联邦政府报告的案件清理率，即杀人案件的结案率，严重虚浮，部分原因是他们将洛杉矶警察局的警察所谓的“另行结案”同缉拿归案合并，所以即使没人被起诉，案件调查也宣告结束了。案件之所以可以被算作“清理”完毕，是因为其嫌疑人已死——有时候可能是在报复性谋杀事件中身亡。可就算掺水严重，在20世纪90年代之际，上报的案件清理率也只是下降到约50%。而《洛杉矶时报》当时的调查表明实际结案率更低，这没什么可大惊小怪的。这项调查对20世纪90年代初洛杉矶县中的9 400起案件进行了逐案分析，在此基础上得出的结论是，杀人案中只有1/3的嫌疑人被判处过失杀人罪或谋杀罪。结案率因受害人种族不同而有所差异，涉及黑人和拉美裔受害人的案件比涉及白人受害人的案件结案率更低，且杀害白人的凶手受到的刑罚最重。该调查结果与其他研究得出的“受害人折扣”结果相呼应。例如，死刑研究显示，相比于被告的种族，受害人的种族对案件宣判影响更大。杀害白人的凶手被判处死刑的概率更高，而杀害黑人的凶手受到的刑罚更轻。

尽管后来犯罪活动减少，但这种状况一直持续着。根据警局发布的数据，从1994年到2006年，在洛杉矶市2 677起受害人为黑人男性的杀人案中，只有38%的案件嫌疑人被缉拿归案[5]。即使算上那些“另行结案”的案件，结案率也不到50%。往大了看，在整个洛杉矶县，类似的状况也十分普遍[6]。其结果便是，南洛杉矶 49
未结案的杀人案件有几千起，也就是说在那十来年间，平均每平方英里就积压了40多起案件[7]，而从20世纪80年代末到21世纪初，平均每平方英里则积压了20多起案件。

重伤他人的案件就更是泛滥成灾了。在南洛杉矶，伴随一起致人死亡的枪击案约有四到五起致人伤残的枪击案[8]。斯凯格的一位爱开玩笑的同事[9]把这类枪击案——使人受伤但未致死的案子——叫作“半步杀人案”，也就是“即将成功的杀人案”，犯罪高发辖区内遍地都是这类案子。例如，21 世纪初，东南区那 9 平方英里的地盘上每个月都有 30 余起“半步杀人案”发生[10]。无数人重伤瘫痪、昏迷不醒、脑部受损或是被迫在结肠造口袋的辅助下度过余生，而这些人大都是黑人。据官方统计，约有 40% 的恶性袭击案件得到“清理”，但其中有半数并未将嫌疑人逮捕，这些都属于“另行结案”的那类案件，通常是因为受害人拒绝作证。例如，在 2004 年沃茨发生的“一级”袭击案件中，只有近 17% 的重伤案最终将行凶者定罪[11]。

而这形成的氛围就弥漫在格洛丽 · 梅西呼吸的空气中。在极为严重的未得到解决以及未起诉的袭击案件之下，一片轻微犯罪的海洋汇聚而成，那些通常是未报告的案件。民众遭受着拳打脚踢，汽车被炸毁，公寓被洗劫一空。燃烧弹被扔进房子里，而实际上这已经成了合法行为：2000 年，不堪重负的洛杉矶消防部门调查员调查了几百起纵火案[12]，可其中鲜少案件得到清理。

那时候，口头威胁也十分猖獗，象征性的侮辱和带有性意味的羞辱使其更为恶劣。小偷小摸、“搜人口袋”、抢金链子、脱人裤子等行为对不注意这些行为所隐藏的信息的人来说带着隐隐的致命威胁。被人“偷袭”或“打了一顿”是街道日常词汇的一部分，“一不留神被逮了个正着”意思是放松了戒备，“露了个脸”意思是打了一架，而帮派暗话“DP”是“纪律”一词的缩写，意思是因某事把某人狠狠教训了一顿。

60 这些犯罪行为就为后来的谋杀事件埋下了伏笔。“就在格雷普街这儿，我会回来的！”在一起未报告的殴打事件中，一个女孩边跑边喊道。三个星期后，其中一名打她的男子被人谋杀，而格雷普街瘸帮分子便是嫌疑人。篮球场上的一个越界球就能引发一场斗殴。过后，打输了的人的朋友便会对他施压，他们会说：“放倒那个蠢货，你要负责啊！”他照办了，几天之后把那个赢了的人杀了。

生活在这里的黑人居民长期以来抱怨的不仅是警察的不公平对待，还有警察在抓捕藏在他们中间的凶手和暴力行凶者上无所作为。这种不满由来已久，20 世纪 40 年代，一位名叫贡纳尔·米达尔的瑞典社会科学家[13]在研究美国南方黑人时发现，尽管对执法颇有怨言，但南方各地的黑人也表示希望增强警力，以保护他们免受其他黑人的伤害。

南部分局的警察每天都能听到几次类似以下的抱怨。“我不是出来找事儿的，我只是开车兜个风！”2005 年某天，一名名叫塔玛拉·布朗的年轻女子面对两名 77 街区的警察气急败坏地嚷着，他们抓到她开车没系安全带。“你们怎么不管管真正在外面找事儿的？”不管黑人说得多么急切，似乎都没人会听完最后这一句。在众多法学家里，只有兰德尔·肯尼迪一个人对此表态发声，他认为：“非裔美国人遭受的主要刑事侵害不是法律的过度执行，而是法律的执行力不足。”格洛丽·梅西不用别人向她解释这句话，也明白其中真意。

多年后，当谈起斯凯格调查她丈夫之死的经历时，格洛丽说，斯凯格接手那个案子后，“就像你的亲兄弟那样尽心追查凶手，你明白吧？”在她心里，斯凯格代替国家调停社区正义，而格洛丽对此深表感激。她深信斯凯格尽心尽力地侦查她丈夫的案子很可能避免了又一桩杀人案的发生。

七年后，格洛丽·梅西的大儿子戴蒙也遭人谋杀。

沉浸在沉痛的悲伤中，格洛丽·梅西想起了约翰·斯凯格，可 51

那时他已经被调到别的地方了。戴蒙被杀的案子没有嫌疑人被抓捕归案，几年时间流逝，没有人联系过格洛丽，而她儿子的案子至今仍未得到解决。面对她的询问，住在同一条街的一名男子轻描淡写地说："会有人负责这案子的。"

第六章

罪无可证

当年轻的约翰·斯凯格还在南部分局作为见习警员接受试炼 52
时，华莱士·特内勒依然在佛罗伦萨大道那形同虚设的行政边界以北工作。特内勒一路顺风顺水，很快便成为中央分局办案能力一流的精英人物。那时候，特内勒和拜特克斯已经处理了几十起案件。

而在坐落于市中心的那人人欣羡的抢劫-杀人调查司里，主管们四处网罗人才，他们的目光锁定了特内勒。这些人设法将他招录进抢劫-杀人调查司。然而，特内勒以自己的行事原则为由婉拒了橄榄枝。他在内心深处仍是个精力充沛的南方警察，喜欢过得忙碌而充实。某种程度而言，特内勒明白，虽然总部的人瞧不上帮派案件，认为它们不仅上不了台面，还令人异常烦心，但自己仿佛是为侦查它们而生的。

而且不只是性格使然，这份工作更事关公平。特内勒并非左翼人士，可那句“只是一位父亲的孩子”传达了对社会公正问题的关注，而他没法不放在心上。他相信，有钱人坐拥一流安保。“而这里的穷人却什么都没享受到，他们需要好警探。”他说。

然而现实是洛杉矶警察局可没把这当成头等要事，也不打算
53 把最优秀的警力输送到牛顿区。毕竟市里有才干的警察都被寄予厚望，一路晋升。再说，特内勒也早该加薪了——他的三个孩子读的都是私立学校。也许没有准确理解调往总部背后的种种好处，他便由着自己，慢慢经由笔试和面试的流程，一直升到 D-3，即三级警探，也就是主管级别。

而要擢升警衔便得在洛杉矶警察局各个分局之间调任。特内勒从刑侦科调往牛顿区的另一科室当主管，监管“一桌子”调查家暴案和强奸案的警探。从表面上看，这些警探需要展开相应询问，也要追踪嫌疑人。可是，在洛杉矶这些贫民区的警察局里，轻微犯罪分得的警力有限，因此他们的工作大体上也就变成了赶文书。警探们根本没有时间进行询问，更何况，家暴案和强奸案一样，大部分发生在家里或是熟人作案，因此大量受害人不肯出庭作证。而特内勒手下的那些警探大部分在填写各种文件，赶在截止日期前提交。特内勒就这样一不小心陷入了自己能想象得到的最可怕的工作中：坐在办公桌前办案。他浑身上下都不自在。

拜特克斯回忆说：“你能看出他过得不好。”以前，拜特克斯可从来没听过搭档向自己吐苦水。特内勒跟老上级说自己不想干了。而上级让他再咬牙坚持一段时间，慢慢就会适应。可特内勒知道自己想要的东西是什么。

为了做足表面功夫，他在那个职位上“磨”了六个月。后来得知有个二级警探的职位空缺，但这意味着降级，保不住三级警探的警衔，并且还得去抢劫 - 杀人调查司，他之前可从没想过要去那儿工作。但去那里至少是真正地在查案子，而不是眼前这个日日走过场的活儿。

于是特内勒降级就职，这可气坏了局里的警监。就这样，特内勒于 1999 年心有余悸地逃离了那堆了一桌的强奸案案件卷宗，最终到抢劫 - 杀人调查司赴任。

为了这份工作，特内勒的工资降了 7%。于是乎忙活了七年，工资倒是倒退了，可一切都值得：毕竟他回归了侦查工作，展开行动、追击凶手，他又变得欢快了。拜特克斯也着实吃了一惊。他还 54
从没见过哪个爬到他们那个位置上的警察——那些人的眼里大概只有钱——会宁愿降级减薪也要调任。

除了自愿降级之外，特内勒的晋升之路同南方不少警察的经历是一致的。可有一点特内勒与众不同，甚至有点偏激：他住在 77 街区。

多年来，警察局的大部分警察不住在执勤城市的市区里，而是宁愿住在郊区，大老远通勤上班。他们在南加利福尼亚地区筑起一座“红州”[①]堡垒：北至圣塔克拉利塔和西米谷，东至奇诺和特曼库拉，南至奥兰治县。除了圣佩德罗这样历来是白人聚居的地方，洛杉矶其他地方都不在其考虑范围之内。

当然了，对其他领域的公职人员，包括教师和消防员来说，想住在洛杉矶也不容易，因为这座城市贫富分界明显，低犯罪率社区中罕见价格适中的房子。而洛杉矶警察的工作时间没有规律，所以令在郊区和市区间通勤的人士望而生畏的交通高峰期对他们来说不成问题，这群人倒是能享受在高速公路上畅行无阻。选择住在哪里跟种族偏见有多大关系就得看你怎么理解了，因为大多数警员出身少数族裔。不管怎样，他们的态度实在很纠结，暂且草草总结成：一提起洛杉矶市中心的社区，他们便是一通嫌弃，然而下一秒又马上改口替它们开解。

① 选民倾向于投票给共和党的州。——译者注

但通常来说，警察总比外行知道得多，比方说，这个工作方方面面都涉及冲突，并且是非常私人化的冲突。所以说，警察每天都要应付接二连三的报复性事件。在回家路上被人尾随或是在自家附近与人对峙，这状况光想想都让人不寒而栗。因而在这么多年里，即便总有刺头吹毛求疵，指责警察不住在市区，他们也还是坚持这么做[1]。

但特内勒例外。他不仅住在市区，还住在 77 街区。虽说 77 街
55 区别致的住房比东南区多些，适合中产阶级居住，可多年来这里一直是洛杉矶数一数二的暴力事件高发区。不仅如此，这 11 平方英里的辖区内还囊括了洛杉矶市几个臭名昭著的黑人街道帮派的势力范围。同事们挺纳闷他怎么会选择住在那儿，常常在他背后窃窃私语。就连抢劫 - 杀人调查司的警督莱尔 · 普里多也说，“大家都知道”特内勒住在 77 街区，“不少人觉得这么做不甚明智”。而特内勒的老搭档克勒 · 拜特克斯一听到这样的话就来气。他去过特内勒家，知道他家打理得很好，非常温馨；他还认为社区周边的环境也“不错”。拜特克斯自己则在位于市中心的艾尔塞瑞诺买了座房子，那里也很“不错”，只是住户多为拉美裔。他跟特内勒一样，送孩子们上私立学校。一次，拜特克斯曾与特内勒一道去亚拉巴马州追捕一名嫌疑人，特内勒借机顺道去看了眼他们家以前住的房子，一栋 600 平方英尺①的屋子，木板墙壁，当时便已摇摇欲坠。拜特克斯那时才知道特内勒的父母一度有多拮据，特内勒的出身有多平凡，以及这家人走了多远才一步步成就了今天的光景。拜特克斯心想，特内勒想住在哪儿都成，那是他的自由。

而对特内勒来说，决定住在 77 街区很自然。那里就像他的家一样，离他长大的地方不远，他的母亲至今还住在那儿。他年轻时

① 1 平方英尺约等于 0.093 平方米。——译者注

便买下了这座房子，他那当警察的工资付得起，至此他也实现了自己那个“异想天开的梦：我的孩子们只有这一个家”。

但也不是说住在 77 街区当真毫无顾忌。特内勒一家刚搬过去时，街上有栋公寓是个毒品交易中心。曾有一名毒贩就站在特内勒家门口的私人车道上买卖毒品，当时特内勒是一名缉毒警察，毒贩交易时他就在几英尺之外的地方修草坪。也许那名毒贩根本没料到会被警察盯上；大概率是这人“一不留神被逮了个正着”，因为他从未想过会有警察住在这条街。于是，特内勒当即拨通 911，并将此人当场拿下。

事后，特内勒写了一份关于那栋公寓毒品交易的报告书，并把自己家当作“观察据点”，于是这一带的毒品交易立马偃旗息鼓。之后，特内勒一家便在这儿幸福地生活。邻居们都很喜欢他们。特内勒去上班的路程很短，不过是几个社区的事儿，洛杉矶很少有警
察能享受这种便利。一旦牛顿区有人报警，他就能在几分钟内快速 56
应对，而不致像别的警探一样，往往错失案发后一小时的黄金破案期，因为那些人一般需要相当一段时间才能赶到市区内的案发现场。特内勒住的社区不仅有人行道、高大的树木、精心打理的庭院，还有 20 世纪 30 年代的老式住宅，小巧可爱，其中还有些是姜饼式建筑风格。海风清新，吹过此处时棕榈树随风摇曳。尽管这个地段位于洛杉矶国际机场飞机跑道附近，但距跑道足够远，飞机降落时的轰鸣声没什么干扰。重点在于，你不必去亚拉巴马州贾斯珀的弗里斯科地区便可眺望这一带的风景。因此，拜特克斯说此地环境“不错”颇为客观，没什么可辩驳的。

邻居们都知道特内勒为洛杉矶警察局工作。特内勒并不觉得有什么可抱歉的；因为于公于私，他向来待人恭敬周到，从容坦荡，不会因为世人的眼光而抬不起头。“我曾遇到过自己以前逮捕过的

人，”他说，“我无愧于心，不惧直视他们。”特内勒认为“溜去”郊区过日子多少有些不光彩，他说：“我就住在这儿。我可不会受别人掣肘，搬到别的地方去住。”

大多数居民希望特内勒就住在那儿，这一点很明显。当听说附近住着警察时，街坊邻居有什么大小麻烦事儿都跑到他家找他。也许警察不住在自己执勤的社区是因为担心附近形形色色的嫌疑人，可或许他们真正该担心的是那些受害人。特内勒很快就发现这些邻居非常欢迎他，恐怕比自己希望的还要热情几分，但他不失风度地欣然接受了这个新角色，尽力帮助邻居们处理各种问题。

在特内勒调往抢劫 - 杀人调查司前后，约翰 · 斯凯格终于熬到了晋升之日，总算成了一级警探，虽说警衔是警探里最低的一级。

斯凯格的晋升之路也遇上了和特内勒同样的状况，所以，他晋升后要从事的工作不再是曾经做的事。正如特内勒晋升后，相应的回报是前往牛顿区处理家暴案和强奸案，斯凯格也被调出刑侦科，
67 被派往位于威尼斯大道的太平洋区警察局处理毒品案件。那个地区靠着海滩，犯罪率较低。

于是，每天都是煎熬。

后来，南部分局 77 街区警察局总算空出个打黑警探的职位。虽然这不是斯凯格最心动的工作，但好歹是在十号州际公路以南地区办案，案子一般存在伤亡。不同于特内勒的是，斯凯格不必降职就能调往那里工作。

而 77 街区警察局新到任的上司——警探萨尔 · 拉巴贝拉，也是刑侦科的主管，可算是救了斯凯格。在斯凯格年纪轻轻、还是一名打黑警察时，拉巴贝拉便最先注意到了这个一头红发的小伙子。虽然拉巴贝拉只比斯凯格年长七岁，可他当警探的时间比斯凯格可

长了远不止七年。他在贫民区大队工作了很长时间——几乎比他认识的任何人都长，多年没有晋升，看着自己的同期一个个高升。拉巴贝拉发色很深，脸部瘦削立体，有着意大利人的英俊面庞，脸颊上零星有点青春痘留下的印迹；他举手投足间散发着浪漫的气息，那是他有意给自己塑造的形象。其实，拉巴贝拉并不似表面那般玩世不恭。相反，他无法单枪匹马地处理案件，也很难做到全然不理会别人的意见。而且他情绪多变、反复无常。他铁汉柔情、感情脆弱，总是毫无保留地相信一个人，但到头来却遭到背叛，他的很多段关系都以遍体鳞伤告终。

多年来，警察的工作让他饱受摧残，变得有些多疑而偏执。拉巴贝拉曾无数次于深夜处理杀人案警报，也因此无法在夜晚安然入睡。他的家庭关系也颇为紧张，也许可以说已经岌岌可危了。他本人更是有轻度抑郁。有的同事不喜欢他，说他是个两面派，即便他举止得体也无法挽回。闲下来的时候，拉巴贝拉便显得极为随和，偶尔严肃时也像在开玩笑。但是他不擅长撒谎。拉巴贝拉通常说的话就是字面的意思，只是声音低沉。只要仔细留意，便不会会错意。

拉巴贝拉的私生活可谓支离破碎，内心的纠结彷徨喷涌而出，
一齐向他袭来，势不可挡。好在拉巴贝拉目光长远，信己所能，坚
定不移地将调查杀人案件作为毕生所求。在他看来，国家应该通过
逮捕暴力实施方来回应暴力事件，表明立场。并且他认为，如果国 58
家没有这样做，就是明确地发出了相反的信号，即对暴力事件，尤
其是那些受害人是穷苦黑人的暴力事件的容忍。

拉巴贝拉承认，他的理论是“一个间接案例”。而他对南洛杉矶这么多年的观察令其深信，逮捕凶手能够强化法律，因为成功破获杀人案是警察能够采取的最为直接的一种手段，可以以此来对抗

导致城市黑人人口骤减的民间自卫和街头正义。拉巴贝拉固然性格有瑕疵，可他对杀人案的理性看法却有着崇高的思想道德境界。

这也令他十分另类。事实上，很多警察过得浑浑噩噩，只知循规蹈矩，按部就班，走一步是一步：先接报警，再去处理，然后拉响“四级警报”，最后汇报“局势已经得到控制”。鲜少听见有人讨论警务技巧，对警务工作优劣也没达成共识。

警察被告知应“积极主动”，把重心放在“抑制犯罪”，或进行“犯罪控制”上。每日听着这种荒谬的指令和行话，也难怪他们挣扎着寻找警务工作的意义所在。警员们每日驾车四处转悠，执行搜查命令，检查车牌，接着驾车去其他地方看看——这着实容易令人感到枯燥乏味。即使有意提高标准，期许他们一展风采，显露自身的训练有素以及专业人士应有的本事和决断，也没多大用处，所谓的创新警务战略往往使警察沦为机械运转的零部件。

很多人强调彰显警察的“存在感”，按犯罪分布将警察合理地部署到各目标社区中，但却没有说明警察被分派到目标社区后应该负责的具体事项。这一疏忽隐隐令人担忧，它似乎在暗示：也许给稻草人套上蓝色警服也能达到同样的效果，没准还可以节省不少开支。

21 世纪头十年，洛杉矶警察局的警探将此角色扮演得很彻底。
59 其中一招是把巡逻车停在犯罪高发的街道上当“诱饵”。黑白相间的警车停靠一旁，里面其实空无一人，只是用来吓唬人，让潜在犯罪分子以为警察也许在附近。而对自重的警察来说，更糟糕的事莫过于高层创设了一个惯例：两名警察共同驾驶一辆巡逻车，漫无目的地行驶，红色警灯一路闪烁。高层认为此举不仅明智，而且相当先进，因为这样一来犯罪分子便知道警方处于高度戒备状态。但当值班警察意识到没什么实事可做，而只能可笑地开着警灯四下晃荡时，脸上明显流露出忍气吞声的表情。

若是问为什么选择当警察，洛杉矶的大部分巡警会耸耸肩，敷衍地回道：“为人排忧解难嘛。”令人颇感辛酸的是：警察的确酬劳优渥、养老金丰厚，有的警察倒真心实意地想做点贡献，只是无奈不知从何入手。

萨尔 · 拉巴贝拉倒是没有这方面的困扰，他目标明确，清楚每一步行动。由于信念坚定，他很清楚自己肩负的使命，也很清楚自己工作的每一天的重要性所在。拉巴贝拉按照轻重缓急，将各事项在脑子里盘算清楚；同时他有着对长期目标以及对将要处理的问题的深刻认识。总而言之，他代表着始终如一和正直不虞，这些恰好是他所服务的刑事司法系统的欠缺之物。如果说他从表面来看不像这种人，那也只能证实瑞克 · 戈登的说法的正确性：有时候，吐露严酷真相的往往是那些看似不可靠的人。

20 世纪 90 年代之后，犯罪活动逐渐减少。南部分局刑侦科解散，取而代之的是南部分局下辖的三个警察区成立的分区刑侦队。而拉巴贝拉被指派主管其中一队，即位于沃茨的东南区刑侦队。

多年来，拉巴贝拉一直关注斯凯格，看着他逐渐成长为一名实战人员。

虽然在南部分局刑侦科的时候，两人不是直属关系，但拉巴贝拉熟知斯凯格的办案风格，知道他从不拖延，从不在办公室里闲晃，或是坐在电脑前无所事事。斯凯格几乎总是奔波在外，四处寻
访、交谈，多次面对面接触目击者，若是遭拒，便再折回去打听。 60
于是，拉巴贝拉新官上任不久后就把橄榄枝伸向了斯凯格。

斯凯格的直觉告诉他拉巴贝拉对这份工作怀着崇高的理想信念，于是他一把抓住了机会。就这样，斯凯格最终羽翼丰满，开启了职业生涯的新征程，作为刑侦警探“学成出师”。

第七章

好人与傻瓜

61 2000年的时候，方圆9平方英里的沃茨人口约为13万，其中黑人占39%。东南区除黑人外，住的基本是拉美裔，包括许多不久前才从墨西哥、萨尔瓦多和危地马拉来到美国的移民。

自沃茨小镇成型以来，黑人便一直生活在这里地势低洼的沼泽区域；20世纪20年代末，当沃茨最终成为独立城镇时，黑人占绝大部分，他们本有机会选出沃茨首位黑人镇长。然而，白人虽人数不占优势，但却把持着水供应，并成功拖延选举，直到其被划为洛杉矶市的辖区。第二次世界大战结束后爆发了第二次黑人大迁徙运动，无数黑人从南方涌入沃茨，很快便使其成为臭名昭著的一处“城中城”黑人社区。政治作家白修德在1965年骚乱发生后形容此地是“充斥着失业、痛苦和绝望之地，从南方来的人汇集于此”。

诱发暴力的各类因素似乎齐聚东南区。这一带是南部分局辖区内最贫困的地方，也是政府资助建设的多个公共住房项目的所在地——包括乔丹·唐斯住房项目和帝国庭院住房项目，这两个地方都因说唱歌手而声名狼藉。这一带上了年纪的男子日日坐在酒馆门前无所事事，懒散地随意横穿马路，看谁都带着几分不屑。警察整理汇编出那里的几个黑帮，其中几个帮派的名字颇具想象力，甚至有几分诗意，比如“软糖镇黑手党”“艰难时世江湖客”和“赏金猎人”。走在大道上的还有一群骨瘦如柴的瘾君子，他们满口坏牙，推着的购物车嘎嘎作响。 62

尽管沃茨名声不佳，但这里的风景却并不似名声那般叫人望而生畏。这里不是高楼林立、罕有人迹的贫民区：小型独立式单层住宅随处可见，四周装点着绿树草坪，及腰高的围栏将一户户人家隔开；人行道上不乏身穿校服步行回家的孩子，还有手推婴儿车的妈妈；而公交站旁则是一群在练习各种舞步的少年。这里的政府资助住房自有一番闲适安逸的格调，比如尼克森花园小区里蜿蜒的街道边是一排排黑白相间的整齐的房子。那个小区由著名黑人建筑师保罗·威廉姆斯设计，据他的孟菲斯档案管理员黛博拉·布莱克斯通说，这种设计反映了建筑师内心深处的理念——加州式的生活情调以及“满足平常人家对小型住宅的渴求”。在尼克森花园小区里，阳光透过窗户，洒进私人住宅里，温暖惬意；一打开一楼的房门，便是满园的天竺葵和青绿的草坪。

沃茨和洛杉矶市一样，属于地中海气候且阳光充沛。这里的气候夏季柔和，冬季干爽。这里的花园里开满鹤望兰，紫色的蓝花楹花徐徐绽放。街道两旁种着棕榈树，光滑的叶子在阳光下油亮发光。那时候的康普顿还有围场，雅典区还有马厩，人们骑着马在百老汇的草地上溜达。人们坐在门廊前的长凳上，夏天晚上就在车道上露天烧烤，孩子们在一边嬉闹。

同这片景象一对比，很多书中对费城、巴尔的摩和布朗克斯等地的市区“底层民众”的叙述似乎成了某种黑暗的幻想。2008 年来到此处观光的外国游客说自己十分惊讶，这里的环境竟然如此舒适宜人；借用乔治 · 克林和詹姆斯 · Q. 威尔森那篇著名散文里的话说就是，一扇破窗户都没有。

63 洛杉矶大多数黑人居民祖上是美国南方人。但也有民间传说称，沃茨吸引了极度贫困的最后一批黑人迁徙者——那些从路易斯安那州乡村或得克萨斯州东部地区逃荒而来的难民，其中有不少佃农以及自给自足的小农场主。沃茨还有些传言甚至称当地的黑人比洛杉矶其他地方的黑人“更黑心”。虽然此种说法是否属实值得推敲，且无法证明其真实性，但这却恰恰反映了沃茨黑人处境艰辛的说法并非空穴来风。

2001 年，斯凯格被调到沃茨工作，从当时的现状来看这段历史仍有迹可循。黑人依旧从南方陆陆续续迁到此地，而之前迁到此地的人又在故土和此地间来来往往。警察局的点名室的墙上挂着个大大的广告牌，上面有路易斯安那旅馆的标志，这个地方一度是人尽皆知的罪恶渊薮。当这个汽车旅馆被拆除时，虽然不知道警方从哪里弄到了这块广告牌，但很明显他们为什么会保留这块广告牌：路易斯安那旅馆就是这一带的缩影。很多路易斯安那州人的子孙后代们仍然像生活在南方的乡村一样密切来往，他们会在周末一起享受盛大的家庭式餐饮集会或是欢快的教堂早餐。在这里，彼此似乎都是熟人。

在斯凯格所在的警察局，身穿制服的打黑警察当中流行着一个由来已久的笑话。他们打趣说路易斯安那州斯莱德尔地区就像被连根拔起后又被安在了沃茨的大街上，这一片的黑人歹徒看起来大概有一半是从那儿来的。而把斯莱德尔换作什里夫波特、莱克查尔斯、纳基托什和新奥尔良等地也未尝不可。

只有不熟悉这种“城中城”的人才会把这里出现的各种问题归

咎于隔绝疏离或是缺乏社区团结。事实上，无论是从地方自豪感还是从邻里间的交往来看，沃茨展现的“社区精神”都比其他地方的更加鲜明突出。这也是贫民区环境的几大特点之一：这些地方相当一部分居民相互之间沾亲带故，要么是大家族里的亲属关系、姻亲关系，要么是其他类型的亲密关系。有血缘关系的亲戚们常常每天都见面，一起吃饭，一起庆祝，偶尔吵架又互相安慰。他们共享食 64
物、钱财和住所，共同抚养孩子，并轮流用车、做家务。

即便相互之间原本没有关系的人也被拼凑进这种复杂的关系网里。习惯法中的恋爱关系，即无数对“少男奶爸”与“少女奶妈”之间的关系不仅构成了独特的家庭关系范畴，也牵扯进不少其他的血缘关系。况且，如果实在没有家庭联系，那么人们会强行建构出来：诸如“结拜姐妹”或“结拜兄弟”这种词在南中央到处都能听到，并且它们在组织社会生活方面扮演着重要角色。在沃茨，甚至连朋友之间的关系都比别的地方更亲近。在相对富裕的社区中，大多数居民白天工作，邻居之间可能相互认识，也可能根本不认识。相比之下，沃茨地区的失业者整天待在家里，通常一块儿出门，聚在几个特定的街区里。这就使得社区一贯的口号“建立团结社区”听起来有些滑稽可笑，因为沃茨地区的“凝聚力”早已超出了大多数美国人能够忍受的范围。

对这里的警察来说，结论就是南部分局辖区内的大部分居民是“好人”，但也有少数是“混蛋”——客气点说是“傻瓜”。有些警察认为后面这部分人大概占 1%，有些警察则认为此比例高达 15%。而这部分人指的是失业人群、有犯罪前科的男性以及帮派成员，尤其是黑人帮派分子。

“黑人有能力改善自己的生活，可他们偏不这么做，”一名拉美裔警察如此说道，“他们喜欢那样，喜欢卖毒品，还常常把老人赶出家门，这样他们就能在家里交易毒品了。”而一名白人警察则说：“真正受害的是拉美裔，黑人嫌疑人经常掠夺拉美裔受害人。”虽然拉美裔也有许多犯罪行为和“帮派活动”，但沃茨地区最主要的底层人群是黑人，并且很少有巡警会看不出这种情况。他们的无线电接收器每天播报的嫌疑人描述都令人感到似曾相识。有一天在沃茨警察局里，一名打黑警察一本正经地汇报，滔滔不绝地念道：“黑人男子，身高在五英尺六英寸到六英尺二英寸之间，年龄在 18 岁到 35 岁之间，身穿白衬衫、黑长裤。”在场的警察都忍不住大笑起
65 来，因为他们都在搜捕同样的嫌疑人。尽管他们笑了，但一些警察仍然倾尽全力地搜捕嫌疑人，努力找出方法把他们和大部分美国人共同秉持的反种族主义原则融入工作实践中去。

有时候，警察们会尽量克服种族偏见，消除自己心中的种种疑虑。尽管社会上几乎没有人愿意谈论种族问题，但对于不少警察而言，黑人居民要比拉美裔居民更倾向于暴力。他们看到的情形如此，各种数据也证实了他们看在眼中的一切。但几乎没有警察愿意相信，在某种程度上，黑人天生崇尚暴力。

“也许人们的刻板印象也有道理，”一名白人打黑警探弗朗西斯·库格林说道，他在斯凯格后续的故事里会有不少出镜率，“我也说不明白，我倾向于认为这是一种选择。就算生活在这样的环境中，你也有选择的余地！”他的声音暴露出他内心的一丝挣扎与痛苦，也许这个问题本就如此微妙、如此费劲。

“选择”这一论调让警察能够将沃茨地区的暴力行为归结到个人身上，也能避免相应的解释听起来把所有黑人笼统地归为一类。然而，一味地说“选择”也无可避免地导出了另一个问题：怪罪。由于怪罪也能作为一种令人满意的机制，使人越来越疏远，结果警

察最后不仅怪罪犯罪嫌疑人，还怪罪受害人做的种种“选择”。

而像“谢天谢地，总算要走了”这样的话则概括了沃茨地区大半警察对该地区暴力行径的个人情绪。“哪有什么真正的受害人？”东南区一半的警察似乎都有些不耐烦地表达了这种论调，何其相似。“当你来到这里的时候，你就会把自带的那套价值观搁在一边，”警司肖恩·科洛梅如此表示，他自东南区警察局成立起便在那儿工作，“然后当你从哪儿来回哪儿去时，再重新捡起那套价值观。”

一名东南区的白人警察称成功起诉的帮派杀人案是“买一送一”，因为一名帮派成员死了，而另一名则被关进了监狱。另一名主管级别的白人警察瞥了眼报告，上面写着一名头部中弹的帮派成员勉强幸存，她不无挖苦地说道：“死了倒干脆，省得麻烦我们。”

警察嘴边常挂着一个词，即“正直”，恰好能表达出这种想法，
他们用是否“正直”来区分他们眼里真正的受害人和法律意义上的 66
受害人，只有真正的受害人是无辜的，是值得同情的。一名正直的受害人可能是勤勤恳恳工作的邻居，但却不幸被流弹击中。不用说，沃茨的黑人中几乎没有几个正直的受害人。

可是我们也不能因为警察对暴力活动情绪反应激烈就不管不顾地对他们大肆批判，要知道许多在东南区工作的警察心中的怒火是复杂的——掺杂着各种愤慨和痛恨。况且，尽管嘴上说的都是些冷酷无情的陈腔滥调，但东南区的这些警察在他们的工作中表现出了极大的努力和热忱，积极应对在沃茨遇到的各种问题——对于这些问题，外部世界却往往视而不见。

一位名叫帕特里克·弗莱厄蒂的沃茨打黑警探就是这样一位刀子嘴豆腐心的警察。他每个月处理 12 起恶性枪击案，案件数量实在太多，他根本忙不过来。弗莱厄蒂有个值得称赞的优点是不喜欢

“另行结案”，因此他非常卖力地工作着。然而，还是很少有受害人愿意举证。有一次，他请一名受伤的帮派成员提供线索，那个人在垂死之际对他说了句“滚”。

还有一次，弗莱厄蒂负责调查一起枪击案，案件中有一名14岁的男孩中枪瘫痪。尽管所有证据都表明嫌疑人是一名黑人男子，但男孩的母亲坚称凶手不可能是黑人。对此，弗莱厄蒂说的话残酷而颇具谴责意味：“这儿的整个黑人文化就是一种罪孽。”可是，在那次谈话中，他不停地尝试接触那名14岁的男孩，而他的故事始终没有相关报道。弗莱厄蒂出于对男孩惨痛遭遇的深切同情而不辞辛劳地奔波，最终说服男孩出庭作证。他需要了解那家人并与之保持联系，每次去法庭的时候，他都亲自去男孩家的公寓，背着男孩一个台阶一个台阶地走下楼梯。

当斯凯格来到东南区刑侦队工作时，全县范围内二十几岁黑人男子的凶杀率大约是全美平均凶杀率的48倍，而东南区的暴力程度一直以来都在洛杉矶警察局众多的辖区中排名前五。斯凯格到那儿后的第一年有65人被杀，其中3/4是黑人。第二年，也就是2003年，东南区的杀人案件数量在全市排名第一[1]，有77人被杀，其中2/3是黑人。

斯凯格坐在警探办公室最后方的一个角落里，周围是其他刑
67 警，他们一起被称为刑侦“那桌”。因为事实上就是那样的：几张桌子拼在一起，而这些桌子的摆放方式使它们显得更不吉利了，尽管负责刑事案件的警察们用的桌子和那些负责盗窃案件以及交通事故案件的警察们用的桌子看起来没什么差别。

在让斯凯格和几名搭档磨合之后，拉巴贝拉最终指派斯凯格与另一名南加利福尼亚当地人克里斯·巴林一起工作，巴林之前也在南部分局的刑侦科工作。他比斯凯格大两岁，也是白人，身高和斯

凯格一样，就连西装的尺寸都一样。巴林看上去很健康，可当他那些沉迷于健康生活的同事们看到他竟然吃盒装墨西哥卷饼、喝山露汽水时，都着实震惊了。巴林和斯凯格都极具才干，当他们开始搭档时，两个人连案件清理率都一模一样，都达到了 75%。

两人的搭档关系很快步入正轨：巴林善于分析且相当健谈，并且对偶发案件鉴别力很强；斯凯格则发现他善于理清错综复杂的证据网。对于巴林来说，否认等于坦白。

而巴林则很欣赏斯凯格的办案风格——他从眼里看到的一切入手攻破，但凡有一点蛛丝马迹便一头扎进去，不偏不倚地直抵源头，不破案决不罢休。拉巴贝拉有时会派给他们一些额外案件，这纯粹是为了提高队里的年终清案率。

通常来说，拉巴贝拉带领的沃茨小队只有不超过四到五对刑警，他们承担的刑事案件数量在洛杉矶市是最多的，往往是圣费尔南多谷分局和西部分局刑警们的两到三倍。那些年里，一般每年每对刑警要办 12 到 15 起案件。

杀人犯罪率逐年下降，刑侦工作人员的数量也在减少，而清理案件依旧不受警察局重视，在打击犯罪的策略中仍旧不是重点。因此，拉巴贝拉像以前一样颇感失望，面对的形势仿佛是“大事件年”时期的翻版：拥有的资源不足，工作重心本末倒置。巴林喜欢把自己这些人看成“和风车作战的堂吉诃德”。他们队里的警车和电脑总是不够用：有一次拉巴贝拉把巡警处一台多出来不用的电脑拿来给队里的一名侦查人员用，因为他没有电脑用，为此拉巴贝拉 68
还遭到“投诉”，不可避免地接受了一番内部调查，好在最后安然无恙。他手下的警探不能把警车开回家，而其他小队的警探，比如总部处理“重大犯罪”的警探则可自由地使用警车。不但如此，刑侦队也没有单独的办公室可供见面、讨论使用，而局里的社区警务小队和数据分析小队却有各自单独的办公室。

刑警们也没有足够的空间进行审讯，因为他们和局里的其他警察共用唯一的一间会见室，并且那间会见室里没有录音设备，没有窗户，椅子也总是不够用，温度还很低，环境让人非常不舒服。

警察局也没有给警探们配备录音机，尽管当时检察官已经要求需要有录音材料以便提起公诉。他们就只能自己买，并且在没有审讯室的情况下自己想了个巧妙的方法把录音机藏起来。一名警探拿了个活页夹，里面装满了纸，他在那堆纸的中间挖了个洞，然后把他的录音机藏在了里面。这被认为是处理贫民区杀人案的高科技手段。

拉巴贝拉为了确保有足够的资源和设备而花费了大量的时间。拉巴贝拉手下的警探们没有配备部门公用电话，就又自己掏钱买了；他们不会提高监控录像的清晰度或从监控录像中截取图片，也不会将审讯做成录像，就找到当地一家设备供应商并说服其帮忙；他们努力争取移动货车和监控车的使用权；他们要等上几个星期才能从实验室收到有关物证的报告结果。拉巴贝拉为办公室购买了传真机和打印机，还有几件家具，包括他自己坐的椅子。警探们定期去购置护具、铅笔、订书机、键盘、日历，甚至还要自己买蓝色活页夹存放谋杀案件资料。

拉巴贝拉永远都忙着制定各种目标以及草拟各项实施计划，全心全意为刑警们争取更好的办公条件。他提出的条件对拥有专属直升机编队的总部来说没什么过分的：他想要一辆有着黑色玻璃窗的小汽车来秘密接送证人，一个带锁的柜子用来存放谋杀案件资料，可以的话希望还能领到几台数码相机。然而，总部一次又一次拒绝他的申请。

警察局里的高层们忙着应对其他问题：应急反应时间和打压诸

如盗窃等轻罪。这类小案件数不胜数，在犯罪统计数据中更引人注 69
意。与此同时，记者基本上从不报道东南区的杀人案件，所以这方面的政治压力很小，对于该怎么处理也就无须太上心[2]。

即便是在局里，东南区刑侦队的警探们有时候也觉得自己像麻风病人似的——大家唯恐避之不及。他们总是要半哄半骗地让其他同事帮忙盯梢或搜查。拉巴贝拉也在努力地改善这种状况。他在点名时私下敦促穿制服的巡警们不要粗暴地把人群赶离事发现场，尽量用同情心对待伤心欲绝的死者家属们。而巡警们翻了翻白眼，之后依旧我行我素：厉声呵斥哀号的死者家属；对着目击者令人发怵地皮笑肉不笑，这些巡警们似乎在警校时就学会了这么假笑；他们交上来的现场采访记录卡读起来还是像日本俳句一样，几句话就敷衍过去了。而当权的人也没有闲心管这事儿，并不会跟巡警强调，让他们牢记自己应该大力支持警探办案。他们办起事来就好像自己跟警探完全不是一个部门的——开着崭新的巡逻车在街上呼啸而过，丝毫没有注意到这里刚刚发生了谋杀案件。

正如几年前的拜特克斯和特内勒一样，斯凯格和巴林处理贫民区的案件，一个接一个，争分夺秒，一刻也不浪费。

斯凯格凌晨 3 点半就起床。许多洛杉矶警察工作时间高度不规律，因而时常筋疲力尽。而斯凯格在生活上高度自律，强迫自己无论如何每晚 8 点必须上床睡觉。

斯凯格把每天的任务都列成一张清单，每个时间段都排得满满当当的，甚至连交通拥堵导致的延误或是法院里那慢悠悠的电梯耗时都仔细计算过。他和巴林看不起那些每天拉着“七级警报”，开着车到远在南湾地区的餐馆吃午饭的同事。斯凯格和巴林站着解决午饭，棕色的食品纸袋零散地放在警车后备厢上。在大多数情况下，他们每天工作 12 个小时或更长时间，有时候得一直干到晚上才收工。斯凯格严重依赖咖啡；他喝的咖啡很浓，而且是一壶接一壶地喝，天黑后喝完最后一杯就不喝了；他的睡眠丝毫不受咖啡影响。加班是他的生活常态。办公室里的一位文职人员把他们这群刑警叫作“绿色英里”，因为他们交上来的那堆加班表都是绿色的。
70 各区的刑侦队有一个方面的资源倒是挺充裕的：刑侦队虽然往往没有足够的警探，却可以利用合同条款来剥削这些人，像工厂工人一样使唤他们，给他们分配源源不断的活儿。斯凯格一年最多挣 19 万美元，可如果问他基本工资有多少，他也说不准，毕竟，他从来懒得管实际工资到底有多少。

刑侦队总是缺少有经验的警察，他们之中有不少是新手，又缺少经验丰富的前辈训练他们。贫民区的警务工作非常耗费心力，它要求与众不同的脾性、充沛的精力和超高的侦查能力，这也是南洛杉矶刑侦部门人员流动极为频繁的原因，年轻的警察一看准机会便换到其他工作更轻松、报酬更丰厚的部门去了；而康普顿地区法院的检察官的情况也是如此。人手不够的南部分局刑侦队常常被迫招录资质平庸的警备候选来补足人力。这些年来，拉巴贝拉手下有两名警探因不正当行为被指控而遭到开除，还有一些警探则尸位素餐，一件案子都没能侦破。拉巴贝拉尽自己的最大努力应对人员流失问题。他是一位颇具眼光的伯乐，孜孜不倦地招揽人才，可那些一流警员并不稀罕他的青睐。“嘿，你想不想进刑侦队？”一天早晨，拉巴贝拉这么问一名经过他的办公桌的警察，那人哈哈大笑，摇了摇头走开了。

拉巴贝拉仔细处理管理工作中的每一个细节，详细记录各项情况，并在空闲时间研究自己记录的资料以便找到最佳做法。他发现，不断训练并不打算全力以赴的年轻警察只会浪费时间并妨碍优秀警探的办案进程。拉巴贝拉研究过这些年来的清案率，发现最好还是把能力强的警探凑成搭档，而不是让他们和实习警察搭档，因为能力强的组合能解决更多的案子——这可以弥补能力弱的组合少办的案件，所以他让巴林和斯凯格搭档办案。

对斯凯格和巴林来说，两人的合作期是一段成长的黄金时期。

拉巴贝拉要求刑警的外表着装体现应有的精神气度，而斯凯格穿着一身商务西装，显得整洁干练。只有在东南区炎热干燥的柏油路上工作时，斯凯格才会允许自己脱下西装外套，但还是会打着领带，且从来不会把他那白色正装衬衫的袖子卷起来。他和巴林经常清洗他们的警车，所以人们一眼就知道他们可不是什么普通便衣警察，而是刑警。当东南区的那些喜欢盯着警察看的居民认出斯凯格是刑警时，他很享受那种感觉。

在办公室里，斯凯格和他的同事们非常爱干净，他们的桌上摆着好几瓶 Formula 409 牌的清洁剂。有一次，当一名实习警察把咖啡洒在斯凯格的桌上后，办公室里一阵死寂，后来拉巴贝拉私下里威胁要开除那名实习警察，他似乎并不是在开玩笑。

他们保持整洁是有目的的。如果办公桌上有一叠文件就表明有警探的案子进度落后了，并且在很多情况下，这可能会变成一场灾难。而桌上干净整洁则表明进展顺利，毕竟，刑警总是有可能陷入暗无天日的案件堆里去。斯凯格办公桌的玻璃隔板下放着他孩子的照片，除此之外没有别的东西。他用剪刀把打印出来的材料剪下一段，以记录案子的进度，还用透明胶带将剪下来的纸条粘在笔记本上；每办完一个案子，他就把它标黄。

虽然在东南区，一切都不容易，可诸如人力和设备短缺、没有媒体报道、刑警在部门内部权力很小这样的阻碍都成了激励斯凯格前进的因素。很久以前，他对这种状况采取一种逆反的姿态来应对。现在，即使备受冷落，一种骄傲感也洋溢在他的工作中。东南区的刑警认为自己相当于陆军移动外科医院的医务人员——因为不得不迅速处理好工作，所以他们更加专业、更加机敏。

那些年，在洛杉矶警察局那群只有高中学历的第二代警察队伍中，斯凯格并没有立马被视为“异类”。他的确很聪明，但不是那种死读书的聪明。斯凯格只需要用语言就能表达喜欢或是不满，说起话来就像热情的加利福尼亚州冲浪运动员；他说话喜欢用“你看”或“我想说的是”开场。当他夸一件事的时候，会说“痛快！”；当他批判一件事的时候，会说经过删改的脏话，比如“去他的”或“真该死”。

而当斯凯格想表达轻蔑态度时，他最喜欢用一个词：蠢货。斯凯格发现他可以用这个词来形容在生活中碰到的各种各样讨人厌的
72 事，比如，日常报告、在身上文难看的文身、喝得醉醺醺的，这些破事儿都很蠢。斯凯格有时候甚至会说频频发生的杀人事件很蠢。同时，斯凯格也把它用在人身上。在他眼里，不仅找麻烦的官员是蠢货，杀人凶手也可以用蠢货来形容。

斯凯格很好地融入了警察这个群体，因为他曾是运动员，熟悉更衣室里的友谊，和大家一样喜欢聊足球、房车和健身计划，以及贝克警局对拉斯维加斯警局的接力赛。他看起来和普通人没什么两样，这也让他在沃茨办案顺利不少，因为他把冲浪者的惯用语夹杂在贫民区俚语里头，这样听起来就像自然而然的地方话。斯凯格可以波澜不惊地说出“告密者”或“前面街上”这样的词，而不像某些南部分局的警员一样故意卖弄自己很了解帮派暗语。斯凯格相信他可以像跟别的地方的人说话一样跟沃茨地区的人说话。

与任何人在任何地方用同一种语气和方式说话，不高人一等，

不想着让人觉得自己很了不起，这些是斯凯格的原则，令人好奇。这是他在工作中整理出来的一套个人标准—— 一系列办事准则，除非别人先越界惹恼了他，否则他基本上不出声。

随着办案的深入，斯凯格那看似简单的说话风格还有另一个作用：对审讯有帮助。斯凯格经常假装成懵懵懂懂的菜鸟警察，等嫌疑人明白他那种实为犀利的策略和智慧时，往往为时已晚。但斯凯格也并不是完全在演戏，他不是那种会钻牛角尖的人，他觉得诸如“痛快”“蠢货”这样的词足够达意，足够生动形象。斯凯格不喜欢解释，他的推理全凭直觉，他的脑子里装满了各种资料信息。他的思维强有力，因为他能够在瞬间精准地获取信息，并在此基础上迅速而自然地做出决策。“要么符合斯凯格的作风，”克里斯·巴林说，“要么是‘蠢货’。”

斯凯格功利主义的世界观似乎不能说明他是个灵魂丰满的人。可是斯凯格必然是个有灵魂的人：他喜欢斯坦贝克的《罐头厂街》；喜欢少有人青睐的加利福尼亚州自然风景，喜欢那里长着灌木丛的荒漠和遍布着黄松木的高地。当然，大部分加利福尼亚州人也喜欢这里，然而斯凯格的眷恋更深。他从小在加利福尼亚州南部明媚 73
的阳光和朦胧的彩虹下长大，根本无法想象离开这里去别的地方生活。当听到有警察退休后移居别处，比如爱达荷州或是华盛顿州的吉格港时，斯凯格总会怜悯地摇摇头——仿佛他们已经疾病缠身——心想：生活在那样的天气里真可怜，那些人再也别想买到房子了。

第八章

证人和影子法律体制

74 一名检察官[1]说过调查贫民区杀人案的“巨大难题”是如何让目击者开口——目击者非常害怕如果这么做会被灭口。

在沃茨，即便目击者同意配合警方，他们也基本上都会请求不要被公布为证人。而警察有时候得费一番功夫才能找到目击者。在最初一轮警方询问结束后，法院将会传唤目击证人出庭作证，坐在证人席上，他们可能会遭到质证，因为他们之前作证看到了案发现场的种种情形，结果被指谎话连篇。

目击者决定出庭作证是杀人案起诉过程中最令人揪心，也最让人激动的一个方面。目击者不仅在面对警察时泪流满面，在证人席上也会哭个不停——这样还算进展顺利。在很多情况下，他们往往又不承认自己看到了案发当时的情形，也有不少目击者在拟定审判听证日期的空档离奇失踪。

许多谋杀案无法破案主要是由于目击者不愿意出庭作证。2008年，证人不配合成为洛杉矶市108起杀人案件（在需要证人的案件中占比 40%）无法确定嫌疑人的最大原因[2]。至于其他杀人案件，目击者不愿作证这一问题也许不构成破案的主要障碍，但仍在很大 75
程度上造成案件无法侦破。巴林常说，东南区所有没能破获的案件距离破案不过是“缺个证人”而已。

街头杀人案通常很少有实物线索，大部分的案子是“抬运伤患”：把受重伤的受害人抬上救护车，然后送往医院救治，并且受害人最终往往不治身亡。证据常常只有医护人员取出的一些子弹壳、受害人穿的鞋子，以及用剪刀剪下来的几条衣物布条。

实验室对大多数街头谋杀案件的侦破几乎不起任何作用，确定一名男子是因中弹身亡哪里需要动用高端的科学实验室。

事实上，这些案件的侦破往往依靠证人，并且有时候只能依靠证人。20 世纪 60 年代以来，加利福尼亚州政府提供资金给证人到别的地方重新安家，以此来保护证人的安危。但是，钱很少，一般来说只有几千美元；加利福尼亚州的这个项目只是提供搬家的费用和几个月的租金，而并没有给证人提供长期的帮助，让他们能够在新的地方开启新的生活。

不仅如此，只有当目击者同意参与公诉后，政府才会批准这笔资金；而有些目击者不愿作证，因此警探们便无法用这笔款项将他们送到安全的地方之后再开始询问。而要让目击者的亲属也移居别处就更加困难了。目击者经常会担心年迈的祖父母是否安全——老人们一般有自己的房产，因而不符合迁居要求。

最后，该项目也没有考虑到很可能目击了杀人案的底层居民的情况。这些人往往是流浪者、瘾君子、妓女、帮派成员或皮条客，他们依靠特定的黑市存活，或在角落里卖毒品，或在巷子里玩弄伎俩，而人们往往认为这些人的选择不负责任。

对于这些扭曲的灵魂而言，证人迁居项目并没有多大帮助。

“你能把流浪的人搬到哪儿去住，下一个街区吗？”一名东南区前警探丹 · 迈尔斯（Dan Myers）说道。迈尔斯曾经负责的一起杀人案的证人是一名吸毒的女子。多年来，迈尔斯设法追查她的踪迹，希望能保证她的安全。有一次，在经过搜寻之后，迈尔斯在一条巷
76 子里找到了她。那时候，她衣衫不整、披头散发，胳膊上有几处硬币大小的淤青。女子告诉迈尔斯，那个星期，几个帮派成员把她抓了，先是一顿拳打脚踢，之后又拿她从前作证的事儿要挟。

对证人的报复行为究竟到了何种程度确实很难量化。然而，有些警探却固执己见，认为报复行为实属罕见，特别是在判决后对证人进行报复的情形更是少之又少。然而，在斯凯格来东南区工作的前五年，全县范围内平均每年发生的针对证人的谋杀案，已知的就有大约七起，而实际案件数量很可能有十多起[3]。虽然这类案件在全县范围的谋杀案中占比很小，但是产生的影响非常深远。如果在一个县里，每年都有十几个人因某件事被杀，那么但凡有一点理智的人还有几个会去做这件事呢？人们也害怕根本没机会活着领到协助破案的现金奖励，即 2.5 万美元。

而没有遭到谋杀的证人也往往沦为恐吓的对象。燃烧弹被人从窗户扔进家里；当他们要搬家时，可能会遭到驾车枪击，子弹击中停在路边的货车车厢，弹片四溅。有的证人讲述自己在出庭作证后遭到跟踪、骚扰，他们就像披上了“告密者”的外套，这是人们对配合警察破案之人的“尊称”，而这些人注定被人盯上，遭受各种凌辱。警方往往对被贴上这一标签的人，尤其是帮派成员几乎无甚同情；他们不太愿意为有犯罪前科的年轻黑人提供迁居的机会。有的警察甚至表示证人的安危根本不成问题，因为真正需要担心的只是帮派成员会报复，好像这么解释证人的安危就当真不成问题了。当然，针对帮派成员的威胁和攻击是关于证人安全问题的统计的核

心，因此，就这方面而言，它也正如其他方面一样，重心完全是颠倒的：体制最薄弱之处恰恰是其统计数据反映的峰值问题。

即使对那些坦诚且非常配合的证人，警察也可能表现得极为小气和自以为是。人们总是认为，只要一声令下，穷人马上就能搬家，没有什么值得留恋的，因为这些人对他们称为家的地方没有像富裕的郊区居民对自己家那么深厚的感情寄托。一些沉浸在右翼观点中的警察说着“保姆国家”的论调，对给予证人金钱上的帮助持有一种更深的哲学反对。当斯凯格还在东南区任职时，那里的一
位刑侦主任说，设法让证人尽可能少拿走国家的钱是她的职责。她 77
认为这个地区的穷人在诈骗福利，她可不能助长他们这种骗钱的行为。

但是经验丰富的刑警并不会认同这样的看法，他们对当地居民的生活看得更加透彻，和一些居民建立了一定的关系；最重要的是，他们感受到了当地居民所经受的痛苦，而不只是把这些痛苦当成稍纵即逝的麻烦。疾苦教会人很多东西，即使同为第一应急人员，他们对上述看法表现出的情绪也有明显的不同：急救人员、巡警，还有一些护士往往感到恼火，他们只负责对人们做应急处理、转移人们的痛苦使其神志清醒；可诸如刑警、医生和其他一些工作人员，心里常常充满无声的愤慨，因为他们亲眼见证了后来发生的种种。后者，如罗斯福 · 约瑟夫，77 街区的一名刑事主管，听到前者无情的指责时经常感到愤愤不平：“有的人说我们这些人有责任站出来，就因为我们每天在这儿工作八小时，带着警徽、配着枪支，大半夜才能赶回远在奥兰治县的家中。”一个人若是在贫民区办案的时间够长，就会知道证人会遭遇多么不幸的事情。77 街区一位名叫布伦特 · 约瑟夫森的警探曾经把一名年仅 18 岁的证人伊维特 · 蕾妮 · 布卢安置到别的地方，并始终与她保持朋友关系，女

孩儿会不时给他寄一些便条和卡片。但是这名年轻的黑人女子在出庭作证后仅仅是回到从前居住的社区看了一眼，便不幸遇害身亡。约瑟夫森经过那件事后变了不少。多年来，他一直把布卢的一张钱包大小的照片粘在电脑上。

刑警们总是在道德上设法说服人们配合调查，不论人们有多害怕。但是对许多目击者来说，作证往往会令其陷入进退两难的境地，他们要在自己和亲戚朋友的安危与对国家的义务之间进行选择。而一些洞察力较强的警察和检察官也常常感到左右为难。抢劫 - 杀人调查司的一名警探曾经说起这么一件事：他让一名老妇人当一起黑帮案件的证人，那时候他良心深感不安，可那位老人家却打消了他的顾虑。老人家叫他不必为她的安危发愁，接着解释说自己的儿子在几年前被人杀害了，她早就不在乎个人生死了。在发生在沃茨的一起案件中，主要证人是一名没有住处的妓女，她配合警方办案是因为爱，她爱着那起案件的受害人；然而，这名女子拒
78 绝搬迁，部分原因可能是生活所迫——她要留在老地方，住在她的车里给男人提供性服务。“她不畏惧，可她应该有所顾虑，”警探说道，“倒是我替她担惊受怕。”

恐惧似乎使没有犯案的目击者成了同谋。许多杀人案的目击者在面对警察时流下眼泪。他们会一边道歉，一边拉上窗帘，或不安地低声恳求警察不要在白天来找他们。很多时候，警察对那期间目击者到底遭遇了些什么一无所知。

2009 年，在一起发生在沃茨的案件中，一名重要的目击证人就住在受害人被杀地点的街对面。案发后整整三夜，他都带着家人睡在厨房的地板上，因为有人把车停在他家门口，端着枪耀武扬威，还不断朝他家扔石头。他并未上报此次袭击活动：他因社保诈

骗正处于重罪缓刑期间，并且在这件事上对老板撒了谎。那名证人害怕和警察扯上关系会将此事暴露，如此一来自己便要蹲监狱了。

有时候，穷困潦倒的人反而展现出巨大的勇气，令人印象深刻。在另一起发生在沃茨的案件中，一名染有毒瘾的女子告诉警察她只有在看见嫌疑人后才能确定究竟是不是凶手。可当出庭作证那天到来时，她使法庭在场的所有人大吃一惊——她直视被告的眼睛，高声说道：“是你杀了他……很遗憾，但就是你杀的！”

还有一名叫黛博拉·约翰逊的女子指证袭击她的人，那人在尼克森花园小区发动大屠杀式袭击，造成两人死亡。约翰逊患有哮喘，且吸毒成瘾，在保释期间被子弹击中造成重伤——从嘴巴到胸腔都受了伤，只能勉强开口说话。可在证人席上，她强打起精神。“事实就是那样。”她说，并伸出手指指向开枪的凶手。

以上两名女子都和凶手住在同一个社区，也都是受街头准则荼毒的穷人，但她们都非常勇敢。

然而，尽管新闻界偶尔会报道、政策制定者偶尔会采取措施应
对目击证人的恐惧和安全问题，但解决黑人谋杀案综合征的重要性 79
仍遭到严重低估。事实上，与证人有关的新闻报道和学术研究往往侧重于分析他们有多不可靠。我们也没有理由责怪公众认为这些因素构成了司法体制中的主要问题，毕竟有太多专家专门研究这个问题，并且国家给予了相关研究大笔资助。在斯凯格那个年代，人们经常要求在法庭上进一步限制使用证人证言，却少有人呼吁应对那些极度贫困、饱受惊吓且极易受到伤害的证人提供更周全的保护，要知道国家把举证的重担压在了这些人的肩膀上。

然而，对目击证人的恐吓仅仅是错综复杂的贫民区问题的其中一个方面，纵观全局，这是影子法律体制与正规法律体制之间

的角逐。

每当斯凯格一头扎进东南区的案件调查时，他就感觉自己仿佛在去往地下世界。尽管一片混乱，但那个世界有组织、有纪律。生活在沃茨地区的黑人通常受一套复杂规矩的管治，支撑这套规矩维持运作的就是以暴力相威胁。这是渗入合法权威空白地带的阴霾。这种规矩得以维系的其中一个原因便是这个社区里存在着规模庞大的地下经济。如果你的生意本身就是不合法的，那么你如何能够诉诸法律维权呢？在沃茨，许多“底层”穷人生活没有着落，只能靠着县里每月几百美元的一般救济金生存。他们结成小团体，干着各种非法买卖，不仅出售毒品、当皮条客，还涉及伪造支票、税收诈骗、无牌汽车维修业务和编脏辫。有些人干着非法的买卖，从这一行跳到那一行，以物易物、达成交易、共享收益[4]。随之而来的便是以暴力取代合同诉讼：沃茨的年轻人经常将他们参与所谓的帮派活动与白领商人将客户、竞争对手或供应商告上民事法庭相提并论；他们说他们自己维持治安，自己裁决纠纷。一名东海岸瘸帮成员解释说[5]，有些人在需要帮助时会给“警察”打电话，而“我们拿起电话，让兄弟们来帮忙”。

80 帮派发行非正规的“许可证”，本质上就是给予豁免权，允许某人不受管理其他人的规矩的约束。比如说，在有帮派活动的社区里，如果你是一名明星运动员，那么你可能会获得一张“许可证”，这样你便可不必参与帮派活动。许可证还会发给到竞争对手地界上干非法行当的人，而“没有许可证进行交易”可能就是一起杀人事件的动机。

虽然黑帮看起来是毫无意义的、走向自我毁灭的组织，但是其存在的原因却并不难理解：少年和成年男子总是倾向于组团自卫，希望在人数上占得先机。在国家垄断暴力的情况下，这样的团体却没有受到约束，那么只要条件允许，它们就会斗殴、犯罪，甚至演变成派系统治。从根本上来说，黑帮的存在是法律缺失的结果，而非其成因。

历史上，五花八门的黑帮一直存在于法律缺失的地带。早在19世纪，黑帮就遍及各个区域：俄国农民中的土匪帮，取的名字倒朗朗上口，比如西伯利亚地区的“草原魔王”；在费城，各个“志愿消防队”你争我斗，互相放火；纽约市的“公投帮派”们激烈对峙，抢夺门克宁所说的“19世纪的可卡因——就业机会和政治权力带来的不义之财”。在20世纪初的佐治亚州和弗吉尼亚州，“帮派”的衣钵被交到一批由黑人和白人组成的“夜行侠”手上，这些人专做胁迫人民、杀害告发人的勾当。

一旦国家权力衰微，人们就倾向于拉帮结派，而这种趋势无从避免，甚至看起来像是与生俱来的一般。“派系形成的潜在原因，”美国开国元勋詹姆斯·麦迪逊写道，“埋藏在人性之中。”[6] 如果没有法律，人们就会使用集体暴力来解决争端、分辨对错，并且时常把暴力当成他们的法律。在法律缺失或不发达之地，法律落后、疲软或有争议之所，某种形式的私人治安或社区司法便会初现端倪。

洛杉矶的警察、检察官和政治家们往往把在该地区司空见惯的杀人事件归咎于各个帮派，将帮派描绘成面目可憎的组织犯罪群体或是一种外来的、新的社会疾病。然而在南部分局的街头警察群体中，种种质疑逐渐浮出水面，他们感觉到令人窒息的帮派活动不 81
过是寻常的团体行为。警察们渐渐注意到一些前后矛盾的事儿，比如：大量帮派犯罪发生时往往只涉及四五名本着高中更衣室精神结成小团体的人；帮派间的杀人案较少因买卖毒品引发[7]，却常常因内斗引发。而有些帮派成员暗示自己是被迫加入的，还有些帮派成员的绰号听起来与其说像是化名，不如说像是球场上的戏谑，比如“吉士汉堡”“呼噜”“榆木脑袋”“啤酒罐”。斗嘴、辱骂和女人问题似乎挑起了大量帮派暴力事件。东南区的一次帮派斗争就是由买卖一辆二手车引爆的。沃茨地区的帮派成员们总是吹嘘挣了大笔钱财，然而，在停尸间里，从他们的鞋子里找到的一卷卷美元和他们所说的并不一致：他们其实很穷，只有铤而走险的人才会出没于黑市。

然而，风险的大小并不影响这些人求助于影子法律体制，看似轻微的越轨行为就可能会招致猛烈的报复。令斯凯格震惊不已的是地下世界最严重的冒犯之一居然有“背后说人坏话”这一条，字面意思就是扩散恶意中伤某人的闲话。但是有一条禁令让斯凯格感触颇深，那便是禁止告密，也就是禁止配合警方。告密绝不仅仅是触犯了他们的信仰，有时候被视作背叛种族的临界点，以及对执法系统的让步，而这种执法系统被认为尤其没能公正地对待黑人。沃茨的民众认为街头正义在道德上是崇高的。它能迫使杀人案的目击证人三缄其口，从而受害人的家人就有了复仇的机会。

但告密这一禁忌又有令人讶异的微妙差别，它更像一种选择性配合的标准。比如，在有的情况下，帮派成员会主动投案自首，坦白自己杀了小孩。对此合理的假设是，这种包含“无辜受害人”的案件会成为社会热点，即激起警方的积极应对。并且道德上的抵触也有一定影响，在这种情况下配合的帮派成员之所以会这样做，是因为他们认为这种错误“出界”了，或者说出格了。“这些人有自己对公正的一套看法。”斯凯格说。

而有的杀人犯受到广泛共识的保护——并不局限于帮派成员，
82 这也是为什么在敌方地界内杀死帮派攻击者的案件难以侦破——侵入者被认为是自讨苦吃。在受害人令人讨厌或是陌生人的案件中，警探想要赢得配合的可能性也很小。斯凯格说过，在一起案件中，受害人的邻居们非常讨厌受害人："尼克森花园小区人人都说：'那种人死了一了百了，你们还瞎费什么劲呀？'"

几乎每一位密切跟进沃茨犯罪活动的警察都深有同感。"他们有自己的生意……自己的法律！"检察官乔·波拉斯[8]谈到他在康普顿法院审理的帮派案件的当事人时这么说："那里就像是平行世界，而你正设法把你那套法律带入其中。"警察和检察官感觉自己就像挨家挨户推销的推销员，想方设法地兜售根本没人想搭理的法律制度。检察官格蕾丝·拉伊感叹，仅仅是让人们参加康普顿法院的诉讼都得付出大量精力。拉伊说，对于目击证人、陪审员和受害人，"你不能只是对他们说'这是违法行为'"，首先，"你得让他们得到法律的保护"。

2009年年末，一名年轻的黑人男子在康普顿法院出庭作证。当谈到为什么没有报告这起他就在案发现场的杀人事件时，男子说道："我生活在那个地方，你只要住在那儿就得遵守那里的规矩。"[9]他住在一个名叫"赏金猎人"的帮派的地盘上，当被追问各种细节时，他并没有说是谁定下的规矩，以及他又是如何知道这些规矩的，只是说他知道这些规矩无疑就在他身边，被一种隐含的威胁强制执行，这种威胁就像高架高速公路上汽车的轰鸣声一样时刻存在。一名律师问如果他违反了这些神秘的"规矩"会怎么样，年轻人不耐烦地耸耸肩，答道："被人宰了，吃枪子儿，反正什么事儿都可能吧。"

早在20世纪30年代，人类学家霍顿斯·鲍德梅克就用类似的措辞描写过吉姆·克劳时代的禁止事项。鲍德梅克说到在和一名黑人女子聊天时，那名女子谈起自己害怕和白人打交道。"我问她怕什么，她笑着说：'你不知道这是违法的吗？'我紧接着问了她一些问题，显然她并不知道违反的是哪一条具体的法律……可对她来说，她口中的法律是某种模糊而凶险的力量，超越任何实在的规章。”

83 而沃茨地区的这种贫民区“法律”正是如此：某种模糊而凶险的力量，超越任何实在的规章。很久以前，这一影子法律体制就已经发展到某种程度，以至于只是狠狠地看谁一眼或者一咬牙就能传达某种致命的力量，无须进一步解释。人们都了解那些“规矩”，且一一遵守。

与此同时，也有部分沃茨居民急切地渴望摆脱非正规法律的压迫和威胁：不少上了年纪的帮派成员一副凄凉的模样，总是说想“脱离”。在隐秘的审讯室中，许多人表明愿意供出同伙，并告诉警探他们其实不喜欢这些人。可是居民们仍然朝警察大喊“一天一次”——这个词来源于警方以前对黑人社区的一天一次的巡查，但却并没有真正尽力应对犯罪问题。“一天一次”是一个反对警方的侮辱性词语，就像“条子”和“蓝眼睛的魔鬼”这样的绰号一样。可“一天一次”这个词却带有一丝哀怨，似乎在矛盾地暗示也许每天多巡查几次效果会更好。

也曾有过一段时期，街上的皮条客曾明确表示如果有选择余地的话，他们宁愿求助于正规的司法：打 911 报警。当满腹狐疑的警察赶到时，皮条客会让他们主持公道：“我的大麻被人抢了，我要你帮我告他抢劫！”

斯凯格学会了把他的工作当成一种游说活动：让那些对正规法律持怀疑态度的人买账，让那些听从另一种权威，即影子法律体制的人信服。要想达到目的，说话的语调必须铿锵有力，还得不屈不挠。贫民区的刑侦工作“90% 都是和人交流，也许 100% 都是如此”，斯凯格说道。

面对这种严峻的挑战，你没有任何自我怀疑、搪塞推诿的余地。而斯凯格天生适合这份工作：他反反复复造访一条街道、一座房子，不停地敲门，或是在凌晨和深夜时分“骚扰”目击证人。他摸清了沃茨地区的一些生活模式，比如，染有毒瘾的人常常在哪里消磨时间，毒贩一般把什么样的地方当成老窝。

斯凯格敲门敲得非常大声，而且不开门就一直敲个不停，那种气势似乎不容抗拒。他经常用局里发的手电筒敲人家的窗户，因为大多数东南区的住宅安有防盗铁门，外面有金属网丝，用手敲起来不方便。如果没人来开门，他就再敲几次，或走到另一扇窗户前 84
敲一敲，不行再敲别的窗户，就这样一直敲下去，仿佛时间都是他的，他就这样耗下去。他可能一天来几次，有时候，人家开门同他说几句话完全是为了应付他，好让他别再来了。

“在房间（在东南区，它的字面意思就是一个房间，因为没有单独的审讯室）里”，斯凯格用心理攻坚技巧让人吐露实话。只要说出真相，一切就都会好起来——这是斯凯格的格言，他采取的方法既不粗暴也不满是敌意；他只是一点点逼近，且一丝不苟地不懈斗争。斯凯格对他们说要让事情回到正轨，释放自己的重负。他把司法看作一种心理上的救济，即使对嫌疑人来说也是如此。至少，他相信是这样的。

这些技巧很重要，因为在东南区发生的杀人案几乎都有人目睹。杀人案基本成了公开活动，公然耀武扬威就是为了震慑民众，从而操控人心。案件发生的地点往往是公共街道，发生的时间常常是大白天，手法经常是当众杀人。

杀人凶手们喜欢到处炫耀，有的简直肆无忌惮，竟公然贴出公共标语邀功，而那些幸灾乐祸的涂鸦往往成为常见的破案线索。在沃茨，曾出现过这样一条公开宣告：“明星”死在了DLB手里，哈哈哈！在一名绰号为“明星”的青年遭遇枪杀之后的几个小时内，这句话被用油漆喷在了一条巷子里。（DLB是丹佛街血帮的缩写，其与邻近帮派里的嫌疑人联手犯下此案。）

而死者的亲属往往会听到关于凶手的流言蜚语。有一段时期，总有死者亲属向警方报案，说凶手竟然在葬礼现场露面；有的凶手居然找上门去，恶意威胁。东南区一名受害人的舅舅从朋友那里听说杀害外甥的真凶后向警方报案，但是他希望警方寻找凶手时不要把他牵涉进去；东南区一名受害人的母亲报案说杀害她儿子的凶手找上门来，奚落她死了儿子，并威胁她如果敢报案的话，就把她一起杀了。

“谁都知道”这句话时不时就能听到。虽然东南区警探所谓的
85 贫民区信息网络上有许多名字，但即使在人群中发生了谋杀，警探也常常找不到目击证人：一群人亲眼看见有人被杀，可却没有一个人愿意作证。

为了应对这种状况，拉巴贝拉教他手下的警探们把自己想象成麦迪逊大道的剧团经理，他们的工作不是推理，而是销售。拉巴贝拉会说，他们要做到“把冰块卖给爱斯基摩人”，而优雅的商务着装则是这种理念的一部分。“人们说，啊，你们觉得自己很厉害，”拉巴贝拉说，“对啊，正是！所以，我们最好拿出点本事来。”他还在办公桌旁边放了一块白板，用来跟进案子并做些记录；而推销员的口号——“一点点逼近成功”，就写在那块白板的最上头。

但类似于斯凯格这样的警探精通的岂止是“销售”。优秀的贫民区侦查人员在面对犹豫不决的证人时，能让他们从心底里凝聚出一股冲动——近似于纯粹的信念。办案非常成功的警察往往信心十足、语气坚定，这绝非偶然，因为这样的警察让别人觉得他们可以

承担自己背负的重担。

谈到早期的欧洲法律，法律历史学家詹姆斯 · 惠特曼曾说，国家的官员们面临着类似的问题。在“复仇文化”渗透进中世纪社会时，谋杀往往源于长期不和。村庄范围都很小，一般来说，大家都知道是谁杀了人，但没人愿意在法庭上发声。惠特曼认为我们的现代法律程序中的许多方面，比如陪审团达成统一后一致判决，实际上都是为了诱导合作而设立的，这些制度保障了那些不愿作证以及担心遭到报复的人的安全，并给他们提供了“道德安慰”。

虽然惠特曼的这一观点带有中世纪神学倾向，但在其他方面，斯凯格和他的同事们体现了惠特曼所说的道德安慰。他们之所以能攻破证人的防线，是因为洛杉矶的南中央从法律角度上讲，就是中世纪复仇文化的一种翻版，一种现代化之前的场景设定。在 12 世纪的村庄里，已经出现拉丁词 fama，即传言，它指出了嫌疑人是谁；在沃茨，贫民区信息网络通常也指明了凶手。在以上两种情况下，剩下的就是国家需要确认每个人都知道的事情，而这不归福尔摩斯管，而是法律顾问或一方管理者的工作。

第九章

死亡通知

86 2004年冬日，一天清晨，约翰·斯凯格驾驶轿车前往沃茨洒满阳光的街道。他要去执行一项任务——通知一名父亲他儿子的死讯。

和斯凯格一同前往的是刚来东南区的一名见习警探，马克·阿瑞纳斯，最近的见习警探看起来还真多。阿瑞纳斯今年34岁，之前是一名打黑警察，从小在加利福尼亚州西南部的唐尼市长大；现阶段他还在努力学习办案的窍门，因此有些心神不宁，不希望在斯凯格面前表现得不够专业。阿瑞纳斯对沃茨地区的社会动态持消极看法。“简直缺乏社会责任感，”他痛恨地大叫，“这里的人屈从于暴力。”

那天清晨早些时候，斯凯格和阿瑞纳斯赶到一处案发现场，一名黑人男子死在他的驾驶座上。斯凯格自告奋勇，接下了通知其家人死讯的任务，并带阿瑞纳斯同往。“有通知死者家属的经验吗？”斯凯格一边开车一边问阿瑞纳斯。通知受害人死讯的时候什么状况都可能发生：受害人的亲属可能会大声惊叫、情绪崩溃或者晕过去。县医院的护士都接受过相关训练，以应对受害人亲属的突然袭击。斯凯格有位同事一直记得 2003 年去通知罗纳德 · 泰森的家人泰森的死讯的情形（泰森在中央大街附近的一条巷子里中弹身亡）：当泰森的母亲听警察说儿子死了后，当下就吐了出来。

杀人案件的通知工作也会给抬尸体的工作人员带来一定的心理 87
负担。一位验尸官愤愤地说道，她碰上的那些人竟然对尸体非常好奇，仿佛那是这项工作最困难的部分。“难的不是看见血，而是那种悲痛。”她说。加利福尼亚州医院的创伤外科医生布莱恩 · 哈伯德说，即使通知工作进展顺利，“我走出停尸间，不停地颤抖，强忍着想哭的冲动”。在他脑海里，有一幅画面几年都挥之不去：他带着一名母亲去看她几岁儿子的尸体，小男孩死于枪击。那名母亲在见到儿子的尸体后就抓着不停地摇晃，似乎想叫醒那具小小的、已经没有生气的身体，过了好几分钟才停下。

对于斯凯格来说，通知死者亲属这项工作又是一件学校没有教过但是非常讲究技巧的工作，他也把这项工作看作对年轻警探的一项非常沉重而艰难的历练。阿瑞纳斯心里没有底，但又想让斯凯格对自己另眼相看，所以他开玩笑说，自己会用硬汉式的口吻向死者亲属宣布这个消息：“很遗憾，他脑袋上挨了颗枪子儿！”阿瑞纳斯骨子里还是一名打黑警察，在他的圈子里，像“脑袋上挨了颗枪子儿”这样的话表示某人很酷。斯凯格坐在车里，眼睛直直地看着前方，阿瑞纳斯飞快地瞥了他一眼，想道歉，可又一阵心虚。一阵沉默之后，斯凯格换了个话题。

斯凯格来东南区办案已经三年了，他和巴林迅速处理了几十件案子，紧密配合拉巴贝拉的工作。那时候，他们帮着拉巴贝拉一起管理刑侦队，差不多相当于拉巴贝拉的副手。缺少人力、物力以及巡警和实验室的支持仍旧阻碍着调查活动的开展，而人员流动率依旧居高不下，阿瑞纳斯也只是不会在刑侦队久留的新成员之一。但斯凯格比以往任何时候都更专注于提高自己的办案手法。他隐约感到这份工作改变了他——微妙地改变了他对法律执行和犯罪的一些看法。虽然斯凯格还是用相同的语气口吻和同事们聊天，但他内心的观点有了改变。

有的事情只可意会不可言传——无数偶然的观察不断累积，最终给处理杀人案带来一种道德层面的启发，而其他警察部门往往不会涉及。现在，斯凯格意识到自己的调查工作是对黑人社区的一种深切需求的回应，对此，他比以前有更深的感触。而相对来说，这
88 也反衬着另一种观点。比如，阿瑞纳斯就常常批判这一地区的黑人居民价值观粗俗。可斯凯格说，沃茨杀人案的涉案人员一般都是普通居民，他们只是被困在了法律缺失的牢笼里。他认为，在很多显而易见的“屈从于”暴力的背后潜伏的是威逼、胁迫。有时当抓住一名年纪轻轻的杀人凶手时，斯凯格会想，如果这个嫌疑人在“四个街区外的地方长大”，事情也许就不会是今天这个样子的。

斯凯格也见过在很多案件里，受害人和案件一点牵扯都没有，可就是莫名其妙地被卷进去死了。他的一些同事坚称沃茨没有真正意义上的受害人。可几年之后，当斯凯格谈起他在东南区处理过的那些案件时，声音里会有一丝焦虑；他的措辞似乎话里有话：“那些无辜的人啊！”

几年前，正是这种一点点累积的体悟促使特内勒不愿在抢劫-杀人调查司工作，那句“只是一位父亲的孩子”始终在他耳畔回响着。而在此之前，也是这种体悟使斯凯格的父亲最后只对他说：“当你和杀人案打交道时，其他的一切都不重要了。”也是在这个冬日，这种体悟使斯凯格听完阿瑞纳斯的笑话后一言不发，他暂时放

弃了对新人的训练。俩人停在一座房子前面，斯凯格下车后走上前去，正好在廊前遇到一名穿皮鞋的男子。

斯凯格询问了那人的名字，他正是他们要找的受害人的父亲。斯凯格告诉那人他的儿子被人杀了，就在房子前面的门廊那儿——没有一句赘述，毫不拐弯抹角，直截了当地把事情说明白了。受害人的父亲腿一软，靠在门框上，说了声“我的天啊”。

斯凯格跟着他进了屋子，映入眼帘的是一张干净的玻璃咖啡桌、红色的地毯和雪白的墙面。受害人的父亲一脸难以置信，向后弓着身子，好像被谁打了一拳似的。他又问了三四遍：“他已经死了吗？真的死了吗？”斯凯格每次都耐心地回答：“是的，先生。没错，先生。”

这座城市的谋杀率正在迅速下降，然而东南区的杀人犯罪率仍然很高：2004年，在这片小小的地方就有72人被杀，2005年有65人被杀，2006年有69人被杀，人均谋杀率是全美平均水平的8到10倍。同以往一样，大多数的杀人案发生在黑人与黑人之间。斯凯格和巴林仍然搭档办案，他们合作的头两年共办结了32起案 89
件中的26起，清理率达到81%。在那之后，处理前几年堆积的案子使他们的案件清理率进一步蹿升，而在接下来的三年中仍然保持很高的数据。

他们之间的关系有些古怪，虽然两人是非常好的朋友，但总是争个没完——谈论个足球要吵，晚上吃什么也要争论一番，政治观点得辩一辩，案件的每一处细节更得好好说说。可是他们吵完就跟没事儿人一样。可这要把他们的同事逼疯了。巴林有些迂腐，斯凯格则颇为古灵精怪，经常急得巴林不停地挥胳膊，还老说错话——“收敛”“视情形而定”“受制”这几个词经常说不清，嘴里蹦出的“循环的圈子”其实是想说“内城”问题始终存在。而斯凯格一边摇头，一边装作非常吃惊的样子，其实心里乐着呢。两人就这样一轮一轮没完没了地争下去。

他们争论的部分原因是两人有意达成的共识：这两人一致同意，一件案子由一个人来主导侦查。这样一来，他们就能自由探讨调查中的各种问题，因为知道这种冲突不会带来不好的影响。可对斯凯格来说，不停反击巴林伴随着胳膊"挥舞"的怒气也可能出于潜意识的需要，因为这样巴林就成了"火药桶"，但却保证了斯凯格能安安稳稳地办案。

巴林天生富有同情心，也不怕表露自己对在沃茨发生的各种流血事件的心痛。他对那个"怪物"的存在深感惊骇，也因公众的冷漠和政治上的不管不顾而内心煎熬，同时十分不解为什么死亡统计上大多是黑人。"要么是社会上的种族主义造成的，要么就是他们自己出问题了。可为什么只有黑人出问题呢？我才不信那一套！"巴林说道，声音里满是忧虑，"我相信大家生来都是平等的，不管是男人还是女人，不管是哪种肤色的人！我才不吃他们那一套呢！"

斯凯格迫使巴林换了一个话题继续。因为斯凯格对杀人案件的看法还停留在直觉上的判断，时不时地浮现出来，有时候就跟阿瑞纳斯讲笑话那次一样，会导致片刻沉默，让人不禁有些尴尬。但在其他时间里，斯凯格看上去倒是神色放松，这是他保证精力的关键所在。

任凭街道上有多少卑劣肮脏，也没能沾染斯凯格分毫。那时候他已经在形形色色的瘾君子、妓女和杀人犯中间混迹多年，然而，他算得上出淤泥而不染，依旧保持着清白得体。虽然斯凯格并没有
90 刻板的道德观念，但他对理智的生活有着强烈的自我意识，即使只是略微松弛，他自己也会感到吃惊。要是家里乱糟糟的，他心里肯

定不舒坦，要是比他平常睡得晚那就更糟了。至于杀人案件，在经手上百起案件之后，斯凯格依旧忍不住摇头，惊讶于有人竟会愚蠢到去杀人。就这样，斯凯格始终保持的不是天真，而是一种精神上的纯净，这使他能够每天晚上心态良好地回到家人身边。

萨尔·拉巴贝拉一如既往地对刑侦队寄予厚望。他不仅要在那小小的三级警探的主管职位上恪尽职守，还期望将这份工作当成一生的事业鞠躬尽瘁。

虽然拉巴贝拉的工作态度有点夸张，但是他在各方面的能力都很均衡。在专业领域工作的人都知道，一流的技术人员不一定能成为高效的管理人员，而拉巴贝拉却是一位既能将日常管理工作规划得井井有条又很有自己想法的人。他可能上一分钟还在就“十字军东征”式的工作理念高谈阔论，下一分钟就把各种文书工作整理得井然有序。

在工作中，拉巴贝拉一般不会发脾气，而是把各种情绪积攒着，等着应付个人生活中的一出出闹剧。他很强调团队精神，常常做手下的警探的思想工作。他对他们说，不论案件受害人以前是什么样的人，都要以替他们伸张正义而感到骄傲、自豪。拉巴贝拉的这话和特内勒信奉的“只是一位父亲的孩子”有异曲同工之妙。而在沃茨，这种观点有着特殊的意义，因为在传统意义上，“无辜受害人”仅占少数。在沃茨，谋杀案中的受害人大多是一群好斗的人，就连沃茨的生活用语都能反映这里的居民感觉自己就像住在战区：洛杉矶警察局是“占领军”，帮派成员自称“战士”或“勇士”。且在百老汇大道和曼彻斯特大道，抗议横幅上写着该地区的昵称：小巴格达——同被占领的伊拉克形成直接对比。

结果就是，沃茨发生的案件中的受害人也经常是另一起案件的嫌疑人：他们是在街头巷尾持续不断的小交战里出现的参战人员。今天的刽子手可能明天就摇身一变，成了受害人。而警探们对此可是深有体会——现在的受害人从前却是一名“战士”，还是极为狠
91 毒的那一类。“杀人凶手心狠手辣。”历史学家门克宁如此评价道，而东南区的杀人凶手尤其如此。他们当中心最硬的甚至在受害人身上撒尿，当受害人奄奄一息地躺在地上或吓得用手捂住脸时还朝他们不停地开枪，而杀人案中最常见的伤便是手掌被刺穿。可是警察的原则却是要把被杀死的杀人凶手当成被流弹击倒的孩子，用拉巴贝拉的话来说，就是“这些人到我手上就只是一群无辜的天使”。

最重要的是，拉巴贝拉反复向手下的警探们灌输自己的信念，那就是基本上没有无法侦破的案件。在他看来，贫民区案件清理率常年较低简直就是渎职，几乎在每次全体会议上他都会抨击这一问题。他不会站在道德的制高点上敦促警探们：“这些沉沦于吸大麻的人连高中都没上过！”如此云云只会令人心生抵触。他会说：“你们都是些聪明人，现在的情形不用我说你们心里也应该都有数。”

拉巴贝拉的观点和立场带有几分对世俗的挑战，这也促使一些警探拥护他。斯凯格和巴林便接纳了他的这种理念，认为像样的清案率至少得达到 80%。而作为完美主义者，斯凯格的要求更高。他还给自己眼中二流的警探起了个新绰号，叫他们“40% 之流”。

在通常情况下，南部分局的案件中也混杂着一些“不攻自破”类案件，比如自杀案、一般的家庭杀人案、警察目击的杀人案、嫌疑人逃离现场时当场被捕的案件等等。大量存在的不攻自破类案件意味着警察部门只需再破获其他几个稍有难度的案子就能自然而然地在官方统计中达成 30% 至 40% 的清案率。整个洛杉矶县的那些犯罪率最高的地区上报的清案率通常比这个数据高不了多少，鉴于

此也就能推断出为什么斯凯格对整个警务系统不抱希望。他说，很多时候，在他看来，警探们“只是走走过场罢了”，没有什么比很低的职业标准更令他恼火的了。

而斯凯格和巴林是拉巴贝拉的“同谋”，两人帮助拉巴贝拉共同谋划酝酿并执行他们的“小密谋”，其中一项牵涉到东南区的旧案存档，即蓝色档案夹里的案件调查的详细记录。

警察局的政策规定案件存档须一律移交到一处地下室统一保 92
管，包括没有侦破的案件。但拉巴贝拉认为没有任何“悬案”，他在南部分局刑侦科待了好些年，自然知道警探们办案有多忙乱。他认为“没侦破”的案件是没有完成的调查活动，有时候，只需几天时间查案就可以解决。

他也知道很多案件并不是孤立的犯罪活动，东南区的杀人案往往因社区里频繁的冲突而爆发。当下的杀人事件常常与以前的杀人事件、攻击或吵架紧密相关，因为复仇有时会在多年后才上演——儿子长大后替父亲报仇雪恨。“一桩桩全都有关系”是沃茨警探们嘴边最常说的话之一，有时候一天能援引多次：这起杀人案的目击证人可能是下一起杀人案的嫌疑人，可能是前一名受害人的亲兄弟或结义兄弟。所幸案件存档清清楚楚地揭示了个中纠缠，拉巴贝拉希望这些文件就在手边，即需即用。

因此，拉巴贝拉将斯凯格、巴林和其他几个人揽入麾下，他们接手了警察局停车场里的一辆废弃红色建筑拖车，在打扫干净后，摆上了从家得宝家居店买来的金属货架。即使违反警察局的规定，他们还是私下搜集这片辖区内的所有旧案存档，建成了一个小型图书室。他们用了整整三年的时间才整理完这些旧案记录，最后，一本本蓝色封皮的文件夹整齐地排列在架子上，共包含 688 起案件，最早追溯到 1978 年。他们还将完结的案件和没有侦破的案件分开摆放，并按照案件的难度给未侦破的案件贴上对应的标签，一排排狭窄的书架成了让“怪物”不安的纪念碑。巴林给这辆车取名为“迷失灵魂拖车”。

但是这份事业最让拉巴贝拉焦头烂额的是“遗产”的传承问题，他希望确保自己在东南区培养起来的价值观能由下一代警探继续保存发扬。

招人成为一个日益迫切的工作重点，斯凯格和巴林都帮衬着，这是斯凯格除了办案之外少数几个感兴趣的职责之一。随着以往的实习警察均以失败告终或是去了别的地方，拉巴贝拉更下苦功夫。他知道自己要找什么样的接班人，那就是下一个约翰·斯凯格。

终于，在 2005 年的时候，他找到了这个人！

93 山姆·马鲁洛那时只有 34 岁，是东南区的一名打黑警察，喜欢社交，来自纽约蒙特莫里斯地区，出生在意大利裔家庭，家族成员众多。马鲁洛是那类典型的头脑聪明但缺乏专注力的警察，往往被贫民区的案子吸引。他的父亲是一名工人，他毕业于罗切斯特理工学院，并在奥尔巴尼大学法学院读了两个月书，不过他很快就失去了兴趣。

马鲁洛外表非常英俊：一头深棕色的头发，一双蓝眸，睫毛长得自然卷曲，还带着几分少年感。他极为擅长发展街头人脉，就是警察口中的“友人”，特别是女性“友人”。

马鲁洛也有他的性格缺点：有些急躁，不够成熟，不能静下心来听别人讲话。可他的优良品质弥补了这些缺陷：他工作勤恳，关心自己保护的人们，并常常称赞一起工作的同事。另外，他极度热爱这份工作，爱到接近“自我毁灭”——至少他对工作的全身心投入不幸让自己的一段婚姻破裂，他的朋友们是这么说的。

拉巴贝拉在马鲁洛身上看到了一种罕见的才能，让他眼前一亮，他把马鲁洛招进队里当了一名实习警探——同斯凯格以及特内勒当初的职位一样。

当时马鲁洛希望能带上一位朋友即内森·库里一起入职，那时候库里也是一名打黑警察。

拉巴贝拉一开始有些犹豫。库里把他那过早秃顶的头干脆剃光了；一双圆圆的、满是困惑的淡褐色眼睛总是从紧锁的眉头下打量着什么，他仿佛永远在沉思。像其他男性朋友的情况一样，库里和马鲁洛的生活状况截然相反。库里婚姻美满，有两个需要特殊护理的孩子。他性格内向，总是埋头工作。平常，他喜欢看书、向别人请教，如饥似渴地阅读非小说类书籍和报纸，但不喜欢说话。在马鲁洛的坚持下，拉巴贝拉最终同意招录库里并训练他。

前辈的指导对警务工作，尤其是对贫民区的刑事案件来说非常重要，但这种训练却被大大低估，往往演变为一般的口头教育。针对在职警察有专业的“刑侦学校”，然而其中大部分课程和贫民区 94
办案一点儿都不沾边。开办的课程的重点在于处理实物证据，而不在于比如如何追踪有毒瘾的证人或者如何应对陪审员在法院停车场遭到威胁等情形。

那些所谓的专业培训机构同样没有什么帮助。斯凯格和他的同事们曾一同参加过由加利福尼亚刑事人员协会主办的年会，但是会议的议程基本上没有提及他们的日常工作；类似的研讨会却常常以“国家媒体聚焦你的城市”为会名。于是迫不得已，警探们只能在办案过程中自己摸索门道，老一辈警探把自己的本领教给年青一代。

拉巴贝拉安排斯凯格带马鲁洛，但斯凯格不会刻意去教。年轻的警探看着斯凯格办案总会深受其感染。可斯凯格非常严格，容不得犯错，因此他并不是一位很好相处的师傅——他可不会因为你初出茅庐就降低自己的标准。而马鲁洛则不同，在这名年轻的打黑警察身上，斯凯格看到了天分，认为值得好好栽培。

斯凯格和马鲁洛两人一拍即合，磨合得相当顺利，虽然刚开始的时候，斯凯格不得不限制马鲁洛的社交活动。有时候，他们刚结束询问回局，马鲁洛就半道离开斯凯格，跑去和从前小队里的朋友们闲聊。斯凯格则会训斥他：在调查杀人案件时，哪儿有时间去和同事聊天？马鲁洛改正错误后立马证明了自己的价值：他说话很有技巧，像斯凯格一样，他能用一种信念感使人信服。

就马鲁洛而言，他接受了斯凯格的行事风格：当机立断，即刻行动，一有线索立马追踪，正面击中。“直奔关键，直奔关键”是马鲁洛对他师傅办案宗旨的总结，因为“有时候，你只有一次机会”。

2005 年那几个月，斯凯格和马鲁洛马不停蹄地一块儿侦破了 8 起案件。8 月末，马鲁洛接到了由他负责的第一起案件。

受害人查尔斯 · 威廉姆斯那时 26 岁，由于心理疾病处于“残疾状态”。他是一名黑人，没钱，也没工作。他的邻居们是格拉普街瘸帮的成员，允许他穿紫色的湖人队球衣——紫色代表格拉普街瘸帮。

95 帮派成员们应当有自己的“工作”，贫民区中有些带有贬义色彩的俚语便是用来谴责那些不合期待的人的，如“装饰品”。虽然威廉姆斯也是这种“装饰品”中的一员，但他获得了“许可证”。

威廉姆斯喜欢在社区附近骑自行车。有一天，当他站在 112 街和威尔明顿街交汇处的一家自行车店的柜台前时，一名袭击者冲进门并近距离对着他开枪射击。就这样，威廉姆斯倒在一片血泊之中。威廉姆斯身上穿的紫色衣服诱发了此次袭击，嫌疑人为“软糖镇”黑手党成员，而格拉普街瘸帮是他的对手。他把威廉姆斯当成了打手，或至少是忠实的拥护者。

马鲁洛和威廉姆斯的姑姑克里斯汀·杰克逊见了面，是她把侄子一手带大的。威廉姆斯的母亲因病去世，父亲则被人用破冰锥刺死了，那件案子也没有侦破。杰克逊担心警方不把威廉姆斯的案子当一回事，因为她的弟弟，也就是威廉姆斯的叔叔于 1983 年在尼克森花园小区中被人捅死；而她弟弟的案子也没有侦破。杰克逊言语激烈，对马鲁洛说她已经受够了，现在悲痛得几近发狂，而侄子的案子就像是压死骆驼的最后一根稻草。她告诉马鲁洛，如果警方不能找出凶手，“我就会做我该做的事，我自己会看着办的”。

由于渴望证明自己，马鲁洛一头埋进这件案子里。他得到了线索，后来却发现自己上当了。其中一名目击证人是“软糖镇”黑手党的成员，他说自己知道真相但不能说出来，因为他在假释期，得留在社区附近，这样的话在这里当告密者就太危险了。马鲁洛把注意力转移到了假释机构上，并成功转移了这名男子。之后他便前往证人的新住所并说服他完整讲述案情。

另外一名目击证人也是“软糖镇”黑手党的成员，这个年轻人还是一名学生，过着双面生活，而这在贫民区也早就见怪不怪了。一天，他和一群“软糖镇”黑手党的成员坐在车里，有人在一家自行车店前停下。其中一名年长的成员递给他一把枪，命令他下车，把那个格拉普街瘸帮的人给毙了。

可那个年轻人退缩了，他害怕得不得了，年长的男子催促他， 96
他还是不肯下车动手。最后，年长的男子一脸嫌弃地看着他，拿着
枪，直接闯进威廉姆斯所在的自行车店里，而威廉姆斯当时正在柜
台前等着——穿着紫色的湖人队球衣的他根本没有料到这突如其来
的死亡。

马鲁洛进行了好几番询问才让那名年轻人把事情说了出来——他刚开始撒了谎，然后又翻供了。最后，他向马鲁洛坦白说自己实在是太害怕了。他惧怕开枪的男子，尽管他们明面上是朋友，是“自家人”。所谓的帮派忠诚经常像下面这种：男人们一起行动，相处融洽；就像受到虐待的女人还是和打她的男人在一起一样。马鲁洛的道德安慰便是他那真诚、充满热血的呼吁——他说服那名年轻人战胜恐惧，出庭作证。

拉巴贝拉自是颇为得意，他给马鲁洛起了个外号，借用了帮派行话，叫他“小斯凯格”。拉巴贝拉现在感觉很好，他正在一步步组建一支精锐的刑侦队，也许最终他们能够把法律带进南洛杉矶。

第二部分

布莱恩特一案

第十章

城市之子

世间的所有父母似乎都会点头认可，无论多么努力地平等对待 99
儿女，要做到一模一样实在太难。华莱士·特内勒和亚迪拉·特内勒也更宠爱最小的孩子，他们绝不是首开这种先例的父母，今后也必会存在这样的父母。

两人的长女迪迪和长子小沃利在学校的成绩都非常优异。迪迪非常喜欢看书；小沃利则随着年龄的增长逐渐显露出超群的智力，在进入加利福尼亚大学欧文分校之后，他便彻底醉心学术。但小儿子布莱恩特却活泼过头，很难把注意力放在学习上，在学校总是调皮捣蛋，各种搞怪、恶作剧：有一次他竟然偷偷溜进修女办公室，拿着一瓶臭味喷雾干坏事，而这档子事还层出不穷。父母五分钟前告诫他的话，布莱恩特五分钟后就忘了个一干二净。

一位心理医生告诉夫妻俩布莱恩特患有注意缺陷障碍，应该对他采取药物治疗。迪迪从前便疑心布莱恩特在这方面存在缺陷，但这可比她料想的严重许多。然而，特内勒对此有些抵触，在工作

中他见过太多瘾君子，他们小时候因为类似的症状而接受过药物治疗，最终却并不见好转。他和妻子亚迪拉在布莱恩特的辅导上花费
100 了不少，比如送他去西尔万参加森林学习项目。特内勒有一次算了算相关的花销，发现竟然和私立学校的学费大致相当。尽管如此，夫妻俩仍旧年复一年地这么做，但这个问题似乎并没有缓解。即使是最简单的家庭作业，布莱恩特也要花上几个小时才做得完。

然而布莱恩特才能不少，尽管不在读书这方面。这孩子喜欢动物，养了各种各样的宠物，他对照顾它们从来不会厌倦，甚至在家养了满满一大缸热带鱼。

布莱恩特的动手能力超强，哥哥小沃利对此颇为惊奇，好像没有弟弟做不出来的东西。布莱恩特在自行车被人偷走后便迷上了低速三轮车，于是他自己修好了一辆非常旧的三轮车，还准备了音响和蓄电池，并把它们组装在一起。除此之外，他还能设计裁剪服装，在学校的墨西哥菜肴烹饪大赛中获得过优胜，还会自己重装汽车座椅。虽然在哥哥眼中，布莱恩特的小爱好稀奇古怪，但这个生活在洛杉矶南中央的混血少年倒是自得其乐。

布莱恩特一天天长大，兴趣爱好无疑也在一点点拓展，他又爱上了嘻哈音乐、时髦的衣服等等。而布莱恩特也没有抛却那些“旧日玩伴”，而是带着它们一同成长：他把烹饪发展成一项有利可图的事业，把在家烘焙的布朗尼蛋糕和饼干拿到学校卖给同学们；一次参加派对前，他和母亲合力裁剪了一套《戴帽子的猫》里面的服装，质量堪比电影服装，他还自己设计裁剪了一顶圆筒毡帽。后来，布莱恩特养起了鸡，养大的公鸡连他父亲都承认确实“漂亮、神气”，尽管公鸡打鸣常常影响家人休息，附近的邻居们也快被逼疯了。母亲调侃过布莱恩特的音乐品味，他默默记在心里，于是后来自己制作了一张 CD，挑的全是他母亲会喜欢的经典老歌，音质

上佳，给了母亲一个惊喜。不仅如此，布莱恩特像他父亲一样爱干净，这方面他哥哥远不如他，总得等母亲念叨才会收拾自己的屋子。

然而无论是对布莱恩特还是他的父母而言，学习都始终是件苦差事。迪迪和小沃利都即将升入大学：迪迪对数字反应快速，所以她学了会计专业；而小沃利对文字颇有鉴赏力，他在英国学了一学期英国文学。至于布莱恩特，特内勒和亚迪拉只希望他能读完高中，可即使是实现这么个平平无奇的目标有时都显得难比上青天。虽然当时阿富汗战争、伊拉克战争并未结束，参军仍有危险，但特 101
内勒私下想过也许布莱恩特能在军队里找份差事。

抛开学业不谈，布莱恩特绝对是个“好孩子”，就连他父亲也总这么说。布莱恩特心态从容，尽管坐不住，总想着动一动；他脾气也不错，不会记恨别人。有时候，父母这会儿还恼着他，下一刻就消气了：他们的小儿子，温柔、有爱又积极主动；父母走到哪儿，他跟到哪儿，像跟屁虫似的，总想给厨房里的母亲或外头院子里的父亲搭把手，总是对人友好。

最令父亲感动的是布莱恩特虽学习不尽如人意，但始终在努力着，从来没有放弃过，从来不因失败而生气难过。那些年来，无论在学校多努力结果都还是不尽如人意，学习似乎真的不适合他，那些年一遇到数学问题他便局促不安，因为他就是不懂，盯了半天教科书也始终看不出个所以然来。如此年复一年，布莱恩特试了又试，在学校里咬牙坚持，课外烧大笔钱补习，到头来成绩还是不好，还是跟不上，从来都是吊车尾。“但这孩子从没说过一句抱怨的话，”连他父亲也忍不住赞叹几句，“他只想让父母宽心。”

普拉亚德雷地区圣伯纳德高级中学的布拉泽·吉姆·赖特经过

多年教学发现，不一定只有学习突出的学生才能讨得老师欢心，品德良好，比如集上进、好奇、善良于一身的学生，老师同样喜欢。尽管布莱恩特在学业上一团糟，但他拥有美好的品质。“他是那种你会想要竭尽所能拉一把的学生。”赖特说道。除了在学校教书，赖特还是警察局的志愿牧师，随叫随到。

赖特在高中教了布莱恩特后，他看得出集中精力对这孩子来说有多难。那时候，布莱恩特已经没有调皮捣蛋的问题了。让赖特吃惊的是，布莱恩特善于反思，明白父母对自己的良苦用心。因此，赖特说，就算觉得学习很痛苦，“他也不会自暴自弃，而是痛下决心要让父母为他感到骄傲”。

102 赖特一开始担任布莱恩特的课程老师，后来成为他的辅导员，一直积极鼓励他。多年来，特内勒和亚迪拉以学业为由不同意布莱恩特参加体育活动，但最后经不住他软磨硬泡，同意让他踢足球。高二那年，布莱恩特代表球队出赛。同时，他还加入了戏剧社、舞蹈社等课外社团，是他们高中大型舞蹈项目中的唯一一名男生。后来，不知赖特从哪儿探得布莱恩特在学校卖布朗尼蛋糕和饼干挣钱，虽然不合校规，但也睁一只眼闭一只眼由他去了。

世界原本已经对擅长手艺的人不怀善意了，好歹给布莱恩特一条出路，让他在世俗里有所成就。更何况，布莱恩特为人那么真诚，又那么受欢迎。圣伯纳德高级中学的老师们，如同他的父母和姐姐一样，总是处处替他留心，为他寻找一条合适的路。赖特和其他老师甚至谈过要不要建议他去专门的厨艺学校深造。

那时候，布莱恩特愈发高挑颀长，比哥哥小沃利都要高点儿，加上蜜褐色的皮肤和顺滑光泽的头发，非常吸引女孩儿；而且布莱恩特性格幽默，天生活跃，和男孩儿们也很要好。但哥哥小沃利认为，布莱恩特对比年纪来看，不太成熟：他至今迷恋《星球大战》

和乐高战舰，房间里堆满毛绒玩具。布莱恩特心头挚爱的玩具竟是一只毛绒小鸡，跟他曾养的那些雏鸡长得很像。父亲仍在盘算海军陆战队的事儿，可布莱恩特对这方面一点心思都没有。他告诉祖母自己痴迷服装这块儿，又告诉母亲自己很喜欢机械方面的东西。他在克伦肖高中修了一门成人课程——汽车内件修理，并在其中表现出色。他已经满了法定驾车年龄。

能自己开车让布莱恩特可以自由打零工，华莱士·特内勒不久便发现这个小儿子有种工作停不下来的倾向：他先是在一家多哥三明治店兼职，又到 Petco 宠物店和坚宝果汁店打工。不久之后，布莱恩特的兼职数量翻了倍，换了些更好的地方，比如奎兹诺斯连锁快餐店、玛丽·卡伦德餐厅和五巨头餐厅。虽然布莱恩特还只是一名高中生，但是，这些兼职并不看重学习成绩，只要求精力、勤快和赚钱的动力，因此布莱恩特做起来可以说游刃有余。父母看到布莱恩特高涨的工作热情也颇为欣慰，虽然仍希望他好歹念到高中毕业，但很高兴儿子终于在某一领域做得不错。“这孩子可能希望像 103
我一样，”特内勒说，“总是待在外头，总是忙个不停。”

高三那年，布莱恩特经济学那门课考试不及格。可那是必修课之一，挂科便意味着父母殷切盼望看见他拿到毕业证的希望受挫。此时赖特登门家访，而亚迪拉和特内勒自然愿意做任何努力。夫妻俩给布莱恩特报了艾尔卡密诺学院的一门课补学分，但那门课对布莱恩特来说难度也很大，并且要阅读大量材料。

特内勒心里其实也担心孩子们的安全。警察局的同事们都认为特内勒居然住在 77 街区，实在不明智，怎么也不仔细考虑考虑。但这些人想错了。特内勒当然仔细权衡过，他了解相关的统计数据；他清楚自己社区里那些帮派的一举一动，而且比大多数警察更了解儿子面临的危险，他从未停止过思考这些问题。可是，尽管很多人并不知道，他却明白：就算离开洛杉矶县去往其他地区，年轻黑人男子还是身处险境。比如说圣贝纳迪诺县，对许多希望保护儿子免受犯罪活动威胁的黑人家庭来说是个热门目的地。虽然在21世纪前五年，圣贝纳迪诺县死于杀人案的年轻黑人男子比例确实低于洛杉矶地区，但仍然是一般美国人死亡率的20倍以上，并且那里的青少年死亡率也在快速上升。虽然特内勒听到的信息都是坊间传闻，但他能从宏观上看清局势。“好几次我都听人说把儿子送到圣贝纳迪诺县却还是被人杀害，”他说，“既然这样，何不安安稳稳地留在这儿？”

特内勒很早就教育过两个儿子，告诉他们一不留神便容易被别人认作其他什么人，一个不小心便可能被卷进帮派枪战里。“你是哪边的？”这句话是洛杉矶很多谋杀案受害人听到的最后一句话。特内勒知道，如果你是黑人或拉美裔，年纪又是15~25岁的样子，那么没有所谓的正确答案。他告诫儿子们如何偷偷溜走，教导他们如何事事多加小心。但是，布莱恩特不像他哥哥，他倒有些天不怕地不怕。特内勒从未把这种勇敢和自己联系在一起。但布莱恩特的确像父亲，他同样拒绝战战兢兢地过日子：他就做自己喜欢做的事，去自己想去的地方，对任何人都一样友好坦率。这却让他的父亲捏了把汗，特内勒会开着他的警车暗中调查小儿子。有一次，特内勒偶然发现布莱恩特很晚还在79街和荷尔代尔交汇处闲逛，马
104 上对他说：“一个小时内给我回到家。”布莱恩特在规定的时间内回到家中，他总是这样——很听话，可还是不免令人担心。

发愁的自然不止父亲特内勒一人。大儿子小沃利在“大事件年”临近尾声的那几年年纪也不小，至少经历过只有黑人年轻男子才会在南中央经历过的事情。这一地区倒也没有外面流传的那么不堪，但小沃利约莫七岁大的时候，有一次在外面玩耍，恰好看见了

街区尽头发生的一起枪击事件。当持枪男子跳下车时，小沃利看见了他身上穿的夏威夷衬衫，并亲眼看见那名男子朝着一栋房子不停扫射。还有一次，街上举行了一场聚会，一群带着蓝色头巾的瘸帮成员在街上走来走去；当时小沃利就几次被人问“你是哪边的”。等上了高中，小沃利想了个主意，就回答说“我哪边都不是，我也不打架”，然后继续走；可有时候，同一伙人会连续两天堵他——你不是刚刚就问过我这个问题吗？小沃利心里默默地生气。当然了，也不是天天如此。虽然他家附近的林荫大道确实可能有危险，街角处还有那栋交易毒品的公寓，但是他家所在的社区里也有不少勤劳、和善的房主以及和他家一样的家庭，且要同那帮戴蓝色头巾的人保持距离也不是什么难事儿。

几年之后，洛杉矶地区的犯罪率急剧下降，小沃利有时会思考这事儿以及这事儿对他弟弟会产生什么影响。虽然小沃利只比布莱恩特大五岁，但这五岁足以让他处于恐惧区里更深层的地方。在小沃利和他的朋友们成长的那几年，南中央的帮派成员们还公然穿着他们的代表色，比如蓝色、红色和橙色的头巾从裤子后兜里露出来，到后来才变得不怎么常见。小沃利和他的朋友们都知道这里的规矩，感受到生命的脆弱，学会了在这里的生存之道：他们会本能地注意自己的身后；车辆经过时他们会留意，对哪辆车重新回来或经过他们两次都能意识到；同时他们会知道不要走哪条街、不该穿什么样的衣服。

但是布莱恩特生在相对安全的洛杉矶时代，且并没有经历过街道上的一些事儿，因此他并没有那么谨慎。

小沃利认为那是弟弟像小孩一样天真的另一方面的原因，有时候他会跟布莱恩特说应该穿什么颜色的衣服。他注意到了弟弟的那种没心没肺——居然边听音乐边骑自行车。可布莱恩特完全没意识

到那些规矩有什么意义。他甚至骑车去斯劳森地区的旧物交换会，
并跟父亲担保不会出事，而几乎所有77街区的警察都接到过来自
105 斯劳森地区旧物交换会的警报。特内勒非常生气，更担心布莱恩
特，有一次他似乎看见布莱恩特身上有一处淤青，心里猜想布莱恩
特是不是和别人打架了。

布莱恩特以前被父母保护得太好了，又时刻受父母约束，因此他只认识社区里其他几个小孩。然而，随着他逐渐长大，情况也悄然改变。

约书亚（乔什）· 亨利是克伦肖高中的一名学生，他第一次遇见布莱恩特时后者正骑车经过去做秘密生意——卖自己做的T恤和布朗尼蛋糕。约书亚和布莱恩特一样喜欢跳舞、音乐以及组装自行车，两人经常一起捣鼓自行车，然后骑车四处转。

乔什很喜欢布莱恩特幽默、善良的性格，但想到他那精英式的、古怪的生活又忍不住摇摇头——在私立学校念书但十多岁还养着宠物小鸭子。虽然乔什没有参加帮派，但他比布莱恩特更清楚街上真正的模样。乔什13岁时就读于奥杜邦中学，一天他和几个朋友从一条巷子抄近路，却遇上一帮持枪男子，他们便赶紧跑起来，边跑边听见身后交火，大家冲上了一辆经过的公交车。上车后，乔什低头看看衣服，发现衬衫上有个洞——一颗子弹正正从他身边擦过，幸好没有打中他。乔什不禁感到一阵恶心，吓得无法呼吸。

当乔什大一点后，有一次和一个朋友在范内斯街站在一辆汽车边上，突然一群男子围了上来，想把车门打开。他们赶紧拔腿跑，当时一颗子弹击中了那辆车，乔什又一次感受到那种恶心。他想：还真是可笑，电影里的枪战似乎总是激动人心的，可若真在现实生活中遇上，便没有半分激动人心可言。

乔什认为布莱恩特“柔弱得就像裹尿布的婴儿”，还认为他在社区附近大摇大摆地闲逛简直是疯了。于是，乔什也曾设法教一教布莱恩特那些不成文的规矩，让他没事离西边远点儿，还告诉他：“留点神儿，在哪儿都一样。”可布莱恩特似乎根本没听进心里去，于是乔什又想办法给他点教训。有的时候看见布莱恩特走在街上，他会惊呼道“这小子居然低着头走路”，然后就骑着车或开车突然出现在布莱恩特身旁。“你看你，”乔什会对他说，“一不留神被逮 106
了个正着吧！”他不敢相信布莱恩特居然会那么单纯。“他并不适应那里的环境，”他说，“他爸妈把他养得很好。”

然而，布莱恩特终究是黑人，也总会体验到同胞们的一些遭遇。有一次在庆祝马丁·路德·金生日的王国日游行中，他和乔什骑着自行车时与警察起了口角。乔什当下便急着争执起来，而布莱恩特则告诉警察他的父亲是一名警探，并试图和那人讲道理。他直挺挺地站着，语气平和。乔什在一旁惊奇地看着，在这样的情况下，自己非常生气，而朋友却能克制情绪，保持冷静；以前他从来没有见过这样的布莱恩特。可惜警察不为所动，最后以堵塞小巷为由给乔什开了一张六百美元罚款的罚单。

布莱恩特·特内勒逐渐步入青少年后期，父母开始发现已经到只能建议他怎么做的阶段了。这也是每一位父母都要经历的；但并不是每一位父母都会像南洛杉矶的父母一样，需要担心儿子哪天就会碰上这里的年轻黑人男子经常会面临的死亡威胁。

那年秋天，布莱恩特刚满 18 岁，从法律上来讲，他成年了。有一天，他回到家里，一只耳朵上戴着耳钉。“你为什么要打耳洞？”亚迪拉质问他。她知道丈夫大概会被气个半死。布莱恩特一开始把头转向一边，这样特内勒就看不到了。可最终特内勒还是发现了，大惊："你耳朵上戴的是什么鬼！"然而没几天，布莱恩特的两只耳朵都戴上了耳钉。

布莱恩特身边也开始有女孩子了，但并不是每个他的家人都喜欢。比他大八岁的姐姐迪迪认为自己有责任教训布莱恩特。有时，她会凶他："好好穿裤子！"布莱恩特比小沃利裤子穿得更松垮，他变得有点嘻哈风，这让姐姐非常担心。

快到新年的时候，布莱恩特因为超速被警察拦下。虽然以前也曾有过这种事儿，但这次的超速罚单不一样：他的驾驶证被吊销了。这样一来，布莱恩特差不多相当于被禁足。他仍旧去学校读书。当他在艾尔卡密诺学院考试又没及格时，布莱恩特求赖特帮
107 忙，并想通过参加一所公立学校的成人项目拿到高中毕业证。除此之外，布莱恩特还在做兼职——有时候坐公交，有时候搭母亲的车。可现在，布莱恩特发现自己就这么待在家里，既不能像小时候一样围着父母转，除了社区里的几个熟人以外又没有别的朋友。

布莱恩特从来没有和社区里的其他年轻人一起厮混过，因为父母小心地控制着他的活动。布莱恩特的故事中令人惊讶的事情之一便是：尽管他像他父亲所希望的那样成长在同一座房子里，可他对住在同一街区的其他孩子来说却像个陌生人。特内勒和亚迪拉把他的朋友限制在私立学校以及他们信任的家庭的孩子中间，因此，布莱恩特的确可以说是在父母的羽翼下成长的。

然而现在，布莱恩特总是在社区里闲逛或是骑车四处转，就这样认识了不少附近的年轻人。离他家不远处有一处简陋的出租房，住在里面的一家人和帮派有联系。那家大人们和帮派联系较为紧密，年轻一点的有个叫克里斯托弗·威尔逊的男孩，他和帮派的关系较浅，可在亲戚的施压下不得不和一个叫作"8点流氓"的瘸帮扯上关系。沃尔特·李·布里奇斯是威尔逊的朋友，再加上乔什

以及其他几名年轻人，他们组成了一个松散的小团体，也就是后来乔什口中的“互相依靠的孩子”。南中央的年轻人也常套用警察的行话，就像警察老用他们的话一样，而“互相依靠的孩子”指的是一群并不暴力也没犯罪的青少年，但他们倾向于或不得不与某一帮派保持友好往来。乔什的那些朋友们并没有哪个是帮派死忠，可他们都时不时地参加斗殴，有的身上还有枪伤，身边也有朋友被人杀害。他们之间达成了默契，如果必要的话会相互扶持。

在大多数情况下，这几个年轻人只是一起出去玩，修一修自行车，抽大麻，想一想怎么打扮才能约到女孩子。生活在郊区的许多白人青少年差不多也是这么过的。后来当被问到为什么布莱恩特戴的棒球帽上会有休斯敦太空人队的徽章——那是附近的“8点胡佛罪犯”的秘密象征——时，乔什自然应答，仿佛答案再清楚不过。就像他们的那身打扮一样，他说：“当然是为了吸引女孩子！”

那个春天，布莱恩特开始经常和克里斯托弗、沃尔特、乔什他们一起出去玩，他们的圈子最终扩大到克里斯托弗的女朋友和她漂 108
亮的堂妹——住在街尾的阿丽尔·沃克。阿丽尔有一双漆黑的大眼睛，皮肤棕黄，泛着几分红润，她父亲因谋杀罪在监狱服刑。

在他们这一伙人里，布莱恩特·特内勒仿佛是从某个异国海岸来的访客，因为他实在单纯得离谱：从没沾过酒，也没和人打过架，对帮派连基本常识都不知道，甚至不知道怎么亲女孩子。他拥有温馨、体面的家庭，还有个有时会叼着雪茄在车道上踱步的警察父亲。并且，布莱恩特不仅有自己的兼职，还非常准时，这是他们其余几个人所没有的品质。虽然他也一同出去玩，但会中途离开去赶轮班。他们几个都很喜欢布莱恩特，平常都叫他特内勒。然而他们不知道该拿他怎么办，他满脑子宠物小鸡、小鸭什么的，又那么温柔、敏感。布莱恩特从不咄咄逼人，也不会大声讲话，总是希望大事化小，他希望每个人都能相处融洽。

最后一点也是最新奇的事儿。无法无天的暴力使黑人承受了异于常人的重压：走路时一瘸一拐表明在街头斗殴中幸存，总是大吼大叫，满是怒气的眼睛四处打量——这些都是贫民区男子的习得行为，也是他们喜欢用的对袭击的预先防御。因此，外表软弱非常危险。许多男子说，他们从小就被人抢劫和威胁，在上学的路上被抢走午餐费，常常因背包和鞋子被打，甚至经常被人喊出去打架。身材矮小的男孩容易受到折磨，高个子的男孩则需经受历练。这样的状况实在令人备受打击且常常把人弄得筋疲力尽。许多黑人男子有种大多数男性可能在童年的某一时期体验过的那种恶心的感觉——知道总有恶霸放学后在某个地方等着堵他，想要制造事端。可黑人男子的那种感觉还有所不同，因为其中夹杂着对死亡的恐惧，也因此使这种体会更加深刻，并且持续影响他们成年后的生活。神经紧绷自然使人郁郁寡欢，在 77 街区的大街小巷里，有的人谈论着自杀，有的人则听天由命、任人摆布。很多男子在内心深处并不想斗殴，并设法避开，因此他们行为上表现得强硬，以此来震慑挑衅的人。他们的一举一动和每个姿势都传达了一个信息，那就是“别来招惹我”。时刻保持这种状态自然劳心劳力，可只要能感到一丝安全，一切就都是值得的。

109 乔什、沃尔特和克里斯托弗想让布莱恩特变得更强硬些，于是假装出拳训练他，设法让他学会如何用胳膊肘出招防御，如何躲避，同时教他街道生存法则。然而，布莱恩特太温和、太有教养了。“他和我们不是一个世界的人。”克里斯托弗说，意思是说，布莱恩特的境界比他们高太多。

阿丽尔对中产阶级的生活习惯几乎一无所知，所以当她得知布莱恩特每天都起得很早时居然感到不可思议，因为她认识的人里头基本没有这样的。“他的加入给我们的小团体带来了不小的变化，”阿丽尔回忆道，“因为以前我们身边从没有像布莱恩特这样的人。”不久之后，她和布莱恩特开始约会了。

然而家人对布莱恩特新的社交活动可不那么热情洋溢。迪迪对他出门闲逛渐渐失去了耐心，在她看来，阿丽尔不过是“街头太妹”，剩下的人也都不是什么善茬儿。迪迪心中焦急，她发现布莱恩特就像一块海绵，太容易受人蛊惑。“如果他再不规矩点，爸妈就都要疯了。”她心里想着。于是，迪迪开始为布莱恩特打听工作，仔细研究市里的工作岗位清单，希望能帮他找到一份比较固定的工作——至少比他现在干的小时工兼职强一些。

而特内勒方面则始终保持高度警惕。工作的时候，他常常绕路去查看布莱恩特的行踪。特内勒大脑中属于警察的那一面完全派上了用场，他会仔细观察儿子的衣服和行为，查探他那帮朋友的底细。布莱恩特毕竟年纪不小了，父母也无法限制他交什么样的朋友，可特内勒一直都在暗暗地看着：他察觉到克里斯托弗·威尔逊和沃尔特·李·布里奇斯内心的激烈挣扎，但也知道他们还不是帮派死忠，而仍是普通稚嫩的“互相依靠的孩子”。两个年轻人很聪明，也招人喜欢——不消说，人不错，他们只是无法选择在什么样的地方长大。特内勒清楚布莱恩特和他们在一起时大多在修自行车，也明白这个爱好对小儿子来说有多重要。每每特内勒问布莱恩特又去干什么了，布莱恩特总是向父亲保证只是些他喜欢的自行车方面的事儿，他没有做违法乱纪的事儿。

亚迪拉当然也很担心布莱恩特，可她从不知道丈夫其实也为儿子发愁。特内勒会在凌晨两点起床去看布莱恩特是否在他的房间里，以确保儿子在家；每当布莱恩特出门，特内勒总是颇为挂虑；特内勒也常常询问布莱恩特要去哪儿，对布莱恩特的社交活动唠叨 110

几句。不仅如此，特内勒还会时不时教训布莱恩特："你自己瞅瞅，说话、走路没个正经样儿，难保别人不把你当成不三不四的人。"尽管偶尔气氛紧张，但父子俩还是很亲近，常常一起做自家院子里修修整整的事儿。

布莱恩特在父母房间外面的浴室洗澡，因为主浴室得保持干净以供客人使用。而这就给了特内勒一个机会，他可以趁此偷偷查看布莱恩特的光膀子。有一天，他瞥见布莱恩特露出的后背，看到了令他害怕的东西：新的文身。他认不出那个文身有什么含义，没有帮派的名字，也没有哪个社区的名字，就只是一个城市的标志，文了"洛杉矶"这个词，还有卷轴和天使的翅膀。特内勒又质问布莱恩特，和之前打耳洞的时候一样，大吵一架。但特内勒不得不面临的现实是：他最小的儿子再也不是小孩子了。"还能怎么办呢？"特内勒后来无奈地说道。他没有法律权利要求布莱恩特换一种穿衣风格或是换个女朋友。"他十八岁了，总不能把他捆起来吧。赶出家门也不是个办法。"

同时，由于特内勒熟知帮派成员的生活方式，因此他也能察觉到儿子并不像自己一辈子都在抓的匪徒。布莱恩特有工作，而且很明显非常努力地工作着。他每天早起，踏实工作，总是非常准时；在学习方面也狠下功夫，在修最后的学分好拿到高中毕业证。最重要的是，布莱恩特还是父母熟悉的那个"好孩子"：他对人的态度依旧，也没有整天绷着脸，总是显得很有教养，无论何时都很听话。他很爱母亲，和父亲也没有隔阂，还同父亲一同捣鼓他那些小爱好——养热带鱼和雄赳赳的公鸡，尽管被迫不再养鸟，因为邻居们对此埋怨不轻。特内勒知道违法乱纪的犯罪分子可不会有心思捣鼓这些事儿。有时候，当特内勒和布莱恩特较上劲儿时，一直以来的那种保护欲十足的养育方式终于落空了。"爸爸，"布莱恩特反抗说，“你自己养出来的儿子才不会那样呢！”

青少年成长总会经历不同的阶段，特内勒和亚迪拉希望等布莱恩特拿回驾照后能重新走上正轨。6 月 29 日正是他们期待的日子。

布莱恩特开春时结了那门课，并终于修满了高中毕业所需学 111
分，这件事无疑值得一家人庆祝。特内勒和亚迪拉满心自豪，布莱恩特告诉阿丽尔自己真的太开心了，他说自己一直以来都希望能让父母高兴。

亚迪拉陪着布莱恩特去拿他的高中毕业证，赖特和其他几位老师正计划办个聚会。还有个好消息，在迪迪的帮助下，布莱恩特在洛杉矶娱乐和公园管理局找到了一份稳定的工作，内容和少年儿童相关。迪迪希望那份工作能变成一份公职，她自己现在在洛杉矶国际机场当会计，为这个城市服务，就像她父亲一样。他们的姑姑也是市政府雇员，迪迪说他们就是“市民之家”。公园的工作将使布莱恩特有机会在一个新的舞台上发光发亮，作为孩子们的导师，她想，布莱恩特一定能做得很好。

那天是 5 月 11 日，星期五，正好是母亲节前一天。布莱恩特下周一便正式开始新工作，这对亚迪拉来说是个很合适的母亲节礼物，毕竟，一直以来她都盼望这一点一滴尘埃落定——他的高中学位证和一份正式的工作。布莱恩特激动不已，想让父母知道自己了解他们这么多年来的辛勤付出，让他们知道自己很感激他们的无私倾注。

布莱恩特告诉阿丽尔那天晚上晚点再去见她，自己想先去买母亲节礼物篮送给母亲亚迪拉，而阿丽尔则为布莱恩特准备了毕业礼物。

夕阳还未落山，布莱恩特还有时间。他买了瓶艾德熊乐啤露，推着自行车和沃尔特一起在西 80 街上慢慢走着。

第十一章

“是我儿子”

112 特内勒和亚迪拉夫妻俩并没有听见不远处“砰砰”的几声枪响。

沃尔特·李·布里奇斯躲开、布莱恩特中弹倒下的瞬间，夫妻俩正在家里，像往常的周五晚上一样悠闲地打发时间，各忙各的，不在一处却更胜同处。当时，亚迪拉还在浴室洗澡，特内勒则在自家车道上打量着那几辆车，准备把它们挪走。

而另一边的枪击现场，阿丽尔·沃克飞奔过十字路口，朝着那群尖叫的年轻人跑过去。

她看见布莱恩特躺在地上，身边围着几名急救人员。她的眼睛移到一旁沾满鲜血的棒球帽上。

阿丽尔突然想到布莱恩特的母亲，于是，抓起帽子便跑了。

特内勒刚刚发动了汽车便看见一名年轻女子朝他这边跑过来，边跑边哭。又出事了，他想，这次又是什么呢？他边想边做准备，以应对附近刚刚发生的情况。

第十一章　“是我儿子”

阿丽尔看见特内勒后不禁发起抖来，她想见的人是亚迪拉。对阿丽尔而言，布莱恩特的母亲总是平易近人、和气善良，住在附近的居民们都很喜欢她。但是，阿丽尔几乎不认识特内勒，只知道他是一名警察，而这听起来就够吓人了。她当时压根儿没想过自己也许会先碰上布莱恩特的父亲，可特内勒看着他，眼神温和，她还能 113
想起当时特内勒开口对她说的第一句话：“我可以帮你，出什么事儿了？”

说完，特内勒的目光移到女孩儿的手上，看到她手上攥着的那顶棒球帽，上面沾满了鲜血。

没等阿丽尔说话，特内勒便开了口，眼睛盯着帽子，认出了它的主人。“是我儿子。”他说。

那一瞬间他都明白了，无须任何其他通知，他干了这么多年的刑警可不是白干的。在看见帽子的一刹那，看见上面的斑斑血迹，他便知道该来的还是来了，躲也躲不掉。

特内勒想到还在家里的妻子，给她打了通电话，没人接——她还在洗澡。于是，特内勒便让阿丽尔上车，开车载她一同赶往案发现场。

乔什一抬头便看见一辆汽车呼啸而来、渐渐逼近，车门猛然打开。车还没停稳，特内勒便跳了下来。他先环顾了一下周边现场，布莱恩特在草坪那儿，身边围着几名急救人员，还有几名警察正在封锁现场。

特内勒注意到儿子躺着的姿势，并将街上扫视了一圈。过后，他便以一贯的语气将现场的情况用警察的术语描述了一遍，就像描述从前出现过的上百个案发现场一样。*受害人倒在地上，双脚朝西*。

特内勒转身示意一名警察，指着阿丽尔说：“这名是目击证人，保护好她。”

接着，特内勒小心翼翼地将棒球帽放回地上，靠着儿子的脑袋。这是证据，证据得放在这儿。

而后，他告诉急救人员自己会去医院和他们碰头。事情交代完后，他便回到车上，开车回去面对妻子亚迪拉。

不远处，那名拿着瓷砖切割机的人意识到一名便衣警探开车抵达了现场，处理起事情来颇为专业。他认为特内勒只是洛杉矶警察局派来调查案件的一名普通警探。

“布莱恩特他——中弹了。”

114 这便是亚迪拉记忆中丈夫是如何告诉她儿子出事了的。*千万不要*，她曾这么想。当丈夫回来时，她已经洗完澡了，正等着他们回家。

在那之前，特内勒已经见过那顶沾满鲜血的帽子，也看到了躺在地上的儿子，脑袋没了半边，但布莱恩特还有呼吸。对特内勒而言，要把这件事儿告诉妻子本身便已足够沉痛，因此他陷入以往的做事习惯——将此事轻描淡写，有所保留。倘若换了别人，这些用词便可能显得有所欺瞒，可正因他是特内勒，这些话寥寥几字，冷静而慎重，就像他一直以来的生活方式一样。几年后，讲述特内勒是如何告知亚迪拉这件事的依旧令人痛苦，并不比枪击事件本身让人好受多少。这是特内勒做过的最糟糕的家属通知：他实在不想让亚迪拉伤心难过，因此，只说布莱恩特头部中弹，他们得去医院一趟，而并没有说布莱恩特伤势严重，濒临死亡。

迪迪和父母一同前往医院，她知道的信息甚至比亚迪拉还少。迪迪暗暗告诉自己他们只是去医院打探消息，看看到底出了什么事儿，仅此而已。

第十一章 “是我儿子”

“现在一切听天由命。”特内勒在车上告诉妻子和女儿，附近不知哪里传来邻居的尖叫声。医院的安检很严格，迪迪心烦意乱。净是些没用的登记，她想。最后，他们终于被放行进入医院，站在创伤室外。一位护士跟他们见了面，不停地讲啊讲，她说的那些，迪迪大部分都听不懂，可听到一个词时她猛地愣住——“脑组织”。迪迪的思绪围绕着“脑组织”这个词不停打转，天啊，她预感到要出大事了，只是现在还不愿承认现实。接着，她看向父亲，注视着父亲的脸。

他们被送到等候区，医院里有不少警察在转来转去，迪迪心想：怎么街上不见这些人呢？她又想到了自己的祖母，便去同父母商量了一会儿，然后去祖母德拉 · 特内勒家和她一起守夜祈祷。

布莱恩特的哥哥小沃利那时候住在恩西诺。亚迪拉给他打电话 115
的时候，他和妻子艾沃里正驾车行驶在靠近史格博文化中心的塞普尔韦达大道上，艾沃里接的电话。即使坐在驾驶座上，小沃利也能听见母亲朝妻子激动地大喊，当听见大概发生了什么事之后，他就在那宽阔的林荫道中间来了个 180 度大转弯。*布莱恩特中弹了*。他全身的肾上腺素瞬间激增，脑海中的信息逐渐清晰——这个过程仿佛是一种物理上的冲击，就像突然摔倒在人行道上那一瞬间的感觉。而很明显，加利福尼亚州医院在城镇的另一边，在小沃利与他受伤的弟弟之间隔着一路拥堵的 405 号高速公路以及十号州际公路中段。小沃利和艾沃里被堵了近一小时，焦虑一点点吞噬着他们，两人只能默默祈祷，而心里却怒火难平。亚迪拉又给他们打了一两次电话，然后迪迪又打了过来。小沃利只接到一通母亲的电话，听到她说“头部中弹”。他想自己肯定是听错了，便挂断了——也许母亲说的是“手部中弹”①。

① 英语中头和手分别是“head”和“hand”，发音相似。——译者注

在马不停蹄赶到医院后，小沃利花了 15 分钟才通过安检进入医院。这让这名即将大学毕业的学生感到不习惯，他不禁想是否因为他是一名年轻的黑人男子他们才检查了那么久。“我只是来医院看我的弟弟。”他一度恳求道。安检人员解释说，医院要防止帮派的人混进创伤中心，把人“解决了”。这个解释也许会一直缠着小沃利，挥之不去。

而医院里头，走廊里到处都是警察，小沃利看见父亲的搭档，可没有见到父母的身影。接着，他注意到医生走进人群中，四下张望仿佛在找人。那人头上戴着手术帽，应该刚从外科手术室出来。小沃利注意到那名医生神色凝重，如果是好消息的话脸色应该不是那样的，他想。

圣伯纳德高级中学的布拉泽 · 吉姆 · 赖特老师也被堵在车流中，他作为警察局牧师被叫去医院。他们告诉他在 77 街区发生了一起杀人案，受害人是一名警探的儿子，其他的信息赖特就不知道了，可他脑海中闪过一丝不安的念头。

是布莱恩特，他想。但他马上责备自己胡思乱想。精神高度紧张加上晚上令人心烦的堵塞，赖特去往医院的一路上不停祈祷，祈祷同一件事：*千万别是布莱恩特*。他就这样一遍又一遍地祈祷着。他错过了高速出口，不得不一路开到西边再折回来，路上又祈祷了几次：*千万别是布莱恩特*。

116 等赖特终于到达医院，他又告诉自己他的担心毫无根据，真是有些神经质了。他对前台工作人员说自己是为一位警探的儿子而来的。“哦，”一个人淡淡地回答说，“特内勒吧？”

赖特在一片小休息区找到特内勒一家，他们和其他两名牧师坐在一块儿，周围全是警员、警察，还有一些他们的朋友。特内勒和亚迪拉一起坐在椅子上，对着门，赖特注意到特内勒紧紧搂着妻子亚迪拉。那一点点地方挤满了人，赖特便待在最后面，靠在一个柜子上，尽量不打扰众人。他看着布莱恩特的父亲——特内勒似乎在照顾每个人，扮演着“看护人”的角色：有人要喝水吗？有人要坐下休息一会儿吗？赖特对此十分惊奇。

医生来了，开始讲起布莱恩特的伤势，小沃利听着只觉得又长又费解。医生会说“我们已经让他稳定下来了”，作为哥哥的他不停地这么想，等着医生这么说，可他听到的却是“大脑损伤”“心脏骤停”这样的话。小沃利弄不明白，于是他便直直盯着医生的脸：他是一名中年黑人男子，眼神里流露着一丝淡淡的悲伤。后来，在说到自己如何最终明白弟弟已经死亡时，小沃利记得医生脸上的表情，也记得他说过的话。而亚迪拉不停地哭着。“我要布莱恩特，”她哭喊，“我要我儿子！”

小沃利看着父亲。特内勒不停点着头，回应医生说的话。“这样吗？”他说，“好的。”

医生名叫布莱恩·哈伯德，是一位经历过“大事件年”洗礼的资深的创伤外科医生，他和同事们就是医疗界的特内勒、戈登和斯凯格等人。他们是一群精力充沛的完美主义者，在那个杀人肆虐的年代里打磨出一手技术。有一段时间，军队还特地派遣医疗兵和他们一同训练。

哈伯德是位于沃茨附近的威洛布鲁克的金-德鲁医疗中心的一名老医生，可惜那家医院几年前关闭了。20世纪90年代的时候，金-德鲁医疗中心的手术室外经常发生帮派斗殴事件，看到受害人的朋友们离开等候室冲出去找人报仇，外科医生便基本可以预料到下一个急救电话打来的时间，之后不久，外科医生便会被叫去处理另一个“黄色预警”。

哈伯德会告知家属他们的所爱之人已经去世了，并能察觉到他

117 们正在计划以牙还牙。“我能从他们的眼睛里看出来。”他说。曾经有一名男子直接就表露出来了。“我已经厌倦公事公办了，”在哈伯德告诉那人他的朋友已经死亡后男子这么说道，“我要用自己的方式处理。”他做出端着枪的姿势。哈伯德那时就想，只求你不要在我值班的时候做出这样的事。

现在的情况比当时他们在金 - 德鲁医疗中心的时候好多了，可哈伯德的工作性质依旧没变，他又下达了几十次通知，正如给特内勒一家下达的通知一样。而这正是这份工作最糟糕的那部分，每次哈伯德都要硬起心肠才能去做这事儿；虽然他在这方面并没有接受过多少训练，但是通过看别人拙劣的方式，他会从中吸取教训。哈伯德明白他说的每个字都会印刻在家属的脑海中，可即便如此，他们也会想方设法过滤事实真相，因此，哈伯德尽量不拐弯抹角。他自己曾将此形容为“简短而残酷的事实”。“他走了。”他会直接这么说，尽量言简意赅，而细节可以等会儿慢慢说。

然而人们可能依旧没听到他说的话。有的人没能理解，还在犯迷糊；有的人直接晕倒或是瘫软在地；有的人放声大哭，就像亚迪拉一样。

特内勒一家人等着去看布莱恩特最后一眼，牧师们则陪着他们在那狭窄的休息区等候。最后，终于有人出来了，尸体准备好了。

他们被领进一个小小的地方，有帘子挡着，布莱恩特的尸体盖着白布单，一位护士掀开布单的一部分，让他们可以看到布莱恩特光滑的脸部。亚迪拉一心想摸摸他，但是医护人员不允许。小沃利注意到弟弟额头上缝的针，大概是把伤口缝合了。他心里默默祈祷母亲没有看见。他自己也不忍心看，勉强注视了几秒便挪开目光，看向别处。

小沃利接着看向父母，忧心忡忡，想着他们该如何承受这件事。同时，他大脑的一部分还在审视着自己，突然明白自己把注意力转向父母其实是一种潜意识的自我保护。小沃利几乎没有流泪，接着他又打量着自己的父亲。身为警探的他目光平稳地落在小儿子一动不动的身体上，专注地凝视那张露在外面的脸，目光灼热。

而后，牧师给布莱恩特行涂油礼，将他交予上帝。牧师的大拇 118
指轻轻抚摸布莱恩特的前额、双手以及胸膛。仪式结束后，众人纷纷走了出去。在赖特离开医院的路上，特内勒转过身询问他是否需要搭他的车回去，听了这话赖特再一次震惊不已，这才意识到特内勒可能刚刚注意到他在那儿。

在布莱恩特的祖母家，迪迪正和祖母以及其他几位亲戚守夜祈祷。无论从哪一方面来看，特内勒一家在这场劫难中始终保持着惊人的镇定，耐心地等待医疗体制完成各个流程，家里的每个人都注意着其他家人。然而，德拉 · 特内勒并不打算就这么安静地接受一切：当医院打来电话时，她把助行器扔向客厅另一侧，瘫在地上，一边悲号，一边在地上打滚。迪迪和她的堂兄弟立马跳起身，把家具拉开免得伤了祖母。然而，这一切有些滑稽，迪迪发现自己在手忙脚乱地挪家具的同时竟然还有思考的余地，而祖母就在不远处哭喊着。下一秒，她随即惊叹起人生的种种悖论：人类即便在大灾大难面前竟然也能捕捉到一丝诙谐。

小沃利也有类似的感触：第二天一早醒来时，他发现自己竟然一夜安睡；而那种令人窒息又时刻悬心的惊恐居然能压过悲伤，更是让他感到陌生。

可有一点迪迪 · 特内勒想错了，并不是所有的洛杉矶警察都在加利福尼亚州医院，在西 80 街上密密麻麻分散着一大群警察。克里斯 · 巴林也在里面，他正为自己终于有一次比萨尔 · 拉巴贝拉抢先一步到达案发现场而感到心满意足。

巴林找克雷格·德拉罗萨谈过，在知道去哪儿找目击证人后便出发到加利福尼亚州医院找阿丽尔去了。到那儿之后，他穿过众多警察，也不知道他是如何找到阿丽尔的，当时女孩儿的双眼哭得红通通的。巴林准备把她带去局里谈话。离开医院之前，他在人群中瞥见了特内勒，他并不认识此人，也不认识他的妻子。巴林通过特内勒的本能反应分析他的肢体语言（这是警察常用的手法）：特内
119 勒正尽力让自己看起来坚强。但是你可以看出特内勒的身姿有点不对劲，巴林还看出特内勒的眼里有一丝忧郁闪过。

大卫·加里多是西南区刑侦队的主管，和萨尔·拉巴贝拉同一级别，他也在案发现场。事实上，那里已经来了不少高级别的警察，比如抢劫-杀人调查司的警督莱尔·普里多、洛杉矶警察局未来的总局长查理·贝克，以及其他一些大人物。

虽然夕阳落下的地方的天空依旧亮着，但黑暗已经吞没了这条街，昏黄的灯光从附近的人家透出来。几棵瘦长的棕榈树和一棵桉树在天空和几片斑驳云朵的衬托下显得有些幽暗。这些房子真漂亮啊，加里多不禁感叹。草坪修剪得整整齐齐。人行道上一辆自行车横卧在地。

不远处有一堆衣物，加里多早就见惯了，那是急救人员从受害人身上扯下来的：蓝色迪凯斯运动鞋，白色T恤，黑色汗衫，以及一堆血迹斑斑的纱布。街上满是巡逻车，街灯照亮了一个红色的生物危险品袋和一个装了编号牌的白色盒子。路边的草丛里静静地躺着一顶休斯敦太空人队棒球帽，帽檐上有一片血迹，边上有个小洞——很小很小，大概就半个指尖大小。加里多走近一看，发现地上有个东西：金属碎片。他俯下身子将它捡起来——是子弹的一点碎片。

第十一章　“是我儿子”

南部分局的刑侦警长帕特·加农正待在芝加哥的一家宾馆里，准备参加他儿子在芝加哥洛约拉大学的毕业典礼。而这时他的黑莓手机响了起来，他得到消息：特内勒的儿子在 77 街区被杀了。

加农认识特内勒已有 20 多年了，像其他人一样了解特内勒是一名安静而低调的警探，“只关心工作，一心只想着如何破案，如何把工作做好”。得到消息的刹那，加农的内心感到一丝崩溃，他想，特内勒也许是局里大家最喜欢的同事之一吧。他知道，自己是时候做个决断了。

过后，他的手机“嘀嘀”地响个不停，大家先后给他发送最新情况，想知道接下来该怎么办。显然，大家的情绪愈发激动，抢劫 - 杀人调查司的好几名警探都争着想要接手这件案子。加农甚至听到了一些厉声叱责的话，大家的怒气喷薄而出，有一位高级别警官甚至大骂“这个该死的混球儿简直无法无天”。说这话的是一名 *120*
瘦削的警探，他在赶去医院后坚持让抢劫 - 杀人调查司接管这个案子。与此同时，77 街区一位名叫马特·加雷斯的主管警探正采取行动，仿佛这案子已经归他管了。在案发后的前几个小时，这群人差不多是“强制执行任务”般去查案，警探们分散在“西边地带”的各个角落。

当然，加农清楚抢劫 - 杀人调查司无疑拥有更多专家和警力，可他也清楚这个案子还没有达到可以提请抢劫 - 杀人调查司处理的标准。按照他的描述，那些标准“不清不楚且极具变通性”，但一般不会延伸到只有一名受害人的普通帮派枪击案。而特殊情况，比如大范围的媒体报道可能会推动案子进入抢劫 - 杀人调查司的管辖范围。然而，加农在洛杉矶地区工作很久了，他知道特内勒家的这个案子无法达到那个程度。除了受害人的父亲是一名警察，这个案子没有其他吸引媒体目光的东西。毕竟，布莱恩特是一名黑人男子，18 岁，死于十号州际公路以南地区，况且他戴的那顶棒球帽疑似和帮派有关系。

加农认为，除却这些因素外还得考虑法院那边的情况，警方对案件的任何特别对待都可能被被告的辩护律师利用。更确切地说，他急于避免让案子的调查受到特内勒那些同事们的情绪波动的影响，而将案子交给南部分局的警探可以确保案子的调查免受不良情绪的影响，因为那儿很少有警察同特内勒有私下来往。并且，这么做还能满足加农当时的另一个考虑：警察局的领导们那时正打算将南部分局下辖的三个区的刑侦队重新合并为南部分局刑侦科，而若能成功侦破特内勒家的这个案子，便可以使这种新的管理模式得到认可。它将有一个全新的名称——犯罪团伙刑侦处。

加农找了个时间和特内勒提了这事儿，但他不记得特内勒在谁
121 接管案子的问题上有什么反应。而特内勒的回忆有所不同，他说自己同意让区里调查这个案子其实颇为痛苦。他也很担心把案子分派给抢劫 - 杀人调查司的同事可能会带来不利影响。“我希望这起案件清清白白。”他说。但更重要的是，特内勒在内心里还是一名贫民区的警察，他也希望案子能由南部分局寻常警察局里的刑警负责调查。

在牛顿区的那些年，教会特内勒同街道保持密切联系有多么重要。他清楚洛杉矶警探们的真本事并不是由笔试结果或是局里指派反映出来的。他也知道抢劫 - 杀人调查司的局限：警探们的额定案件数量很少，案情又与现实脱节。“领导告诉我们‘你们是最优秀的’，”他像往常一样直率地说道，“但我可以随便说出一群比这里的警探敏锐不少的分局警探。”

他不是在贬低自己在抢劫 - 杀人调查司的同事们，相反，他很敬重那些人，可他学会了以一种特别的方式看待这个世界。毕竟，

他从“大事件年”一路走到现在，见识过那个“怪物”，清楚要侦破街头枪击案有多么困难。特内勒认为抢劫 - 杀人调查司的警探并没有他们在贫民区工作的同僚那样的打黑经验，他们离那一切都太遥远了，他们办案子既不需要那么卖命，也不需要那样赶进度。特内勒在衡量两边的差距时，把自己也包含进去。“我自己大概也不如在牛顿区的时候那么敏锐了。”他说。因此，当加农做出决定让南部分局接管时，特内勒心里颇为欣慰，尽管司里的同事气得火冒三丈。这个案子交给南部分局也许是最好的，特内勒想，他们应该“感觉更准”。

约翰 · 斯凯格错过了这一整出布莱恩特谋杀案，他当时不在镇里，和家人一起在周末去沙漠越野了——开着自家房车前往里奇克莱斯特附近的环境严酷的莫哈韦沙漠，在那片黄土地带里露营。巴林给他打电话时，他正在欣赏这片不毛之地上的夕阳西下：斜阳洒在沙漠棱角分明的一侧，真美！

那个时间正好快到吃晚饭的时候，头顶的天空一片斑斓，斯凯格身心放松，怡然自得；而巴林告诉他自己刚刚去了一处案发现场，紧接着又说受害人是抢劫 - 杀人调查司华莱士 · 特内勒的儿子。

斯凯格便想：谁会接管这个案子呢？巴林非常肯定会是 77 街 122
区那边，可能会是阿曼多 · 伯纳尔接手。

斯凯格的脑海中顿时冒出一个念头，就像他眼前看到的地平线一样分明：*他们应该把这案子交给我们——我和巴林——我们能破案*。

可对斯凯格来说，这个念头也就是一闪而过罢了，而在那个夏天南部发生的众多谋杀案的纷乱嘈杂中，布莱恩特 · 特内勒被杀案只是其中一簇水花。

第十二章

戴文·哈里斯他杀事件

123 布莱恩特·特内勒死后第三天，东南区靠近芭芭拉·普里切特居住的街区那儿有家维切尔酒类商店，店前停着一辆雪佛兰，在26岁的小卡尔·皮克林正准备上车时，一名袭击者朝他迎面走来，一枪贯穿其胸膛。意识到有人出事，一个女孩儿踉跄着在店前的大街上惊叫，来来往往的车辆绕过她，继续前进。

18岁的威尔伯特·马洪紧接着也死了。皮克林死的当天晚上，马洪站在位于康普顿的亲戚家门外，两名驾车经过的歹徒持枪扫射街头。马洪中弹受伤，勉强逃进房子里，攥着自己16岁的弟弟的手身亡。在马洪少年时期，父母便将他从康普顿安置到佐治亚州，理由是“我们可不想让自己的儿子被人杀害”。此番他回来是为了在康普顿找份工作。

四天后，警方接到圣佩德罗地区居民听见枪声的电话，经过搜寻，在附近的人行道上发现躺在地上已经死亡的36岁的克里斯托弗·达文波特。又过了一天，洛杉矶警察局的便衣缉毒警察在牛顿

区枪杀了 60 岁的罗纳德 · 鲍尔。警察在发现几名男子交易毒品后 124
将之扣押，鲍尔趁机逃走并藏在一辆汽车下面，警察试图把他从车下面拖出来，可发现他携带枪支，于是警察朝他开了枪。

24 岁的韦恩 · 麦金尼于一周后，即 5 月 25 日被路边的一名男子或是少年一枪打死，当时他正和一位友人坐在车里。此事过后三天，18 岁的哈马 · 威瑟斯彭在 89 街和主街交叉口附近被一名警察用枪打中并死亡。警察当时正在处理一起枪击警报，据警察报告，威瑟斯彭当时拿着手枪，跨过围栏后拔腿就跑，直接冲向另一名警察，于是警察便开枪射击。

又过了一天，19 岁的卡内尔 · 阿杜安被发现死于 81 街和阿瓦隆大道交叉口附近的一条巷子里，子弹从嘴部贯穿。翌日，同样 19 岁的马库斯 · 彼得斯在长滩散步时被人射杀。彼得斯死后不久，61 岁的罗伯特 · 李在牛顿区被人用刀刺伤，因伤势严重而死亡。而后，31 岁的斯坦利 · 丹尼尔斯在 39 街和西大街交叉口同人发生口角，被对方用枪射中胸部，但却无人报警，还是警察巡逻的时候碰巧发现丹尼尔斯躺在街上，血流不止。最终丹尼尔斯于 6 月 2 日死亡。

此后，年逾六十的残疾男子欧文 · 卡特在东兰乔多明戈斯遭到一名步行男子持刀砍杀，第二天身亡。一天之后，36 岁的基思 · 哈代在圣弗朗西斯医院不治身亡，此前，他在康普顿被人枪击，身上多处中弹。22 岁的克里斯托弗 · 赖斯同样于康普顿遭遇枪击后被送往圣弗朗西斯医院抢救，在哈代去世四天后也死了。第二天，即 6 月 10 日，15 岁的罗德尼 · 洛夫于 77 街区的街道上中枪死亡，距离布莱恩特 · 特内勒被射杀的地方只有一个街区。他的母亲跑到外面看到儿子时赶紧拨打 911，打了一遍又一遍，却总提示占线，于是她眼睁睁地看着唯一的孩子一点点没了呼吸。

三天后，20 岁的德特里克 · 福特据称在沃茨地区拿刀冲向警察，事发地点就在芭芭拉 · 普里切特住房所在街的东侧，警察开枪将其打死。当日，19 岁的戴恩 · 迈尔斯在威洛布鲁克附近被几名歹徒袭击后死亡。迈尔斯是位于圣费尔南多谷的加利福尼亚州立大学北岭分校的一名美术生，并没有帮派关系；他坐公交在一个并不熟
125 悉的社区下了车，并没有意识到自己身着红色，但却来到了瘸帮的地盘。

由于在沃茨发生的这些刑事案件以及其他一些牵涉到拉美裔受害人的案件，斯凯格等人在那个春天也是一如既往的忙碌。马鲁洛和斯凯格搭档办案。他已经能够独当一面了，虽然严格来说他还在见习阶段，也没有警探的职衔。马鲁洛果然不负所望，展现出应有的能耐，工作热情饱满、高效且乐此不疲。毫无疑问，他是队里培养过的最优秀的年轻刑警。他和斯凯格当年的清案率达到 100%，案子被一个接一个全面侦破。

然而，变革已如箭在弦，东南区的刑侦队即将被收编纳入新成立的南部分局刑侦科。斯凯格希望能晋升到三级警探，即主管警探。他还像从前一样跟体制斗智斗勇，想办法既能晋升又能待在南部分局继续当刑警。

巴林接受了 77 街区的一个临时主管警探的职位，只不过工作内容不再是刑事案件这一块儿了。没了巴林对拉巴贝拉来说已经够糟了，他正发愁斯凯格要是也走了该怎么办，不过好在马鲁洛表现出色，算是一种弥补。

斯凯格心中有一丝愧疚，感到自己忽略了对马鲁洛的好兄弟——内森 · 库里的培养，毕竟他也一并被派给自己指导。斯凯格和马鲁洛现在常常一起去法院跟进案件，基本上没有时间和库里一起办案，虽然这名性格安静、来自诺沃克但姓氏却带着黎巴嫩痕迹

的前打黑警察得到过马鲁洛的极力推荐。

不论是拉巴贝拉还是斯凯格都不觉得库里有什么突出的能力。诚然，库里待人友善、受人喜爱且极其规矩；他少年时便是“警察发现计划”的一员，且滴酒不沾；即使表达惊讶之情，他也只会说“天哪”或是“真是的”。然而，他并不擅长与人交谈，说起话来甚至有些结巴；很少有人能听懂他想表达的意思，或是明白他解释东西的逻辑。他也尽量避免参与办公室的谈笑，可他们的工作就是得开口，而库里则更喜欢倾听。他总是抛给同事或知情人一堆问题，然后偶尔中间插上一句“哦”，便没了。

那年春天，斯凯格重新将培养重点放在库里身上。他计划至
少带着库里从头到尾处理一起案件，暂且不让马鲁洛插手。可不久 126
后，有些新案子出了问题，庭审不断受干预，于是库里负责处理一些案子的某些部分。斯凯格清楚处理这些活儿和从头到尾处理一起案子是不一样的。得从头到尾跟进一起案件，直到参加完法院审判，才能真正学到东西。当你走在大街上的时候，脑海里都得琢磨手上的案子，强度如此之大，斯凯格不免担心库里能否坚持下去。

不久便到了星期五下午，即 6 月 15 日，康普顿百年高中的毕业典礼。

芭芭拉 · 普里切特按捺不住内心的激动，她一直都在期待着这一天的到来：她的第二个孩子领高中毕业证的日子。

芭芭拉 · 普里切特的孩子们是她生活的一切。普里切特在家里十个孩子中排行第三，她母亲在 14 岁时便生了第一个孩子。母亲养活不了这么多孩子，于是普里切特是由外祖母养大的。她的外祖母是从路易斯安那州的纳契托什向西迁往加利福尼亚州的。普里切特成年后便主动承担起抚养弟弟妹妹的责任，带大了其中四个，一

起抚养的还有自己的三个孩子。直到现在，普里切特最小的弟弟卡洛斯还和她生活在一起，卡洛斯的年纪比普里切特最小的孩子戴文还要小几岁。

他们居住在一栋政府补贴的公寓里，这间公寓有四个卧室，比较少见。可有这么多孩子要养活，普里切特拼尽全力才得以维持。在她年轻些的时候，她的外祖母帮衬她家里的大小事务；最近几年，大儿子和二女儿也都在做些兼职补贴家用；而普里切特自己则是一名家庭护理员。

这家人彼此关系亲密。他们只有共同努力才能勉强度日，而普里切特对家人的关爱、对整个家族的操持付出也使她成为整个家族的主心骨。已成年的姐妹、堂表亲和她亲切唤作“表亲”的老朋友们时常来家里串门，她家客厅就这样成了社交活动以及节假日聚会的中心场所。有一次，普里切特曾花四天时间来筹备一顿几十人的感恩节大餐，她用烟熏火鸡代替腌猪肉，还搭配了各色蔬菜。

127 普里切特自己人生的成功之处在于能让孩子们在学校也听话，没有和帮派搅和在一起。15 岁的戴文也在百年高中念书，虽然他还是高一学生，但由于当天的庆典也早早放学了。

戴文在学校前面等着，正要赶公交车，这时一场斗殴突然爆发。

在百年高中就读的学生主要来自康普顿、威洛布鲁克和沃茨地区，一些洛杉矶地区极度危险的帮派混混偶尔会在学校过道里打照面，学校里面或附近爆发打斗更是屡见不鲜，而这次斗殴则是由女孩子之间的摩擦引起的。学生们边向外跑边冲对方嚷嚷，挑边站队，几个男孩大叫着帮派名称：“赏金猎人！”这是对竞争帮派，血帮的另一分支——“西区恶魔”的挑战。学校里的警务人员立即疏散校园，希望能避免麻烦。

大家在街上乱跑，顿时乱作一团。争吵声此起彼伏，男孩儿、女孩儿们都大声尖叫，恐吓的话语在空气中弥漫开来。

戴文想逃离眼前这混乱的局面，于是他和一群学生一起坐上一辆往北走的市内公交车，里面混着几个男生，和他家附近的“赏金猎人”帮派有牵扯。

这时，斗殴的消息已在学生里传开了，因为女孩儿们叫来了她们的男性保护人。其中一名参与其中的女孩儿有个16岁的哥哥，名叫德里克·华盛顿，听说妹妹有麻烦后，他立马跳上一辆育空汽车，同行的是一名年纪更大的“西区恶魔”帮派成员，名叫杰森·基顿。两人带着枪，刚赶到学校便看见戴文他们一群人上了公交车，车一路往北开，他们便追了过去。当公交车停在沃茨的尼克森花园小区附近时，戴文和伙伴们下了车，那里是“赏金猎人”的地盘，而那辆育空汽车也停住了，德里克举枪开火，众人四处逃窜，而戴文则倒在地上。

斯凯格到达案发地点时救护车已经离开了，库里没能跟在他身边，因为他那时正在城外调查另一起案件，晚上才能赶回来。斯凯格勘查犯罪现场，一心想找出背后的真相。

像往常一样，现场并没有留下多少证据：没有尸体，只剩那空荡荡的街道，还有一双黑色的网球鞋散落在沥青路上，沾满尘土。

在洛杉矶加利福尼亚大学哈博医院里，芭芭拉·普里切特看到 128
自己最小的孩子戴着呼吸器，脸庞被弹药灼伤，身体有些浮肿。戴文头部被枪击中，大脑组织坏死，永远也不会醒过来了，但靠着这些呼吸设备，他还留着一口气。普里切特摸了摸戴文的身体，还是温暖的，然后便在一旁守着；而戴文的父亲，杜安·哈里斯则从城外仓皇赶来医院。

患者被宣告脑死亡后还能活多久通常取决于几个因素。如果捐赠器官的话，那么可能需要好几个小时甚至好几天来安排摘除，而有时候亲属往往无法接受死亡的现实。戴文被宣告脑死亡后已过了两天，普里切特仍在医院陪床，她数着来医院探望的百年高中老师们有多少，心里不禁感到骄傲，因为他们的殷切探望证明了自己抚养孩子经年累月的付出。虽然戴文有些好动，学习上也有麻烦，但他和违法乱纪、各个帮派没有半点牵扯；事实上，他一直以来温和善良，就像普里切特全家一样。戴文的几位老师来看过他后，走的时候都忍不住流下了泪水，并且几乎所有来探病的人都问过普里切特新闻上有没有提到这事儿。这个话题无疑让普里切特倍感痛心，因为无论是电视上，还是报纸上，半个字都没有提到这起事件。可她脸上故作坚强，告诉来访者：没关系，就算全世界都不关心，但至少他们都曾知道戴文的生命并非可有可无。

然而，暗地里，普里切特默默发愁，她担心儿子的肤色以及他们家的状况会让警方戴着有色眼镜看他，而缺乏媒体报道使得这种猜想变为现实的可能性更大。毕竟，戴文只不过又是一个沃茨地区的黑人小孩。警察会认为他也是帮派成员吗？他们会认真对待这个案子吗？就像大多数沃茨居民一样，普里切特信不过洛杉矶警察局。

普里切特坐在戴文僵硬的身体旁，就那样静静地等待着。

最后，一名白人警察来医院找她，高个子、蓝眼睛，普里切特在病房外见了他，特意直视他的眼睛，说："我想请你进去看看他，我希望你能看看他的脸。"

她把斯凯格领到戴文的病床边，男孩儿的身体还是温暖的，微微地呼吸着——得益于呼吸设备。普里切特希望眼前的景象能让斯
129 凯格冷漠的心因此融化。也许真正看到戴文后，斯凯格会相信，他并非不过又是个年轻的黑人，无关紧要，"仿佛他谁也不是，就那

样被人枪杀了”，就像她自己后来说的那样。

斯凯格善意地顺从了普里切特的意愿，但他心里并没有掀起什么波澜，毕竟，他去过太多回医院的病床，看过太多具浮肿的身体。而普里切特并不了解，斯凯格重复听她那句古老的哀叹多少次了——“不过又死了一个黑人”；她也不知道，到现在，对斯凯格而言，那句话已经成了战斗的号角。

外部世界也许并不会认为这些杀人案有多么惊天动地，可对东南区的警探而言，为了侦破这些案件，国家应当调动每一分每一毫的可用之力。如今，斯凯格的这种思维方式正步步成型。

斯凯格和马鲁洛已经开始了快马加鞭的高强度工作，而库里不久之后也会加入其中，斯凯格希望自己卸任后库里能够迅速接替他，成为一线警力。

6 月 17 日那天，医生已经开始向普里切特一家说起器官捐献的流程，而他们却并不理解医生这番话的意思。戴文的父亲杜安 · 哈里斯无法接受现实，他实在不明白：如果说器官可以捐赠，那么为什么不能给戴文捐赠器官救活他呢？他如此质问道，并坚持把自己的器官捐赠给儿子。“用我的大脑吧！”他恳求医生，“用我的命来换！”医生无奈地解释，这样是行不通的。

最后一天，杜安 · 哈里斯跟随戴文躺的轮床，沿着医院长长的走廊走到一扇双开门前。当门自动打开时，杜安 · 哈里斯停下脚步，轮床继续向前滑动，只是他已不能陪着往前走了；门关上时，他还站在过道，最后看了一眼儿子。

几天之中，斯凯格和库里一直在追踪戴文被杀一案，并将调查锁定在百年高中，他们确认了案件参与者的身份，并使证人无处可藏。

在调查中，一个小插曲出现了。斯凯格询问了十几岁的安吉拉·华盛顿，她是16岁的犯罪嫌疑人德里克·华盛顿的妹妹，因
130 为斯凯格从其他证人那里了解到，案发后，德里克回到家中把这件事告诉了安吉拉。事实上，德里克不仅认识戴文，还知道他的外号“小臭臭”。后来，德里克的辩护律师称德里克对自己杀了戴文感到万分惊恐。斯凯格认识到安吉拉对这起案子的重要价值，可当他和库里将她带到东南区警察局那间冰冷的询问室，面对四周雪白的墙壁，对着那张廉价而单薄的木桌子坐下，女孩儿否认她的哥哥曾经承认杀了人。

安吉拉，身材矮小，长得圆滚滚的，嘴部和德里克长得一模一样，说起话来语速飞快、情绪激动，还有一些愤怒。很明显，她决心保护自己的哥哥。没错，她表示，那天她的确听到了谣言，附近的人都在说开枪杀死“小臭臭”的是她哥哥，但是“他看着我的眼睛，非常坚定地告诉我他没有”，安吉拉坚持这么说。

斯凯格任她东扯西扯，坐姿随意，仿佛这只是一件必须完成的事情，虽然这件事情并不讨喜。最后，斯凯格终于插话了，语速缓慢，声音低沉。他说的话简短精练，但刻意吐字清晰，异常肃穆；对比安吉拉的絮絮叨叨，他说的话就像列队行进的士兵一样，长驱直入。

“咱们俩，”斯凯格说道，“要严肃、诚实地谈这事儿。”

严肃、诚实。究竟是斯凯格当时的态度还是他说的话让安吉拉的行为有了一百八十度大转弯，我们不得而知；又或许是他脸上的神情，抑或是他话里的道德安慰起了作用。无论如何，这次询问突然有了起色。仿佛上空始终悬着那句“诚实”，女孩儿突然用手捂着脸，垂下脑袋。沉默几秒后，她抬起头来，脸上全是泪水。

“他让我们闭上嘴——”她开口说话，于是真相一点点被吐露出来。

第十三章

不幸中的不幸

真是奇怪了。 131

特内勒干了这么多年警察，和同事们私下多次聊起：如果那些事情发生在你身上，你会怎么做？如果你最害怕的事情发生了，如果哪个犯罪分子强奸了你的妻子，或是杀了你的孩子，你会怎么做？当警察们内部谈起这些事情的时候，说得最多的便是愤怒和惩罚。你会等着法院主持公道吗？“我会自己动手。”同僚们这么相互保证。

然而当事情实实在在地发生在自己身上时，特内勒发现了一件令他异常震惊的事：他审视自己的灵魂深处，可无论探得多深，都没有捕捉到愤怒的情感，也没有丝毫亲手惩罚罪犯的欲望。

相反，那里只有痛苦，无处遁形；一天之中要遭受好几次泪水的侵袭。特内勒和亚迪拉将布莱恩特的房间保持原样：乐高战舰依旧放在原来的位置，还有他的《星球大战》的玩具，以及仿照《戴帽子的猫》设计制作的万圣节服装。夫妻俩从信仰和彼此间的聊天中寻找安慰，布莱恩特的死于是成了“上帝的旨意”，而这种思维模式则指明了摆在他们面前的任务。毕竟，上帝的旨意是需要遵从的，如果你无法遵从，那么另一个最好的选择便是默默忍耐。

于是，两人便开始了漫漫的煎熬。

132 迪迪回去继续工作，她怀着身孕努力照顾年纪尚小的儿子，可她的婚姻却濒临破裂。几个月后，迪迪承认自己那时根本没什么时间仔细思考弟弟去世的事。这件事潜伏在她思绪的边缘地带——她将其控制在边缘地带。事实上，迪迪很生气，气布莱恩特这几年的任性不听话，这将他置于危险之中。有时候，她会想想那些凶手：他们究竟是谁？他们为什么要做出这种事？那些人的脑子里又在想些什么呢？她忍不住将思维代入历史和种族的维度：民权斗争使黑人陷入如今的困境，深陷于谋杀的泥潭之中，这又意味着什么呢？“我们的祖先做了那么多事，”她在心里同杀人犯争辩着，“可你们却这样互相残杀吗？”

布莱恩特被安葬于圣十字公墓中，亚迪拉渐渐对儿子的墓地关心起来，并经常去那儿看他。在丈夫面前，亚迪拉不必掩饰泪水，也能毫无顾虑地倾诉心中的悲伤。她在电视上找到了一个喜欢的牧师，并努力把他传播的福音应用到生活中，牧师的教导帮助她不被苦涩辛酸吞没。

亚迪拉对自己要求严格，甚至不允许自己顾影自怜。每当她发现自己在想“这世上只有我一人备受煎熬”时，她便会强迫自己抵制这种想法。别人也有自己的痛苦，她会以此提醒自己。

同许多因悲伤而渐渐疏离的夫妻不同，特内勒和亚迪拉变得更加亲近，他们决意不让儿子被杀这件事使自己的灵魂蒙上阴霾。

亚迪拉激动地谈到这个决定，她攥紧拳头说道：“我们下定决心绝不要整日垂头丧气、意志消沉，也不要每天心怀怨恨！”可亚迪拉难免会想，他们究竟做了什么才会遭遇这样的事。她还是会时常想起布莱恩特，凭着记忆回顾他那短暂的一生，重温从前两人的对话；她也担心他们是不是没能告诉儿子父母有多么爱他。可没过一会儿，亚迪拉便会告诉自己：布莱恩特一定很清楚。

待亚迪拉回归工作时，她注意到，别人都十分苦恼，不知道该对她说些什么。她也感觉得到，大家都以为她会崩溃，而她自己并不知道该如何陷入崩溃。

亚迪拉明白，这也许很奇怪：自己看上去并没有什么改变，尽 133
管心里缺了一大块，空落落的；她表现得和往常一样，照常上班，和别人打招呼，到点便下班回家。从表象来看，一切照旧，除了工作时偶尔的压抑哭泣。在家的时候，亚迪拉走着走着便进了布莱恩特的房间，而后出来，不一会儿又会进去。房间里的陈设一切如旧，还和布莱恩特死的那天一模一样。亚迪拉把布莱恩特的照片放进项链上的吊坠盒里，时刻戴着，并且在客厅的墙上挂了一块纪念牌，上面写着："如果爱能拯救你，你将永远存在。"

而对特内勒而言，忍耐这一指示则轻易融入塑造了他一生的内心独白中。他告诉自己要坚强，要继续往前走，只要继续向前就好。对于特内勒来说，生活中没有什么问题不能用这个答案解决。

特内勒的上司敦促他休息够了再回来工作，可他自己实在不觉得有这种必要，毕竟，工作可以令他保持理智。所以，在家待了三天后，他便回去上班了。他需要回到警察局去。于是，特内勒把布莱恩特的一张照片嵌入他警车的仪表盘，然后便重新钻进了一堆案子里。

而对特内勒的同事们而言，事情便没有那么简单了。特内勒的形容满是伤痛，进出警察局难免让人心疼，勾起一种只能形容为"同情的痛苦"的情感。他们能够做些什么呢？在这种情形下必然需要表示同情，且这种同情是古代意义上纯粹的怜悯，而不带有今天某种不光彩的屈尊之感。在神话里，这样的同情会让裸露的岩石挤出眼泪。然而这已是 2007 年了，在抢劫 - 杀人调查司这样的工作场合里，唯一能用来表达同情的便是重复絮叨那句礼节性的问候——“很抱歉”，但它显然有些苍白无力；而那句询问——“有什么忙我可以帮得上吗”又有些毫无意义，因为通常的回答自然是“没有”，而问的人也都早就料到会是这样的答案。

于是整件事情看起来无从入手，因为特内勒表面看起来如此平静、如此坚不可摧——他表现得那么专业、敬业，可显然内心又经受着巨大的煎熬，于是朋友们既无法像平常一样对待他，又无法靠近他给予些许安慰，因为他们会觉得那样对他来说是一种折磨。

死亡已足够糟糕，而若死的是孩子，那便更加难以承受了。但若孩子是被人杀害的又如何呢？这堪称世间不幸之最。即使是警探，对这种事的反应与南洛杉矶的一众居民又会有什么差别呢？无论在哪里，一个人被杀害就像一颗石子被扔进了水池中，苦涩的水
134 波向外蔓延，波及周遭更为广泛的圈子——朋友、同事和熟人，最终影响到远离落水点的地方——朋友的朋友、以前的同学。在某种程度上，所有这些人都因这个消息而感到有些眩晕，毕竟遭人杀害这样的事实在太过可怕，又太令人难以置信了，以致无法说离得多远才能缓和它所带来的伤害。

特内勒的一些同事的整个警察生涯都在和杀人案的丧亲之痛打交道，并且他们的孩子和布莱恩特年纪相仿，因此他们知晓其中的滋味。最后，特内勒终于受不了了，只能去找上司莱尔·普里多。“我实在受不了大家一个个都跑来找我，”他说，“我只想好好办案子。”于是这话悄悄地传开了，大家不再去“骚扰”他，给他留几分清静。

可这并不意味着大家就这样将此事抛诸脑后，特内勒自身的坚忍和对悲伤的刻意压抑产生了一种情感转移。大家对把这起案件分派给“分区”的警探颇为不满，私下抱怨也不少，因为抢劫 - 杀人调查司里的警察们认为他们自己就能侦破这起案件。当然了，特内勒从未将自己的看法告诉别人，司里没有其他人知道他私下希望这个案子能够由贫民区的警探来处理。

时间一点点流逝。小沃利虽然和父母一样伤心，但之后的几个星期里都没有去想是谁杀了弟弟这件事。他那时候正在找工作，好让他手上的那张加利福尼亚大学欧文分校的毕业证书派上用场。

然后，突然有一天，小沃利意识到有关杀人凶手的念头徘徊在自己的脑海里，他发现自己会想：那些人究竟是谁？他们长什么样？他们会不会感到心中有愧？如果他们对此自责的话，自己能否原谅？

他开始关注案子能否得到解决。他记得父亲曾告诉过他，案发后的前 48 小时是让人开口的关键时期，就像电视上说的那样。可一个月过去了，他开始有些担心，那种焦虑一点点撕咬着他。他想象着，心里非常害怕，怕自己一生都将无法知晓弟弟那个案子的真相。于是，小沃利养成了睡前祈祷的习惯。夜里，他闭上眼睛，重复着相同的祷告词：*务必破案*。

布莱恩特的案子被交给阿曼多 · 伯纳尔负责，他是 77 街区经 *135*
验最为丰富的警探之一。自 1981 年入职后的很长一段时间，伯纳尔都在位于洛杉矶东部边界地带博伊尔高地附近的霍伦贝克警察局工作，那里大多数居民为拉美裔。后来他被调至 77 街区，最后于 1989 年被调到东南分局刑侦队，在那里他学会了一个办案原则：保证案件的卷宗“一清二楚且言简意赅”。

伯纳尔不会说自己是那种好胜心极强的人，他的每一步都经过深思熟虑、仔细拿捏，希望将事情控制在自己的掌控之中，使经手的案子避免在“好几个方向”上耗费时间。

“大事件年”来袭之时，伯纳尔和其他警察一样深陷其中：周末一天出三次外勤，挫折不断，媒体漠不关心，每天都要被训一遍。但伯纳尔表现出一种稳重深邃的特质，在 77 街区有不少崇拜他的人。在这个经验相对不足的刑侦队里，他算得上最为成熟老到的警探之一，且实际办案能力也被认为是数一数二的。

可即便如此，除了一开始案发现场的目击证人们自愿提供了不少线索之外，很快整个案子便遭遇瓶颈，办案进度停滞不前。伯纳尔目前收集到的证词包括：一辆黑色轿车，开枪的是一名深色皮肤的年轻人。但也有一些和上述证词相矛盾的说法，以及大街上各种各样的传言。不少帮派的地盘在洛杉矶的这一地区交汇，因此潜在的嫌疑人怀疑范围太广，更何况很难知晓究竟哪些传言可信。伯纳尔取消了休假，周末也不辞辛劳地调查这个案子。和他搭档的是洛奇 · 佐藤，同样办案经验非常丰富。这个案子还得到了队里其他警察的援助。可在结束了最初一系列的询问之后，伯纳尔还是一无所获。

这是一个熟悉的模式。这么多年来，77 街区牵涉到帮派的杀人案中的一半以上都是这么不了了之的：破案的希望越来越渺茫，最终案子被束之高阁。警长帕特 · 加农心里暗暗痛苦，经常询问布莱恩特案的最新情况。

加农私下里感到自己立场艰难，明明很想催一催，可他也明
136 白高层施压很可能只会令事态更加复杂。与此同时，他也意识到失落的情绪渐渐积聚，且在抢劫 - 杀人调查司里最为严重。然而，即使是在基本没人认识特内勒的南部分局里，这个案子也是一处赤裸裸的伤口。加农手下新近合并成立的南部分局刑侦科每周开一次简

会。时间一周周地过去了，布莱恩特案在分局的所有刑警面前一次次被提起，可每次的情况都只有一个：暂无新线索供追查。

特内勒从前的搭档——克勒·拜特克斯现已是牛顿区的一名主管警探，当时已被调往别的分局工作，他只从别人那儿听说过南部分局对布莱恩特案束手无策。然而十多天过去了，他也察觉到，破案的希望逐渐渺茫。

拜特克斯不免感到有些吃惊，他猜想凶手应该就在附近地区活动。在通常情况下，推测凶手就住在犯罪现场十个街区之内基本不会出错。这次被杀的是一名警察的儿子，贫民区信息网络应该消息不断，但拜特克斯很惊讶在77街区没有听到更多传言。同时，他听到从抢劫-杀人调查司里传出一些不好的议论。拜特克斯心里清楚想要破获牵涉帮派的案件有多么困难，于是努力让自己不去怀疑伯纳尔。

拜特克斯十分了解特内勒，因此当他知道特内勒只休息了三天便回警察局工作后并没有感到十分惊讶。特内勒永远都是那样：毫不胆怯、毫不孤傲，只是——他深深叹了口气形容道——“太实事求是、不掺杂私情了”，他说。

他给特内勒打电话，希望能给予些许安慰，可特内勒保持着自己的防线，就像什么事都没发生过一样，巧妙地回避过去。“是克勒呀，你好，你好！”特内勒会兴奋地说道，语气颇为欢快，还没等拜特克斯开口，便首先抛出几个问题，以铜墙铁壁般的轻松闲聊挡住拜特克斯关切的话。结果，拜特克斯发现，在特内勒友好的问候下，全程都是自己在说最近的生活。挂断电话后，他会想反而是特内勒让他心情舒畅，而不是他让特内勒心里舒坦些。

虽然拜特克斯不在老搭档身边，但有件事一直困扰着他：警察局里关于特内勒选择住在77街区的闲言碎语。有些警察似乎认为

特内勒早该料到会有这么一天。他气愤地说："这些人实在不应该
137 说出这样的话。"他激动地为特内勒说话："这样的事可能发生在我们任何人（他指的是自己和他的同事们）身上，我不认为是因为沃利住在那儿才造成了今天这样的局面。"

圣伯纳德高级中学的教师布拉泽·吉姆·赖特也有相似的感受。布莱恩特死后不久，身为牧师的他参与了77街区的巡逻。警察局例行点名时谈到这起案件，引起了大家的讨论。"怎么会有警察住在这个社区呢？"一名警员向警司询问道。那名警司也有这种看法。然而，赖特心里默默抗议，他认为这个社区环境不错。为什么大家都认为特内勒不该住在这一带呢？

赖特在芝加哥西北部的一个家庭长大，有着爱尔兰和德国血统。他还记得当黑人陆续涌进芝加哥时，有人建议他们搬走。他记得父亲回答说："如果我因此就搬离这个社区，那么我成什么人了。"赖特猜布莱恩特的父亲也是这种人，实际上，他没有猜错。然而，尽管朋友们为他申辩，特内勒自己却暗暗怀疑自己当初的选择。这种怀疑很快便生发出来，在加利福尼亚州医院面对上司莱尔·普里多时，特内勒眼睛里满是泪水。"是我的错。"他对普里多说道。

在接下来的几个星期甚至几个月里，特内勒一次又一次地计算在全美各地抚养黑人儿子被杀的概率分别是多少。他思索着究竟应该把布莱恩特安置在哪儿才能确保他的安全。他又回过头来审视自己曾经的决定：固执己见地住在他称为家的那个社区究竟是不是错了呢？他重新考虑他当初的那个想法：孩子们应该在同一所房子里度过他们的年少时光。

特内勒一直留在77街区没有搬走当然有现实原因——和拜特克斯一直住在艾尔塞瑞诺原因相同。可他还有其他原因，一个从

未说起过的秘因。这个原因植根于他的做人原则，同样也是这个原因促使他在之前很长一段时间内一直不愿升入抢劫 - 杀人调查司工作。

特内勒相信南洛杉矶地区的居民们应该由优秀、尽职尽责的警察来守护，应该拥有一些愿意和他们住在一个社区的警察。特内勒的这一信念藏得很深，甚至连家人都没能完全理解他的某些看法。几年后，当他被反复问及某些事情时，他才勉强透露。

特内勒坦言自己很久之前便对一些同僚在贫民区案发现场的行 138
事态度感到烦恼。他断言：“如果你住在离那儿 60 多英里的地方，很自然就不怎么会去尊重那里的人们，很自然就会对他们置之不理。”特内勒不想自己也成为那样的警察，一直以来他都对一个理念身体力行：出于勇敢和责任而选择居住在自己守卫的城市里。很少有警察能做到，这也是很多人用来批判洛杉矶警察局的理由。

“我坚信，”特内勒以平常一贯的口吻淡淡地说，“我有责任看护自己居住的社区。”

特内勒就是这个城市一直以来翘首期盼的警察的典范，然而现在，他的儿子死了，并且这起案件又成了一桩无法破获的贫民区杀人案。

第十四章

任务

139 6月已过，时间已是7月，斯凯格在南加利福尼亚大学附近的西南区警察局机遇难得地得到了一个三级警探的职位，在这里，他将与瑞克·戈登一同办案。他准备等到77街区警察局里的帮派犯罪刑警组准备妥当后再离开东南区到西南区就职。77街区的警察局位于百老汇大道，靠近佛罗伦萨大道，而合并了三区刑警队的帮派犯罪刑警组届时将被安置在这栋金字塔样式的建筑的二层。

与此同时，十号州际公路以南的黑人依旧笼罩在死亡的阴影之下，虽然死亡率和以往相比不算太高，可就在戴文·哈里斯被杀几周后，该地区平均每三天就有一名黑人遇害身亡。

这些死者包括46岁的安东尼·詹金斯。

詹金斯沾染毒瘾，按街头行话说就是一名“烟枪”。在戴文·哈里斯遭遇枪杀三天后的傍晚，詹金斯在77街区的手工艺术高中后面的一条人行道上被人射杀。他瘫在地上血流不止，人来人往竟无人理睬，孩子们踩着滑板从他身边一溜而过。过

了好一会儿，终于有一名路人拨打了911。77街区的警察吉
姆·吉田赶到现场，那里围着一群人，他和同事开始勘查现场。 140
“他们在嘲笑我们，”吉田后来报告说，“笑我们简直是在白费力气。”

然而，吉田并不会惊讶于眼前发生的这一切，他在南部分局历练的时间已足够长。可在那个夏天，他还是心情低落，和不少其他南部分局的警探一样。当被问及詹金斯一案时，吉田终于爆发了。“根本没人关心！”他吼道，“没有谁在乎！没有谁把这当一回事！”

而后，在7月11日的那个深夜，这一局面终于被打破。东南区一位名叫弗朗西斯·库格林的警察在尼克森花园小区“赏金猎人”的地盘上巡逻，当时他恰巧碰上一群年轻黑人男子聚在一起喝酒。

库格林当时已经在东南区当了十年打黑警察。他皮肤苍白，就像大中午的海水表层那么白，长着一头稀疏的沙褐色头发。他形容自己是信仰天主教的爱尔兰裔波士顿人。库格林说话时跟洛杉矶警察局局长威廉·布拉顿一样，带着波士顿口音，发音扁平。不知为何，他在加利福尼亚州待了这么些年，口音却没有一点变化。

库格林属于东南区警察里较为干练的一类。他并不像自己的某些同事那样，只会怪罪当地的一众居民；相反，他心胸开阔，思维敏锐，足以把“蠢货”的数量控制为相当少的几个人。不少在街头接触过的人他都挺喜欢，而且，和这“围城”里的任何人一样，库格林对这里发生的杀戮感到迷惑不解从而闭口不谈。他说，“仿佛一切都不是真的”，要想相信这就是现实，“你得自己亲眼看看”。

库格林发现那些酒徒聚集的地点就在尼克森花园小区，即尼克森花园住房项目，靠近戴文·哈里斯被射杀的地方。酒徒们看见

库格林后撒腿便跑，库格林追了上去。其中一人坐着轮椅，他快速转动轮椅仓皇逃离。库格林说他看到那名坐着轮椅的嫌疑人扔掉了一袋大麻，他希望能找到非法持有的枪支。库格林当时根本没心思理会大麻，对他和他的许多同事来说，毒品只是一个托词，用于拦截、搜查并逮捕帮派成员——他们往往涉嫌其他没能破获的暴力犯罪案件。

多少个夜晚，库格林都干着相同的事情——虽然他无法缉捕东南区所有逃脱法网的枪击案凶手，但他可以相对轻松地执行禁毒
141 法、帮派禁令、假释条例以及其他缓刑条款——他驾着警车四处巡视，“擦亮眼睛”（即敏锐地观察，警察的行话，用来表示看一眼便能发现猫腻，比如衣服表面鼓鼓的，动作偷偷摸摸的）。一场追逐大战可能紧随其后，有时可能会以封锁整个社区而告终，因为总部出动了“飞艇”，即直升机，在头顶上空轰鸣不止。库格林有时会冒着风险收缴枪支，毕竟这可是“金牌标准”。

库格林的方法对于接收端的那些人来说无疑是直截了当的困扰。毕竟，在众多人垂死挣扎之地，一袋大麻有多重要？然而，库格林并不是想伪造数据，推高自己所在部门的“破案率”，更不想激起周边年轻人的敌意。他见过那个“怪物”，良知要求他必须做点什么。因此，他利用自己手中的自由裁量权来弥补国家在应对谋杀和袭击上的乏力和欠缺。

这种利用“代理犯罪”来替代更加复杂且消耗巨大的调查活动的做法在美国执法过程中运用广泛，而法学家威廉·J. 斯顿茨将此列为近几十年来危害极其严重的一种趋势。在加利福尼亚州，这种“代理司法”使得假释和缓刑的执行转变成一种影子法律体制，给国家省了不少麻烦——不必提起大量开销颇多的公诉。然而相应的结果便是，国家监狱本已负担沉重，塞满患病及年老的囚犯，如今

进一步变得“囚满为患”。

然而，在东南区分局的行动室里，大家一致认为，只能采取极端措施了。他们会偶然听到枪击凶手的姓名，但却发现自己无法将之“立案”逮捕，因为没有证人愿意作证。因此，他们会用毒品搜查令将其拘捕，或者用并不光彩的手段将之逮捕。“我们以非法持有毒品罪将这些人送进监狱可比以暴力袭击的罪名容易多了，因为在暴力袭击案件中根本没人会提供情报。”卢·莱克解释说。莱克在很早的时候负责东南区的刑事案件，对他们而言，“代理司法”代表了对抗暴力的原则性立场，就像针对特定人群实施戒严法一样。

这就是为什么库格林会心急火燎地追捕那名坐着轮椅的毒贩。库格林抓住那名男子并搜查他的全身，从他身上搜出了一把褪色的老式左轮手枪。

库格林明白那名男子为什么会携带枪支：住在沃茨地区的黑人 142
男子持续暴露在危险之中，而那些买卖毒品的黑人男子的危险自然更大，更何况那些无法用双腿逃跑的人。基本可以肯定，严重的暴力事件发生在坐着轮椅的毒贩身上只是时间问题。事实上，就在几年前，一名因枪伤瘫痪而坐着轮椅的男子在尼克森花园小区附近被人杀害[1]。

虽然一个人先后两次中弹在别处听起来可能性极小，但是在验尸处，验尸员常常在新的致命伤附近发现旧枪伤的疤痕。仿佛这些死者被当成靶子来练手似的，一名验尸员如此评价道。他们的死亡就像慢动作回放一般：第一次中弹令其重伤或瘫痪，而几个月或几年后的下一次中弹则了结了他们的性命。

坐着轮椅的那名男子随身带枪是出于自卫心理，他想要活下去。既然双腿已经中弹致残，如果还有人想伤害自己，那么他希望这次他不是毫无防备的。

库格林将该男子送进监狱，并把那支枪送去枪械实验室检测。

迅速且高质量的枪弹分析是一项对破解街头杀人案件非常重要的科学调查。但在洛杉矶警察局，枪械实验室忙得不可开交。相比于更受媒体和公众关注的基因检测实验室，枪械实验室则有些黯然失色。有时候，枪支分析员还得向同事们解释他们究竟做的是什么；记者经常分不清枪支分析与弹道学——后者研究的是子弹射击的角度和方向，而不是射出某种子弹的对应枪支类型。

经营这所枪械实验室的是一位名叫多琳·哈德森的普通民众，她的大部分工作和拉巴贝拉的工作颇为相似，包括制订计划以弥补资源的不足。发生在十号州际公路以南地区那些黑人之间的暴力事件使实验室要处理的案件量大幅增加，警探们则不得不等上好几周才能拿到检测结果。哈德森把能做的事都做了，比如，她会根据警探的意见加快某些案件的检测进度，而非将政治或官僚机构作为优先对象。可是，她也有无能为力的事情，比如警察机构不顾她的反对仍旧将缴获的枪支熔毁，而这些枪支也许可以作为物证。并且，她还得学着和洛杉矶警察局六年前采用的联邦计算机成像系统“和平共处”，尽管那套系统有各种各样的缺陷。

143 美国国家综合弹道信息数据库[2]将从犯罪现场和缴获的枪支那里得到的子弹和弹壳编成了数字化图像目录。该数据库可以通过算法进行相关的信息检索，这使得快速廉价的信息检索成为可能，能够将犯罪活动中使用的弹药与个别武器相匹配。但哈德森知道，计算机系统的分辨能力比不上训练有素的人员，因为计算机系统依靠的是标准化程序制作的显微图像的简单数字化渲染，很多重要的细节轮廓都无法保留。

第十四章　任务

在此之前，一些手法娴熟的技术人员曾将用宝丽来相机拍摄的子弹和弹壳的照片贴在墙上，肉眼检查每一处细微的凹痕和凹槽，并将之与各类枪支试射的弹药匹配。这种技术含量较低的方法虽然效率不高，但实际上颇有成效。相比之下，高科技的弹道信息数据库却略显迟钝，并且还有一个令人非常困扰的不足：尽管洛杉矶警察局以及其他机构多年来尽职尽责地将上百支左轮手枪的试射弹药结果编入数据库，但一直到 2007 年夏天，这个系统对于发生在洛杉矶的犯罪活动中所使用的子弹及相应的左轮手枪从来没有配对成功过，一次都没成功过。

杀害布莱恩特的枪支就是一把左轮手枪，而要找到相应的左轮手枪则比匹配其他类型的枪支更加困难。因为，要想找到对应的左轮手枪就得将子弹上的纹路与枪管里的痕迹进行匹配，而不是将弹壳与枪支的撞针匹配那么简单。子弹是圆柱形的，而它们在被发射后，凹槽和擦痕会形成弯曲的弧面，对比之下，弹壳上平坦部分的后膛面痕迹，用计算机处理起来相对简单。因此，尽管弹道信息数据库擅长匹配弹壳与对应的半自动手枪，但事实证明，要匹配子弹与对应的左轮手枪，数据库发挥不了什么作用。在匹配左轮手枪的型号方面，人类仍然优于机器，但枪械实验室却并没有为这种耗时的工作配备专业人员。

在这一点上，刑事司法系统似乎又只在表面上履行了职责。弹道信息数据库看起来是一种进步，采用的技术也相当先进，但在这个重要的区域，它只是做做样子罢了——这一区域查获的枪支中大约 1/3 是左轮手枪。

哈德森很多年前就认识特内勒了，因此当知道他儿子的事情后 144
她也很难过。她对这一切感到厌倦：无数年轻人中弹身亡，案子悬而未决，她手下的技术人员被廉价的机械替代工艺限制。“一直以来，这种情况我实在见得太多了。”她想。

瑞克·戈登也清楚洛杉矶警察局里在左轮手枪方面存在的问题，但他的努力方向不同。于是，哈德森决定绕开弹道信息数据库，让实验室的工作人员在继续按要求将图像上传到数据库的同时，悄悄利用缴获的左轮手枪的试射样本建立自己的样本副本数据库，而这个秘密宝库将被通过老方法，即人类的眼睛来分析。

犯罪学家丹尼尔·鲁宾便有如此眼力。他曾作为化学家接受过相关训练，他的口音则暴露了自己从小在纽约生活。鲁宾曾研究过布莱恩特一案的子弹碎片，其中一片是加里多在案发现场找到的，另一片则是验尸员从布莱恩特头部取出来的。鲁宾认为，它极有可能是从鲁格公司或宪章军火公司生产的枪支中射出的。犯罪学家需要多年经验才能做到这一点，即通过射出的子弹的外观来确定枪支的制造商。而鲁宾也经受过“大事件年”的磨砺，因此他能从细微之处分辨差别。他创建了一套系统以转移符合其标准的枪支，并谨慎小心地建立起一条相当可靠的子弹样本链。一旦送来新的试射样本，他就在每类子弹上刻一个对应的识别码。

不久，鲁宾就发现了弹道信息数据库使用的标准铜壳试射子弹与杀死布莱恩特的铅壳子弹间的细微差别，而这种铅壳子弹已经停产了。他的一位同事在当地一家店铺找到了这种目前已经停产的子弹的库存。鲁宾知道这种类型的子弹可能会在回收箱中碎裂，为避免出现这种情况，犯罪学家有时会把回形针放在子弹空心处的油灰里，但鲁宾认为，这一做法并不适用于这个案子中的子弹碎片，因为铅壳极脆易裂。他在每个试射子弹中插入一个小螺钉以保持其完好无损，这个方法是他从别的分析员那里学到的。并且，他还用一小块自行车内胎代替钳子夹住子弹，以免留下痕迹。

这一步步都非常费时，不久后，鲁宾便没能再深入研究这些子

弹碎片。在洛杉矶，警察每天缴获 20 多支枪，送来实验室的左轮 145
手枪开始慢慢堆积起来。鲁宾一把又一把地处理那些左轮手枪；其间，他还多次将布莱恩特一案的那两块弹片拿来一起研究，记下他要找的微观形貌。最终，库格林缴获的左轮手枪进入了这堆待处理枪支中，编号为 22。然而，当鲁宾查找档案时，他了解到这把枪压根儿就没被送到实验室这儿来；不知为何，快递员忘记收件了。于是，鲁宾重新整理了档案，同时将其他左轮手枪处理完毕。

鲁宾几乎没抱希望能找出杀害布莱恩特的那把枪。在他剩余的职业生涯中，他会像大海捞针一样搜寻。他想他会一直给枪刻上小小的编号并不停地拧着那些小螺丝，直到最后一刻。他告诉自己情况也许会更糟，要知道他现在还在还房贷。

而后，8 月 20 日那天，鲁宾却收到了一个 3 × 5 的信封，它是由东南区警察局财物储藏室的快递员送来的，信封里面有 22 号左轮手枪——一把宪章军火公司生产的便携型左轮手枪的试射样本。于是，鲁宾坐在比对显微镜旁，把他最喜爱的那盏荧光灯调好角度，仔细看了起来。

当第一组凹槽对上时，鲁宾告诉自己这并不能说明什么，因为之前他也曾发现过十分相似的枪支。于是，他转了转这架小 38 型显微镜，接着对比。之后，鲁宾闭上了眼睛，吸了口气又呼了出来。

过了一会儿，鲁宾站起来，离开了他的工作台。他站着，双手叉腰，凝视着远处。他坚定地告诉自己，不会的，这不可能。他摇了摇头，回到显微镜那儿，调了调相位再次观察起来，这次他向另一个方向转动。

那天稍晚的时候，鲁宾在外面工作，被派到洛杉矶国际机场附近，在炎热的日头下忙碌着。他被叫离办公室去帮助一桩牵涉警察的枪击事件处理证据，哈德森也在那里。之后的一个多小时内，鲁宾一直想跟她说些事儿，可他们在现场不同区域忙着各自的事。最后他们终于碰到一起，鲁宾匆匆跟她说了几句话。

哈德森听着，眉头渐渐拧在了一起。她知道库格林缴获的左轮手枪就是那个杀人武器之后并没有很高兴，这也许看起来有些奇
146 怪，可追捕一名杀人犯何其惊心动魄，案子进度越往后越可怕。将暴力罪犯置于刑事司法的制裁之下是国家需要履行的最危险的任务之一，而对一线工作人员来说，危险源于内心深处。斯凯格推测有些表现一般的同事可能是被潜意识里的一种恐惧束缚了。逮捕每进行一步，压力都会增大；而没有抓到凶手反而有更多安全感。因此，当哈德森得知鲁宾的配对结果时，她并没有感觉到胜利，而更多的是恐惧和焦虑。

还有其他的理由让她慎重看待鲁宾成功找出弹片对应的枪支。在街头，枪支，尤其是“赃物”流动频繁。枪支分析员认为，配对成功后的一至两周是能够找到有价值的线索的最长时限，超过这个时限，枪支经手的人便会太多，因而要重建枪支的持有链只会异常困难。

这就像要追查假钞的制造源一样。南洛杉矶街头上被使用的枪支几乎毫无例外都是未经注册的非法武器，全都是从武器黑市的旋涡中低价购得的。这样的枪支有不少已十分老旧，而且远离购买点，根本无法追根溯源。要是侦查人员在南洛杉矶的谋杀案中发现使用的枪支是合法持有的，必然会震惊不已；因为即使过了很多年也不见得会出现一次这样的情况。尽管加利福尼亚州的枪支管制法相对严格，但非法的街头枪支市场仍存续了数十年。20 世纪 60 年代的老帮派成员回忆道，50 多年后的今天购买枪支的方式和从前一模一样，价格竟也相差无几。人们说，许多街上流转的枪支要

是非法购买的话，花上一百美元就能到手，因为帮派通常会藏匿枪支。

而鲁宾的匹配结果并不能说明那名坐着轮椅的男子就是布莱恩特一案的犯罪嫌疑人，毕竟离案发已有一段时间，这种情况出现的可能性比较小。然而，这却足以证明他便是那把案发时使用的枪支的持有人中间的一环，通过他能追查到开枪的凶手——至少有这个希望。

又或许，这种希望只存在于理论之中。可那名坐着轮椅的男子提供的关于那把枪的信息对案件并无帮助，也没有其他线索浮出水面。而在枪械实验室里，多琳·哈德森的心里没个准儿，期待着实验室的检测结果能够加快逮捕凶手的进度。“然而没办法，我们只
能接受现实，”她说，“这样的结果很平常，又是一起永远无法破获 147
的南部分局辖区中的杀人案。”

而特内勒这边则铁下心不去打听这个案子的情况，他甚至都没有在电脑上查一查这个案子的编号。他既不想让这个案子变得不纯粹，也不希望给负责的警探造成负担。可私下里，他曾因听说他们找到了配对的枪支而感到的一丝兴奋逐渐化为失落。虽然特内勒仍在继续办案，但是心里始终惦记着布莱恩特的那个案子。

斯凯格听说了这个案子——在简报会上知道的，也注意到了这个案子在同事中引发的悲痛和苦闷。斯凯格虽然从没和特内勒说过话，但见过特内勒。有一天，斯凯格开车停在 77 街区的一个加油站旁，恰好看见特内勒也在那儿。

这是布莱恩特遇害后斯凯格第一次见到特内勒，他觉得自己应该对他说些安慰的话，可就是无法鼓起勇气。他仿佛没了胆量，这是他在工作时从未遭遇过的事。可这一次他毕竟感同身受：一名警探的孩子遭人杀害，而案子却没有什么进展。斯凯格犹豫不决，

心里十分惭愧。他一直等到特内勒发动汽车离开。“我甚至不敢看他，”斯凯格后来回忆，颇为痛苦，“我对这个该死的案子还没结果感到很难过……我甚至都不敢走上前去跟他说两句话。”

但这种惭愧也许仅仅蔓延在警探中间，至于其他警察，比如德拉罗萨，听说抢劫 - 杀人调查司里一名警探的儿子在西 80 街附近被杀只会引起一时的注意。然而对这群破案意味着一切的刑警们来说，布莱恩特一案就像一条蠕虫，一点点挖空了破解贫民区案件那仅存的斗志。

当然，他们都能理解其中的纷纷扰扰。凶手很可能以为他瞄准的是敌人，但却完全搞错了对象，而这种情形时有发生。现实是，没有认识凶手的人会挺身而出，而这几乎成了惯常，一直以来都是这一套，令人发狂又似曾相识——这正是十号州际公路以南在一代代人身上上演的一幕。布莱恩特一案与他去世前的一个月里周边地区发生的许多起黑人男子被杀案并没有什么不同。和查尔斯·威廉
148 姆斯一案相近，查尔斯因穿错运动服而被当成目标；和戴文·哈里斯一案也大同小异，戴文被当成目标是因为他当时与一群被攻击者当成敌对帮派成员的男孩子在一起。也难怪媒体很少报道这些案子。

可如今这个案子却发生在警察身上。

那名令人厌恶的凶手甚至影响到像科里·法雷尔这样的年轻警探。他是斯凯格在西南区的新搭档，但他并没有见过特内勒，因为最近才刚加入刑侦队。在每周的刑事简报会上，法雷尔坐在后面，与其他年轻警探一样一言不发地听着布莱恩特一案的缓慢进展。他想到那些被叫作黑人社区的地方的居民本来就不怎么信任警察。“要是我们都不能给自己人伸张正义会如何呢？”他想知道。

第十四章　任务

警督莱尔·普里多身材瘦削，一头红金色头发渐渐染上风霜。

普里多是刑警队伍中少数的那类——他们期待着上级要求穿蓝色制服的那一天。而大伙儿都因此拿他打趣。除了斯凯格和其他几个警探以外，警探们大多衣着邋遢，觉得穿以前那种蓝色警服实在别扭。

普里多的一颦一蹙——无论是一个眼神还是一次咧嘴——都异常凌厉，还带着些讽刺意味。洛杉矶警察局里的其他高层倒是颇为风趣，常常引得大家哄笑，而普里多则偶尔会被人误解。

和斯凯格、特内勒等人一样，普里多如果不那么活力十足，那么也许便会走上不一样的人生道路。他的父亲是美国联合航空公司的一名高层，他从小在罗灵丘陵庄园长大，那里是帕洛斯弗迪斯半岛的一处高级住宅区，也是加利福尼亚州暴力犯罪率最低的地区之一。

可等到普里多长到一定年纪时，没有任何坐在办公室里的工作看着比“迎着清新的空气和明媚的阳光驾驶警车四处巡视”更具吸引力，因此他便来了警察局，从 21 岁开始就成为一名洛杉矶警察。布莱恩特一案发生时，普里多已经 50 多岁了。换了在别处，他会
处在职业生涯的巅峰，走着管理的道路青云直上。可他是一名警 149
察，只能等着退休。虽然普里多既没有处理刑事案件的深厚底蕴，也没有应对贫民区事件的光荣战绩，但他是一位颇具才干的管理人员。他在抢劫 - 杀人调查司赢得一席之地，布莱恩特一案发生时，他是特内勒的上司。

当时普里多和妻子正在曼哈顿的丽都迪海滩，在两人正准备去看当地的一场轻歌剧时，他接到了警长凯尔·杰克逊的电话。在他开车去加利福尼亚州医院的路上时，大家已经在电话里就此案由谁来处理这个问题争论不休。在医院，他见到了杰克逊和其他一些高

层，然后见到了特内勒。多年后，普里多回忆起那一幕时，声音仍然有些发紧。他说：“沃利出来跟我抱歉，说麻烦大家了。他又从推车上拿出瓶装水分给大家。”普里多穿着牛仔裤和毛衣，感到有些透不过气来，可特内勒一直尊敬地称呼他“警督”。

普里多的脑海里已有定论，他决定把案子交给区警察局负责。普里多没有参与案件调查，但他像调查司里的每个人一样数着时间过了几周，却仍然没有出现嫌疑人。直到普里多被调任为新成立的南部分局刑侦科警督，布莱恩特一案仍然没有结果。

普里多对此有自己的看法。那时候，虽然这个案子还没有到理论上已成为悬案的地步，但是按照贫民区案件的标准来说，这个案子差不多凉了。每一个线索似乎都不了了之，甚至是那把左轮手枪，当然也没有媒体报道可言。这个案子似乎只在洛杉矶警察局内部才是个热点问题，但即使在那里，也仅有少数人关注，比如关心南部地区杀人案的斯凯格，还有那些认识特内勒的人。

普里多觉得此案是时候换人负责了。他不太了解南部分局的情况，所以他开始实施自己口中的“音频监控”，四处询问：南部分局谁最可靠？谁可以破解南部分局的案件？普里多回忆道：“我得到的消息是，斯凯格。”

普里多依稀记得他在约翰·斯凯格还是个年轻警员时见过斯凯格，但他对克里斯·巴林的印象更加深刻：那个看起来好像永远只有 15 岁的怪人。然而，普里多并不清楚这两个人的破案纪录。

他唯一知道的事情就是刚到南部分局的几周时间里他一直听说
150 他俩的名字——斯凯格和巴林，东南区的黄金搭档。有些声音持批判色彩，毕竟不是所有人都喜欢斯凯格，有人觉得他自视甚高。普里多猜想斯凯格有他的长处，他能力排众议，并且“像谢尔曼将军一样，就算焚毁一片森林也要找到他要找的东西”，而普里多要找的正是一个像谢尔曼一样的警察。

他在领导层中找知己密友，设法找到了解斯凯格的人，而他们每个人都告诉普里多同一件事：斯凯格办起案子来几乎不眠不休，休假时间以及周末还在工作，经手的案子都能破获，只是付他加班费的时候你得破费一笔了。

普里多和斯凯格一直没能好好认识对方。斯凯格心里瞧不上普里多，觉得他只不过又是一位帕克中心的官僚（并且斯凯格对自己的最初评价十分满意，而又因为他是斯凯格，故而此后他并未重新细想过这一评价）。然而普里多一开始便对斯凯格解读到位。他后来说，斯凯格是一名成功的警探，因为他做事有条理，意志坚韧，记忆力很好，并且“聪明、有远见”。但他也说了，斯凯格“是个不近人情的人”。

当被问到这话是什么意思时，普里多解释说，一名优秀的警探往往冷酷薄情。他们要日复一日地查案子；要用尽一切可用的手段让人开口；要不停地审问、纠缠证人，重新安置他们，甚至使他们的生活变得一团糟：这样的人只能收敛感情。普里多说，“调查这类案件只有内心刚强的人才能坚持下去，办案期间劳心劳力，甚至耗尽心力”，而无情，“是作为一名刑警必备的素质，虽然这话听起来有些消极，但是他们确实比大部分人心肠更硬”。之后，普里多又重复了一遍自己说过的那句话：“约翰 · 斯凯格是个不近人情的人。”

普里多把特内勒也看成“不近人情”的人——正面意义上的不近人情。

并不是只有普里多注意到斯凯格和特内勒这两个人之间的某些相似之处：一丝不苟的作风，温和的外表与积聚的活力相得益彰，对家庭生活的专注，“精修细剪”过的世界观，棱角分明又不偏不倚。这两个人显然是同道中人。

151 那年 9 月，普里多把斯凯格叫来，告诉他自己有意让他去调查布莱恩特一案。斯凯格依旧是一副加利福尼亚州冲浪者的样子，脑子里只有一个想法：太好了。

普里多跟斯凯格简单说了一下案情，可他也想让斯凯格知道特内勒的一些情况，让他明白这个案子对那些喜欢特内勒的同事们来说有多重要。普里多想让斯凯格知道特内勒身上的那种韧劲和精力、诚实和高标准。

当想要找一句话概括特内勒时，普里多一下就想到了最合适的那句，他告诉斯凯格：“特内勒跟你一样。”

普里多并没有让斯凯格单独接手这个案子，而是让他和阿曼多·伯纳尔一起搭档调查，伯纳尔是原本负责这起案子的 77 街区警探。伯纳尔查案时开了个好头，但现在看上去案子停滞不前了。

当斯凯格知道自己要和伯纳尔一起办案时，他拒绝了，可普里多并没有给他选择的机会。

普里多坚持这一决定的理由是，作为专业警探，斯凯格和伯纳尔应该摸索出一个相安无事的法子。但是，普里多低估了刑警办案时产生的那种剑拔弩张感，特别是在南部分局，每个人都感到了一丝困扰，尤其是布莱恩特的这个案子，容易让人激动。

普里多的决定等于告诉 77 街区的当家警探伯纳尔，他必须同来自东南区的当家警探斯凯格合作，因为上司认为他能力不够。并且这也相当于告诉斯凯格，他终于得到了自己一直渴望接手的案子，但没有完全符合他的要求。

结果，整件事情乱成一团。斯凯格不喜欢伯纳尔，对他也不是非常友好；而伯纳尔虽为人谨慎，但很明显他也并不喜欢斯凯格。

斯凯格记得，两人在职业生涯早年间发生过一些摩擦。这是斯凯格那百科全书般的记忆中的一篇华丽而精彩的故事。而伯纳尔只回应他俩的做事风格无法协调。

普里多想得没错，斯凯格正是警界的谢尔曼。他一接触案子便开始按一贯的风格调查：尽可能地快速出击，全面展开询问，充分利用一切可用的时间，去掉迷惑性线索，使有用的部分展露无遗。152
他想做的只有出击。约翰 · 斯凯格不会因必要的“焦土政策”而皱眉。

至于伯纳尔，他做事非常谨慎，一丝不苟地记录自己所做的一切，并为了避免重复而焦虑异常。按他的话说，就是“不能放过一处”，却也因此弄出许多错误线索。

伯纳尔认为斯凯格做事莽撞，没有对应的计划和协调就匆忙行事；而一向讨厌文书工作和坐办公室查案的斯凯格则认为伯纳尔过于注重程序，是个专心“列清单”的警探。

并且，普里多这个不讨喜的计划还有另一个缺陷，尤为致命——他没有明确两人谁来主导这个案子的调查，而这侵犯了斯凯格对合作办案的硬性原则。

斯凯格第一步做的是翻阅刑事档案，看看这个案子已经做了哪些调查。不出所料的话，里面的记录可能让他挺恼火的。

斯凯格了解到，77 街区的警察们根据街头传言查到了一个名叫“动荡 60”的帮派[3]和案子有牵扯。他看得出这个点正是现在大家努力的方向，尽管他们并没有采取斯凯格一贯使用的方式。他们没有直接去现场，不停地敲附近人家的门，和一切有价值的人谈谈——这里的警探似乎总是一味地等着别人给他们打电话。而这一做法再次违反了他和巴林创建的“警探守则”：永远别想守株待兔。相反，一名警探必须始终保持怀疑态度，永远不让自己为某些假想或新奇的理论所诱惑。“永远不要把所有鸡蛋都放在一个篮子里。”斯凯格会这么说。

案件记录本身就不是斯凯格所希望的那样简洁清晰。他想，这些东西“全缠在了一起”。而只有斯凯格自己才能准确理解这话的意思，但这也使得他以一种不可思议的能力在调查中安上强大的推进引擎，而不仅仅是报告自己又做了哪些努力。即便当斯凯格追查那些最终无果的线索时，他也不会偏离正轨，而只会消除那些混淆视听的部分。

斯凯格对伯纳尔一丝不苟的日程安排和记录反应尤为强烈。伯纳尔习惯通过电话进行预约，而斯凯格通常不会这么做。斯凯格把南中央当成一个 12 世纪的村庄，在这里随处闲逛，与人交谈，依
153 靠意外的发现和实际互动的力量。伯纳尔注意记录每一项原本并没有计划的行动，但对于斯凯格这种认为实地考察是唯一具有价值的事情的人来说，这样的记录只能证明一个人心中的犹豫不决和模棱两可。在斯凯格看来，这种做法几乎是一种罪孽。

比如，伯纳尔记录了哪个号码无人接听，哪家没人开门。而斯凯格则认为这些信息都是些“废话”，他永远不会在案件记录里写上这些杂七杂八的事情。要是斯凯格敲谁家的门却没人开门，他知道自己会再来，而且一次不行便再来一次，直到有人来开门。但这对住在里面的人来说简直就是灾难，因为他们不可能摆脱那个打着领带但没穿西装外套的警察。斯凯格只会在案件记录里记录最终进行的询问，而不会记录他是如何找到这些人的。对斯凯格来说，记录那些琐事的唯一目的就是让人觉得警探们忙得焦头烂额——如果有人盯梢的话。

斯凯格很难用语言形容那种工作方式，但他只要看一眼便可知道，那就是敷衍了事，但却符合所有要展开某项工作的技术标准。

无论哪一位主管要审查工作，对此都无可指摘，只不过会觉得里头缺乏必要的工作热情、决心和速度。

“列清单”和做实事对斯凯格来说是不同的。警察可以每天忙一些看上去要紧的差事，破不了一起案子，但照旧获得赞美和薪水。斯凯格认为，南洛杉矶的杀人案需要另一种精神才能破获，即一名警探的动机不仅仅是获得“优秀”的评价或晋升。办案既有形式主义的方式，也有属于东南区的方式，最佳形容便是斯凯格从拉巴贝拉那里学到的推销员信条：一点点逼近成功。这就是为什么斯凯格看不惯警探坐在电脑前消磨时间或在餐厅里吃午饭。

斯凯格的整个眼界和职业生涯都植根于对不公正感到愤懑，也是这种感情促使特内勒十年之前拒绝了抢劫 - 杀人调查司抛出的橄榄枝。他相信，南中央的受害人值得真正的司法体制，而不是表面运作的司法体制；他们应该拥有专业的警察——那些看到了他们命运中的现实和恐怖，在这份工作上赌上个人的成功以及一种战斗的 154
使命感的人，而不是那些为玩忽职守找正当理由的人。他们不知疲倦地追逐、抓捕那个“怪物”，而不是满足于仅仅限制它的行动。斯凯格看出这册满是“废话”的案件记录里也表现出了这种消极遏制的策略。他一点都不喜欢这种策略。

斯凯格并不知道自己心中的这种愤怒已酝酿发酵了几个世纪之久。

美国的刑法总是表现出一种走过场的倾向。从美国建国伊始，其法律体系就四分五裂且制定粗糙；因而在法律的真空地带，强硬手段及世仇宿怨大肆蔓延横行[4]。在 19 世纪和 20 世纪，警察机构举止粗暴地对待公民，对其施以惩戒[5]，以此弥补法院的不足；一直到 20 世纪 50 年代，警察的工作主要还是围捕醉汉并将之赶上警车[6]。

而南方的形势更加恶劣，让人不堪忍受。在漫长而痛苦的阶级统治和反革命历史背景之下[7]，该地区潜藏着无数反对国家垄断的暴力反动因子。

《解放黑人奴隶宣言》颁布以前，南方的法律极为松散，奴隶主希望不受法律约束，掌控惩罚奴隶的私权。美国内战和重建时期，前南方邦联同盟以杀戮、暗害等手段企图再次掌控一切，恐吓、震慑那些得到自由的黑人以及支持黑人解放的白人，以令其屈服。而此举为南方法律的种族主义暴行[8]奠定了基础，也许美国人更熟悉的现象是：数不清的法院、收费系统以及一群群带着铁链做苦工的囚犯。这一系列的残酷虐待竟得以体制化，使得整个南方地区的黑人对法律框架不屑一顾，在他们眼中那只是“白人的”法院。

而白人保守派赞成看上去有效但能达到隐藏的种族主义意图的法律制度，即建立起一套“使眼色的”体制，按照他们的设想，只是走个过场罢了。南方的法律制度表面遵守宪法的正当程序，然而实际权力却在法律之外[9]；杀人却能逃脱制裁便是达成“白人至上”的关键；有罪不罚则是法律的一个模板；它勾勒出一套影子法律体制。其结果则是，南方的法律制度虚伪、腐败、与党派挂钩、昏聩无能、自私自利或压根儿无力反抗。如此一来，南方的黑暗、
155 恐怖培养出了复仇女神，其结果便是肆虐的派系主义、非法的惩罚手段以及私人治安、可怕的礼仪限制、恐吓证人、警惕主义、谣言四起、纵火、滥用私刑，更别提那一套家庭秩序体制（建立在历史学家马克·舒尔茨所称的“个人主义”关系之上，是民间正义的丰饶角，盛产悲凉和凄惨）。

对于黑人来说，这一套制度事实上意味着性命难保，白人“杀害”黑人，而后“全身而退”[10]。但惨剧不止于此，黑人自己也互

相残杀，田野里、劳改营里，甚至连周六晚上的集会中都“充斥着杀戮”。黑人在刑事案件中的死亡率相当于乃至超过几十年后北方内陆城市的死亡率。在 1920 年的亚特兰大，每 10 万黑人中就有 107 人死亡；而在 1915 年的孟菲斯，每 10 万黑人中就有 170 人死亡[11]。不但如此，黑人之间会互相残害[12]，有时候白人当局还未起诉谋杀的嫌疑人，他们便亲自策划暴民正义。

引用历史文献中那句出人意料又不同寻常的话来说，就是白人“掌控法律”[13]，黑人一无所有。正规法律将黑人置于其中只不过是为了控制黑人，而并非为了保护他们。只要受害人是黑人，那么轻罪打压，重罪放任。约翰·多拉德在 20 世纪 30 年代曾是密西西比州的一名研究员。他推测说，黑人之间的内斗是白人设计的产物，或者说至少他们在直觉上达成了这一共识。他写道：“人们不禁猜想，让黑人群体中暴力频发，这么做如果不是为了实现白人阶层的目的，还能是为了什么？”

白人侵犯黑人却不受惩罚与黑人之间互相杀害也许看起来并无明显联系。但是，当人们失去法律保护并陷入绝望的困境之中时，他们互相敌对的可能性将会更高，而不是更低。法律缺失之地令人心生恐惧；如果人们可以对他人为所欲为，就会产生足够多的恶霸让现实丑陋不已。美国人怀念曾经的乡村环境，并且对社区这一理念无比看重，因此受压迫的人不能联合起来、相互扶持的观点同美国神话背道而驰。但社区孵化出的“团体公正”，却滋生着仇恨与争斗。仅仅因为肤色相同就被胡乱凑成一团[14]正是黑人在种族隔离中遭受的其中一类不公正待遇。

除此之外，白人还注意确保黑人之间的团结极易瓦解。他们
招募黑人当间谍[15]，支持“他们的黑人”凌驾于其他黑人之上[16]， 156
甚至在白人的战争中把黑人当作棋子[17]，让黑人互相残杀。无论

对何种肤色的人群来说，南方都是各类刑事案件的发酵地。在那里，各方激烈争夺作为战利品的法律[18]。然而，黑人始终处于严重割裂状态，他们根本没有任何正规手段来决断内部纠葛。尽管如此，他们也要经受法律鞭挞，无论是其作为还是无所作为。法律只是恐怖主义暴力运动的系统延伸[19]，在给重建画上句号的同时也剥夺了黑人在宪法中享有的权利。美国内战结束多年后，一系列的党派之争波及黑人与警方。纳什维尔黑人宣称他们不会“屈服……面对该死的反动警察更不会束手就擒”。黑人在街头与警察对抗冲突，一如一百年后77街区的情形：黑人从警察手里抢人。后来，由于南方城市形成隔离的飞地，如纳什维尔的“黑臀舞之城”或是亚特兰大的“黑人区”，警察避之唯恐不及。他们“不会去黑人凶杀案频发的地方，而是停在主干道上”。黑人社区因此变成“私人治安，至少在一定程度上如此”，一位历史学家总结道。

这为发生于20世纪末的激烈交锋做好了铺垫。大批受南方法纪败坏之风熏染的黑人迁入洛杉矶等城市，随之而来的还有较高的凶杀率[20]以及寻求合法自救的倾向。他们在迁入地遇到的警察和迁出地的没什么不同，洛杉矶地区的警察在开枪打死不少黑人后依然暴力如旧。“从前，我曾和一名警察一起巡逻，他解下枪带对我说，‘你想试试吗’。”前警察局局长伯纳德·帕克斯回忆起自己20世纪60年代在街上巡逻的日子时说道。但是洛杉矶的警察有所不同，他们发挥着重要作用：他们的人数更多，并且更加深入社区。新的职业标准意味着要根据犯罪率运用数学公式部署警力，而由于黑人社区的犯罪率更高，因此那里分配的警力比例也相应更高：例如，1961年，洛杉矶警察局在牛顿区部署的警力是西洛杉矶区的
157 四倍[21]。从南方迁来的黑人早已习惯警察的不闻不问，但这些警

察不一样，无论何时何地都能看见他们的身影，这些人用“防治”策略频繁地追捕他们。

而这也造成了爆炸性后果：20 世纪 60 年代沃茨骚乱四起，纽瓦克、底特律等城市亦是如此。经过这场动荡，国民对官僚主义司法产生了深深的怀疑，与今日之质疑遥相呼应。而黑人抗议狂热的警察和检察官这点仍然是左翼用来批判刑事司法系统的珍贵样板[22]。然而，这一时期还有一点令人大为失望，即官方对黑人之间的暴力应对不足被严重忽视。

司法系统没有正面应对城市里死亡人数越来越多这一局面，转而采取放任姑息的态度，对大量受害人不管不顾，而此时黑人凶杀率持续激增[23]。20 世纪六七十年代的美国，因犯罪入狱服刑的平均年限跌至最低，而成为世界上最“宽宏大量的”国家之一。法院总是宣判无罪释放，假释条款也相当宽松。20 世纪 70 年代中期，加利福尼亚州仅 1/3 的杀人犯在定罪七年后仍关押在狱，因此南部分局辖区中混乱的街头随处可见刚出狱的杀人犯。改革者紧紧盯住被告的权利不放，可似乎看不到法律执行不足对社会的蹂躏。

时间的钟摆永不停歇，到 20 世纪 80 年代，社会日新月异，而又无情。强硬政策在政治上成为赢家，监狱中人数蹿升。改变包括暴力犯罪所判刑期有所延长，但它的影响因许多轻罪量刑更加严苛而模糊不清。警方开始对“小打小闹”提起诉讼，辩护律师西摩 · 阿普勒鲍姆回忆说：“并且常常被定为重罪，大罪小罪都成了重罪。”等到 2007 年，在假释期间因违反特定假释条例而被重新拘留者成了监狱新来囚犯中人数最多的[24]。可尽管如此，司法方面的根本弱点并未改变，事实表明，杀人案件的侦破率不升反降[25]。

能够震慑犯罪活动的并非严酷的刑罚，而是惩治坚定、迅速，因而黑人仍然有充分的理由觉得自己的生命安全没有保障。杀人犯依旧逍遥法外，而抑制犯罪的新策略与南方曾经的“眨眼”司法颇为相似。即使法律歧视已被废除，从南方迁来的黑人也并未感到情
158 形和以前相比有多么不同。杀人并不是黑人无法挣脱的不良习性，是社会隔绝、经济上受孤立以及美国刑事司法运作上的缺陷令其重拾陋习。

对于白人来说，司法也几乎没有太大的作用——美国无论何种肤色人群的凶杀案侦破率都落后于欧洲那些比较安全的国家。但这种程度的无能也许对那些境况相对安全、居住分散且占大多数的白人而言尚可容忍，可对从南方迁来、本已深陷泥淖的黑人来说便不是如此了。白人在就业、物质和流动性上占据优势，可以通过这些资源来补偿刑事司法制度的不足，因为他们有其他手段来实现彼此的独立自主；但这些并未惠及那些在 20 世纪逃往工业中心的黑人。世世代代的南方黑人经历着刑事司法制度的软弱，那正是压迫他们的那一套制度的核心特征。对黑人来说，国家倾向于默许杀人而不受制裁体现出对黑人的敌意的冰山一角——他们又变得像被占领的民族。尤其是在贫困城市的中心地区，他们生活在少数族裔聚居区，并只能采取法律之外的手段定纷止争。

直到 20 世纪末，刑事司法制度不再腐化堕落；很多警察和检察官也表现得专业而真诚，法律结果对黑人的歧视相对减轻。然而，由于制度所及之处实在有限，因此实际结果和曾经虚伪矫饰的司法体制的产物仍旧相似。即使刑事司法制度清廉公正，但其对于暴力犯罪的调查也仍然成效甚微，并且无法阻止发生在黑人之间的大规模凶杀案。黑人仍然有理由怀疑法律是否真正保护他们，因此他们也做出了相应的回击。这便是斯凯格生活的世界，尽管他并未将之置于对应的时代背景下。斯凯格看到的只是：司法体制看起来

忙前忙后，但却并未完成肩负的使命。

仅仅几周后，斯凯格与伯纳尔之间的关系便到了紧要关头。伯纳尔出了一趟城，而其间斯凯格看到了一条被伯纳尔认为“纯属胡 159
扯的线索”：有人报告一辆黑色 SUV 符合嫌疑车的外形。斯凯格没有将此告诉伯纳尔，便孤身一人找到车主的住处，敲门询问，并立即查明那辆 SUV 为一名拉美裔而非黑人所有，于是便去掉了这条线索。待伯纳尔从城外归来得知后，他感到有些恼火。据伯纳尔回忆，斯凯格这是重复做已经做过的事情，并且对此沟通不善；而在斯凯格看来，伯纳尔并不希望他单独追查线索，且并不认同他的办案手法。

无论什么事，两人都有分歧。

斯凯格没有浪费时间同伯纳尔理论，他甚至根本没有做任何与伯纳尔好好共事的尝试。他一如既往，做事直率且毫不含糊。斯凯格对伯纳尔说，自己打算去普里多的办公室告诉他协同办案行不通，他要求改变。伯纳尔努力缓解局面，试图阻止斯凯格，但没能成功。在这件事情上，斯凯格像对待其他任何事情一样，力图尽快使事情有个定论。

因此，莱尔 · 普里多发现该来的总会来，虽然之前自己避开在这件事上做决定，但如今还是得面对。斯凯格和伯纳尔坐在普里多的办公室里，显然处在危急时刻。斯凯格要求要么让他全权负责此案、自由处理，要么就让他退出此案的调查。

普里多心里叹了口气，难免感到有些失望，眼前的这两个人竟然将私人问题带到这么重要的案子里来；但他又转念一想，自己找来斯凯格可不是因为他是“一个会保守秘密的安静的小家伙”。普里多选中斯凯格是要斯凯格为达目的，即使“焚毁森林”也在所不惜；而现在斯凯格来了，就正正站在“熊熊燃烧的圣安娜大火”之中，所以要怪也只能怪自己。

他让两人先出去，自己则陷入了沉思，考虑下一步该怎么办。

普里多没有权衡太久。在他看来，布莱恩特一案是他目前负责的案件的重中之重，破获这起案件对新成立不久的刑侦科来说意义重大，对警察局在整个南洛杉矶的声誉影响深远，还关系到办案原则问题。

160 这起案件很重要还因为普里多内心深处的感受。就像警察局里认识特内勒的其他人一样，说起布莱恩特一案，普里多便无法控制泪水流出。普里多意识到，此时此刻正是自己赢得警衔和薪水的好时机。

因而，下一分钟普里多就改变了布莱恩特一案的轨迹。他走出办公室，告诉斯凯格由他负责此案。

伯纳尔一阵愕然。这个决定实在非同小可，对他的工作可以说算得上全盘否定。最重要的是，这同时暗示自己没有在这件案子上倾尽所有，这让他心中隐隐作痛。

伯纳尔并不是斯凯格所认为的那种对什么都毫不在意的警察。毕竟，他也曾在洛杉矶的中南部经历过“大事件年”，还将自己的职业生涯都奉献给了侦破贫民区的案件，对那里发生的犯罪事件不受重视感到有一种强烈的责任感。虽然他和特内勒不熟，但在布莱恩特一案上，他和其他警察一样感同身受：不可忍受，这个案子必须侦破。

除此之外，伯纳尔对这个案子的个人感情超出了他与特内勒的同事之情。大多数同事并不知道，在布莱恩特被杀的一年半之前，伯纳尔的侄子在洛杉矶治安局管辖之下的东洛杉矶遇害，并且那个案子也没能侦破。

伯纳尔的侄子克里斯蒂安·伯纳尔当时19岁，他早已计划好要从事执法工作，申请进入当地的治安局。他和许多即将成为警察的年轻人一样，剃了光头。当袭击者走过来时，伯纳尔的儿子和侄子一起坐在停在路边的车里。和布莱恩特一样，这对堂兄弟也不是帮派成员。两个年轻人只是拉美裔男子，纯粹因为外貌打扮就被袭击者当成了敌对帮派成员。随着左轮手枪的枪声响起，一片碎玻璃朝两人倾泻而下。

手机响起时，伯纳尔正在家中，他一接通便听见另一头的儿子歇斯底里地喊着："那帮人一枪把他打死了，打死了，死了！"伯纳尔的弟媳，即克里斯蒂安的母亲得知消息后伤心欲绝。而直到布莱恩特出事，伯纳尔一家都尚未走出悲伤。同特内勒一样，阿曼多·伯纳尔在侄子出事以前只是作为警察面对过凶杀案。但今时今日，他明白当自己的亲人惨遭那个"怪物"倾轧时，感觉有多么不同。

瑞克·戈登对斯凯格和伯纳尔都颇为赞赏，他也相信两人对布 161
莱恩特一案的贡献同样重要。戈登后来说，南洛杉矶的凶杀案的复杂背景要求调查风格多样化，案件的情况千差万别，并不是每个侦查人员的办事风格都能普遍适用不同的案件。戈登说，也许针对布莱恩特一案，伯纳尔的方式并不是最适合的，但是他融合了耐心与细致的风格最终帮他成功破获了不少其他的案件。

尽管克里斯·巴林非常欣赏斯凯格，但他对此持相似观点。他说道，伯纳尔是个相当执着的侦查人员，"在行动之前会仔细了解清楚个中情况"，可惜不凑巧，斯凯格才是布莱恩特一案中"在适合的时间出现的适合的警探"。

认为这个案子在伯纳尔手中"萎靡不振"是不公平的，事实上，这个案子此前就已经取得了重大进展。当普里多正式将此案交给斯凯格负责时，案件的主要目击证人、作案枪支、嫌疑人汽车的外观以及街头上最重要的传言均已整理清楚，这让斯凯格有了不少可以调查的线索。斯凯格接手的并不是一起毫无希望的案子，而是一起调查陷入僵局的案子。还有一点毋庸置疑，伯纳尔对这个案子非常用心。侄子遇害一事令他非常心痛，因此他对此有深刻体会，正如特内勒随后化悲伤为动力，将精力全部倾注到抢劫 - 杀人调查司的案子上一样。

最后，伯纳尔在这种状况下的应对方式值得称道，他最终颇具风度地接受了此次败北。他咽下满腔怒火，又回到那个将他手里最重要的案子生生拽走的警督手下办案，咬紧牙关投入其他工作，展现出不屈不挠的职业精神。

与此同时，斯凯格则接着调查布莱恩特一案。

第十五章

大家都知道啊

对警局里不喜欢斯凯格的那些人来说，约翰·斯凯格已经有他 162
需要的“搭档”了，有些人在背地里讽刺新的刑侦小队就是“斯凯格和他的铁杆粉丝们”。

但是普里多让斯凯格找一个有血有肉的人搭档，作为这个案子的副手。斯凯格很希望能和巴林一起，但是这个愿望显然不现实，因为巴林目前已是三级警探，所以斯凯格挑中了一名年轻警探——科里·法雷尔，他刚刚从西南区警察局调过来办公。

像往常一样，斯凯格想方设法逃离办公室，尽可能多走出去与人交谈。因此有一天，当法雷尔诸事缠身，实在分身乏术时，斯凯格只能环顾办公室，四下看看还有谁可以派上用场。这个案子已经被明确交予斯凯格负责，他总算能按照自己的意愿行动，况且他可没有心情被别的事儿束缚手脚。

当时，瑞克·戈登恰好就在附近。于是，10 月 1 日那天——距离布莱恩特去世五个月之后——斯凯格因为急需一名临时搭档，便叫上戈登和他一起出去了。就这样，这两位可以说是洛杉矶当时办理贫民区案件最出色的警探便出发去完成一项特殊的任务。

163 库格林逮到的那名携带作案枪支的男子是南中央黑人“大军”中的一员，其中的底层角色便是那些坐着轮椅的、拄着拐杖的，或者是装着腿支架的。只要开车在南中央兜一圈，不用隔多远便能看见一名这样的受害人——在枪击事件中幸存的年轻男子，相貌依旧年轻，肢体却是残缺的，样子虚弱不堪，整体看起来极度违和。若被问起究竟何事使之成了今天这副模样，这些人的回答和那名男子在法庭上的回答一样，只有短短一句话，“挂彩贴金”。

那名坐着轮椅的男子 28 岁，看上去比实际年龄更年轻些。他嘴生得颇俊俏，鼻子细长，鼻翼较宽，肤色很深但皮肤光滑，下巴上长了一溜胡茬儿。他穿着一身鲜亮而贴身的衣服，就连大腿以下折起来的裤子也折得很平整。那名男子熟练地使用轮椅，移动起来迅速、敏捷。要说轮椅会自己散步的话，那大概是此人在操纵吧。可惜他的速度赶不上弗朗西斯·库格林——库格林的腿脚可比一般人麻利多了。

尽管面上显得阴郁不安，但那名男子仍然保有一丝静默的尊严。身体上的创伤似乎并未损害他的精神状态，而有些年过 25 岁的帮派成员可经不起这种打击。并且，他说起话来语气平和，听着也合情合理。男子谈到出狱，还说希望去上学，看起来不像随口胡诌。东南区不少警察认识他。“那家伙，小混混一个，”他们这么说他，但又很快补上一句，“人倒是不坏。”有些警察甚至说挺喜欢他的。那名坐着轮椅的男子便属于这样一类人：原本过着正常人的普通生活，但却莫名其妙地搅和到帮派里头，不可谓不悲凉。

十几年前，这名男子还是一名高中生，一天晚上在外面玩完后走路回家时被枪击中。当时一辆汽车突然启动，他听到有人喊“是东海岸瘸帮”，之后便听见枪响。他被打中七枪，但只感觉到了最后三枪；后来连他自己都很惊讶他居然还有别的地方受伤了。被子弹击中后，他直直地躺在地上，一阵剧烈的灼烧感遍及全身——就只有这些，只有灼烧感。第二天早上，金 - 德鲁医疗中心的医生在手术后来到他的病房。他脊椎断裂，以后都无法走路了。那时候，他 17 岁。

在弗朗西斯 · 库格林抓住这名持枪男子后，伯纳尔立即赶来同他“打照面”。当时男子被警方扣押拘留，伯纳尔过来，问他是从哪里得到那把涉案枪支的。男子回答说自己是从一名“烟枪”，也 164
就是某个瘾君子那里买来的。男子一副非常配合的样子，连那名流浪汉“烟枪”的详细情况都说了。

然而，这一情报对案情进展没有实质性的帮助，因为无家可归的人很可能与帮派没有联系，所以更难查到。伯纳尔和瑞克 · 戈登又来了一次，但男子坚持之前说的话。斯凯格加入此案调查后和伯纳尔又一次来到看守所，第三次询问得到的还是相同的回答。

10 月 1 日，斯凯格再次前往双塔监狱询问那名坐着轮椅的男子，这已是他第四次接受调查警员的询问了。

斯凯格很清楚那名男子没有说真话，那么再次询问势在必行；必要的话，来一次不行就下次再来，直到他说实话。对斯凯格来说，需要做的便是不懈努力，就像一根生锈的杠杆一样，只要不停施加对的力，那么杠杆总会动的。斯凯格相当擅长这种“消耗战”，若问为何如此有把握，他自己也说不清。那名男子显然没有说实话，无须解释斯凯格便看出来了，这是警察不断磨炼出的看人眼光，斯凯格一眼就能看穿谎言，就像精明的建筑承包商一眼便能瞧出哪根横梁不平一样。

戈登、斯凯格、那名男子，三人一同坐在双塔监狱狭窄的询问室里。

坐着轮椅的男子已经见过戈登几次了，所以斯凯格就让戈登问问题，按东南区一人主导询问的规矩来。戈登用熟络的口吻开启谈话，像捡起几秒前掉在地上的一根针一样自然。和斯凯格一样，戈登在交叉询问的时候也一副公事公办的作风，态度和缓，甚至带有一丝歉意，似乎因为自己麻烦了别人而感到不好意思。坐着轮椅的男子再一次详细讲述他从一个瘾君子那儿买枪的事。“那人胡子灰白，很瘦，40 岁上下。”当戈登细问头发的具体细节时，男子顿了一下，似乎在努力回忆，尽量描述准确。“发色偏灰，剃得比较短。”他这么告诉戈登。

戈登虽语气不变，但开始向那名男子施压。男子这时当然已经猜到自己手里拿的那把枪犯的事儿不小。毕竟，刑警可不会为了一桩平常的帮派杀人案四次造访他。

戈登暗示男子可能会因涉嫌一起情节严重的犯罪而受到指控。
165 “我不希望看到你耗在监狱里。”戈登说。“我也不想！”男子立马接过话。

戈登的语调依旧平和：“我希望你好好配合，百分之百合作，我感觉你在配合我们办案，只是……”

男子沉默了。“你想什么呢？”戈登问道。男子还是不说话。戈登放低声音，叫了一声男子的名字。“就像我之前说过的一样，你可以否定之前说过的一切，”他说，“如果我听不到实话，那么何必大老远开车过来呢。”

刑警通常不会对嫌疑人说真话，这是符合法律规定的，但戈登的询问策略更为狡猾。他开始告诉男子某些真相，就像和同事说话一般，口吻自然朴实。“你不知道我们有多忙，”他对男子说，“你想不到我手上负责的案子多到什么地步了，如果你不讲实话，那么我宁可去调查其他实质性的线索。就算你之前没有说真话，我也不会对你怎么样，我只想知道真相。”

戈登把自己的真实想法原原本本地说了出来。他的确有很多案子要查，也确实不想浪费时间。

斯凯格始终一言不发，最终，男子还是坚持说自己是从一个“居无定所的烟枪”那儿买到那支枪的。并且他加了一处细节：两人还曾讨论过交易音响的事。

斯凯格和戈登两人无计可施。戈登虽仍死咬着不放，但并没有疾言厉色，他接连换着法儿地问同一个问题，试了五次，最后当感到似乎行不通时，便将话锋转向无关紧要的闲聊。

两名警探正准备离开的时候问候了男子的家人，问候了他的孩子们。男子说自己刚添了个“小宝宝”，并且语气渐渐放松。“我犯的事儿还吃不了牢饭，”他说，“我只想离开这里重新生活，再回到学校上学。”两人对此表示同情，谈话就这样逐渐顺畅起来。最后，戈登和斯凯格终于起身要走了，这时戈登抛出最后一个问题。

“还有什么要交代的吗？”戈登问道，“你看看有什么法子能帮我们一下？”戈登设法让男子给点暗示。在这样的询问中，与案件相关的暗示很常见。害怕作证的人会试图间接帮助警察，有时候会给警察留匿名消息，比如在警车的雨刷下面塞条子。 166

但是，这名坐着轮椅的男子没有给警察暗示。他突然猛地拉开帘子，换了种语气，之前若无其事，而现在听着却很严肃。“好吧，那我跟你们打开天窗说亮话吧，”他说，“这枪其实是我从别人那儿得来的。”

两人僵住了，等着他继续说。之后，男子便供出了实话——斯凯格就知道他藏着实话。“别人都叫他‘没头脑’。”男子说。

戈登和斯凯格觉察到案子的转机，身体渐渐放松，仔细听着。坐着轮椅的男子的枪不是从“烟枪”那里买来的，而是某天在西南学院的校园里从一名神秘的帮派成员那儿花 50 美元买到的。那人眼睛淡褐色，一头卷发，外号叫“没头脑”。

男子说“没头脑”是“111 集团瘸帮”的人，而“111 集团瘸帮”是“动荡世纪集团瘸帮”的一个分支帮派。有那么一瞬间，斯凯格和戈登两人都满眼困惑，因为他们虽在南部分局办案多年，但对男子刚刚提及的两个帮派闻所未闻。帮派分布错综复杂，以致对两人来说，在治安辖区内、距离 77 街区警察局开车几分钟路程的“动荡世纪集团瘸帮”就像来自另一个国家。据那名男子说，“没头脑”的眼睛下面有一颗泪痣，而且手臂上有字母 B 的文身。

男子说，“没头脑”和一个女孩在一起。*一个女孩*。戈登和斯凯格都愈发警觉起来。“她叫什么？”“她无家可归吗？”两人问道。“不是，”男子说，“她不是那种人，她既没有卖毒品，也不是帮派的人。”“正经女孩？”他们问。“是的。”男子回答。

当询问结束后，戈登问起他为什么之前不说，男子的回答让戈登想起曾经听过上百次的类似回答：“我在外面拖家带口……我不想被别人一枪爆头，也不想我妈、我的孩子被人杀死。”

两人说不会透露他的姓名，可他们没有说实话。

此时斯凯格的脑海中，有一个想法渐渐成形。

167 布莱恩特死亡当晚在案发现场接受询问的一名目击者提到了一个传言：一个名叫动荡什么的帮派涉嫌参与其中。洛杉矶好几个帮派的名中有“动荡”一词，包括北部的“动荡 60”。但斯凯格又想到一处细节，他将此与记忆里闪过的一个画面联系起来：布莱恩特遇害后不久，斯凯格发现了一处新涂鸦，是他和内森·库里在案发现场附近巡逻时看到的，墙上潦草地涂画了“集团”一词。

斯凯格思忖着“动荡 60”这条线可能已偏离正轨，毕竟他们已经在这个帮派上耗费了太多精力展开相应的调查，但始终毫无眉目。而现在，他发现另有两条线索直指“111 集团瘸帮”。

斯凯格一旦展开调查便是如下情状：从投身案件的那一刻起，大脑的记忆存储便火力全开，将每一处细节整理归档——琐碎如街头偶遇的人说过什么话，哪扇窗户上有涂鸦。诸如此类偶然发生的事儿，旁人可能觉得毫无意义，但斯凯格明白，只要顺着一条线摸索下去便会形成一幅完整的图案。这也是他为什么更喜欢实地考察，把重心放在与人面对面接触上。重回案发现场、多次拜访死者家属、和在街头碰见的人搭讪这些事儿在别的警探看来似乎纯属浪费时间，但对斯凯格来说，在案发现场的每分每秒都使他有机会记忆并存储更多琐碎的信息；他知道，他最终会从这堆庞大的信息沙丘里找出一颗“钻石”。有时候，斯凯格会回到案发现场，停好警车，将车窗摇下来，静静地坐在车里。他会叫住经过的行人，问候一句“你好啊”，然后寒暄起来。

现在斯凯格仍然记得，在第二次询问布莱恩特一案的目击者的时候，有个人提到案发不久之后，那附近一带曾发生斗殴。克里斯托弗·威尔逊的兄弟是某个帮派的一员，他曾拒绝回答警察的问话；有传言说他和克里斯两人在他们那条街上看到了两名年轻的陌生男子，认为那两人就是杀害布莱恩特的凶手。有趣的是，两人并未报警，而是跑过去堵住那两名男子，向他俩“下了战书”，以街头的方式为一个父亲是警察而他们将其视作朋友的人讨回公道。

据报告，那两名男子中的一人是“动荡 90”帮派的人，克里斯兄弟两人被打得很惨，并且“动荡 90”帮派的那名男子把两兄

168 弟中哥哥的裤子脱了——一种性侮辱，类似于威胁和低级暴力，在帮派的圈子里属于某种比较常见的警告。斯凯格知道虽然贫民区信息网络基本不靠谱，但该事件有助于指向其他线索。按照目前的情形来看，显然住在那个社区附近的一些帮派成员认为这次袭击是“动荡 90”帮派的人干的，而这个“动荡 90”帮派和与之邻近的“动荡世纪集团瘸帮”是盟友关系。

在和那名坐着轮椅的男子谈过以后，期凯格记忆中的这段小插曲突然浮现了出来。

斯凯格通过逮捕令数据库用帮派绰号查找与克里斯兄弟斗殴的那两名“动荡 90”帮派的成员。结果，其中年轻的那个来自“动荡 90”帮派，只有 16 岁，当时正因缓刑期拘捕令在逃。于是，斯凯格叮嘱打黑警察密切关注相关的动向。

一周过后，斯凯格接到一通电话：那名年仅 16 岁、把布莱恩特的邻居打了一顿的缓刑犯已被拘留。一名打黑警察在杰西·欧文斯公园认出了那人并将其逮捕回警局。这名年轻人的父亲是个水管工人，来自阿肯色州温泉县，30 年前在大迁徙浪潮中来到洛杉矶，后来决定留下来，因为这里很美。他家大部分人过得不错，其中一个儿子在纽约大都会交通管理局工作，还有一个儿子在联邦包裹服务公司工作，可这个小儿子是个另类。

布莱恩特一案发生前的那几年，那名缓刑犯的父亲一直尽力处理着小儿子的问题，跟洛杉矶的众多黑人父母一样，他感到莫名的危机正从四面八方逐渐逼近。像特内勒一样，他也担心某个帮派会把他儿子招揽进去。但他不相信执法部门并担心儿子落到警察手中后的安危。他深信很多警察本身立身不正，并对黑人年轻男子态度极差。于是，他把儿子一路送到洛杉矶的另一头，到比弗利山庄的高中念书；然而这位父亲坦白，儿子曾把朋友的气枪藏在自己的柜子里，然后被学校发现了。

于是，这名男孩被学校强制休学并被未成年人法庭判了缓刑——一旦他被送进刑事司法系统，事情便会越来越糟糕。可他到头来还是违反了缓刑条例并被送到了青少年营地改造。男孩出营时 169
似乎已经有了一个新的帮派身份。后来，他的父亲亲自将他交到一名缓刑监督员手里。他的父亲也是走投无路了，只希望儿子在监狱里待的那段日子能让他矫正陋习。然而，事与愿违，小儿子出狱后越发难以管教。

这名缓刑犯有着浅棕色皮肤，脸颊扁平，下巴瘦削，看上去比真实年纪老成几分，人长得倒是挺精神。那个星期二晚上，斯凯格前往 77 街区同他见面，倒没从他身上见到预想的那种虚张声势的做派——毕竟他也算是个久经世故的老“动荡 90”成员了，料想心肠必定硬如顽石——相反，他眼里噙满泪水。

在那一刻之前，斯凯格还曾想过眼前的这名缓刑犯可能就是他要找的凶手。然而，等迅速打量一番之后，斯凯格改变了想法。当斯凯格提到布莱恩特中枪的那个十字路口时，这名缓刑犯不紧不慢地问道：“是关于那个‘警察的儿子’被人杀了那件事吗？”斯凯格话头一转，开始问他为什么哭。“因为我爸啊，兄弟。”他说道，自己可能会再次错过父亲的生日——从他 14 岁那年开始，父亲的每次生日自己都被关在监狱里，他就盼着这回能赶上父亲的生日。

尽管他说的话里多次出现“风声”和“黑鬼”这样的社区口头禅——这名缓刑犯本可以不说出这些字眼，如果他想的话。斯凯格让他无论知道什么都一口气说出来，因为“我的这个搭档可不是在场最聪明的那个”。

斯凯格喜欢在询问室里拿这句话调侃法雷尔。他趁法雷尔处于窘境时这么做过几次，那都是在法雷尔因为要遵循一人主导询问的规矩而不得不默默坐在一旁的时候。

这名缓刑犯是个头脑清晰的询问对象，看起来记忆力不错，甚至还展现出几分文学修养，说出的几处细节表明他观察能力很强。他明确地表态，只要不出庭，他什么忙都愿意帮。他说：“你们说我的名字不会出现在任何地方，我相信你们。”

“大家都知道啊！”这是他在接下来的半个小时里提过好几次的一句话。

170 他说，“大家”指的是混迹帮派的几十号人，他们都知道布莱恩特的死因，他们知道谁杀了他，凶手是哪个帮派的，大家都知道，大家都在议论纷纷。

正如克勒·拜特克斯怀疑的那样，根据那名年轻缓刑犯的描述，此案的嫌疑人就住在离案发现场几英里的地方，并且他们属于一个地下网络——那里正充斥着关于此案的闲言碎语。此案就像许多其他案件一样：更多是一桩公开谋杀而不是什么秘密谋杀，类似于一场社区活动。它一点儿都不神秘——除了对警察来说。

这名缓刑犯说，5月的时候他曾回温泉县去探望祖母，从一个他称作“好莱坞”的女孩儿那里得到“口风”：“有个外人栽了。”当时，他听了之后还挺开心的——因为那意味着敌对帮派的某个人被枪杀了。“我当时觉得没什么呀，喔噢。”他说。可后来他的一个好哥们儿给他打电话，听上去语气有些惊恐：“栽的是警察的儿子，就在诺曼底街附近，现在周围到处都是警察，真倒霉！”他的好哥们儿建议他留在阿肯色州，暂时别回来。

后来他又接到几通电话，说的都是这事儿，大家都在说那个“外人”竟是警察的儿子，而且现在大片警察在那一带四处搜查。大家都很害怕被这个“法网”逮住，然后“为这破事儿被扔进监狱里”。

第十五章　大家都知道啊

9 月初，当这名年轻人从阿肯色州回到加利福尼亚州时，他的朋友们还在对这事儿议论纷纷。“离集团瘸帮的人远点，”他们告诫说，“他们杀了那个黑鬼，警察都守在那儿，一窝人。”

大家对此相当恼火。有人说：“集团瘸帮的那个‘大宝贝’真是个蠢货！”

“大宝贝”是这名缓刑犯认识的人。“哈，是他干的？”年轻人回应，“疯了吧！”接下来的几天，他听到了更多关于这事儿的传言。“每天都有人在议论这事儿！”他告诉斯凯格，“大家都知道啊！”

在通常情况下，帮派成员欢迎警察的关注，那证明他们的攻击造成的后果严重。一些帮派俚语表达着这种情绪：“拉警戒线”的意思有点像“做事老练”。一个成员被“拉警戒线”表明他成功地 171
执行了任务：用枪重伤或杀死了对手。只有在有人重伤或死亡的情况下，警察才会用黄色条带围住现场，那条带表明开枪的人命中了或是没有临阵怯场，就像是枚荣誉徽章。

然而这次不同。在以往大多数帮派枪杀案中，警察在介入后常常最多是“拉警戒线”，但这回不同，被杀的可是警察的儿子，因此警方“反应激烈”。“离集团瘸帮的人远点，”大家都这么说，“离‘大宝贝’远点。”

警方铆足劲儿，最终也算顺流而下。斯凯格负责的这个案子目前进展迅速。他手里掌握了两个人的绰号：“没头脑”和“大宝贝”。两人都是“动荡世纪集团瘸帮”的成员，警方再也不必把时间浪费在“动荡 60”帮派上了。

但是，此案仍然停留在街头传言的层面上，许多帮派案件到了这一步便无疾而终了。“大家都知道啊”这句话适用于许多发生在十号州际公路以南地区的未能破获的谋杀案件。

斯凯格问这名缓刑犯“大宝贝”的真实姓名，但这名年轻人想不起来了。“他的真名是以 D 开头的，D……”年轻人陷入了沉思。

“那他长什么样儿？”斯凯格问道。“有着深色皮肤，发型很搞笑。”年轻人答道。他说“大宝贝”17 岁上下，并且补充了一点颇有文学色彩的描述：“双手干裂粗糙。”警探不断深入挖掘：“他的发型具体什么样儿？”“有点椭圆，就像颗蛋似的，还是那种被打破的蛋。”年轻人说道。法雷尔强忍住笑意，年轻人则大笑起来。“等你们看到他的照片的时候，就知道我说的是什么意思了。”他补充道。

不仅如此，这名缓刑犯有一次在帮派成员于杰西 · 欧文斯公园举办的聚会上偶然遇见“大宝贝”。“嘿，兄弟，最近怎么样啊？你杀了那个黑鬼？你杀了那个警察的儿子？”那时，他当着众人的面如此问道。

“大宝贝”惊慌失色，大家对这个案子引起的麻烦很恼火，因此他在众人面前否认自己参与其中。可后来，他把那名缓刑犯拉到一旁，央求说“别再提那破事儿啦”，既不承认也不否认。他说自己不知道该怎么办，心里很害怕。“兄弟，我大概是要进监狱了！”他悔恨地说道。

那名缓刑犯仍旧记不起“大宝贝”的真实姓名，只记得以“D”开头。

172 他告诉警察“大宝贝”非常不受待见。“他大概哪根筋搭错了，”年轻人说，“实在是太蠢了。”

斯凯格开始说话，这时年轻人突然打断他。“德温！”他仿佛获得胜利般地高喊道，“就是这个名字！德温！”

德温 · 戴维斯，布莱恩特死的时候他只有 16 岁，那时正在青少年营地服役——因为一个月之内两次携带枪支被抓。从警方的记录中很容易就能找到他：被捕不止一次，并且被录入了黑帮数据库，里面有他的照片、个人信息、帮派绰号“大宝贝”以及其他三四个绰号，并记录着此人是“动荡世纪集团瘸帮”成员。

至于有着淡褐色眼睛的“没头脑”就没那么容易被锁定了。斯凯格手头搜集到的情报不足以确定他的真实身份，在所有案件记录中也都找不到符合描述的人。当斯凯格仍在搜查时，接到了治安局主管打黑案件的副局长打来的电话。

副局长的一位“友军”知道“没头脑”的确切身份，他说那人是一名老集团瘸帮成员，肤色较浅，有着绿色眼睛，正被关在监狱里，可这位“友军”也不知道他的真实姓名。

目前这件案子不仅走向良好，而且令办案人员颇有动力。斯凯格和法雷尔两人全力以赴，到 11 月中旬时便带着搜查令到德温 · 戴维斯家里搜查了。斯凯格见到了德温 · 戴维斯的母亲。她名叫桑德拉 · 詹姆斯，心地善良，虔诚，举止得体，也很配合警方的调查。德温 · 戴维斯的母亲告诉斯凯格，她的其他几个成年的孩子都很不错，认真上学，毕业后认真工作；偏偏这个最小的儿子——也就是德温 · 戴维斯——有多动症，为了小儿子的问题她没少操心。

斯凯格在德温 · 戴维斯的卧室里找到了要找的东西：一张便条，上面胡乱写着些颂扬“动荡世纪集团瘸帮”的话语，落款写着“大宝贝”。

他还有另一个发现：一张白色的纸片，上面草草写了个电话号码以及名字——“没头脑”。

如此一来，这两名“动荡世纪集团瘸帮”的人就联系起来了，可这个“没头脑”的身份依旧扑朔迷离。那时斯凯格已确切地知道“没头脑”被安排在监狱的哪个监舍，甚至哪个床位，但却仍然无法从管理监狱的副局长那里得到他的准确身份，并且警方似乎找不 173
到这个人。

斯凯格花了两周时间和县监狱的官员周旋，试图弄清楚“没头脑”的真实身份和确切的关押地点。有一次，他威胁说自己要去监狱一间间查看，可倘若真的要亲自前去找出一名肤色较浅、绿眼睛、有文身的“动荡世纪集团瘸帮”成员，那何其困难。最后，他们给斯凯格回复了一个姓名，说那个肤色较浅的囚犯名叫赖特·劳伦斯。

然而这个姓名没有出现在任何刑事犯罪和刑拘记录里，并且联邦指纹数据库登记的这名囚犯名为“劳伦斯·赖特”。斯凯格因此事大动肝火——官方竟然连这种错误都犯！但他并不吃惊。鉴于犯罪分子频繁使用各种外号、帮派绰号和假名，犯罪分子在押时用的不是真实姓名这种情形斯凯格可没少见。

斯凯格回到自己的电脑前开始重新检索，查找肤色较浅的“动荡世纪集团瘸帮”成员记录和犯罪拘留记录，看能否和一名叫赖特·劳伦斯的囚犯匹配（通过匹配日期、居住地址、逮捕记录等信息）。通过交叉查询几个数据库后，他查出了那人的真实姓名——德里克·斯塔克斯。

斯凯格打电话给县治安局，告知他们在将斯塔克斯收监时登记的名字有误。几个月后，斯凯格查看他们是否已纠正错误。他们并没有。几个月来，斯塔克斯仍然以赖特·劳伦斯这个名字生活在监狱中。

德里克·斯塔克斯，布莱恩特死时他年方 25 岁，是一名“动荡世纪集团瘸帮”成员，前科典型，包括抢劫及入室盗窃未遂。他出生在路易斯安那州，他的家族就来自那里。他的母亲那辈有十个兄弟姐妹，他的母亲是一名房地产经纪人，空闲时经常做义工，尽心帮助那些孩子死于凶杀案的家庭。斯塔克斯有个哥哥，正在上大学，而他则是那个总是麻烦缠身的弟弟。斯塔克斯在世纪大道附近的一个街区长大，十八九岁时加入了“动荡世纪集团瘸帮”。

斯塔克斯目前的牢狱之灾与盗窃罪以及因车祸而违反相关假释 174
条例有关。5 月 15 日，即布莱恩特死后第四天，斯塔克斯开车撞上了一根电线杆，之后他便被逮捕了。逮捕报告显示，斯塔克斯一直开着车，当发生车祸时，他身边有个同伴：一个女孩儿。

那辆车是辆黑色的雪佛兰萨博班。

一辆雪佛兰萨博班和一个女孩儿。最后一处细节可以说是额外收获了：斯凯格一直希望车里有个女孩儿。自从那名坐着轮椅的男子提到“没头脑”和一个“正经女孩儿”在一起后，斯凯格便想过这方面的可能性。出现在帮派成员车里的女孩儿可能成为案件的突破口。她很可能经常被带往各处——即使这没有违背她本人的意愿，她在这个问题上也至少是没有其他选择的；并且女孩儿并不像男孩儿一样受制于帮派中那种无休止的暴力，至少不会被卷入枪袭，因此更容易被控制。

斯凯格当下有的是时间，因为两名嫌疑人都在押——德温 · 戴维斯在青少年营地里，德里克 · 斯塔克斯也被拘留了，他们哪儿都别想去。

逮捕报告上登记的车里的女孩名叫杰西卡 · 贝利。名字也是假的——果然斯凯格又猜对了。而后，斯凯格从机动车档案记录里查到了一个名叫詹妮弗 · 贝利的人，就住在“动荡世纪集团瘸帮”附近，机动车档案记录中有她的住址。

詹妮弗 · 贝利没有犯罪前科，但斯凯格用她的住址在犯罪数据库中交叉查询，最后锁定了另一个名字：杰西卡 · 米德基夫。

杰西卡 · 米德基夫是詹妮弗 · 贝利的外甥女，卖淫前科累累，脖子上有文身。斯凯格调出她的照片：肤色较浅，长相可人，脖子上的文身显眼且花哨。他自顾自地点了点头：“这应该就是我要找的杰西卡了。”

时间来到11月30日，周五，下午3点左右。斯凯格知道接下来的几个小时意味着什么，他想让洛杉矶警察局最好的跟踪小组立即锁定杰西卡·米德基夫，待他从“一堆线索”里头找到其他联系后立马行动。但是，事情并未如他所愿，斯凯格给总部打电话时，这帮人又开始“踢皮球”了。有人告诉他，市中心的特别调查科正给抢劫-杀人调查司办事。斯凯格暗自骂了一句，又给南部分局的
175 跟踪小组打电话，可他们也被派到其他地方去了。因此，斯凯格接下来的几个小时就一直忙着打电话，一通接一通，找人监视并逮捕杰西卡·米德基夫。最后，南部分局的跟踪小组接到任务调整，重新被分派到了斯凯格这里。还是老样子啊，斯凯格想。

这一桩桩、一件件事情都比你想象的更为艰难、更为困苦。

那天晚上，斯凯格一直忙到深夜才回家，并继续等待……

第十六章

目击者

杰西卡·米德基夫脖子一侧的文身是个天使，那个文身面积大 176
得离谱，看着像是要将她的喉咙死死圈住。

斯凯格在 77 街区警察局地下的一间小拘禁室里第一次与米德基夫见面。这名女子只有 22 岁，身形娇小；她的肤色很浅，有着一头棕发，鼻子像洋娃娃的鼻子一般精致；一双栗色眼睛像月牙；下巴微微扬起，黑色的眉毛立体有弧度，修剪得很整齐。米德基夫下身穿着一条灰色的宽松运动裤，上身的衣服却很短、很单薄，在这 12 月的深夜里显得格格不入。女孩脚上没穿鞋，正吓得在那儿小声哽咽抽泣。

当天的早些时候，跟踪小组的人看见米德基夫从屋里出来，紧接着上了一辆车。于是他们尾随那辆车，随后在附近的加油站将其逮捕。斯凯格问她，知不知道自己为什么会被抓进警察局。“我不知道……我发誓……我真的不知道！”她结结巴巴地回答。斯凯格则不紧不慢，神色轻松，仿佛是要和她商量晚饭吃些什么似的。

“既然如此，”他说，“咱俩就得聊聊了。”

米德基夫一听，语速便立马加快了。她心里十分“焦急”，一边抽搭一边忙着解释——这表明她很慌张，有些不知所措——她最
177 近刚从“某个项目”中解脱，一直在努力“好好表现”。“我不打算说谎，我当过好几年妓女，因为这个，我自己去康复中心接受过矫正治疗。”

女孩儿的眼睛瞪得老大，十分害怕这次被逮捕可能会让她重新回到监狱里去。她急切地想让斯凯格感受到自己没有丝毫隐瞒。“我收到了康普顿法院的拘票，一直以来都小心谨慎，避免犯事儿。”她现在十分惊恐，害怕失去女儿的监护权，她说：“这件事对我来说很重要。不管你们想让我做什么，我都会去做！”

情形看起来再好不过了。米德基夫似乎愿意全力配合调查，可斯凯格仍然有所顾虑。面前的这个女孩儿未免表现得过于积极、过分“乖巧”了，他后来这么形容道。米德基夫聚精会神地听他说每个字，泪眼汪汪地看着他，乌黑的睫毛环绕着一双大眼睛，斯凯格本能地觉得她在“演戏”。

斯凯格曾想过米德基夫也许是嫌疑人之一——那个知情的逃跑司机。他也做好了应对一场不配合的讯问的准备。他原本计划将她逼到死角，在逼出一些话来后再将她带往案发现场。斯凯格看过米德基夫那劣迹斑斑的犯罪记录，很显然，她卖淫多年，并接受过不少警察的讯问，因此她今天的“表演”久经打磨。

斯凯格在踏进拘禁室的那一刻便告知米德基夫事态的严峻性：“我们待会儿的谈话非常重要，十分、极其重要。”可现在，面对眼前这个情绪激动、近乎歇斯底里的女孩儿，斯凯格决定暂时改变策略，他对女孩儿说去年 5 月发生了点儿事。“我们俩坐下慢慢聊，别害怕，就你和我两个人，放轻松。”但是一提到 5 月这个时间点，

米德基夫立马开始叽叽喳喳说起她的前男友。“他叫什么名字？”斯凯格问她，语气突然尖锐。

“德里克·斯塔克斯。”米德基夫答道。

斯凯格目前追查的这个案子实际上已演变成重点追击此人。还没等他们坐下，米德基夫嘴里就开始蹦出各种零散的细节。德里克·斯塔克斯显然什么事儿都在她面前提过，女孩儿语速飞快，这里说一点儿，那里说一点儿；斯凯格还没来得及喘口气，她便把自己生活中发生过的一些大事大致说了一遍。

她从前受尽凌虐，活得凄楚辛酸。

德里克·斯塔克斯则是她的施虐方之一。

现在，她努力改变曾经的不堪。“我只想好好振作起来过好 178
一点儿，”她哭着说，“我不知道该怎么办，但我在很努力地尝试改变！”

这听起来也太容易改邪归正了。斯凯格仍然有所疑虑。他让法雷尔先把米德基夫带到楼上的讯问室去，自己则将情况捋一捋。在走进讯问室之后，斯凯格一开口便带着极为严厉的语气。

斯凯格在交叉讯问时并不会采取粗暴的态度，也不会动不动便言语要挟，甚至从来没有扯着嗓子厉声吼过。但是，他自有方法让人感到压迫，并传递出自己的不耐烦和破案的决心。他询问人的姿态暗示着，他悠然自得地将权力掌握在股掌之间，意欲清除一切阻碍。无论是当值查案还是轮休放假，斯凯格都是这副模样：性格平淡随和，但是决不会随意妥协。科里·法雷尔早就发现了这一点，并且认为这种性格使斯凯格与众不同。有的警察认为他们在工作办案时要戴上“人格面具”；而斯凯格在办案时愈发真实。

斯凯格语气严厉，对米德基夫形成了一种威压。他坐得离她很近，语速缓慢，让自己的声音一点点晕开。斯凯格看似漫不经心，告诉她自己是一名刑警，要和她谈些非常重要的麻烦事儿。“你是打算配合，还是打算抵抗？”

“配合。”米德基夫脱口而出。

米德基夫保证会告诉警察想知道的一切。“我对上帝发誓，我知道的都会说出来”，但是“我可不想出庭指认什么人”，她补上一句。

斯凯格还没发问，米德基夫便已撂下话，说自己不会出庭作证。她拒绝的理由很常见：她的外祖父母在这儿有一栋房子，并且没钱搬到别处去。“我知道我自己的生活一团糟，跟错了人。如果要负责的话，我会承担一切后果，可我不希望家里人因为我的愚蠢而遭罪！”她说。

德里克·斯塔克斯之前在监狱里给米德基夫打过电话，她对此相当烦心。她情绪失控，哭着说：“我只想离开这些人，可是我没有办法摆脱他们。”

“但我们有办法。”斯凯格冷静地答道。

这正是关键所在：摆脱某些人。虽然很少有人会这么说，但建
179 立法律体系的一个主要原因就是让特定的一些人从眼前消失。正因如此，警方才会掌握如此庞大的权力。倘若你无法使暴力分子丧失破坏能力，那他们便会继续迫害周围的人，直到有人制止。当暴力分子为所欲为而不受惩罚时，他们便得逞了：主动权会往他们那一方倾斜，而其他人自然被迫遵照他们的意愿行事。

无论多少所谓的“社区”感情或是行动主义都无法消磨这一态势。人们常常武断地下结论，称应对杀人事件的办法就是让所谓的社区“勇敢踏步上前”，但这种心理是扭曲的，百害而无一利。毕竟，柔弱如杰西卡·米德基夫这样的人，如何能指望他们同杀人犯抗衡？他们需要的是人身安全，而不是坚定、高尚的道德。他们需

要某种强大的外力助其横扫恶棍、清理凶徒，这才是刑事司法制度存在的意义。这也是斯凯格那句话的意思，他清楚这一点。

斯凯格开始笼统地说一些事情，语气依旧生硬。这是他的惯用手段，即使是在拖延时间，他的语气也似乎表明他说的话很有深意。他一边唠唠叨叨地说着，一边打量着米德基夫。斯凯格正试图弄清楚她有没有撒谎。

“我们的任务很简单，”斯凯格漫不经心地说道，“我们每次办案都只有一件事要做，那就是找出真相。这虽然听起来很简单，但在我们负责的这片区域很困难，情况就是这样的。有谁受伤了，有谁遇害了，我们出面弄清事情的原委。”

五分钟过去了，十分钟过去了，斯凯格还在兜着圈子说话。就像瑞克·戈登一样，他虽会告诉米德基夫真相，但讲究策略。“我以前没有见过你，我不知道你是不是在演戏，要么便是你真的很容易流眼泪。”他如此说道。

在整个讯问中，米德基夫一直哭个没停，并表明了愿意合作的态度。斯凯格给她拿了一杯水喝，她说自己想要抽根烟，让神经放松一些。于是，斯凯格答应带她出去抽根烟。出去之前他先跟她声明，待会儿回来后，他们会接着聊这件很重要的事；随后，他又抛出几句话来说明目前的情况，但措辞含糊，并不牵扯案情。

为了达到目的，斯凯格似乎总有说不完的套话，他始终没提过
“审讯”这个词，只说“我们要把它放到台面儿上来谈，这是咱们 180
都得面对的事”，要让事情“回到原本的位置上”。

米德基夫不断插话，说起自己的女儿和斯塔克斯。等斯凯格瞅准时机，准备逐步向她宣达米兰达权利时，他的态度也在渐渐转变。尽管米德基夫仍看着像在撒谎，但斯凯格没有看出寻常会出现

的迹象。他有些看不明白她。

斯凯格的语气有所缓和，并且不再赌咒骂人。他许诺要谈谈那个“重大事件”，而不像之前所说的“非常重要的麻烦事儿”。“抬头看着我，”他说，“我们还没决定今晚你究竟会怎么样呢。”斯凯格对她宣读了米兰达权利，像聊天一般不慌不忙，读完后便进入了正题。

然而，当斯凯格说出“发生在西大街的枪击”的字眼时，米德基夫似乎一脸疑惑，她不知道他说的是哪件事。

“西大街？”她问。米德基夫本以为斯凯格准备问的是斯塔克斯开着他母亲的雪佛兰萨博班撞上电线杆之后被抓的事，但事发地并不在西大街啊。斯塔克斯之所以撞上电线杆是因为两辆车之间发生了枪战，尽管当时警方的报告并未显示这一点，但那时候的事情她可都记得一清二楚。因而此刻，米德基夫有些茫然。于是，斯凯格说得更明白了些，让她回想 5 月 11 日那天发生的事。

米德基夫犹豫了，眼里顿时噙满泪水。“我不想说谎，”她低声说道，“可要是说了实话他们会杀了我全家！”

“我答应你，我们绝不会对你的家人不管不顾。”斯凯格保证。

米德基夫仅仅犹豫了片刻便开口说话：“当时我想开他的车，我很想开他那辆该死的车……”沉浸在往事中，米德基夫突然苦笑了一声。

她笑起来的时候，双颊上会露出浅浅的酒窝。

自斯凯格和米德基夫两人见面至此已经过了半个多小时，这段时间里两人有一搭没一搭地谈着，直到现在斯凯格才正式开始问话。

她说，布莱恩特·特内勒死亡当天，米德基夫和斯塔克斯都在那辆雪佛兰萨博班里。他们还载着两个有着深色皮肤的年轻男孩。

其中一人后来她认出是德温·戴维斯；但另外一人她不认识，这第 181
四人的身份至今尚未被辨识出来。

他们往北出发，前往“80 街”，途中斯塔克斯把一把枪递给男孩中的一人，两个男孩跳下车后走到一处街角，之后米德基夫便听到了枪响。车门打开了，那两个男孩跳上后座，斯塔克斯则一把拽起米德基夫，从自己腿上撂过去，顺势把她推到副驾驶座上，自己握着方向盘开始开车。一行人就这样发动汽车，绝尘而去。“是我开的枪，兄弟们！”德温·戴维斯得意地大喊。

斯凯格不想遗漏每一处细节。然而过于迫切并非良策，在技术上是个大忌。在事情发展得如火如荼之时突然刹车、放缓步伐的这种掌控力，让内森·库里对他的这位“导师”非常钦佩。在他看来，正是这点印证了斯凯格作为一名讯问大师的身份。“我们这些新手往往想步步紧逼、一招致命。”他说，但斯凯格不会那么轻易地情绪激动。当米德基夫说完一遍后，斯凯格暂停了一会儿。他离开讯问室，让先前找来预备搜查的警察们先行解散——已经不必劳烦他们了。

虽然杰西卡·米德基夫出生于洛杉矶的天使女王医院，但她的家族来自得克萨斯州和亚拉巴马州。米德基夫是混血儿，有一半黑人血统，一半白人血统。她的父亲属于少数的白人贫民，直到 20 世纪 80 年代末仍居住在洛杉矶的南中央一代。然而，就像大多数和她境况类似的混血儿一样，米德基夫把自己归入黑人一边。

米德基夫很小的时候她的父母便离婚了。她说自己有个残暴无良的继父，曾对其多次施暴。米德基夫 11 岁时便为了获得现金、食物和衣物给人口交，14 岁时便在车里做起了应召女郎。

诸如米德基夫这样的妓女实为奴隶，但她们倾向于把自己的生活描述得更有能动性。米德基夫把她这么多年来遇上的形形色色的皮条客称作“男友”，他们一个比一个坏。在她看来，有的男人可能“有点皮条客的样子”。她碰上的皮条客里有纯粹的，把她和一帮妓女关在一起，然后搜刮她赚来的每一分钱。她也有过像德里克·斯塔克斯这样的男友，两人是一对儿，但他也会偶尔让她“伺候”别人。

182 米德基夫还在华盛顿高中上学的时候便遇见了自己女儿的生父，是他让米德基夫怀上了孩子。不过，那个男人是她生命中少见的好男人，既没有暴力虐待她，也不会利用她的身体赚钱。可是，米德基夫说，当那个男人的兄弟被人杀害之后，他便加入了某个帮派，最终落得锒铛入狱。

未及成年，米德基夫便作为妓女四处奔波流离：她曾在洛杉矶、怀俄明州的里弗赛德、拉斯维加斯，以及亚利桑那州的部分地区工作过。在日落大道工作时，她每隔 10 分钟便要在车里“服务”一次——口交收费 50 美元，性交收费 100 美元，两项服务都提供则收费 150 美元。她还曾受雇于一名职业足球运动员，在通宵聚会上提供服务，收益颇丰，有一回一次性赚了 850 美元。她还在菲格罗阿街工作过，那里对妓女来说是一处相当危险的交易地。这条街一直往南延伸至港口高速公路，杀人案时有发生，妓女只有穷困潦倒、无路可走时才会上那儿接客。多年后，一想到那个地方，米德基夫都会感到不寒而栗。“我恨菲格罗阿。”她说。

在此期间，她时不时会回趟家。她的外祖父和外祖母仍然过着安稳的生活，深居简出。她的母亲则在抚养她的小女儿。有一次，她报名入学继续学习，并为自己当选为班级助理而感到自豪。可总有男人来找她。她曾有过许多男友（兼皮条客），遭到多次殴打，被卷入不少女孩儿间的摩擦，几次被人强奸，还数次因轻罪被逮捕。可以说卖淫的那些年起起落落、千变万化，万般情形只有她自已清楚。

多年来，米德基夫通常白天睡觉，晚上醒着，时光尽在共享汽车旅馆或逃窜中流转消逝，即便与人有过深厚羁绊也往往不欢而散。米德基夫 21 岁时还从未有过正式工作，不怎么识字，也不懂得如何成熟地处理人际关系，张弛有度；她敏感脆弱，且常常莫名地发火；她也经常同其他女人发生争执。不仅如此，米德基夫患有严重的创伤后应激障碍，时时可能焦虑。她说，过去的种种常常在不经意间猛然来袭，仿佛在眼前重演一遍，那种痛楚堪比分娩之痛。

一天晚上，有人开车将米德基夫扔在林肯大道，那里是另一处只有走投无路才会去的露天市场，她那时已穷途末路。于是，她请求一位店主施舍点零钱让她能用一下付费电话；那名男子给了她六七十美元，并开车送了她一程。那是她第一次得到帮助而援手之人不求任何回报。在那人的帮助下，她与母亲团聚，母亲收留了 183
她。不久之后，米德基夫参加了圣费尔南多山谷的一个项目，名为“抹大拉的玛利亚”，那是个专注于矫正卖淫的寄宿制慈善项目，类似于帮助戒除毒瘾的项目。米德基夫很喜欢那个项目，可惜她在和另一个女人打架后被开除了。

米德基夫回到了住在南中央的母亲家，就位于“动荡世纪集团瘸帮”势力范围附近。她一如既往地吸引男性注意。一日，米德基夫从西大街与帝国大道交界处的一家美甲店出来之后，在走路回外祖父母家的路上碰见一个认识的混混，名叫“扑通”，与他同行的男子肤色较浅，肩膀宽阔，嘴唇状似爱神丘比特的弓——他就是德里克 · 斯塔克斯，那年 4 月刚出监狱。

三人聊了起来。这时，一辆县治安官的巡逻车飞奔而来，治安官给三人戴上手铐并对他们进行了搜身。之后，治安官放了米德基夫，但是将两名男子摁进了警车，这时两人还跟治安官开玩笑说：“你们搅了我们的好事儿。”

德里克·斯塔克斯三天后又回来找米德基夫继续“他的好事儿”，那天她正步行去一家商店。米德基夫不太情愿地把自己的电话号码给了斯塔克斯。“你总不能真连电话号码都不给，因为你自己也不知道他们会做出什么事儿来。”米德基夫后来这么告诉斯凯格。她习惯了浪漫关系中伴随着致命的恐惧，只是她很少考虑这些。但不久之后，她便“勾搭上”了斯塔克斯。

米德基夫的故事在南部地区的妓女中非常常见，它听起来并不纯洁，充满戏剧性而又单调乏味。这些故事似乎以相同的方式开始——少年时遭强暴或遇骚扰；而又以相同的方式结尾——长大后卖淫，为满足毒瘾而不得不接受愈渐低廉的性交易。而故事线的尽头，是一个个满面愁苦、牙齿脱落、无家可归的女人漫无目的地徘徊在大街上，在巷子里提供性服务。

而米德基夫在某些方面同其他妓女并不一样，斯凯格慢慢地看出了这一点。首先，米德基夫不是瘾君子，尽管她烟瘾很重且酗酒成性，但是通过几个小时的观察，斯凯格确定她并没有长期吸食可卡因或冰毒。其次，尽管缺乏正规教育，但眼前的这个女孩儿看起来很聪明。“我能感觉出来你并没有恶意。”讯问期间她曾对斯凯格说过这么一句话。最后，她的记忆力极佳。

184 然而斯凯格并没有意识到，米德基夫实际上正处在人生道路上少有的十字路口。她字字句句皆为事实：她真心求变，只是不知如何开始。对她而言，现实中不存在童话故事里的结局，但此次讯问却是个转折点，它将改变两人今后所有的一切。

“四级警报！”

第十六章　目击者

中途休息期间，斯凯格回了趟办公室，用手机给局里的一位同事打电话，他的语气总算轻松了。挂断电话后，他便查看身边的同事们的准备工作进展如何。其中一人正在准备男子的照片，他将照片一排一排地摆放，以供米德基夫辨认嫌疑人；另一人则正准备带米德基夫去吸烟区吸烟。

普里多也逗留在那儿，一直都在后头静静地等着，在斯凯格和米德基夫谈话期间忍受着一阵一阵的焦虑。此时此刻，普里多很清楚自己当初选择让斯凯格来负责这个案子没错；他将注意力放在眼前这名身材高大的警探身上，等着他把案子打开豁口。

“约翰，要来点什么吗？”普里多忍不住开口问道，尽量放松语气，但他的声音里带着一丝敬意。任谁听了这句话都会以为斯凯格是上级长官，而不是普里多。

“不必了，警督。”斯凯格回答。确保米德基夫配合调查是解决这起案件的关键，斯凯格知道自己到了重要关头。

刑侦队里几乎没有什么庆功活动。即使是拉巴贝拉和他手下那些总被人说行为不妥、不尊重他人的警探们，破获案件后一般也不会彼此欢呼或表现得喜气洋洋。然而，这些人很喜欢恶作剧和黑色幽默，每年圣诞节，他们都会弄张吓人的凶杀主题圣诞贺卡，比如，上面印着圣诞老人死亡的伪造的案发现场。但是，日复一日，刑侦队内的气氛一直都愁云笼罩，他们的职业注定他们没法有什么欢乐。警探们在见过嫌疑人、目击者和幸存者后，无论讯问进行得多么顺利，走出讯问室时都是一副忧郁而疲倦的神态。即使是极富戏剧性的调查获得胜利，伴随而来的依旧是一脸肃穆。这不是什么装腔作势，而是对从那个“怪物”身上生发而出的痛苦阴云的自然反应。

警察绝不会因破获一起案件便心生欢喜，完成任务的感觉永远 185

无法减轻案子本身的阴郁。无论警探们如何补救，布莱恩特之死对参与本案调查的人而言始终都是一种心病，他们的心中始终充斥着一种无法言说的伤感，这一点永远无法改变。

因此，即使普里多为这一刻等了好几周——一直静静等候斯凯格面带功成之色从讯问室出来——他也只用了几个字来表达他当时的感情：

“干得漂亮。”普里多喃喃地说道。

斯凯格下意识地配合普里多放低声音。

“是啊，”斯凯格应道，并点了点头说，“总算水落石出了。”

在那之前，斯凯格从未对此案的柳暗花明表现出任何情绪波动，但普里多的那句话里隐隐的敬意似乎让他卸下了防备。

斯凯格微微叹了口气，咕哝着重复了一遍刚才他说过的那句话，似乎是在让自己安心一般：“总算水落石出了。”

夜晚仍在继续。斯凯格问了米德基夫很多细节问题，然后开车带她看了案发现场，之后又到她母亲家里进行了一番搜查。此时，斯凯格越来越肯定米德基夫没有说谎。只不过对于七个月前发生的事，米德基夫竟连先后顺序都记得十分清楚，这着实让斯凯格吃了一惊。斯凯格对她进行过考验，假装自己不知道某些细节，然后让米德基夫补全这些细节信息；他还谎称另一名当时在车里的人说的证词和她说的不一致，想看看她是否会临时改口。

但米德基夫毫不动摇，对自己描述的案情异常坚定。虽然刚开始米德基夫情绪崩溃，在恐慌的驱使下泪流不止，但当情绪稳定后，她便逐一回答问题，语调平淡且带着一丝伤感。

米德基夫把知道的一切和盘托出，斯凯格找不到任何纰漏。她所说的对应得上警方已知的一切，包括那辆雪佛兰萨博班开往什么地方、停在哪儿，开枪人穿什么样的衣服，枪型以及枪响了几声。

最后，斯凯格试图指责她没说实话，而米德基夫哭了，说道：“什么？”但她依旧没有改变供词。

斯凯格在办案生涯中遇到过不少和米德基夫拥有相似遭遇的 186
人。妓女往往是街头背景下最为棘手的群体，她们的过往种种无处可查，而且她们往往并不可靠。但后来，斯凯格说在他曾经询问过的杀人案目击者里头，杰西卡·米德基夫是唯一一个不论是在调查阶段还是在审判阶段，描述的证词都没有分毫改变的人——即便有也没人察觉到。

虽然同斯凯格的预料大相径庭，但瑞克·戈登的笃定之事得到了证实。那就是这个战战兢兢的年轻妓女看似忸怩作态，且文着天使文身、赤着双脚，但却会是斯凯格所负责的这个案子的最佳目击者。

夜晚的时间一点点流逝，斯凯格从米德基夫一开始说的大致情节中慢慢套出细枝末节，得到了较为完整的案情始末。米德基夫说，在布莱恩特被杀的前一晚，她和德里克·斯塔克斯在世纪大道一家名为“沙漠旅馆”的汽车旅馆里一起过夜，因为两人都没有自己的公寓。他们每周至少有四天住在便宜的汽车旅馆里，睡得很晚，然后不知不觉又开始第二天的活动——常常是和斯塔克斯的那群“动荡世纪集团瘸帮”的朋友一起闲逛。她告诉斯凯格，帮派成员们“经常出门喝酒和开派对，这就是他们做的事”。

那天，米德基夫想开斯塔克斯的那辆黑色的雪佛兰萨博班，她不确定具体出发时间，但她知道肯定不是早上，因为两人早上都起不来。米德基夫正开车时，斯塔克斯接了通电话，之后他便让米德基夫开车去 111 街的一处接两个熟人——他们身穿黑色连帽衫。德温·戴维斯看起来“既兴奋又有些焦躁”，她说。米德基夫认为他有心理问题，但她没有仔细看。“斯塔克斯不让我盯着他朋友看太久，”她对斯凯格解释道，“他会找我麻烦，比如说：‘你想跟我兄弟上床吗？’”

当坐在车里时，戴维斯出言嘲讽后座上那个不怎么出声的年轻人。“你哪里有点瘸帮成员的样子，”他讥讽道，“你小子连个纯爷们儿都不算，你还没准备好上场！”斯塔克斯的车载音响一直循环播放一首“瘸帮”的歌。戴维斯告诉米德基夫要去哪儿，他们行驶在一条小街上，斯塔克斯关上了音乐。

戴维斯让米德基夫停车，可她知道自己不能听从别的男人说的话，于是她等斯塔克斯发话后才停了车。戴维斯说：“我要下去了结点事儿。”

187 米德基夫转过身，看到他调整了一下腰带上挂着的一把手枪，而后两个年轻人便跳下了车。她看着他们溜进东边的街道，然后便看不见了。米德基夫和斯塔克斯坐在车的前排，她本以为这只是一次寻常的外出游玩；以为他要给两个年轻人搜罗几个女孩子，弄点大麻，或是给他们买点酒喝。可如今瞥见枪后，米德基夫心里一紧。“你把我掺和进什么事儿啦？”她问。“我没把你掺和进任何事儿！”斯塔克斯厉声回答。

米德基夫求他让自己回去，之后，透过紧闭的车窗，米德基夫便听见枪声——砰……砰、砰！

两人一跳上车，戴维斯就叫嚷着：“开车！快开车！”当斯塔克斯把米德基夫拽到副驾驶座上后，戴维斯便开始“洋洋自得”地炫耀起来。“我成功了！”他说。斯塔克斯让他闭嘴并把音响音量调高。当晚，米德基夫和斯塔克斯两人还住在汽车旅馆。几天后，米德基夫又和斯塔克斯开着那辆雪佛兰萨博班外出，但80街附近的敌对帮派发现了两人，于是他们追赶两人，伺机报复。斯塔克斯随后开车撞上了电线杆并被逮捕。当加利福尼亚州公路巡警做笔录时，米德基夫用了她姨妈的姓氏。

米德基夫表示，自己只是机械地服从斯塔克斯。米德基夫说，斯塔克斯并不信任她，也不会把自己的计划告诉她；他只要米德基夫无条件服从，并且通常威胁如果不听话便会动手打她，以此达到自己的目的，而米德基夫知道他孔武有力。“基本上他怎么说，我怎么做，”米德基夫对斯凯格说，“他的块头比我大太多。有一次，他掐着我的脖子，我喘不过气来，差点晕死过去……我不会坐在那里说，好吧，我们到底要去哪个鬼地方？每次只要嘴上能回击，我都会抓住机会怼回去。我也会反抗，可他毕竟是个男人，而我只是个弱女子。”

米德基夫只有 1.55 米高，体重也只有 51 千克；而斯塔克斯虽然中等身高，但体格庞大，身形壮硕，并且双肩宽厚，还踢过足球。米德基夫不知道他们要用枪杀人，可就算她知道，“我也不会问，因为我可不想问。况且我知道要杀的估计也不是什么好东西。我不想被他揍一顿”。

米德基夫称自己并不知道有人死了，斯凯格就这一点一再逼问她，最终相信她确实不知情。

在洛杉矶南部，有大量的枪击案发生，它们很少会被人们记 188
住。因此，5 月 11 日发生的事件对米德基夫来说并不特别，因为她以为那次的事就像“通常”发生的枪击案一样，正如她说的那样，“时有”发生。

“我听到枪响了，”她对斯凯格说，“但是人们一般放好几枪却并不会真的打中人，尤其是帮派的混混。”

坐着轮椅的男子曾对戈登和斯凯格说过，跟“没头脑”在一起的是个“正经女孩儿”，但显然从传统意义上来看，她并不是。然而，米德基夫没有加入帮派，斯塔克斯视其为“薄弱的一环”，他让戴维斯闭嘴也是因为不想让米德基夫知道之前发生的事儿。正如米德基夫所说的那样，斯塔克斯并不信任她。

不过，斯塔克斯不信任她确实没错。

米德基夫不欲害人性命，当斯凯格告知她布莱恩特·特内勒的死讯时，她又控制不住落泪了。“我心里很难过，”她说，“不该这样做。我能想象要是我被人杀了我妈会有多伤心。要是我女儿被人杀了，我一定会疯的。”

最后，斯凯格请她出庭作证。“我根本不在乎自己会怎么样了，我答应你。”米德基夫说。而后她又开始哭泣起来，担心她的家人会被人杀害。“他们会杀了我全家的！”她哭着对斯凯格说道。

斯凯格告诉米德基夫，如果是他身处这样的处境，也难免害怕。

第十七章

“大宝贝”

德温·戴维斯于 2008 年年初前几周便满 17 岁了。他长得颇有 189
些别扭：大大的脑袋，圆圆的脸颊，高高的颧骨，一双棕色的眼睛圆滚滚的。戴维斯不仅受多动症的摧残，而且患有高血压——这类在青少年群体中极为罕见的疾病在南中央却并不稀奇。在几个月前的一场枪战中，戴维斯被子弹击中，导致手腕受伤。

戴维斯似乎总是急于搜罗噱头以博大家一笑，这展露出他内心的不安——他生怕大家插科打诨不带他一起。然而，这个男孩儿性格并不开朗，眼里还透着几分哀怨。他性情容易急躁，看起来也是一副闷闷不乐的样子。

当那名缓刑犯第一次告诉斯凯格戴维斯的绰号叫“大宝贝”时，斯凯格便颇为肯定戴维斯就是杀害布莱恩特的凶手；之后，米德基夫指认了戴维斯的照片，认出他就是那个坐在雪佛兰萨博班后座上的“疯小子”，如此，斯凯格便确信是他了。于是斯凯格打算去找戴维斯，主动出击，就像平常一样，尽可能直线进攻。

戴维斯本已被关押在监狱，这就让斯凯格有时间做准备。斯凯格希望在各方面都占据有利条件。毕竟，对德温·戴维斯的审问将是破获这一要案的节骨眼；这次审问也将是斯凯格整个职业生涯的关键时刻。

斯凯格明确知晓自己想从戴维斯那儿得到什么——坦白交代。
190 斯凯格的脑海里已经构建出本案的大致框架，基于坐着轮椅的男子、缓刑犯以及米德基夫的描述，以及所掌握的一些证据。但是，他知道，如果犯罪嫌疑人坦白了的话，这个案子便板上钉钉了。

斯凯格此前曾审问过数百名杀人案嫌疑人，其中坦白交代或至少部分交代的人数着实惊人，而这不完全归功于斯凯格本人的才能，因为在那些发生在贫民区的案件中，犯罪嫌疑人认罪非常普遍。萨尔·拉巴贝拉坚持说，在他办过的所有案件里，基本上都能审出些什么——并不一定是在实际审讯中，而是在其间漫长的等待中得到供认的：比如吃饭的时候或等待被逮捕的时候，年轻人几乎总会泄露点什么。在帮派案件中，犯罪嫌疑人向律师咨询自己权利的情况相对较少。

斯凯格其实并不理解为什么犯罪嫌疑人会交代自己的罪行。而拉巴贝拉认为任何人——包括杀人犯——都会受到情感的驱动，因而他对此有一番见解：犯罪嫌疑人往往由于负罪感而招供。他说，杀人必然会导致沉重的心理负荷；下手的人除非极度冷酷无情，否则都将被这种心理负荷击溃。别的警探也有类似的想法，比如上一辈人布伦特·约瑟夫森——一名在处理贫民区案件上颇有经验的警察，他还记得在凶杀案高发年份发生的一件令他难以释怀的事。那是一起发生在公园的械斗杀人案，案发之后，证据被消灭，也没有目击者。于是约瑟夫森就那样站在现场，感到非常无助，以为自己当真破案无望。这时，他注意到稍远处有个瘦得皮包骨头的拉美裔年轻人，便招呼了一声，思忖着这孩子可能知道些什么。令人意想不到的是，这名年轻人耷拉着脑袋，拖着脚步走了过来。“你抓到我了。”他对约瑟夫森说道，紧接着便开始坦白他杀人的事儿。站在公园的另一头的警探像幽灵一样向他招手示意他过去，年轻人显然畏惧不已——那就像是上帝在召唤他。

而在斯凯格看来，无论坦白交代有多常见，都不能指望轻易达
成。很多帮派成员在审讯方面经验老到，他们知道警察的手段。特
别是有些上了年纪的犯罪嫌疑人，他们的经验往往比南洛杉矶警察
局的那些年轻警察更胜一筹。这些犯罪嫌疑人非常狡猾，而且应对
有度；就如同警察一般，说起假话来头头是道。因此，尽管有些犯 191
罪嫌疑人拒绝谈话，或在讯问中途便获得保释，但更为常见的情况
是你来我往、针锋相对：犯罪嫌疑人通过给警察透露一点情报来看
看警察已经知道了什么。

这种方法并不像看起来那样不合理，因为在律师不在场的情况下，帮派犯罪嫌疑人不仅可以借此一窥警方在算计些什么，还可以借此了解街头的情况。要是你的兄弟已经把你出卖了，你会想掌握这一情况；要是你先供出对方对自己有利，你也会想知道这一点。警察只不过是他们算计的一部分，帮派犯罪嫌疑人对审讯的积极态度再次展现出这些男子是如何游走在两种法律架构（即正式的和非正式的法律架构）之间的。他们不得不权衡两种架构，而在洛杉矶警察局的审讯室，他们有空间琢磨自己的选择——用一种架构对抗另一种架构。

犯罪嫌疑人甘愿接受审讯也许还有另一层原因：他们觉得审讯很有意思。如果十分感兴趣，那么很少有人能一直憋着，死活不开口聊聊。由于上述种种原因，犯罪嫌疑人往往会开口谈一谈。在斯凯格那个年代，南部地区警察局对杀人案的审讯往往不似旧洛杉矶

警察局那般只会野蛮地恐吓——他们有时候甚至可以算得上推心置腹了。但是，审讯从本质上来说还是变化莫测的猫鼠游戏，老鼠和猫一样好奇不已。斯凯格心下揣度戴维斯会同意简单谈几句，可单单这样并不意味着他能从中得到想知道的情报。

2 月 14 日下午，科里 · 法雷尔和一名年轻警探文斯 · 卡雷昂一同前往戴维斯所在的挑战者青少年营地，那里位于洛杉矶县北部羚羊谷的莫哈韦沙漠附近，两人开车押送他穿过沙漠回到 77 街区警察局。一路上，戴维斯的双手放在身前，用手铐铐着。

当他们到达之后，斯凯格将戴维斯打量了一番：身穿蓝色连衣裤，头发乱糟糟的，一副典型的长时间被关在监狱里没理发的年轻男子的模样；肤色很深，正如米德基夫记得的那样；看起来十分急躁不安，因为，法雷尔什么也没告诉他。

斯凯格希望在审讯一开始便锁定对戴维斯的优势。为此，他还
192 想了几个主意，包括：开车带他经过案发现场；暗示他警方掌握了某些证据——实际上并没有，比如，斯凯格声称警方手上有一段监控摄像头拍到的视频画面。斯凯格后来说，他的目的“不过是吓唬吓唬他罢了”。此外，斯凯格还希望探一探戴维斯性情如何。通过刺激戴维斯看他会做何反应，斯凯格想弄清戴维斯的精神状态，从中推断出此人情感上的弱点并以此作为审讯的突破口。

当他们驱车前往案发现场时，斯凯格研究着眼前的这名少年。戴维斯看起来没有实际年龄成熟，给人的印象是这人有精神缺陷或社交障碍之类的问题。“确实有点古怪。”斯凯格想。那名年轻的缓刑犯曾提到过戴维斯交不到什么朋友，这样一看就不难明白了。如果戴维斯只是其他地方的一名普通高中生，那么他可能只是一个不合群的人；但斯凯格认为戴维斯“有点固执，而不只是有点木讷”，他的“神情说明一切”。在斯凯格看来，嫌疑人也有分类：有的非

常暴力，有的则不太暴力，还有的并不习惯于暴力以至于之后内心摇摆不定。斯凯格曾接触过的嫌疑人里便有那种一坐下就开始絮絮叨叨，为自己开脱，把朋友“往前推”的；可戴维斯表现出的沉着冷静预示着他并不会轻易崩溃。

之后他们便回到局里，爬后方的楼梯进入一间讯问室。斯凯格递给戴维斯一听汽水，问他要不要吃午饭，戴维斯回答说不想吃，那时正好下午两点半。

多年来，在这间有着罐装汽水、不配套的各式椅子以及泡沫塑料杯子的狭窄房间里，斯凯格进行了无数次讯问。他摸爬滚打，依靠一遍遍重复积累经验。斯凯格骂脏话的次数相对较少，他往往保持冷静。

最重要的是，斯凯格力求确保嫌疑人的状态适合谈话——倘若他们愿意说实话，便再好不过了。除此之外，纯粹就是即兴创作了。因而，审讯的人员必须保证思维敏捷、反应灵活，即使“看穿”嫌疑人的心思也不能显山露水，还需随着形势变幻随时改变战术。

而有时，斯凯格试图击溃犯罪嫌疑人的心理防线，还有的时候，他会设法使犯罪嫌疑人自我膨胀。偶尔，斯凯格言辞略带羞辱，比如：“你是因为心理有毛病才嗑药的吧？”此时，犯罪嫌疑人便会赶忙替自己辩解。偶尔，斯凯格会说些奉承的话，比如：“真是活见鬼！最近混得怎么样？我可在街头听过你的大名！”此
时，犯罪嫌疑人便会自我膨胀，然后便开始自吹自擂。斯凯格最喜 193
欢用的一个方法是表现出一副心不在焉或乏味无聊的样子，他知道犯罪嫌疑人迫切希望得到回应。

斯凯格和法雷尔走出讯问室，来到过道，让戴维斯在里头单独待一会儿。斯凯格也没了主意，不知接下来该如何继续，但他的举

止与平常无异，因而法雷尔并没有看出什么端倪。斯凯格看起来就像准备着手开展周末活动一样，神色轻快。

斯凯格在备好录音带后再看了看日期和时间，然后便和法雷尔回到了讯问室。斯凯格没有坐在戴维斯对面，而是和戴维斯坐在同一侧。他拉了把椅子过去，和戴维斯靠得很近，两人的膝盖都快挨上了。斯凯格在审讯犯罪嫌疑人时常常这样坐，当然他无意以此威慑，可却也侵犯了戴维斯的私人空间——这种微妙的破坏令一旁的年轻人有些不安。

斯凯格开始说话了，语气温和、理性。“好了，德温，”他说，“我们就在这儿解决问题吧，好吗？”

轻松随意、有条不紊，又夹杂着一丝遗憾的意味，仿佛是两个朋友坐下来解决发生的不快。

戴维斯准备就绪，进入防守状态，他的坐姿暗示着他不合作的态度——瘫靠在椅子上，情绪低落，一脸严肃。“我希望你说话的时候大点儿声，不然听不清楚你在说些什么。”斯凯格说道，先设定好标准。接着，他又让戴维斯把腰杆子挺直了。“放尊重点……咱们互相尊重……你要是坐直了，我就能明白你的确在认真地听我讲话，听明白了吗？”临了一句，语调明快而活泼。

戴维斯在椅子上挪了挪身子，喃喃地表示同意。“好，长官……好，长官。”他恹恹地说着。这是典型的帮派成员与警察之间的互动：装作彬彬有礼，频繁地使用礼貌性称呼，以及刻意强调“尊重”。在美国，除军队以外，也许只有在社区才会在谈话中听到一口一个“长官”吧——很显然，戴维斯曾和不少警察交谈过。

斯凯格继续说着，简单明了：“我是约翰·斯凯格，他是我的搭档科里·法雷尔，我们俩负责调查杀人案，你知道这话什么意思吗？”

“不知道。”戴维斯回答。“杀人案的侦查人员负责调查被杀之人的死因，”斯凯格如实解释，“不是被子弹打伤，不是遇到突然袭 194
击，也不是碰上抢劫；如果谁在街上被杀了，有人会报警，我们就会开工。”

斯凯格发动进攻，开始漫无目的地谈查案的事儿。他从查案开始讲起，中途跳到别的问题上去了，然后又绕回来接着讲。虽然他暗示戴维斯接下来的谈话非常重要，但他没有直接说正事儿，而是深入谈话原则问题，称自己希望打开天窗说亮话。接着，斯凯格又绕到了别的问题上去。他保证会说到点子上，可实际上并没有。他说话的时候不时地清一清嗓子：“你在听我说话吗？”“听着！”“我们会说到那件事的！”但他从未在真正意义上谈到任何实际的点。斯凯格表现出的每个姿势、每处语调变化都是在让戴维斯确信他思路清晰，不拐弯抹角，但他说的那些话却不着边际而又令人困惑。

这种方式虽容易令人生气，但却效果显著；这些年来，这一技巧没少帮斯凯格的忙。一般来说，斯凯格可不是那种拖拖拉拉的人，他从来不会兜圈子；可在审讯中，兜圈子则是他的不二利器。

“当调查一桩谋杀案的时候，你的名字出现了，”斯凯格沉重地对戴维斯说，“你想赖也赖不掉。”他顿了顿，让他那番话的字面意思慢慢沉淀。而后，斯凯格并没有果断出击，而是绕了一圈，又不停地啰唆摄像头和它拍下的视频，以及视频的清晰度问题。

然后，斯凯格总算说正题了：“所以呢，事情就是这样的。去年 5 月，听清楚了没？你分得清一年有几个月吧？”戴维斯默不作声。“差不多是冬天快过去，天气渐渐好起来的时候……”于是，斯凯格又就天气说了一通。

戴维斯长舒一口气。“一伙人聚在一起……”斯凯格还在说，语气和刚才讲述5月晴朗的天气一样。而这时戴维斯插了句话：“我可以动一动腿吗？”他这是在抗议斯凯格的膝盖干扰了他的舒适区。

斯凯格显得和蔼可亲。“你随意啊，放哪儿都行，别踢到我就成！”他说道。戴维斯一边重重地挪了挪身子，斯凯格一边继续讲。“我会让你有机会说一说你的想法，”斯凯格说，“但是再给我五分钟时间。”斯凯格朝手上拿的那沓厚厚的案件记录点了点头，然后说：“这就是今天我要跟你聊的事情。”接着，他又说起别的事
195 情。最后，他颇像学院派一样语速飞快地把话题转回查案。他把问题提出来，好像是在希望戴维斯能帮他解决似的。

“我知道的就是一辆黑色的雪佛兰萨博班开到圣安德鲁斯街，一个家伙下了车，把另一个家伙杀了，听清了吗？”他说，“你也出现在那段监控里。还不止这些，我们已经找到那辆雪佛兰萨博班并把它扣下了。我会给你看那车的照片，我会把该给你看的全都给你看，免得你以为我在胡说八道。”

此处，戴维斯再次打断斯凯格的话，由于某种原因出言反驳，但他并不是在辩解自己没有杀人，而是在反驳斯凯格刚才说他不相信他们手上有监控。“我没有在挑刺，我有在认真听！”戴维斯高声说道，语气里有些愤愤不平。

于是斯凯格接着说，这回换了一副安抚的语气：“虽然咱们都听说过有些警察会使诈或者怎么样，但我只想跟你明明白白地聊。”

戴维斯不停地强调自己没有“挑刺”——用他自己的话说。斯凯格设法让他平静下来，然后说道：“这件事情很严肃，这也是唯一的一次机会，能和我们这对负责调查这起案子的人聊一聊。”

“我能问个问题吗？”戴维斯问道。

“那自然！”斯凯格语调轻快。

第十七章　“大宝贝”

“这件事不会影响我在营地里面待的时间吧？”

戴维斯一下午都在不停地问与此相关的问题，不停地变着法儿问。“你这问题真可笑。”斯凯格生气地回答，戴维斯也不高兴了，咕哝着反驳他。斯凯格提了提嗓门：“你听着！”

“我们现在要谈的就是这个问题，”等戴维斯重新集中注意力后斯凯格说道，“我们现在就是要谈一谈你的未来。所以，待会儿到这一部分的时候自然会告诉你。”

这时戴维斯有点呜咽了，斯凯格斥责他“拿出点儿男人的样子来”。而后斯凯格的语气稍微缓和了些，并保证说马上就会回答他担心的事。然后，斯凯格再次提及之前提过的重要谈话。

“我们想知道你是怎么想的，你是说实话还是怎样，”斯凯格说，“我们会弄清楚的。”

于是斯凯格又回到之前温和而正式的语气，假装直来直去，实 196
则在使障眼法。他对戴维斯说，有人“把他捅了出来”，并说出了他的帮派绰号“大宝贝”。

“我不是什么‘大宝贝’。”戴维斯辩解，有些吞吞吐吐地。“好好好，我们待会儿再细说。”斯凯格回应他。斯凯格总是承诺，但从没真正兑现。

戴维斯开始有些急躁了。“你就实话告诉我吧，”他恳求，“你说过你不会兜圈子的，那你全都告诉我呀！”

“自然会告诉你啊！”斯凯格爽朗而热心地回答道。

然后斯凯格又回到令他困惑的问题上。他提到斯塔克斯，说他是个“婊子”。戴维斯以为斯凯格在说一个女子——即使是成天混迹街头的人也可能一时弄混街头俚语。于是，斯凯格指出斯塔克斯是个男的，他那样说的意思是斯塔克斯没几下便情绪失控了。戴维斯听后哈哈大笑。

斯凯格还说他们在戴维斯的卧室里发现了一张纸条，上面有斯塔克斯的电话号码。戴维斯一定要看看那张纸条。

斯凯格如他所愿，把档案翻到那一页。“这样你就知道眼下的情况了。”他说。戴维斯看了一眼后立马改了口。“我认识这个人。”他连忙说。“我不会对你们撒谎……我是个老实人。”戴维斯说道。

在接下来的几分钟里，斯凯格选择性地让戴维斯看了几页档案，以此编造出自己对他推心置腹的假象。他给戴维斯看了一封信——戴维斯在信里说自己是“111集团瘸帮”的人。“但是，我被他们赶出来了。”戴维斯辩驳道。他说那个帮派把他打了一顿后就把他“扫地出帮”了。“打住！戴维斯！”斯凯格打断了他的话，“我们在谈话！没问你的事别啰唆！”

“好吧，”戴维斯答道，声音里突然透出几分担忧，“那谈完后我就可以回营地了吧？”

“等我们谈完这件事你就可以回营地去了。”斯凯格说。

“这样就行了。”戴维斯接道。

“你说‘这样就行了’是什么意思？”

“我不用再担心听不到你这么说啦。”戴维斯说。

“但我们还没谈完这件事，不是吗？”斯凯格反问道。

197 戴维斯苦涩地笑了声。“我并不是要故意气你。”他说。

“你也气不到我。”斯凯格轻快地答道。

斯凯格开始展示他声称是戴维斯写的信，并说对这些信做过笔迹鉴定。这些信里谈到了杀害“鼻壶”——这是对“胡佛帮”的贬称。听到“鼻壶”这个词，戴维斯咯咯地笑了。

斯凯格还给戴维斯看了一封信，里面戴维斯自称“大宝贝”。“糟糕啊！”斯凯格挖苦般地感叹道。

“我再也不叫那个混蛋名字了。”戴维斯哭诉道。斯凯格霎时变了脸：“戴维斯！”

“好好好，他们……大概是那样叫我的吧。”这是斯凯格第二次迫使戴维斯改口。斯凯格故意显得大为恼火，戴维斯又问了一遍谈完后他能不能回到营地去。斯凯格让他别再问了，戴维斯便转向案子的档案，用力地翻了几页。

“住手！你轻点，小祖宗。”斯凯格边说边把手放在档案上。他又给戴维斯看了几页，包括那辆雪佛兰萨博班的照片以及米德基夫的照片。“这娘们儿又是谁？”戴维斯问，然后又说这次谈话就是“一堆废话”，并让斯凯格有什么问题赶紧问。

斯凯格冷静地让他别着急，又翻了几页档案。而此时的外面，77 街区警察局所在的街道上警笛长鸣。

“我们得谈谈，”斯凯格说，“再等一小会儿我们就能说到点子上。”

“那我可以先吃午饭吗？拜托，我饿了。”戴维斯说。

“待会儿就让你吃。”斯凯格答道。

“我想吃饭了，长官！我是说，时间差不多到……”

危机降临。斯凯格最担心的莫过于戴维斯突然撂挑子，要求将其送回营地。之前，斯凯格也有过谈话以此告终的先例，那时候，犯罪嫌疑人大吼：“我半个字都不会说！去你妈的！”现在，斯凯格可担不起这样的风险。

斯凯格语气变得严肃起来：“你看，戴维斯，现在我们谈的问题是‘集团瘸帮’里有人做鬼，告密的人是个 90 后。”

听到“做鬼”一词，戴维斯的注意力被拽了回来。斯凯格继续 198
讲述那起杀人案——案发时间是白天，有监控录像，还有目击者。

“我是不是摊上大麻烦了？”戴维斯插了句话。

斯凯格轻描淡写地说：“我只是说，有人告诉我们，你开枪杀了那个男孩……”

20 分钟过去了，这是斯凯格说的最为直白的一句怀疑。他颇为随意地谈到了这起谋杀案的矛头所指。

而在这 20 分钟内一直在催斯凯格说到点子上的戴维斯现在突然不想让斯凯格说这事儿了。于是他打断斯凯格，焦急地问：

“是不是，我——我是不是惹上麻烦了？”

“别急嘛，小子，放轻松！”斯凯格试图让事情听着不那么严重。他的心情越沉重，语气就越轻松。

但戴维斯逐渐情绪激动：“我希望你能实话告诉我，长官！”

“现在哪来的什么实话，我们还没谈完！等我们谈完了，你想知道什么我都会告诉你，好吗？听清我说的了吗？”斯凯格的语调带着几分不耐烦，像父亲般让人安心，又有点愠怒之意。但这话起作用了。“好的，长官。”戴维斯答道。

斯凯格吸了口气，然后重复了他那句着实令人心急的口头禅：“你听着，咱们接下来得谈谈了。”

瑞克 · 戈登也曾用这种手段引出证据——用这种他称之为“无聊死他们”的小计策来击垮犯罪嫌疑人。斯凯格又绕到刚才说到的地方，说斯塔克斯已经把戴维斯给出卖了，指认了戴维斯犯下的罪行，但却只说那些小偷小摸的指控。戴维斯零零散散地否认那些轻罪指控：“那得怪我妈！”他一度惊呼，发誓赌咒不是他干的。斯凯格抓住机会，莫名其妙地将话茬儿引到戴维斯的母亲身上。戴维斯上钩了，于是他们又聊起其他的事情。

而后斯凯格再一次提到米德基夫。“她可不会替你背黑锅。”斯凯格说。

“我才不会替她背黑锅呢！”戴维斯激烈地反驳道。

斯凯格来了个突袭，猛然问道：“她干了什么？”

但戴维斯看穿了，马上刹住，咕哝着：“她……我不知道，我 199
才不会替任何人背黑锅。”

斯凯格继续话题，仿佛没事儿人一样；但戴维斯不干了。“等一下——你不是说还有其他的要告诉我吗？”他说。斯凯格向他保证说会的，他只要好好听着就行。

“但是你说的那些其他事，真的听得我血压直往上蹿。”戴维斯说。

“我猜也是，”斯凯格说，“差点把你吓坏了。”

戴维斯同意这话，他是真被吓得不轻。“任谁都该怕，”斯凯格突然平静下来，对戴维斯说，“要是有谁告诉你，你染指了一桩杀人案的话。”

戴维斯小声嘀咕着什么，斯凯格敏锐地注意到了：“什么？”

“没什么，”戴维斯答道，“只是在自言自语，把脑子里的东西说出来了而已。”

“胆子够大啊！”斯凯格的语气又活泼起来，然后继续说话，仿佛对戴维斯刚才的“自我对白”毫无兴趣。斯凯格抓着证据说个不停，这次还加上了“杀了警察的小孩”。

“杀了警察的小孩！”戴维斯听着一脸震惊。

“正是，”斯凯格说道，瞬间换了副恼火的表情，“我也没指望你会承认这事儿，德温。”

“我没撒谎，长官！我跟你说的全是真话！”戴维斯喊道。但斯凯格并不这么认为，于是紧接着便是一场争论。“你甚至都不承认自己就是那个什么狗屁‘大宝贝’！”斯凯格说道。

戴维斯声音一紧，哀求道：“我们能小点声儿吗？那个，因为，那个，我觉得你可能要发火了。”

“我为什么要发火啊？”斯凯格那轻快的语调又回来了。戴维斯再次征求同意，想换一换腿的姿势。斯凯格装出一副惊讶的模样，问戴维斯是不是有“幽闭恐惧症之类的毛病”，戴维斯回答说是。“那好吧！”斯凯格柔声说道，“我会离你远点。”

接着，斯凯格又开始他那兜兜转转的谈话，漫无目的。这一次，他向戴维斯保证“我们会谈到几个问题，但首先我想把这些问题都告诉你”。在这个时间点上，斯凯格顿了顿说：“就像你知道的那样，我们也清楚我们的工作——”

“我知道！因为我你们才要干这事儿的，坦白地说！”戴维斯打断斯凯格的话。

200 斯凯格忽略这句话，准备继续谈话。戴维斯这时又打断了他。“好吧，那你们会告诉我究竟是谁把我出卖了吗？”他逼问道。

“如果这个案子要上法庭的话，到时候你自然就知道了，但是今天我不会说的。”斯凯格回道。

戴维斯一惊。上法庭？我不会要上法庭吧？没有人会因为这样的事上法庭吧——会吗？斯凯格告诉戴维斯，上不上法庭取决于地区检察官，只有等他们这边谈话结束，检察官那边才会开始“动手”。

戴维斯沉默了。“你说的‘动手’是什么意思？”他问道。

斯凯格慢悠悠地回答，他会整理好各类线索，检察官会决定该怎么做。“你觉得检察官在看到监控视频里一个孩子被人开枪打了几枪后会怎么处置开枪的人呢？”

戴维斯猛地叹了口气。“我一辈子都出不来了。”他低声说道，仿佛在同自己说话。戴维斯听着像是要听天由命了，但他又立即反抗道：“可我的孩子就快出生了！”

他们已经在讯问室里待了 28 分钟，戴维斯忍不住流下了泪水。“咱们俩真得说说掏心窝子的话了。”斯凯格说道。

戴维斯不停地抽泣起来：“我儿子就快生了，我看不到自己的孩子出生了！”

斯凯格设法让他冷静下来，这样的情形很危险。戴维斯看起来濒临崩溃，但他们还没给他宣读米兰达权利。“你和我真的要好好谈谈了。”斯凯格说道，试图干扰戴维斯的情绪。

“全都无所谓了，反正我会进监狱，反正我下半辈子都得待在那儿了，别想回家了，”戴维斯哀号着，“真他妈背！”他又立马加了句：“我不是故意说脏话的。”

这就像不停地喊“长官”一样。出于某种原因爆粗口，爆完粗口后立马道歉——帮派成员常常下意识如此。

斯凯格不去管戴维斯哭个不停，接着谈案子，这时戴维斯打断了他。

“你不是说过吗——是他让我干的。”戴维斯说完便一阵抽鼻子。

这话如同一声惊雷，但还算不上招供。“等一下！”斯凯格试 201
图把刚才的谈话拉回来，但戴维斯又变得敏锐起来，停止了啜泣。“我没有承认是我干的。”戴维斯否认道。

戴维斯说希望警察能帮帮他。“我来这儿既不是为了伤害谁，也不是为了帮谁，”斯凯格说，“我来这儿是要找出事情的真相，这也是为什么我们得说到点子上。”

斯凯格的这番话让戴维斯近乎抓狂。“我巴不得啊！你赶紧捡要紧的说吧！”戴维斯绝望地说道。

斯凯格不禁有些同情他，保证马上就会谈到他想知道的问题。于是，斯凯格自然地过渡道：“在我问你问题之前——以前总有人告知过你享有的正当权利吧？”

戴维斯听过。这种时刻对警察来说可谓惊心动魄，因为宣读米兰达权利可能会使犯罪嫌疑人情绪大变。于是斯凯格轻松地说起这个问题，甚至略施诡计，问戴维斯是否还记着自己的那些权利，能不能背出来。戴维斯开了个头，声音越来越小。他还沉浸在自己的世界里，不停地流着泪，脑袋耷拉着。“我回不了家了。”他哭着说。

斯凯格说要给戴维斯宣读米兰达权利，显得颇为大度，仿佛是帮了戴维斯的忙。戴维斯一开始一边吸着鼻子一边听着，然后又打断斯凯格：“我根本不想听，长官。听了只会让我更难受。”

“好吧，”斯凯格温和地说，好像在处理一件令人不愉快的事，“我也没办法。让我赶紧读完这些东西……然后我们就能好好谈谈了。”斯凯格读着米兰达权利，吐字清晰缓慢，每读完一句停一会儿，等着戴维斯念经似的重复那句“好的，长官”。

斯凯格宣读完毕，戴维斯还在抽泣。“我能理解你的感受，知道你很为难。”斯凯格轻声说道。

斯凯格提议休息一会儿，而后递给戴维斯一张纸巾；接着，他说先聊点别的，让戴维斯喘口气。斯凯格又提到戴维斯的母亲。“你母亲人很好，”斯凯格说，“我很同情她。”这话不假：斯凯格的确认为桑德拉·詹姆斯是个不错的女人。

斯凯格把戴维斯的手铐松了松，这样他的手能轻松些，尽管那副金属手铐还戴在他手上，并且其中一边令他那只受过伤的手腕生疼。斯凯格帮他调了调手铐，免得太紧不舒服。然后，斯凯格又回
202 到谋杀案，并用第三人称指代戴维斯。“外面正议论纷纷，为什么戴维斯要这么做呢？”斯凯格若有所思地说着。“他也不像是个坏透了的人啊，”斯凯格继续絮叨着，“那究竟发生了什么呢？”斯凯格又翻了好几页档案，并再次提到这个案子“很重要”，但他没能得到戴维斯的回应。无论斯凯格说什么，戴维斯都只是说：“都无所谓了，长官，反正我都要进监狱了。”眼前这名少年正喃喃自语，感伤自己被朋友给出卖了。

在桌子的另一侧，戴维斯一脸懊丧，有气无力，俨然像个病中

绝望受挫的男孩，看着真的很痛苦，可怜巴巴地一边抽泣，一边闹着说想回家——终究只有 17 岁。面对苦恼挣扎的戴维斯，斯凯格没有怜悯退却；他虽心里起了微澜，然而手腕却毫不容情，依然不依不饶，一次次质问戴维斯。“我想知道原因。”斯凯格说道。

戴维斯垂下脑袋。

斯凯格的眼睛捕捉到这一动作。他身体一僵，时间都仿佛瞬间停滞了。就是现在，他心想。

“是他让我干的。”戴维斯坦白，嗓音突然清亮，之后又说了些自己闭上眼睛开了枪之类的话。

“嗯，”斯凯格轻轻说着，“这才是我们该谈的，接着说，把事情理清了。”

然而，戴维斯再次回过神来，立马突然住嘴，接着说道：“不是我干的。”他又收回刚交代的话，改口说：“我在想别的事。”

他们已经在讯问室里待了将近 45 分钟。距离坦白交代似乎只有一步之遥，可仍旧遥不可及。科里 · 法雷尔的身体几乎没动，记事本摊开放在他面前，但他只是零星地动动笔，害怕一个不小心便会破坏节奏。虽然斯凯格此刻已有些许焦虑，但旁人丝毫没有察觉，而他看起来愈发镇定。

“好吧！”面对戴维斯反悔不认账，斯凯格从容应对，“没人会生气。”

斯凯格又递给这个哭鼻子的少年几张纸巾，并教他怎么用，仿佛在跟小孩子说话似的。

戴维斯渐渐又激动起来，禁不住呜咽。“我这辈子都要待在监狱里了。我才 17 岁，但我就要进监狱了！”他哭诉着，“那些人肯定会对我拳打脚踢，而我又只有一只手是好的，我能怎么办啊！”

“戴维斯！戴维斯！”斯凯格又试着说服他，让他重新进入状 *203*

态。当戴维斯终于停下来歇口气时，斯凯格又开始漫无边际地闲扯起来，争取时间以创造机会。

“戴维斯，你 17 岁，我呢？你觉得我看着多少岁？”

“47。”戴维斯哽咽着答道——猜得倒是差不多。

斯凯格尴尬地笑了笑。“是啊，”他说道，“虽然我不想承认，但是……”

这时，斯凯格脸色突然严肃。“好了，听着。”斯凯格缓缓道来，然后抬起双手，用力地拍了一下，发出“啪”的一声！

这响声似乎在空中停了半晌，跟那时一样——在德里克 · 华盛顿的妹妹低下头大哭前，斯凯格对她说的话也似乎在空中停了半晌。当被问到讯问时的这一举动时，斯凯格也无法解释。他也不知道自己为何这样做，不知道为什么在讯问进行 45 分钟后，自己会突然像个幼儿园老师一样拍了拍手。

斯凯格只是在设法让戴维斯集中注意力。但这一拍手也可能是本能的动作，对这个办案能力突出的男人来说，获得掌控是他的第二天性。斯凯格拍了拍戴维斯的脸，好像准确知道接下来会发生的事一样，而后又拍了两下，紧紧扣住他的脸。于是，清脆的“啪、啪、啪”声打破了这一狭小空间的沉默，不知道的人见了会以为斯凯格正在捣鼓黑魔法，用双手召唤恶灵。

“好了，听着，”斯凯格说道，“那天到底怎么回事？”

戴维斯就这么“一败涂地”了。

他忽然飞快地动起嘴来，磕磕绊绊地说着事情的始末，快到两名警察都跟不上。

“是他让我干的，”戴维斯说，“呜呜呜……他让我俩过去，然后我就上了车……我手里拿着枪，我承认。然后我就下了车，闭上眼睛，我就开枪了，我也不知道为什么！我很害怕！……我不想别人认为我很胆小，什么都做不了……我只是想交朋友，就这些。我没想过会连累警察！”

戴维斯停下喘了口气。“很好，”斯凯格温和地说，“这才是我 204
们该谈的。”

在20多年来的警察生涯里，斯凯格没有停止过此事——获取供词，有时轻松搞定，有时便没那么简单，可每次都有一些意想不到的事发生。他已经进入对戴维斯的审讯阶段，希望能让戴维斯认罪。这份供词并非不可或缺，只是斯凯格知道，有了这份供词，这案子便会照他的想法结案。然而，犯罪嫌疑人坦白的那一刻的到来依旧令人激动不已，就像漫天的斗转星移。但斯凯格并未驻足体会这种感觉，而是掩起惊讶，以自己独特的方式向前出击。

戴维斯哭个不停，紧张的气氛达到高潮。

斯凯格选择暂时性撤退，似乎肾上腺素倒流了一般。这一刻无疑是他职业生涯中无比重要的时刻，但他并不急于求成，而是放慢了节奏。

斯凯格语调轻松，仿佛戴维斯接下来要说的对他来说只是公事公办而已。他语气轻快且有些漫不经心地说：“在继续之前我还要问几处细节，然后我们就休息一会儿。呃，让你填一下肚子，吃点零食。”

“我能给我妈打个电话吗？”戴维斯抽着鼻子问道。

“可以，没问题，但不是现在。”戴维斯还在抹眼泪。

斯凯格开始发问：“你在哪儿上的车？”

沉默几秒后，戴维斯开口回答，语气也变了，听着跟斯凯格的语气很像。他很冷静，虽然悲伤，但已放弃抵抗。“应该是在110街。”他说。

在接下来的45分钟里，他一一回答了斯凯格的提问，在斯凯格责怪他话说得不清不楚时，他又张嘴便是一句“好的，长官”。斯凯格语速很慢，法雷尔在记事本上行云流水地记录，案情就这样庄严而阴郁地缓缓呈现出来：5 月的一个下午，一把老旧蓝钢制左轮手枪看起来微微发灰。斯凯格也不再兜圈子，一个问题接一个问题，逻辑清晰，好像正在翻阅他脑海中完美无瑕的一页页文件。那些令人震惊的细节一一浮出水面，就像后来在法庭上呈现的一样，在斯凯格脑海里与证据逐一对应。

205 戴维斯偶尔哽咽，但没有再挣扎抵赖，毅然走向自己的毁灭之路，顺从地回答一个又一个问题，时而抽泣一会儿，一遍遍地重复说知道自己今后要在监狱里了断余生了。斯凯格带着他理清事情的先后顺序，说清他和斯塔克斯如何一拍即合，如何在打完招呼后就拟订计划要前往北边“干掉”敌对帮派的一个人。

斯凯格让戴维斯描述具体细节，讲讲米德基夫和斯塔克斯接他上车，而后向北开至 80 街，最后停在拐角处的具体情况。谈话到此便涉及贫民区案件那些千奇百怪的地点，这些神奇的法律地标建立在对应的据点上，代替愿意向警方透露案发当时情形的目击者的叙述。

正如斯凯格猜测的那样，戴维斯说帮派里的其他人说他是“废物”，他过得很艰难，并急于证明自己。案发当天早些时候他服用过摇头丸，本来准备参加派对。“我当时脑子不太清楚，信了那个蠢货的话。”戴维斯说道。他似乎并不怎么认识米德基夫，以为她是白人，还喊她“詹妮弗”。显然，他和斯塔克斯更熟络，承认自己认识斯塔克斯，可并不愿说出斯塔克斯的帮派绰号，可能是担心泄密。

同时，戴维斯暗示自己不想说是因为“没头脑”那个绰号带有轻蔑意味。他自己本身对受人冷眼十分敏感，别人给他起的绰号伤害了他的自尊。“我一直这样，从来不喊别人的绰号。”他说。

戴维斯说，在看到墙上的帮派涂鸦后自己认出了当时在什么地方附近，于是便在行车过程中戴上了园艺手套，他不想“脏了手”。等他们停车后，戴维斯说他看到街上有个行人戴着“胡佛”棒球帽，于是斯塔克斯转过头来，将一只胳膊伸向他。斯塔克斯手里握着一把 0.38 英寸口径的左轮手枪。“给。”斯塔克斯冲他说道。

斯凯格抓着这处细节反复确认。“斯塔克斯就只说了一个字，没别的了？比如说，杀了谁，看着办，给他颗枪子儿，让他见鬼去。”斯凯格一口气说了一串委婉的说法，但戴维斯断定：“这些他一个也没说过，就只说了‘给’。我就记得这句。他说：‘给。’”

戴维斯说他看见枪的那一刻心跳突然加速，并称自己压根儿没 206
想打中谁。他本以为他们只是来打架的，他盯着握在他那只戴了手套的手里的那把枪，心想：妈的，完了！可戴维斯不想被人看作废物，于是便跳下了那辆雪佛兰萨博班。

“那你知道在向谁开枪吗？”斯凯格问。

“我其实吧，也没有看清脸，”戴维斯说，“只知道他是个黑人。”

戴维斯三言两语地解释，好像这很明显似的，甚至可以说是不言自明的事儿：一名黑人男子若企图杀害敌对帮派的人，首要之事便是瞄准其他黑人男子。而这就是布莱恩特之死的根本事实。虽说其他因素也有影响，比如他生活的社区、选择结交的伙伴，以及那天傍晚戴的帽子。但抛开交友不慎、做事不经大脑、行为不够慎重等等缘由，真正导致布莱恩特死亡的实则是他自身无法改变的事实：生而为黑人。碰巧的是，布莱恩特的肤色并不深，他有一半哥斯达黎加血统。可这又如何？在杀了他的人眼里，布莱恩特·特内勒的身上早已烙下历史的印记。他是黑人，一出生就被认定成“战士”，不管愿不愿意都得应征进入艰难度日的“法外”生存体制。

他首先是个黑人——而对德温·戴维斯而言，这就意味着可杀。

戴维斯说他紧紧闭上眼睛，开枪，而后拔腿就跑。他说自己没有看见布莱恩特倒地。他说他以为自己没打中布莱恩特，又或者说，即便是打中了，他也让自己坚信只是打伤了布莱恩特。他说得很明白，像这类不会伤人性命的枪击，对他来说很平常。“我以为只是打中了别人的胳膊之类的。你懂的，就像普通的中枪。”戴维斯说道。

之后，他又说，他感到不对劲，便让斯塔克斯在杰西·欧文斯公园放他下车。然后，他便去游泳了。戴维斯否认自己开枪后大肆炫耀，并说自己当时十分内疚。几个月以来，他一直说服自己那天在圣安德鲁斯街附近只是把那个沿街走的人打伤了而已。后来没过多久，他在杰西·欧文斯公园被人打伤手腕，他让自己相信那个人
207 一定是之前自己打伤的人，现在回来找他报仇了。我们扯平了，他心想。

戴维斯不断弱化自己的罪行，以及出于自我保护意识不断使之合理化的做法甚至有些荒谬。他告诉斯凯格自己当时并没有瞄准布莱恩特，是布莱恩特往前走正好撞上了子弹——有时候，都分不清他这番抵赖究竟是方便了斯凯格还是为了他自己。当斯凯格问起他是否知道自己杀的是“警察的孩子”时，戴维斯装作不知情。“什么？我杀了警察的儿子？”他又哭起来，“我真的回不了家了。”

但是没过多久，戴维斯便承认自己之前已经从那名缓刑犯那儿得知了布莱恩特是警察的儿子。他哭得更厉害了。“我杀了人家的孩子，”他又说，“我毁了自己的一生……后悔也来不及了。”

斯凯格的提问还在继续，他的语气不冷不热，他的问题有条理且十分高效。那么，戴维斯在知道自己杀人后做何感想呢？他抽泣着说：“我从没想过要伤害谁。”他一边喘气一边说：“我从没想

要伤害世上的任何人，我只不过一直希望能被人接纳、被人喜欢！我真的从来没有、这辈子从没想要伤害谁！”戴维斯说自己不喜欢枪，因为他哥哥曾受过枪伤：“我知道我妈的感受。”

讯问将近结束，戴维斯开始吵着要见他母亲。“我回不了家了，我再也见不到我妈了。”他又一度泪眼模糊。斯凯格递给他一张纸巾。“这事儿我没办法跟你保证。”斯凯格对他说。

“我害怕，”戴维斯过了一会儿后喊道，“我不知道该怎么办了！”

“这我不怪你。”斯凯格平静地说道。

等斯凯格引导戴维斯从头到尾全部交代完并回过头来确认过几处细节之后，时间已快到下午 4 点了。快到最后的时候，斯凯格连细枝末节都要深挖，比如，附近的院子有没有围栏之类的。戴维斯全都说了，说话声里充斥着深深的无奈和沮丧，仿佛生无可恋。斯凯格一点一点地扯出真相，几乎把所有细节都一一对上号，戴维斯所叙述的事情始末同米德基夫的交代以及其他目击者的说辞相差无 208
几。斯凯格手上的那本档案中又多了几张照片——案发现场和斯塔克斯的照片，并写着姓名首字母缩写 D.D。

最后，斯凯格转向戴维斯，问他想不想看看那个并不存在的监控视频。戴维斯回答说不想。“妈的，”戴维斯说，“我已经完了，下半辈子都要在监狱里过了。”

于是他又哭了起来。“我真的不想看那东西，长官。我知道那是怎么一回事儿。我看电视时看过《法律与秩序》，我知道监狱里面是什么样的。我让一个人从地球上消失、从人间消失了。后悔也没用，没办法让他活过来……我再也见不到我的小宝宝了，也再也没有女人了。我见不到我儿子了。我什么也做不了。我已经完了。”

“好啦，”斯凯格轻轻地说，“我们就到这里吧，戴维斯。”然后，斯凯格让戴维斯去吃午饭。

之后，斯凯格走出讯问室。一阵疲惫突如其来，将其吞噬。这一个半小时以来，他始终处在高度警醒的状态：不停地判断，不停地算计；一半大脑组织语言，另一半大脑处理信息；仔细分析戴维斯吐出的每个字，做的每个动作，每次眨眼。斯凯格深感精疲力竭，仿佛刚跑完一场马拉松。但他知道这事儿结束了，他破了这起案件。

而法雷尔直到回到家之后才感到有些吃不消。这种感觉让他想到巡逻。他想都不想便去追赶持有武器的犯罪嫌疑人，直到事后才会感到一阵后怕：啊，的确，他们可能会朝我开枪。

等斯凯格和法雷尔押送戴维斯出警察局时，戴维斯又开始哼哼唧唧。他想喝点东西——汽水。斯凯格转过身来，他那调查杀人案件 20 多年来一直保持的冷静镇定的神态刹那间分崩离析。法雷尔看见斯凯格脸上的表情，愣了一下——他还从没见过斯凯格悠闲持重之外的一面。

“给我住嘴，”斯凯格对着戴维斯说道，“你小子杀的可是警察的孩子。”

在讯问完德温 · 戴维斯之后，对德里克 · 斯塔克斯的讯问算是无果而终。

209 斯塔克斯给斯凯格的第一印象便是比戴维斯更加世故、狡猾。就像米德基夫之前说过的那样，斯塔克斯块头很大，在她面前估计像重量级拳击手一般。这个年轻人身高大概有一米八二，十分结实；脖颈粗壮，脖子后边有一道褶子；脸部颇有辨识度，隐隐有些阴郁，宛如一尊罗马人像雕塑；双唇形似丘比特之弓，两颊各有一个酒窝，鼻子笔直而细长；眉毛弯弯，眼角陡然上翘，左眼始终露着警惕之色；再配上浅色肤色、浅棕色头发和淡褐色眼睛，要不是他操着一口路易斯安那州口音，很容易把他认作拉美裔。

在去往警察局的路上，斯塔克斯几乎没说过话；等到坐在讯问室里，大部分时间也是斯凯格说着“单口相声”。斯凯格神色温和，举止随意，给自己倒了杯咖啡，给斯塔克斯拿了瓶葡萄味的汽水。但这次，斯凯格没有打趣法雷尔。他讯问犯罪嫌疑人的方法就像是交响乐的乐章和旋律变幻不断——他虽重复使用相同的技巧，但每次都巧妙地重新设计一番。这回，斯凯格并没有打趣说法雷尔不太聪明，而是用自嘲的口吻说自己并不聪慧，并把破获这起案件的功劳归于法雷尔。他又补充说，破获一起案件一般来说不像这次这么简单。

接着，斯凯格一一举出对斯塔克斯不利的证据。到目前为止，他掌握了坐着轮椅的男子的证词、米德基夫的证词、戴维斯的供词，以及它们之间的各个契合点。此外，他手上的电话记录能够显示斯塔克斯那时的行踪——案发时，他处在离案发现场 19 个街区以内的地方。

斯凯格还向加利福尼亚州高速公路巡警局确认过目前收缴的那辆黑色雪佛兰萨博班为斯塔克斯所有，并且案发过后几天，他和米德基夫开着那辆车在案发现场附近出现过。斯凯格手上还有斯塔克斯从监狱给打给朋友的电话录音以及寄出的信件，虽然这些无法作为供认，但它们清楚表明他和“集团瘸帮”关系密切并知悉布莱恩特一案。

斯凯格将真实消息摆在斯塔克斯面前，但同时也混了些谎话进去。比如，他告诉斯塔克斯警方在枪支上发现了他的 DNA——这
在当时的现实情况下几乎不可能发生，可电视里天天这么演，于是 210
斯凯格觉得这个障眼法挺好用。他想让斯塔克斯确信铁证如山，其无从抵赖。

用这些伎俩只不过是想锦上添花罢了。因为斯凯格那时已经掌握了足够的证据，有没有斯塔克斯的证词关系都不大。于是，在审讯进行一个多小时后，斯凯格又开始实话实说，他神情严肃地告诉斯塔克斯："你说什么都不打紧，也就是说，我没必要非得从你这儿问出点什么不可。"他已经有足够的证据指控斯塔克斯谋杀，而他同斯塔克斯见面，主要是为了看看斯塔克斯是否有证据证明自己无罪。斯凯格希望能堂堂正正地对人说"无论是作为一个警察，还是作为一个人，我都尽到了职责——给别人一个机会"，他后来这么说。斯凯格明确地告诉斯塔克斯，他已经没有别的机会了。"今天这事是我在这个案子上要做的最后一件事。当我们俩各走各路后，"斯凯格吹了声口哨后继续说，"这个案子就算完了，结束了，我会开始忙别的案子。"说着他又打了个响指。事实确实如此。

斯塔克斯的回应多数时候是沉默——有一次足足沉默了 15 秒，抑或是长叹一口气。斯凯格适时停一会儿让他说话，如果他不说，那么斯凯格便又像以前那样，漫无边际地闲谈起来，寻找能让斯塔克斯开口的角度。当谈到一点时，斯凯格和华莱士·特内勒不知不觉地重合了：斯凯格告诉斯塔克斯自己出庭时会直面被告，并且不惧其愤怒。"为什么呢？因为我所做的一切不过是走到那儿，告诉法官事情发生的经过。"斯凯格说。这番话与特内勒之前解释自己为什么不怕撞见曾经逮捕过的人的那番话几乎像是用一个模子刻出来的。两人都深信自己所做之事坦荡无砥。尽管在讯问时难免要些小伎俩，但他们做的只是竭力寻找真相——全力调查以发现事情真相，并将之呈上法庭，然后不问结果。有一次，斯凯格被要求将调查记录移交给墨西哥当局，因为他们把犯罪嫌疑人引渡了；后来，
211 斯凯格说那是他工作中最糟糕的时刻之一，他被迫放弃已经搜集到的证据，把它们移交给自己既不了解也不信任的异国法庭。对他来

说，只有美国的法律体系才可以信任。

斯凯格从未抱怨过宣读米兰达权利[1]或是宪法规定的其他程序的种种限制；他已经习惯了左右都受种种限制的掣肘，习惯了每每结案后，无论是被告，还是法官，抑或是陪审团都会煞费苦心地审查他的工作。“只是讲述事发经过”也是以前拉巴贝拉带领的东南区刑侦队的一则信条。斯凯格和特内勒全心全意地相信这句话对他们作为执法者的角色阐述，因而两人不觉得其他任何人能对他们有什么怨恨，而这也是敢于焚林毁地之人感情上所具备的某些特质。

斯凯格甚至给了斯塔克斯一个相当不错的契机为自己辩护：斯凯格暗示他眼下还有个问题没有确定，那就是斯塔克斯本人是否知道戴维斯的行动计划。戴维斯难道就“那么直接跳下车去做他要做的事吗”，斯凯格问道。

将犯罪意图全推给戴维斯一人对斯塔克斯来说本是个可能行之有效的法律策略，尽管它与本案中的某些证据相抵触。比如说，根据米德基夫的描述，斯塔克斯将其拽离驾驶座以便自己操控方向盘逃离现场。可惜，斯塔克斯并未上钩。“我脑子里一团糟，我没什么可说的。”斯塔克斯回答。

于是，斯凯格尝试从各个角度出击。他让斯塔克斯看着他的眼睛：“别人跟你说话的时候你怎么不看着人家的眼睛？”

“我也不知道，”斯塔克斯回答，“我爸——他也这么说过我。”在那天他们之间的交流里，仅这一句算是透露隐私的话。

在其他时间里，斯塔克斯每次只说一言两语，他没有显示出斯凯格期望发生的一丝动摇。斯塔克斯说他不可能记得斯凯格提到的事，因为他在 2002 年被人“偷袭”过，而且“从那时起我就记不清事儿了”。他还说那些人在说谎，他说：“我那天根本没靠近过那地方。”

212 最后，斯凯格企图刺激斯塔克斯说一说“你所认为的事实”，算是最后一次尝试。

斯塔克斯不紧不慢地想了一会儿，然后慢悠悠地答道：“我告诉你我所认为的事实。我什么都不知道。我不在案发现场。我什么也没干。”

斯凯格长吁一口气：没用了。

于是，2008 年 2 月 19 日当天，洛杉矶地方检察官对德温 · 戴维斯和德里克 · 斯塔克斯提起公诉，控告其谋杀布莱恩特 · 特内勒。

在调查这个案子的整个过程中，斯凯格从头到尾几乎没和华莱士 · 特内勒说上几句话。

早前，斯凯格曾去拜访过特内勒一家。那时他还和伯纳尔一同负责此案，而当时的状况令人颇为窘迫。那时候，分局的一位主管也一同去了，但是斯凯格实在无法忍受这样的做事手法。在东南区警察局的时候，他一直以来都寻找机会，和正悼念受害人的家属私下近距离接触；可如今他们的这种做法让人感觉像是外交使节会面，而且谈话拘谨正式。“我们居然三个人一起去！”后来，斯凯格一脸嫌恶地高声说道。

但在某一时刻，随着案子一点点被撕开口子，斯凯格确信能够破案后拿起了电话。他第一次与这位就职于抢劫 - 杀人调查司的同事单独谈话，虽然他对其知之甚少。斯凯格告诉特内勒发生的一切，特内勒没有问任何问题；斯凯格还说他正准备对犯罪嫌疑人实施逮捕。

之后，斯凯格像此前无数次一样，默默等待着，静静地听着电话的另一端特内勒声泪俱下。

第十八章

互相打斗

山姆·马鲁洛不可置信地瞪着萨尔·拉巴贝拉。 213

那时已是 2008 年夏天，距离布莱恩特一案提起公诉已经过去了几个月。然而离此案开庭仍有一年多的时间，斯凯格的初步胜利正从眼前迅速消散。

马鲁洛身穿 T 恤和牛仔裤，盯了一天的梢后返回警察局。他站在东南区警探办公室的一粒粒豌豆似的小隔间里，现在这里已经是南部分局犯罪团伙刑侦处的一个支部——经加农整合而成的南部分局警探科，位于 77 街区警察局。在洛杉矶警察局，“创新”通常意味着回归早先的惯例，而这次新的组织结构调整实质上是从前的南部分局刑侦队的翻版，斯凯格就是在那儿开启警察生涯的。

斯凯格的那套准则——充分利用每个时段，包括晚上的时间——马鲁洛坚决拥护。当时他正准备离开警察局去找一名目击者，拉巴贝拉不让他去，而是要他直接回家；拉巴贝拉不能再放任他这么加班了，因为拉巴贝拉刚刚得知加班开销将被削减 57%。

在任何一个理智的世界中，刑警都本该和其他职业白领一样
214 领取固定工资；可在美国警察世界——一个如此抱残守缺的世界中，刑警却是蓝领，按小时计酬，并且受工会规定制约：下班后没有加班费禁止加班。因而，马鲁洛可以说实际上被禁足了。与其他种种障碍相比，这一条规定看起来像是一种羞辱。马鲁洛内心五味杂陈。

帕特·加农原本希望，斯凯格成功破获布莱恩特一案能够激励刚组建的“小组”中的年轻实习警探。这事儿确实起到了一定的效果。在后续逮捕犯罪嫌疑人时，一名警探[1]还编了个新词——“约翰·斯凯格式特色”，专指积极主动、不屈不挠且注重实地调查的办案风格。

但是，新的困难纷纷暴露。

位于77街区警察局的新警探办公室后方的单向窗的玻璃被装反了，它对着讯问室，于是犯罪嫌疑人可以通过它观察警察的一举一动，而警察却看不到对方，因此，这个窗口得遮起来。不仅如此，办公室的电话坏了；警车也不够用，主管们都在囤积“援救”警车；办公室的一名秘书“铤而走险”，虽然她被要求定量配给办公用品，但她私下依然不停地分发办公用笔和笔记本之类的物品。

之后加农也被调离了小组，新的负责人是凯尔·杰克逊。他以前主管过抢劫-杀人调查司，但从未做过警探。杰克逊的到任引得大家私下里一阵议论，恐慌又失望；这是他退休前最后一次担任主管了。杰克逊说，他信奉一丝不苟。瘦瘦高高的他长着一张椭圆脸，和局里的众位警探第一次见面便以杜绝种族、性别歧视方面的说教开场，袖子里一条金手链闪闪发光。当他滔滔不绝地训话时，洒在点名册上的一抹明亮的日光逐渐消退，而众位警探的脸色愈发阴沉。

第十八章　互相打斗

不久后，又传来斯凯格将离开南部分局的消息。他将被调往十号州际公路以北的一处新成立的警察局，牵头该地的刑侦工作。

斯凯格自从升为三级警探之后，日子就过得颇为艰难，他也只是暂时在西南区警察局工作。斯凯格和巴林早前被分派负责训练77街区的年轻警探，可斯凯格心里始终盼望能再亲自查案。布莱恩特一案使斯凯格备受关注，奥林匹克区警察局新上任的警督颇有雄心壮志，想请斯凯格过去，领导自己的一个刑侦小队。斯凯格认 215
为这是个机会，自己可以有更多亲自查案的机会。和几年前的特内勒一样，斯凯格开始感到能办贫民区案件的机会越来越少。

而南部分局始终紧缺破案大师。“斯凯格这浑小子，真是靠不住。”普里多背地里开玩笑地这么说斯凯格。普里多有些恼火，因为斯凯格竟然跟他提都没提过调任的事。而普里多在生气之余便想着将巴林揽至麾下，奈何巴林对斯凯格向来颇为讲义气，当被问起这事时，他只是面无表情以示回应。

拉巴贝拉依旧负责管理东南区警察局，只不过他现在的上司是普里多。拉巴贝拉自然不愿意干涉山姆·马鲁洛办案子，现在马鲁洛和库里搭档，越来越配得上他那个“小斯凯格”的外号了。然而，加班限制也不是玩笑。2008年年底，经济衰退席卷美国，众人毫无防备，而地方政府正艰难度日。拉巴贝拉正发愁本周的拨款差不多已被消耗殆尽，而新的谋杀案正不断砸向他。因此，这个时候他只能让马鲁洛暂缓加班去见证人。

马鲁洛瞪着拉巴贝拉，意识到拉巴贝拉没在开玩笑。马鲁洛与斯凯格还有特内勒一样，至少不会明面上发火，他具有一名优秀警探应具备的品质，即沉着镇定。但他明确地说出了自己的看法：他现在要去见的证人十分重要，是破获一起32岁黑人男子被杀案的关键。没了这个证人，这案子可能破不了。然而，拉巴贝拉不为所动。“好吧，随便！”马鲁洛最后答道，而后转身离开。

后来见到库里的时候，马鲁洛终于爆发了：总局到底在想些什么？为什么人们这么漠然？马鲁洛到2008年时发现了华莱士·特内勒、萨尔·拉巴贝拉和约翰·斯凯格早已看清的事实，即侦办贫民区杀人案极具挑战性的一点是干这一行就是坚守在刑事司法系统最薄弱的前线地带。

当然，减少加班时间对刑警来说意味着收入减少；但它对马鲁洛来说更是现实困境，令他头疼不已，因为他本可以利用这段时间做点其他管用的事。

对处理贫民区杀人案的警探而言，能够在下班时间工作至关重要。想约目击者在办公时间面谈简直可笑。这项工作其实就是“伏
216 击”那些极力躲避警察的人——突然出现，不停地恳求，这次不行还有下次。

有一次，一起东南区杀人案的目击者意识到警察在找她，于是便在自家门口贴了张纸条迷惑警察，上面写着：去交燃气费，马上回来。好几天过去了，这张纸条还贴在门上，都被雨水打湿了。最后，警察直接在她家门口蹲守直到她家开门，之后这名目击者才勉勉强强承认自己使了个诡计。

因此，当普里多第一次在每周例会上宣布压缩加班时间这件事儿后，瞬间嘘声满堂。“我们手上还有七百多个案子要查啊！”戴夫·加里多抗议道。克里斯·巴林算了算：按照目前的案件量——必要时还得扣除需要法院介入的时间——警探每个案子的调查时间就只剩大概16个小时了。拉巴贝拉一向注重局里的士气，于是他尽力安抚众人，尽量表现得不在意加班限制这一记重拳。一天，他在白板上写下：“减少加班的十大策略：一，开车快点；二，穿上跑鞋……”可马鲁洛看到这些话实在笑不出来。

第十八章　互相打斗

斯凯格、巴林和拉巴贝拉对此早已习以为常，他们多年来都在同各种“假想敌”作战；但马鲁洛不禁渐渐有些沮丧，并且这种挫败感与日俱增。尽管他侦破了不少案件，可那几起没能破获的案件一点点啃噬着他的内心。

4月时，一个名叫奈·丹尼尔斯的黑人男子被人谋杀。斯凯格早年在东南区警察局工作时，丹尼尔斯做过他的证人。马鲁洛被分派负责这个案子，可他毫无头绪。他和丹尼尔斯的两个孩子的母亲逐渐建立起联系，她现在独自抚养两个孩子。马鲁洛把这两个孩子的照片贴在电脑上，日复一日，两张小脸一直对着他、注视着他。

就像斯凯格教他的那样，马鲁洛总是把自己的私人手机号留给受害人家属，有时候甚至会把手机号留给犯罪嫌疑人的父母。几个月来，马鲁洛持续不断地接到亨利·亨德森的母亲打来的电话，18岁的亨德森在芭芭拉·普里切特家附近遇害。普里切特虽然在听见枪声后吓了一跳，但她还是壮着胆子出去了，在看见门外少年的孤零零的鞋子后吓得退了回去。亨德森的母亲在喝得酩酊大醉或是伤心难过的时候便会给马鲁洛打电话。那年6月，对亨德森一案犯罪嫌疑人的审判，最终因陪审团无法达成一致意见而未决结案。

洛杉矶高级法院康普顿分院于1978年成立，同年，洛杉矶警 217
察局将77街区警察局的一部分划分出来，在沃茨成立了一个新警察局，即东南区警察局。

洛杉矶刑事司法系统中严酷压抑的一面，颇有几分卡夫卡式的沉重，这一面在康普顿法院展露无遗：一座单调的白色塔楼耸立在一众七零八落的低矮建筑之中，目之所及，这是唯一的一栋高楼。

法院外墙上涂满了各色涂鸦，色彩已渐渐脱落，还有瑟古德·马歇尔的画像。瘾君子和过路游客漫无目的地在广场上游荡徘徊。金属探测器上的电线足足有四层。里头的电梯不仅速度慢，还不时会咯吱作响；而楼梯间则由于曾发生过持凶器捅人之类的事件而被锁了起来。这里的审判庭同洛杉矶市中心豪华的联邦议员会议厅比起来自是有云泥之别：墙上都是用透明胶带贴的通知，木质门框已破旧不堪。康普顿法院基本没有因什么事上过新闻。斯凯格的故事中的一名重要的辩护律师西摩 · 阿普勒鲍姆，曾将这座法院称为“有史以来让人最无感的建筑，仿佛是座十字军堡垒，对撒拉逊平原虎视眈眈”。

约翰 · 斯凯格可花了不少时间在这座“堡垒”里。现在，在去奥林匹克区警察局任职之前，他最后一次来到这里，为了参加德里克 · 华盛顿——年仅 16 岁，是芭芭拉 · 普里切特的儿子戴文 · 哈里斯一案的被告——的审判。

普里切特在审判全程中一直坐在斯凯格后面，反穿着一件印有戴文照片的 T 恤，因为法官告诉她在法庭里不允许展示戴文的肖像。普里切特从昨天开始便水米未进，坐在那里一会儿双手攥紧，一会儿又松开，不停地深呼吸。

最后，检察官乔 · 波拉斯起立。这时，普里切特哭了起来。

波拉斯首先称戴文之死“很不幸，远比我们习以为常的普通帮派暴力死亡事件更加不幸”。虽然这是为受害人博得同情的标准
218 套话，但波拉斯知道事实其实并不完全如此：在人们“习以为常”的谋杀案里头，不少人同样不幸，只不过公众并未意识到这一点罢了。

出了审判庭，波拉斯也属于能够清楚分辨其间微妙差别的那类贫民区工作者。他会动容地说起被他称作“边缘歹徒”的群体，以及这些人亲眼看着朋友死去时所经受的心灵创伤。但是，今天不幸的主角是戴文，波拉斯倾力表达伤痛哀悼之情。

一张案发现场的照片闪现：戴文黑色的运动鞋清晰地躺在照片

最显眼的位置。普里切特抬手紧紧捂住了嘴。

证人席上，德里克·华盛顿的妹妹否认曾见过约翰·斯凯格，而检察官对此进行了质证。当播放询问录像时，她在座椅上摇来晃去，而后无聊地打了个哈欠。三天后，普里切特仓皇冲出审判庭。有罪，有罪，有罪。当她匆忙逃离此处时，这句话一直在她耳边回荡。这起案件具有“约翰·斯凯格式特色”，陪审团审议了不到一个小时便得出了定论。

在斯凯格准备离开南部分局的时候，新的杀人案还在不断涌现。7 月的一天夜里，马鲁洛和搭档内森·库里接到一起杀人案的警报，案发地点是位于东南区“商业地段”的拉科尼亚大道。一名身着制服的站岗警员言简意赅地汇报说：“死者为一名黑人。”

而事实上，死者共两人。其中一人名叫雷蒙德·雷克纳，24 岁，绰号“老虎”，被急救医务人员发现死于路边。雷克纳是伯利兹裔，一些官方记录里登记为拉美裔，也有的登记为非裔，多次被捕，初犯是刚进入青春期时携刀入校，后来发展为持枪伤人。但是警方的讯问记录显示，他是一名下岗仓库工人，身体残疾。

在几个街区开外的佛蒙特州的 120 街附近，警方在一辆道奇霓虹车旁拉起警戒线封锁现场，那辆车上贴着“加利福尼亚州警察青少年慈善会”的贴纸，上头的标语是“警察救助孩子”。车的后窗玻璃全都被打碎了。车内后座上，一个小叮当背包血迹斑斓。不知是警察还是急救医护人员将车上的婴儿座椅取了下来，它孤零零地躲在那辆道奇霓虹车后轮旁的沥青路上，沾满脑浆。

15 岁的丹尼尔·约翰逊案发时就坐在那辆车的后座上，一同在车上的还有两名与他年纪相仿的少年、一位带着自己的两个年幼孩子的母亲。当时，一颗子弹猛然射进车内。约翰逊霎时瘫倒在身边 219
伙伴的肩上，致命的伤口汩汩地冒着鲜血。与此同时，在离这儿几条街之远的拉科尼亚大道上，雷蒙德·雷克纳正奄奄一息。

这两起案件起于两名女子发生摩擦，后来事态升级，导致两名都有帮派背景的少年发生冲突而最终爆发。体格更强壮的少年打了小个子少年一拳，于是小个子少年跑了，但是他带着自己的母亲、继父和一帮朋友折了回来，足足坐满了几辆车。

双方父母后来解释说他们只是想让两名少年干一架决定胜负。这样的回应听起来也许有些不可理喻。但是在东南区，父母陪孩子去“干架”即斗殴的情况并不稀奇。鼓励这种所谓的公平打斗被看作对凶杀事件的防备：父母这么做是为了确保自己的儿子不被贴上“废物”的标签，因为谁被贴上这个标签，谁遭到枪杀的风险就相对更高。

那么这样一来，其结果也便能猜个八九不离十了。一位证人后来说，好些车在街上横冲直撞，“黑压压一片”。那块区域的帮派分子大吼大叫：“滚出来！”而入侵者也毫不示弱地冲对方吼。于是，双方顿时吵个不停。不久后便响起了枪声。这两队人马互相开枪是随后发生的事，这些人都跟此前两名少年之间的纠纷没有半点关系。

就连拉巴贝拉第一次听说这起案件的详细案情时，也认为这起案件属于典型的“顺带清理——互相打斗”。但马鲁洛和库里坚持不懈地继续调查。两人夜以继日地奔波，直到第二天、第三天……他们不停地寻访心惊胆战的目击者们。他们一点点解剖案情原委、同精神受创的幸存者们进行谈话，然后认为当时的事态并未恶化到交火的地步，况且跟小个子少年同行的人并未携带武器。双方只是吵着要进行一场“肉搏战”。丹尼尔·约翰逊乘坐的那辆汽车的司机因为不想被卷入暴力便跑开了。而丹尼尔甚至都没从车上下来过。丹尼尔·约翰逊的母亲深受打击。在丹尼尔·约翰逊的葬礼上，他 5 岁的妹妹哭得歇斯底里，人们不得不拉着她离棺材远点，因为小女孩儿想要把哥哥从棺材里拽出来。马鲁洛也为他们家的遭遇难过不已。

这场“闹剧”的主要目击者是一位有两个孩子的母亲，她将
近 40 岁，哭丧着脸，偶尔干点大麻生意。开枪的人是这名女子的 220
邻居，他们之间偶有来往。她对他们相当了解。案发后没几个小时，女子便接到一通威胁电话，吓得她在惊惶中躲到了一家汽车旅馆。女子对警察说自己不会出庭作证。她在那个社区还有一些上了年纪的亲戚。“他们会杀了我。”女子说，手脚都在打战，仿佛冷得发抖。

“拜托了，”马鲁洛恳求道，毫无矫饰，“你得帮帮我们，只能靠你了。”最后，马鲁洛和库里终于令她相信她作证有多重要。之后，两人又说服检察官对雷蒙德街的四名帮派成员提出谋杀指控。

尽管包含两起杀人案，且其中的一个受害人还是个少年，但这件案子办得干净漂亮，然而却没有任何媒体报道这事儿。马鲁洛感到异常疲惫和沮丧。那名女子后来多次受到威胁。她最终可能只有通过多次搬迁才能得到些许平静。而丹尼尔·约翰逊的那几名年轻的伙伴则吓得不敢出庭作证；其父母也对警察大发雷霆，确信警方无法护他们周全。

拉巴贝拉加倍努力地调动马鲁洛和手下其他警探的情绪。他想了些老套的团建活动——一起烧烤、喝酒之类的；还在伊利森公园的警察学院安排了一次早餐聚会，附带一场激情澎湃的演讲。

演讲人是一名有着一头红褐色头发的女子，她身穿飘逸的套装、戴着珍珠耳环。这名女子名叫尚内尔·麦克米伦，她的名片上写着“追求目标、个人和团队训练”。她摆弄着手里的签字笔，不停地翻着页，大声读着：“在团队中，共同价值是我们的力量。”警

探们在狭窄的空间里，时而换个坐姿，时而你推我搡，不时地咯咯笑，一杯接一杯地给自己灌着咖啡。

麦克米伦说，人的性格可以分为四种，分别是风型性格、火型性格、水型性格和土型性格。风型性格的人渴望赢得关注，有些话痨。火型性格的人在意结果，且享受冒险的乐趣。水型性格的人敏感而富有同情心，并且对自己的感受不加掩饰。土型性格的人则持重沉静，且极其关注细节。“而监狱里不存在土型性格的人。”麦克米伦分享了自己的见解。

警探们开始喜欢上这个活动，特别是在早餐上了之后。大家笑着大声回答麦克米伦的问题。餐具叮当作响。大家相互传着调味品：把番茄酱传给来自东海岸和中西部的警探，把塔巴蒂奥辣椒酱
221 传给来自加利福尼亚的警探。马鲁洛喜欢番茄酱，颇有参加派对的心情，边吃边开怀大笑。唯独内森·库里一声不吭。

麦克米伦主持了一项性格测试。这项活动尽管在新时代略显俗套，但似乎有种颇为贴合的真实感。每名警探都能对应上一种性格类型，大家对测试结果也没什么异议。马鲁洛很快就被归入火型性格。而此时不在场的斯凯格也被划入火型性格，毕竟大家一致认定如此。

麦克米伦提出火型性格的人最好与水型或土型性格的人搭档，因为后者可以弥补前者的不足。大家若有所思地点了点头，说这就是为何斯凯格和巴林两人配合得如此完美——大家一致认为巴林属于水型性格。而内森·库里属于土型性格。同时，大家也毫不惊讶于拉巴贝拉是众人中唯一一个无法确定性格类型的。

聚餐期间，库里一不小心将咖啡洒了出来，他手忙脚乱地赶紧用餐巾纸擦干，脖子都急红了，大伙儿见了都乐得不行。“怎么了，库里？大家一起来研究研究呗！”大家喊道。库里一不留神便栽在

了这些人手里，真的一本正经地解释起咖啡是如何洒出来的：咖啡倒出来的速度太慢，自己想弄一下盖子。大伙儿不禁大笑起来，库里脸色通红，仍不停地擦着桌子。

库里一直待在马鲁洛身后。他的有条不紊平衡了搭档的雷厉风行；然而库里在内心深处始终认为自己的办案技巧十分欠缺。他担心自己不具备作为警察所必需的天赋。斯凯格以自信征服他人，马鲁洛依靠魅力；可库里既没有满满的信心，也不英俊潇洒。他的思绪无法串成一条线，而是在各种细节的矩阵中一蹿而过。同时，库里没有天生灵敏的直觉，无法像斯凯格或马鲁洛那样“抓住对案件或某个人的感觉”，也无法事先料到别人的反应。

库里在工作时常常感到自责。当询问证人时，他会因忘记问一些问题而不得不回过头来再问一遍。他得出的结论是自己也许“脑筋转得有些慢”，正好和他的导师斯凯格相反。于是库里暗暗下定决心要想法子弥补。

好像也只能加倍努力了，他想。

第十九章

证人福利

222 斯凯格认为，陪审团很可能会判处德里克·斯塔克斯和德温·戴维斯两人罪名均成立。但这终究不是板上钉钉的事儿。那时候，加利福尼亚州的重罪定罪率比 20 世纪 70 年代高很多[1]，在斯凯格的父亲还是警探那会儿，只有不到一半的重罪最终被认定罪名成立。而在定罪率上升的同时，案件清理率却同期下降，因此，无论是控方无法定罪还是警方输掉公诉，整体结果都一样。这个系统在对杀人犯的定罪、处罚方面仍然很薄弱。案件很可能由于审理过程中的某个分歧而分崩离析，但这并不会影响整体结果。

斯凯格对此案信心满满，而被委派处理此案的区助理检察官菲尔·斯特林却隐隐有些担忧。

斯特林是加利福尼亚州医院地区的一名“高傲的检察官”，他身形瘦削，有点像《断头谷》里的伊查博德·克雷恩。他有鹰钩鼻，稍稍有些龅牙，浓密的短发又直又黑。他的眼窝深陷，瞳孔外缘呈紫色，仿佛整个人从始至终都处于疲惫状态。他的身体就像轻木风筝的骨架：随着四肢不断运动而弯曲、咯吱作响。斯特林穿的西装外套总是松松垮垮的，领带也总是扎不紧：部分原因是斯特林 223
瘦得跟皮包骨头似的，可最主要的原因还是他总也闲不住。

斯特林所在的部门负责处理针对警察的犯罪，华莱士·特内勒尤其擅长调查这类案件，而斯特林从前就因为这类案子和特内勒接触过。大家知道斯特林一向待人生硬，但他的不加掩饰和积极健康的自我幽默弥补了他性格上的不足。他大概也知道自己长得干瘦，又总是局促不安，可能遭人嫌弃，于是他尽量不显突兀。

斯特林的搭档名叫约翰·科莱洛，是一名体格结实的年轻检察官：短寸头，窄下巴，蓝眼睛，兴许有点儿斗鸡眼。但这年轻人办事严谨、有条理，且目标明确。斯凯格颇为认同两人的搭档共事，科莱洛和斯特林就像火和水相互交融，不禁令他想起自己和巴林：两人办案从来都能默契地达成共识，并且总是对案情争论不休，却始终心无芥蒂。

斯特林是布莱恩特一案的主要负责人，他很担心对德里克·斯塔克斯的起诉。斯塔克斯没有认罪。他没有开枪，甚至没有亲眼目击这起谋杀案。这起案件对他的不利证据很大程度上依赖于米德基夫的证词、戴维斯的供词以及其他证人的陈述在众多细节上的相互印证。但是米德基夫有说谎的可能。她有一长串犯罪记录，很可能无法取信于陪审团。

此前，区检察院的一个委员会便不愿按照死刑起诉。他们的理由虽然没有明说，但也不难猜。触发这起杀人案的犯罪嫌疑人戴维斯尚未成年。而作为成年人的斯塔克斯本可获处死刑，但他在此案中的犯罪意图相当牵强，更何况他都没有下过车。

尽管信心满满，但斯凯格也知道布莱恩特一案尚有许多工作要做，因此他埋头于案件审判准备工作。

他的头号麻烦就是杰西卡·米德基夫。从她在77街区警察局
224 的讯问室里开口的那刻起，很显然便再也无法回外祖父母家住了。然而，米德基夫属于那类边缘人群，离开贫民区的世界，她将无法生存。她也没有过一份正式的工作；她整夜通宵，白天睡觉，偶尔喝得不省人事。加上巨大的文身以及举手投足间的妖艳风情，她走到哪儿都会吸引不三不四的男子。

斯凯格用得来的安置费付了几周的旅馆费。米德基夫一开始还算老实，她带自己5岁的女儿去下榻的旅馆，让孩子在旅馆的泳池里游泳——小女孩儿很少有这种机会。但是，大概6周之后，斯凯格便接到旅馆经理打来的电话，抱怨米德基夫带着男朋友一起住，且两人吵到了其他客人。斯凯格只得另找了一家旅馆。可没过多久，那家旅馆的经理便给斯凯格打电话，也是想让米德基夫搬出去。

斯凯格明白，这样下去不是办法，得想个长久之计。警方在对从监狱拨出的电话的监听中捕捉到对米德基夫的威胁。于是，斯凯格便让她离开洛杉矶南部，住进一栋公寓。证人搬迁规定推定证人搬迁后便可生活自理。但米德基夫没有任何经济支持。她总是挣扎在卖淫的边缘，但回到这种生活无疑会对布莱恩特一案造成毁灭性打击，而对她自身而言也意味着悲惨不幸。斯凯格要保证她安全，保证她头脑清醒，保证她好好活下去。

因此，他不可能袖手旁观。

可一入泥潭深似海，米德基夫的各种问题没个尽头：钱，一任接一任虐待她的男友，各种家庭问题，还有她老被卷入各种混乱关系。她孩子的父亲虽身在监狱，但一直试图得到女儿的监护权。而小女孩儿现在生活得安定幸福，与米德基夫的母亲住在一起，在学校里表现出色。

第十九章　证人福利

斯凯格虽嘴上不说，但心里十分担心米德基夫。要是她重操旧业，就很可能会被人害了性命——斯塔克斯在监狱里便能找人杀了她。

因此，斯凯格小心谨慎，定期确认米德基夫的情况，有空便带她去吃午饭。由于自己生活极其规律，斯凯格便总是感叹米德基夫竟活得如此随性：早上 6 点睡觉，一直睡到下午。“然后接下来的
十四个小时无所事事！”斯凯格惊叹道，好像这些年他认识的无数 225
人不是这么打发时间的一样。

米德基夫似乎只能找到一种工作：短期跳脱衣舞。斯凯格无奈地摇摇头。她总是保证自己又有新想法了，但却从来没实现过，比如拿到高中文凭，或是要换个工作，不在脱衣舞俱乐部工作了。有一次，斯凯格带着米德基夫去看望她女儿。下车前，米德基夫把斯凯格刚给她买的奶昔一把塞到了斯凯格手里，而后一本正经地解释说她不想让女儿看见她拿着奶昔，因为她正努力让那孩子少吃甜食。斯凯格觉着她真好笑。他从没想过米德基夫想让自己看上去有担当，以此让他刮目相看。

无论斯凯格说什么，米德基夫都会照着做，从来没有质疑过。这让斯凯格有些不安：他觉察出一种似曾相识的极端忠诚和绝对服从，就像街边的妓女面对皮条客时的表现。也许是某种移情作用，斯凯格看顾的这个证人正像服从皮条客般，对他言听计从。为了手上的这个案子和米德基夫的幸福考虑，斯凯格尽量利用眼前的状况，温和地敦促她找跳脱衣舞以外的工作，并引导她远离酒精和总是践踏她生活的渣男友。总之，斯凯格利用米德基夫乖乖听话来确保她安然无恙。

斯凯格渐渐地更加了解米德基夫。但凡遇上点事儿，米德基夫就给斯凯格打电话。她隔三岔五状况不断。就连斯凯格的妻子特蕾

涉都能从家庭汽车上的电话中听出米德基夫的声音，因为丈夫常常不得不在休息时间接这名年轻女子的电话。

斯凯格这才意识到米德基夫完全是孤身一人。她的母亲只来看过她一次。自搬到公寓后，米德基夫很少见她女儿。那年 2 月米德基夫的生日那天，斯凯格发现没人给她打电话或来看她。米德基夫多年来一直和各类人挤在一起住——和三四个妓女一起住在汽车旅馆，或者合租房子，而且她在南中央的大街上自由自在地度过了无
226 数个日夜。然而现在，她虽然住在离旧居几公里远的地方，可却形单影只。最终，斯凯格禁不住米德基夫苦苦哀求，无奈做出让步，让她暂时搬回去和母亲一起住，因为他认为那里暂时没什么危险。

6 月里，一天凌晨 2 点，斯凯格的电话响了，是米德基夫打来的。她当时正在牛顿区 42 街和中央大道的交叉口——那里以前是南中央的中心地区，华莱士 · 特内勒就是在那里学到各种手段的。米德基夫和一个男人出门喝酒，不知怎么的，约会到最后男人打了她一顿。不仅如此，他还偷了她的钱包，大半夜把她一个人扔在一处危险街区的街角，她身无分文。就在斯凯格准备去接她时，手机又响了。那个男人又回来了，态度诚恳地求她原谅。老是这样。斯凯格挂断电话，知道过不了多久她又会碰上麻烦。

那年夏天，一天上午，天色晦暗，斯凯格出发去查看享受证人福利的证人们的情况，心里为米德基夫发愁，最新报告说她最近因为和人发生冲突，连跳脱衣舞的工作都丢了。这段时间斯凯格试着和米德基夫聊过关于她的脾气的问题，可她没有明白斯凯格的意思。

米德基夫的母亲要把她扫地出门。因为最近，米德基夫的新男友喝醉后来家里闹了一场。米德基夫的母亲突然警醒，她要抚养两个孩子——米德基夫的女儿和自己最小的女儿，两个女孩儿年纪相

仿。正如斯凯格所说，她母亲相当“现实”地看待米德基夫构成的风险。如果米德基夫或她的男友制造麻烦，导致这家人被赶出这栋每月租金 1 200 美元的公寓，那么后果将不堪设想。她们目前生活中的那点舒适、安稳本就岌岌可危；况且米德基夫的母亲有不良信用记录，很难找到类似的住房。

那天还有一件大事盘旋在斯凯格的脑海里：初审临近。虽然不能确定日子，因为那头变来变去，一直没个准信儿，但斯凯格估摸差不多是时候了。在第一次讯问米德基夫过后的几个月以来，斯凯格基本没和米德基夫聊起她这次肩负的责任，斯凯格为了不让她受到惊吓而刻意淡化这件事情。但是，是时候开始精心筹划，让米德基夫做好出庭作证的准备了。

斯凯格在一处开满杜鹃花和玫瑰花的地方停车。一条小狗在玻 227
璃门后汪汪乱叫，斯凯格透过玻璃朝里头看去，在狗叫声中喊道：“有人吗？”他能听见米德基夫在屋里的脚步声。米德基夫应了声，嗓音沙哑，显然刚睡醒。“你才起床吗？”斯凯格隔着门难以置信地问道，“我们不是约好 11 点见面吗？”他同意等她洗漱完毕，而后边走回车里边念叨。“都是 22 岁的人了，11 点 15 分居然还在睡觉！”他惊叫道，“真是……”

最后，米德基夫出现了。她穿着一件带人造毛帽子的拉链夹克，留着长长的涂着半透明杏色甲油的指甲，拖着一双亮闪闪的白色凉鞋——一如既往的清凉打扮。她还把一头长发的发尾染成了浅色。自第一次讯问以来，她对斯凯格的态度有所改变。见到他米德基夫很开心，眼里闪着欢快。当斯凯格责备她睡太晚时，她撇一撇嘴，尴尬地笑，笑声沙哑。米德基夫故意微抬下巴，听着斯凯格像她父亲一般盘问她，心里早知道他要问些什么，早已悠悠地准备好了。

“男朋友呢？”

“走了。”

“真的？”

“真的。”

斯凯格那时候已经知道她所有家人和熟人的姓名，于是，他一个个地打听他们的情况。

米德基夫把斯凯格当成她最亲近的朋友。她总是能轻轻松松地转换话题。她用同样一副无关紧要的语气一会儿说日常生活点滴，一会儿说自己遭遇的不幸；前一刻还在说自己被人强奸了，下一刻就聊起最近做的美甲。她轻松地从一个话题转到下一个话题：家里的小狗，认识的人堕胎，外祖母的境况，最近最后一次酗酒，以及她准备投出人生中的第一票——总统大选快到了，她打算投给巴拉克·奥巴马，因为她反对战争。

米德基夫谈起这些事来都是一个调子。斯凯格有时会随口责备
228 她几句，因为她酗酒，但更多时候，他会以一贯的幽默听着故事，不时善意调侃几句。其间只有一次，米德基夫成功地扰乱了斯凯格平静的心绪。斯凯格向她问起两人都认识的一个男性友人的近况，米德基夫淡淡地汇报：“那家伙不知道跟警察说了些什么，之后就被那些人暴揍了一顿。现在他大概半身不遂了。”斯凯格听后虽脸上波澜不惊，却伸手把车载冷气打开，沉默半晌。

斯凯格带米德基夫去一家煎饼店吃饭。她告诉斯凯格自己的烟瘾变轻了，可就在进餐厅前，她让斯凯格等她抽根烟再进去。进去后，米德基夫点了很多吃的，像几天没吃饭似的：她点了一大碟鸡蛋加奶酪，又对洋葱的做法唠叨了半天，告诉服务员洋葱要切得很细，然后还要了一大盘煎饼。

吃饭的时候，米德基夫还在说个不停，笑的时候肩膀一耸一耸

的，两侧脸颊上都现出酒窝，还会时不时地扭扭肩，动动脖子。米德基夫说，她还没放弃考取高中文凭。她向当地一家药店发送了求职申请。现在她也在考虑要不要去学校学学调酒。斯凯格敦促她：“你有什么目标得写在纸上。把它们全都写下来。”

但对米德基夫来说，要实现这些目标有点难度。她并不认为在脱衣舞俱乐部跳舞便无法学习其他技能。她告诉自己，这份工作是她对舞蹈的热爱的一种延伸。她通过设定一些荒诞的界限来使这份工作正当化。比如，发誓只跳能穿着内衣跳的脱衣舞。她也拒绝跳大腿艳舞或是拒绝去那些其他脱衣舞者会在背后耍花招的俱乐部。她觉得自己出淤泥而“不染”，不想重操旧业再度卖淫。

然而，她虽然在社会上摸爬滚打多年，却从未意识到自己其实从没做过她所谓的“正经工作”。她也明白斯凯格的话里所指，但却不知如何开始。米德基夫对斯凯格的依赖比他想的更严重，而且她担心作完证后斯凯格不会再和她“继续做朋友”。

斯凯格临走前提醒她不久后即将开庭。“到那天再紧张也不迟，现在放轻松就好。”斯凯格对米德基夫说道，语气轻快。米德基夫没有吭声。临走时，米德基夫客气地单手抱了抱斯凯格，相当于南 229
加利福尼亚地区的握手作别。

接近正午时分，在 118 街与阿瓦隆街交界处，内森 · 库里光秃的脑袋在 8 月的烈日下尤为显眼。他一脸困惑，眉头紧锁，手里拿着笔记本，正在为调查最近接手的谋杀案挨家挨户地敲门。一旁的马鲁洛似乎并未受到这 8 月酷暑的影响，穿着深色西装，神态放松，墨镜时髦地架在额头上。距两人不远处，拉巴贝拉正亲自处理犯罪现场以节省加班费。

在街道的尽头，一小群人聚集在黄色警戒线后面。“是拉梅尔，”一个人喊道，“这次他们又害了拉梅尔！”说话的是个穿着黄衣服的女人，手里拄着根铝制拐杖，乱蓬蓬的头发用梳子随意一盘。这名女子是大约五年前被人杀害的罗纳德·泰森的母亲——在知晓儿子死讯时她当即吐了。此次的受害人曾是她的朋友，名叫拉梅尔·库克，是个石油钻井工人，有六个孩子，且没有帮派关系。

一名年轻女子走到警戒线前——她肤色较浅，裹着一条浅紫色头巾，自称是拉梅尔·库克的亲戚，想要进去找她的家人。女子朝着负责守卫警戒线的警察们大喊，他们朝这边扫了一眼，幸灾乐祸地笑着，而后便转过身去，任凭女子站在烈日下苦苦恳求，就是不理睬她。

马鲁洛和库里紧接着便回到警察局展开询问。拉巴贝拉还留在现场：一根接一根地抽烟，在当空烈日下默默地推着测量仪，汗流浃背，没好气地看着那些穿制服的警察站在一旁无所事事。

马鲁洛匆匆地赶到东南区警察局的点名室，拉梅尔·库克的几个家人都在那儿等着。马鲁洛指尖轻点桌面，隔着办公桌和他们说话。刚坐下，这些人就七嘴八舌地你一言我一语。拉梅尔的叔叔很生气，因为他们在这儿干等了许久，他便觉得警察对这案子不上心。“我会用我的方法解决的！”他冲马鲁洛吼道，“我能解决它！”马鲁洛的这个叔叔年轻时曾加入过帮派；可现在他就是一名长相平平、大腹便便，还缺了颗牙齿的男子。

230 这话再明白不过了。受害人人到中年的叔叔在市警察局的点名室里当着所有人的面，冲刑警高声嚷嚷要让凶手一命偿一命——这个“怪物”便是如此令人捉摸不定。马鲁洛设法让他先冷静一下，配合着略显孩子气的动作：瞪大眼睛，眉毛扬起。“您请节哀！我理解大家现在的心情……”房间的另一侧，几名穿制服的警察朝他们这边瞅了一眼，便又继续闲聊起来，似乎什么事都没发生过。

第十九章　证人福利

马鲁洛最后送这家的一名妇人出去，本以为她是拉梅尔的姑姑，可当他准备送这名妇人下楼时，她行动迟缓，显得很疲乏，然后干脆又一屁股坐下了，浑身颤抖。妇人身材矮小，圆脸，棕皮肤，一头灰发扎成许多条小辫子。她把一张纸放在桌上。当马鲁洛开口说道“侄子”时，妇人的身子瘫在椅子上。“是我儿子，我儿子啊！老天，是我的独子啊！”妇人抽泣着说道。

马鲁洛一时间不知如何是好。他先前不知道这是受害人的母亲。于是，马鲁洛立马缓过神来，把椅子拉到桌子的另一边，坐在妇人身旁，把手轻轻地搭在她肩上，语气更加温和，安慰她说：“请节哀。”接着他又继续说道：“不是我不体谅您，但我现在还得问您几个问题。我们会找出是谁下的手。”

妇人倚在桌子上，努力地吸着气。她叫乔伊斯·库克。马鲁洛问她她的名字具体怎么写，她把头埋在桌子上，不停地抽泣，话也说不清楚。

马鲁洛慢慢地问，身体前倾，时不时地点点头，尽量让她想着正事儿。妇人把知道的都对马鲁洛说了：拉梅尔刚出门，凶手便驾驶一辆面包车直接停在房子前面，随后一名年轻男性跳下车便开枪了。外面枪声不断，一声接一声。“开了很多枪！”乔伊斯·库克说道。在听见枪响后，她打开房门，眼看着儿子被人杀害。

马鲁洛身子一紧，把钢笔夹在手指间。“想必您一定很痛苦，”他说道，“我不敢想象那究竟有多痛。”

乔伊斯不停地抹眼泪。马鲁洛努力让她平复心情，但她的情绪完全崩溃了。她突然爆发：“迟了，太迟了！在我们需要的时候，你们这些人总是迟一步！”

马鲁洛接受叱责，闭上眼睛，脸上泛过阵阵痛苦。“要是我在 231
那儿就好了，”他低头对着桌子说，“如果可能的话，我想在那儿。”

乔伊斯·库克似乎听不见他说话，身子向前瘫坐着，头栽到桌上，默默哭泣。

妇人带来的那张纸上原来画着东西。虽然刚刚目睹儿子被杀的乔伊斯·库克大脑一片混沌，但她还是勉强镇定地找到一支铅笔，把刚才看见的一幕画了下来。她颤颤巍巍地画出了房子、面包车和开枪的人：这是将创伤状态以另一种形式呈现出来的实时记录，令人震惊。图上还潦草地写着一些断断续续的思绪，仿佛是乔伊斯·库克在睡梦中写下的。"我开门的瞬间枪声停了，"她写道，"一片死寂。"画的上方写着："拉梅尔·库克，我唯一的儿子。"

可惜这幅画对调查没什么帮助。上面的大部分信息警方都已掌握，而且乔伊斯·库克的回忆并不是在清醒状态下写下的，它们看起来难免杂乱无章。然而，这幅画至少代表了对正义令人心酸的强烈渴求。即使在儿子危在旦夕之时，乔伊斯·库克还想着警方调查之事。南部分局的警察总在抱怨"这群人"对协助警察破案不够用心，可他们又何尝不是对大家企盼警方成功破案的祈祷充耳不闻呢。

对许多警察来说，贫民区的黑人居民似乎极端乖张、满怀敌意，一心不想让自己活得更好。并且也是"这群人"反过来激怒警察，还装模作样。但是，撇开表面的种种异常不谈，警察渴望着成为"帮助他人"的行善者，而"这群人"渴望着得到警察的帮助。

但不少警察并没有意识到这一点。又或者说，如果他们真的意识到了，那么又太残酷了。毕竟，乔伊斯·库克是对的：他们总是迟一步。

在写这本书的时候，拉梅尔·库克被杀一案仍旧没有定论。刑侦队找到了不少有力线索，还找到了一些虽被吓破胆但有用的证人。他们确定了其中一个涉嫌帮派：帮派成员和芭芭拉·普里切特住在同一个街区。可在马鲁洛和库里把这案子移交其他警察之后，它便没有进展了。

这起案件的其中一名目击证人碰巧也是亨利·亨德森一案的 232
目击证人，马鲁洛正设法把亨德森一案送审。拉梅尔·库克一案的犯罪嫌疑人看到了这名女证人；几天后，她家就被洗劫一空。后来，这名女子在亨德森一案庭审时被迫撤回先前所述，随后便不见踪影。

另一名目击者干脆地拒绝配合刑警调查。这名身穿蓝衣服的黑人少年只有 16 岁，当涉案凶徒汹汹而来时，他正好走在街上。少年先一步瞧见了他们，而这伙人很可能是冲他来的；得亏对街头情况门儿清，再加上身手矫捷似羚羊，于是少年一跃躲进别人家的围栏，扔下拉梅尔·库克无辜受累。

去年 2 月，这个少年自己就曾遭遇帮派暴徒的枪袭。当时子弹飞速擦过其喉管——典型的“黄泉半步远”，少年差点性命不保。他当场呕血不止，脸色青白，喉咙顿时肿了起来。少年在重症监护室里躺了一星期，其间做了三次手术，之后又在医院里休养了两个多星期，一直处于深度昏迷状态。少年的家人们轮流在少年的病床边守着。拉梅尔·库克当时也去医院照顾过这个少年。几个星期以来，少年一句话也说不了：喉管的水肿使他的舌头露在嘴巴外面，那光景何止怪异，简直瘆人，真是惨不忍睹。后来，少年在情况渐渐好转之后便出院了。

少年的母亲惊吓过度，日夜忧思重重。就像无数起发生在东南区的枪击案一样，这起案子也没得到利索解决。拉梅尔·库克中枪后，少年的母亲仓皇冲到现场，害怕这次的枪击又发生在自己儿子身上；结果赶到现场后，她看见一个人把奄奄一息的拉梅尔·库克背起来。那时妇人瞥见拉梅尔·库克眼里带着一丝惊惧。之后，穿制服的警察赶到现场，这位母亲看见这帮人做的第一件事就是把她儿子铐起来，质问他是不是帮派分子。又过了许久，刑警才抵达现场，希望她儿子说说当时看到的事，而这位母亲立马拒绝合作。她实在不知道这么做的意义为何。在她看来，警察根本不关心她儿子在医院躺了几周，舌头都无法放回嘴里。她还认为这些人不仅解决不了自己儿子的案子，也没能力破获拉梅尔·库克这起案子。“只要死的是年轻黑人，他们就根本不会全力破案。”她说。就连警方也不知情，乔伊斯·库克竟对邻居们说自己不希望因为拉梅尔·库克
233 这案子让他们的孩子置身险境。乔伊斯·库克是出于同情才这么做的，在她眼里，这附近一个孩子死了已足够悲伤了。

在拉梅尔·库克的葬礼上，16 岁的少年双手掩面，哭得十分伤心，像个小孩。少年和其他扶灵的人坐在一起——都是黑人男性或是像他一样的黑人男孩，大家脸上都满是哀伤，还有不解。

牧师抓住机会，看着抬棺的众人说：“魔鬼正渗透你们的思想，让你们觉得为兄弟献身死得光荣！”他声如洪钟：“魔鬼想要迷惑你们！”少年们挺直身子，稍稍往前倾，注视着牧师，陷入深思。

葬礼一结束，拉梅尔的几个朋友便聚在一块儿私下讨论。一个人说，警方是破不了案子的。对警察来说，拉梅尔遇害一事“只不过是又死了一个黑鬼”，那人如此说道。“那我们自己伸张正义，”另一人说，“为什么士兵伸张正义被尊为英雄，我们伸张正义却被说成是黑帮小混混？”

儿子被杀一案最终没能破案，乔伊斯·库克对此并不意外。几年前她丈夫，也就是拉梅尔的父亲在新奥尔良市被人杀害，那起案子同样没有破获。

乔伊斯不让家人在拉梅尔死去的地方立纪念牌、点蜡烛。她是新奥尔良人，打小就知道蜡烛会把遇害之人不得安息的灵魂召唤出

来。乔伊斯认为南中央的大街上已经有够多遇害者的灵魂四处游荡了，这令人不安。

布莱恩特一案也终于在 2008 年夏天初审开庭了。

德温·戴维斯蹲了六个月的监狱，壮了不少，头发乱糟糟的没有打理，一直长到颈部。顶着个大脑袋和那张方形脸，戴维斯看起来依旧稚气，也依旧窘态十足。一进法庭，他便四处打量，寻找母亲的身影。德里克·斯塔克斯倒没什么变化，还是结实壮硕。他剃 234
了平头，栗色的眼睛分外警惕，嘴角两边微微有点胡茬。

那名坐着轮椅的男子当时已 30 岁出头，由于受法院传讯，他即便不情愿也只能出庭。一开始，他本来拒绝出庭。开庭前斯特林花了半个小时让他放宽心，不必担忧他和家人的人身安全。当他坐着轮椅现身证人席时，整个人都精神不振。坐在不远处的斯塔克斯意味深长地打量着他，男子于是否认先前在斯凯格和戈登面前说的话，改口说涉案枪支是他从毒贩那儿得来的。当被质问后，男子便坚称自己当时受警察威压才会指认斯塔克斯，回话时不敢看向斯凯格。

于是，检察官接着举证质证。录音播放时，自己抖出“没头脑”的那番话回响在整个审判庭中，男子先是装作在看腿上放着的一些资料，而后面露愠色，接着在轮椅上不安地挪动身子。最后，男子瘫坐在轮椅上，不再试图掩饰，一只手捂住嘴，眼里只有恐惧。

这名曾在某次枪击中死里逃生的男子被杀的概率是刑事案件统计率中最高的，但仅仅说明这一点无法清楚地描述其处境之恶劣。不仅因为他在经历一次枪击后能活命已是万幸，而且因为现在他在两名被指控的帮派杀人犯面前暴露了身份，他们知道了是他泄的密。更糟的是他还是一名“底层”黑人，社会的弃儿之一。既没有哪家报纸会因其遇害而发布新闻，也没有哪家电视台会因其死亡而在常规节目中插播该新闻，更没有哪位主管警探会亲自过问他遇害一案，并多次指定派人调查，直到破案为止。

那名坐着轮椅的男子不需要任何特殊能力就能猜到自己目前的处境。他从出生起就住在东南区。东南区的巡警对待像他这样的男子通常比对其他人更粗鲁；这些巡警在思维里似乎并未准确区分开冷血的杀手与为赚一点零花钱卖大麻的瘫痪年轻男子。如果有谁再次企图杀害他，并且成功得手了，他清楚地知道自己定然不够格被
235 归入“无辜受害人”一类。子弹已伤了他的脊柱，轻而易举。

当法官准许其退席后，男子片刻也不等，自己移动轮椅出去了，斯凯格都没来得及上前搭把手。斯凯格循着他的方向，跟了出去。男子感觉受到了背叛：斯凯格和戈登曾向他保证会严格保密。也许斯凯格跟出去是因为记着这事儿，又或者只是因为在东南区办案多年，心中了然这个男人眼下有多惊惧、多不安。“对不起！我很抱歉！”斯凯格在走廊对他说。他有些犹豫，跟平常大不相同。他的眼里充满绝望，但没再说什么。

那个曾在比弗利山庄的高中读书的缓刑犯也像坐着轮椅的男子一样改口不认，同时否认先前对斯凯格说过的话，甚至干脆不承认见过斯凯格，且和他谈过话。控方质证的时候，年轻人甚至称录音里的根本不是他。年轻人被带离审判庭时，眼神曾和斯塔克斯短暂交汇，可斯塔克斯始终眼神凌厉地盯着年轻人不放。在年轻人经过时，斯塔克斯缓缓转动座椅，直勾勾地盯着他，直到他走出审判庭。

那周的周末，斯凯格出于安全考虑，把杰西卡·米德基夫安排进旅馆暂住。这下可把她高兴坏了。米德基夫带女儿一起住了进

去。小女孩儿这次因为浴缸激动了半天——她的家里从没有过浴缸。米德基夫让她坐在里面看电影。庭审当日，当斯凯格早上 6 点 15 分到旅馆来接她的时候，她说自己早上 6 点才上床睡觉，就只睡了 15 分钟。斯凯格听后慌得不行，猜想她又不计后果了。但事实上，米德基夫只是想到要出庭作证，便神经紧绷，紧张到无法入睡罢了。

那天，她穿了一条褪色的牛仔裤，上身穿着碎花样式的尼龙衬衫，脚踩高跟鞋，头发扎成马尾，发尾染成浅色的头发一直垂到背部。她带着一个黑色的手握式钱包站上证人席，在宣誓的时候也拿在手里。

坐在证人席上发言时，米德基夫面如死灰。斯塔克斯一边死
死盯着她，一边前后微微晃动，坐着的椅子就像猫尾巴一样晃来 236
晃去。米德基夫朝他那儿瞧了一眼，两人之间似乎有种说不清的感情。

随后，米德基夫便开始了自己的讲述。她支支吾吾，伴随着深呼吸；说话断断续续，不住地叹气，似乎在踌躇。“让我先缓口气。”当斯特林问的一个问题让她思维有些混乱时，米德基夫恳求地说道。当被问及当时是不是她开着车时，米德基夫答道：“应该是吧。”这情形与之前交叉询问时她斩钉截铁的态度大相径庭。最后，米德基夫将一只手放在起伏的胸口上，小声嘀咕道：“对我来说真的不容易。”

坐在旁听席上的斯凯格不停地捣鼓手指。

在过去的几个星期里，斯凯格都在帮米德基夫做出庭作证的准备。她早就说过自己心里很不是滋味，因为在她看来，自己就是泄密者。搬离原来居住的社区让米德基夫感到“失去身份”，并且她愈发清晰地意识到自己没有真正意义上的朋友。与此同时，米德基

夫极度需要保持与斯凯格的友情。因为不知道怎样单刀直入地表达自己，所以她曾以玩笑的口吻说："你说过咱们一直都是朋友！"

而现在，坐在证人席上，米德基夫觉得刚才斯塔克斯对自己"抛了个媚眼"。有那么一会儿，她觉得斯塔克斯会从椅子上跳起一把抓住她，然后她意识到斯塔克斯脚上戴着锁链。而后，她又看到斯塔克斯的母亲奥利塔·斯塔克斯坐在旁听席，并认为她正狠狠地看着自己。米德基夫神情慌乱，法官直接让陪审团退场同双方律师私谈。

米德基夫在发表证词时总觉得鼻子痒痒的；她不知如何是好。当被告的一位律师对她进行交叉盘问时，她的抗争欲渐渐被引燃，并不自觉伸长脖子轻蔑地笑。后来，被告律师又提到她去世的祖母。米德基夫情绪失控，大哭了一阵儿，说着"抱歉"。斯特林给她拿了些纸巾。华莱士·特内勒独自参加了此次庭审的全过程，当看到这一幕时，他神色凝重，手不停地抠那粘在长凳上的透明胶带。

该案取消了"预审"，也就是说，法官裁定证据充分，两名被告应当接受审判。然而米德基夫的表现并未让斯特林对她多几分信心。距离审判只有几个月的时间，斯特林不免添了几分忧虑。

237 把处理贫民区案件的警探的热情一点点消磨殆尽的不是恐惧，而是失望。这种感情开始慢慢地吞噬山姆·马鲁洛。在东南区的一名受害人拉梅尔·库克入土后翌日，亨利·亨德森一案的被告被起诉于普里切特门前行凶，于当日接受第二次审判，尽管马鲁洛在这个案子上不辞辛劳，执着付出，但庭审最终再次以陪审团未能做出裁定而宣布结束。

后来，马鲁洛获悉自己无法晋升到警探以表彰自己此前所做的工作，尽管自己成功破获了那么多起案件。

加班限制也日益困扰着马鲁洛。近期，他还被告知不得出席受害人的葬礼，可是从前，斯凯格一直教他要出席葬礼。“死者家属一心扑在葬礼上，他们把全部希望寄托在你一个人身上，可你却……”马鲁洛说道，“你只想作为一种处理机制，不想被牵涉其中……可死者家属接着就让你的希望落空。”

拉巴贝拉还在坚持设法苦中作乐。一天傍晚 4 点半左右，不知道他从哪儿弄来一只木哨，吹了一声，大声喊道：“只剩 15 分钟啦！”而拉巴贝拉也能看出马鲁洛情绪低落，在替自己的未来仔细打算。由于担心会失去“小斯凯格”——他“唯一的火种”，拉巴贝拉在 9 月中旬召开了一次会议，讨论加班限制的事儿。“我也很发愁这项规定会对你们不利。”拉巴贝拉说道。

拉巴贝拉坐在一把带扶手的椅子上，他手下的警探要么坐在办公桌上，要么靠着墙。他原本想要鼓舞一番士气，可一名警探提出，被分配到 Compstat 系统——以犯罪统计数据图为基础的新型治安管理项目——工作的警察都配备了私用警车，可刑警却没有。马鲁洛也插言，说刑警致力于“重建社区的信心”。但由于这项工作的价值遭到严重低估，因此“很难要求人们为此献身”。然后他直指拉巴贝拉：“看看你为它都变成什么样子了！”

大家一时惊愕，沉默不语，接着几声生硬的笑声打破了沉默。马鲁洛毕竟在对上司说话，何况他们还是朋友。“你怎么能这么说 238
话！”一人低声嘀咕。马鲁洛顿时语塞，羞愧难当。

可拉巴贝拉摆了摆手：“算了，算了！你也没说错……我是被它毁了！”没人看得出他这话究竟是不是自嘲。

马鲁洛再次出言，掷地有声：既然犯罪率这么低且警察队伍不断扩充，为什么他们还需要拼命争取资源？为什么？他一只手摸着脑袋，满眼疑惑。“我实在搞不懂，”他最后收尾道，“谁来解释解释。”

克里斯·巴林散会后去找马鲁洛。“我也在场，别误会我的意思。对加班限制，我跟你一样懊恼，”巴林低声说道，“可你别放弃！咬牙坚持，斗争下去！”巴林边说边把手挥来挥去，苦口婆心，竭力劝说马鲁洛不要放弃。

内森·库里就坐在一旁，静静听着，一只手放在嘴上。

可是巴林话音刚落，马鲁洛就将手里的空咖啡杯一把扔进了垃圾桶，发出“咚”的一声闷响。“我已经考虑清楚了。”他说着便转身走了。

没过多久，拉巴贝拉脸色阴沉地走进办公室，告诉他们：“山姆给我发短信说他不干了！”

马鲁洛在东南区的打黑部门获得了三级警员的职位，这一职位专注于训练抑制犯罪的警察。可想而知，拉巴贝拉不得不独自消化马鲁洛的“背叛”。“他才不是火种，”拉巴贝拉厉声说道，“他不过自以为是火种罢了。”

第二十章

失落的灵魂

斯凯格不喜欢同时处理多件事。一次专一事，昂扬论今朝，这 239
是斯凯格信奉的另一条人生格言。然而事到如今，他别无选择，只能一边筹备新的工作，一边给先前的工作收尾。

直到几个月之后，斯凯格才适应在两个岗位间来回奔忙，一边接着准备布莱恩特一案即将进行的审判，一边筹划奥林匹克区警察局新的刑侦科——不久之后它将正式启动警务工作。新的警察局的辖区将包括韩国城的一部分以及洛杉矶警察局兰帕特区分局辖区的一部分。

那时候，兰帕特区的麦克阿瑟公园里有一个露天毒品交易市场，且该地的中美洲移民间经常爆发教派斗争，两者叠加使得该地暴力频发。当洛杉矶警察局获得一笔资金，计划在那里建新警察局时，那里的犯罪率仍然相对较高。但到新警察局建成时，韩国富人为了躲避 20 世纪 90 年代末的亚洲股市暴跌，在该地区大量抢购房产，开发商建造了很多时髦的阁楼住房，吸引来了大批学生和职业精英。与此同时，一些讲西班牙语的移民仍居住于此，而他们之中的凶杀率大幅下降。

当时的社会可谓历经剧变。人们从中学到不少教训，其中之一
240 便是：贫困并不一定会引发杀人案[1]。即使中产阶级化风生水起，兰帕特区近 40% 的居民仍生活在贫困线以下[2]。他们大多属于非法移民，在破败的砖砌公寓楼里蜗居；按照洛杉矶的标准计算，该区域的人口密度相对较大。可是，南洛杉矶地区死于他杀的黑人数量却比这一带高出一大截。

学者们在其他地区也发现了类似的情况。尽管生活相对贫困，但最近来到美国的移民群体往往比美国本土的拉美裔及其后裔凶杀率更低。这是由于凶杀多在走投无路以及经济上相互依存的人群中肆虐，而并未蔓延至流动性很高的人群之中。

从根本上来说，移民只是暂居于此。21 世纪初，兰帕特区的移民将曾经种种留在故土，被迫离乡。他们并非彼此依靠，住在南洛杉矶极度贫困、与外界隔离的无人问津之地。相反，他们只是旅居的过客[3]——在麦克阿瑟公园暂住一段时间后便搬去惠蒂尔或是拉蓬特。拉美裔族群对比黑人族群的优势在于，尽管贫困率很高，但他们在私营部门一直享有更好的工作机遇。历史学家乔什 · 塞兹表示，几十年来，相比黑人劳动力，洛杉矶的雇主更偏爱拉美裔劳动力，并对此毫不掩饰。墨西哥裔劳动力供应是洛杉矶的一大卖点，“推销者”常常以此吸引制造商。20 世纪 20 年代，不少依赖墨西哥移民的雇主拒绝雇用黑人；而到 30 年代，工会组织则绕过黑人工人，将运动矛头指向拉美裔。第二次世界大战期间，黑人不像拉美裔能受雇于船厂或码头，而只能做最脏最累的体力活。这里并非说拉美裔工人没有受到歧视，他们同样受到歧视。然而，虽然他们干的这些活计苦不堪言，可黑人就算想吃这份苦都没有机会。

到60年代的时候，食品加工业和金属工业喜欢雇用拉美裔劳动力已成常态。

后来，南加利福尼亚航空业蓬勃发展，黑人仍不像拉美裔一样能从中获利。由于早期种族主义的影响，后来工业渐渐转移到白人和拉美裔人更容易买房的郊区，黑人陷入地理上的孤立之势。黑人也不能在一些新的国防或航空航天热门地段买房或租房，这一是因 241
为限制性房地产契约，二是因为对抗法院裁决而事实上努力延续这些契约。于是，黑人被困在阳光明媚的底特律，住在破败的轮胎和汽车工厂厂房里，而南加利福尼亚州其他地区正见证第二次制造业腾飞。尽管总体就业情况仍旧明朗，但在2000年之际，洛杉矶的黑人劳动力在劳动力市场的参与度仍低于拉美裔，尽管后者总体上受教育程度更低；而且，黑人大多还是和白人住在不同区域，挤在他们独有的“铁锈地带”。

这与当时美国的国情相符合。那些黑人似乎住在四周密封的围城之中；可拉美裔的情形却并非如此。长久以来，对比拉美裔，黑人更加远离白人，人口也更集中。事实上，美国黑人比其他种族或民族更倾向于群居，也更孤立。“黑人世世代代都处于隔离状态。”[4]社会学家道格拉斯·梅西说道。没有其他哪个族裔的情况糟到这种地步，就连19世纪美国东部城市的少数族裔，比如意大利裔、波兰裔及犹太裔都不曾如此。无论如何努力，黑人都始终无法跨越种族隔离。它如影随形，无形的力量也使之不断增强，比如房地产风向变动。2000年，在法院取消限制性契约几十年之后，洛杉矶地区的黑人仍同20世纪70年代一样，无法与白人为邻。

这种隔离也使有罪不罚的情况集中发生。这也有助于解释为什么尽管不同种族间的杀人案清理率差别不大，可最终结果却相去甚远。居住区的隔离程度强有力地预测出发生凶杀案的概率；关系亲密、社区交往频繁、物物交换以及共享一套约定俗成的规矩，都会导致凶杀案滋生。关系亲密也是凶杀案持续发生在同一族群中的原因。人们得和他人有所牵扯才会衍生出杀人动机，而现实正是，大家被迫在一处孤立的小世界里共享空间。

相比之下，美国那些孤立且分散的白人中上层阶级聚居区凶杀率并不高。那里的流动性很强的住户之间并没有多少交集，因为他们不依赖彼此生存。虽然偶尔召开的公寓共管董事会会议也许会闹
242 得不欢而散，但通常这些地方的法律足以应对，人们也能放心地借助法律制裁暴力，以使邻居间偶尔的纠纷不致闹大失控。就算法律无法解决，比如说年轻人对高中的一些学生斗殴觉得厌烦，他们也能轻轻松松地搬去其他地方。

在斯凯格那个年代，兰帕特区尽管贫穷，但谋杀率与全市平均水平相当，与圣费尔南多河谷的郊区也相差无几。新成立的奥林匹克区警察局和斯凯格从前办案多年的地方必然有所不同。尽管如此，斯凯格还是兴冲冲地为新警察局的开工筹备着，大部分时间都在未施工完的新办公室里。

南部分局的老同事挖苦他成了“交警”，还嘲讽那一片极低的犯罪率。然后他们又说斯凯格带走了他保管的办公用品，包括插线板和几罐除尘剂。这些东西在南部分局刑侦队是稀罕物件，因为就连基本的办公用品也是有配额的。在巴林的质问下，斯凯格承认了，并为顺手带走除尘剂而认了错。

临了，斯凯格最后一次回到南部分局去参加圣诞节派对。刚到场，大家便不停地起哄：“哈，西部分局的来啦！”斯凯格就这样作别了昨日。

那时候斯凯格已经准备充分，他所在的新警察局随时可以办案。他在新办公室中立起一块巨大的白板，用来罗列案件——就像

拉巴贝拉的做法一样。他把白板分成几个区域，这样看着便不会显得凌乱。在白板的最上方，斯凯格用红笔写下了以前东南区警察局的口号："一点点逼近成功"。他还买了一台高级的咖啡机和一罐苹果味的空气清新剂。

他还要求拥有一个巨大的柜子，并给它安上崭新的搁架。斯凯格知道，尽管犯罪率逐年下降，但他知道自己置身何处——兰帕特区自"大事件年"以来的陈年悬案都可以追溯到麦克阿瑟公园湖中漂浮的那些尸体了。他打算自己挖出那些悬案的真相，其中有453件案子可追溯到1966年。

在灯和地板安装完成前，约翰·斯凯格便已看完大量陈年旧案的档案记录；等到新警察局正式启动时，他已经将每个蓝色档案夹 243
归类并分拣完毕。它们在那个新柜子里排成一排，被按时间顺序贴好标签——从"最近""中期"，一直到"很久之前"。

整理这些档案并不枯燥。这里发生的凶杀案和他以前见过的有所差别。比方说，20世纪80年代这里曾集中爆发男同性恋者被杀案，且都没能破案。某些案件的受害人遇害前私生活颇为混乱。还有些受害人有异装癖。斯凯格对这种类型的谋杀倒不陌生。就像无家可归的流浪者、妓女或是有前科的黑人一样，这些受害人其实很容易受到伤害，因为他们是边缘群体：遭人白眼的人会成为"怪物"的飨宴。斯凯格决心要替他们争取迟来的正义。

这一地区也有发生在拉美裔族群中的帮派杀人事件。"大事件年"的警探们不堪重负，因此几乎不会费心去调查其中的一些案子。斯凯格发现在其中的一起案件中，警方在接到报警电话三个小时后才赶到现场。后来，警方总算找到一具尸体，却没有发现任何线索。

最让斯凯格感到震惊的要数很多案件都有清晰的线索，这与东南区的情况非常不同。再比如，他发现，兰帕特区的警探多次接到目击者“见义勇为的电话”——人们会主动报告他们看到的事。尽管这里住的许多居民是通过非法途径进入美国的，但他们表现得比沃茨的居民更愿意配合警方。在东南区的这些年，斯凯格还从来没有接到过主动提供线索的电话。对此，他很是惊奇。

在此期间，斯凯格继续跟进布莱恩特一案：要听监狱的监听录音，还要回访目击证人。斯凯格把自己从前在西南区的搭档科里·法雷尔带到了新警察局帮他处理这些事。

那时，法雷尔的第二个孩子才出生不久。他答应妻子，晚上会回家帮忙。妻子翻了个白眼，问他：“你现在是跟斯凯格搭档做事吗？”“是的。”

斯凯格还得独自处理米德基夫的相关事情。斯凯格原本心想只要她住在那儿不乱跑就不会有危险。但是，米德基夫会在给他打完电话不久后失去联系，留下斯凯格拼命想办法联系她——一个人在那儿心急如焚，心里默默念叨“估计又找了个鬼男友”，然后一次接一次不停地拨号。

244 要是米德基夫消失了一段时间，斯凯格就又得撂下正事，耗费一整天找人并确认情况。米德基夫一般过不了多久便会再次现身，说是因为病了或是手机坏了，然后告诉斯凯格租金还没交，自己又没钱了，又或者是还没吃饭，家里吃的也没了。斯凯格的俩孩子都十多岁了，他不得不感慨自己好像又多了个女儿，可这个“女儿”简直“像噩梦一样”。

亚迪拉·特内勒定期前往圣十字公墓给儿子的墓穴换上鲜花，布莱恩特的遗体火化后葬在公墓的地下墓室里。亚迪拉渴望感受到布莱恩特实际上并未离开，他的墓似乎缩短了两人之间的距离，可这样的探望到头来仍无法抚慰她的伤痛。

尽管如此，亚迪拉每周五下班后都会开车驶向那处阳光明媚的小山顶。行至山巅时，广袤的都市向南一直延伸到海湾的壮阔便能一览无余。亚迪拉穿着一身医院厨房工作服——蓝绿色上衣、白色裤子及白色运动鞋，手上提着一篮红色康乃馨和黄玫瑰，停好车便立即离开了停车场；周围停放的汽车车身反射着阳光，明亮晃眼。陆地上风景优美，海风吹拂着低矮的棕榈树，吹得叶子沙沙作响。

亚迪拉无心欣赏眼前的美景，径直走向那一片宽敞的墓室，消失在墓室那天鹅绒般的光影之中。亚迪拉有个习惯：她在医院买的花束要等到墓地后才拆开，然后用一根长棍子将它们送上布莱恩特处在上方的墓穴。

亚迪拉无法控制自己不去疼惜布莱恩特，就像寻常母亲为孩子着想一样常常替他设想今后的人生，关注他可能喜欢做的事，可能对他有好处的机会，或是可能适合他的工作。迪迪也是如此：回洛杉矶国际机场工作后，身边的各色市政员工都会让她不禁联想到弟弟。比如看到机场工人，她会想到这对布莱恩特来说也许是个机会——工人们天天在户外忙碌，都是动手的活儿，报酬和福利都很可观，对布莱恩特来说是个不错的机会。布莱恩特离开与否并不重要——亚迪拉作为母亲的关心充满他整个生命的历程，这些东西不 245
是说放下就能放下的。然而，亚迪拉不得不强迫自己接受现实，尽管这现实残酷异常——布莱恩特已不在人世，他的人生“已经画上了句号”。

事实确实如此，人无力改变。然而令人震惊的是：事实会让人如此肝肠寸断。对亚迪拉来说，这种苦痛犹如一只巨型气球飘浮在半空，侵入生活的每分每秒，光是同它对抗便已让人筋疲力尽。在第一次感受到这种煎熬时，亚迪拉并没有哭个不停。她被伤得太深，泪反而流不出来。泪水属于这个世界，但儿子的遇害超出了尘世的界限。

后来，等这个事实日渐成型，占据日常生活的一角时，它开始像病痛一样侵入肉体。于是，亚迪拉哭了，全身真切地感受到一种切肤入骨之痛，这对她的身体造成了虽可忍受但很麻烦的影响。对特内勒和亚迪拉来说，“坚强”是一条重要原则，可亚迪拉有时难免感到腹背受敌。苦涩将她紧紧裹挟在其中，时时引诱她屈服；因此，她得时时警惕，处处提防。“为什么执念那么深？让他安息吧。”亚迪拉这么告诉自己。可是另一个声音又会出来反驳：他没有受苦，受苦的是她。死者已逝。痛苦不堪的是活着的人……不，别想了。亚迪拉有时不得不打断自己的思绪。她不能悲观。

亚迪拉又投身日常习惯。宽阔而空旷的陵墓阴处，秋日的阳光转瞬即逝，亚迪拉用那里提供的刀具修剪着康乃馨和玫瑰，而后把塑料袋塞回篮子里，接着顺着水泥阶梯，往上走，绕过去，走到一面墙壁边，墙上高高的地方有一块牌位，上面是布莱恩特的照片。“谨此纪念深爱的儿子，我们的布朗尼男孩，1988—2007。”

亚迪拉抬起头看向那儿，倚着棍子，哭了起来。

“你们这群混蛋！”

虽然马鲁洛离开了，但内森·库里还在战斗着。他的新搭档是汤姆·艾曼，以前做门窗安装的生意，后来加入洛杉矶警察局成了一名警察。

246 艾曼已是一名能干的缉毒卧底。他在人群中毫不起眼：中年发福，戴着一副金丝眼镜，举止谨慎。

发生在拉科尼亚大道附近的那两起命案的送审工作交由库里完成，因为马鲁洛中途撂挑子不干了。所以就有了眼前这一幕：艾曼紧随其后，库里拽着一名女子，她是丹尼尔·约翰逊一案的目击者之一，不愿作证，当时她正准备出发去上班。

库里从她汽车开着的车窗那儿探进一只手，把一张法院传票放在她的副驾驶座位上。此时，女子破口大骂：“你们这群混蛋！你们这是骚扰！”人群渐渐聚集起来。

目击这起案子的每个人大都如此不情愿作证。其中两名目击者害怕和警方合作会遭到报复，于是出门随身带枪。其中一人尚未成年，不巧被抓住私自携带枪支，目前正面临起诉：非法持有武器。第三名目击者遇到了此案其中一名被告的前女友，这名女子“一把扑向”她，骂她多事儿然后将其痛打一顿。第四名目击者也是一名少年，在康普顿法院进行初审时在地上打滚，怎么也不肯进去。于是，两名警察不得不架着他走上证人席，少年一边大哭大闹，一边死命挣扎。

不但如此，丹尼尔·约翰逊尚未走出伤痛的母亲在法庭外的走廊里被被告所在帮派的几名成员威胁。那几个人对她说，识相的话“最好不要出庭作证”。最后，还有一名证人的男友在法庭里被一名有些年纪的男子威胁。那人用帮派脏话恐吓他，带有赤裸裸的性暗示：“我他妈是瘸帮的人，有艾滋病，知道吗，我鸡奸过黑鬼。”等到艾曼从座位上跳起来挡在前面时，这名瘸帮人士说自己是拿公款薪水的帮派调停人员。然后，那人还给警察局的一位主管打电话，投诉艾曼妨碍他工作。

而眼前这名女子竟因库里给她递法院传票说他行为失格。她朝人群大喊：“这件事跟我一点关系都没有啊！”

“不巧，跟你关系不浅。”库里回了一句。他们把这名女子铐上，一把塞进警车。

在决定当警察之前，库里曾在护士学校学习过，因此，就算是 247

现在的他，工作起来还像护士一样，虽不苟言笑，但是个热心肠：以失意对抗敌意，用忧郁抗衡抵触。库里把传讯当成注射，因会产生疼痛而心善地麻利处理。

最后，库里总算让女子的情绪平复下来。他们放她离开，临走时，仿佛不曾起过争执一般，库里叮嘱她："小心点！"

与此同时，回到东南区警察局的马鲁洛继续在之前的打黑执法部门工作。马鲁洛那年秋天第一次当值时心里颇欢喜；他抻了抻自己那件紧身蓝色制服，发现竟缩水了，一旁的一名同事白了他一眼。同警局的打黑警察身穿加利福尼亚州警服，短袖下鼓起健硕的肌肉，边用瓶装水冲泡蛋白粉，边听警司说起今晚的任务。打黑警察们大多开着警车巡逻，发现情况便实施逮捕，即抓捕携带毒品或枪支的人。或者，正如马鲁洛后来所说的：握住黑白色警车的方向盘，"遵循那个大家都听说过但不知道确切含义的大规模打黑镇压路线"。当经过98街和缅因街的交叉口时，警车的头灯扫过一群缅因街的行人。马鲁洛停了车。"你打哪儿来的？"一人问道。那人的同伴替马鲁洛答道："他之前去当刑警了！这不又回来了！"他们看着马鲁洛，皱着眉头，问："兄弟，你为什么又回来了呢？"

那年秋天的夜晚大多数时候都很安静。马鲁洛仅仅追过一两次犯罪嫌疑人，其他时间基本上都在开车，聊聊街上的传闻，时不时想想自己做的决定。随着时间流逝，11月的时候，马鲁洛的脸上早已没了笑意。一天晚上，当从黑漆漆的街上回东南区警察局时，他向人倾诉内心的不安："有时候我感觉很糟糕，你懂的，就是总觉得自己什么都没做。"

当约翰·斯凯格送回戴文的那双鞋子后，芭芭拉·普里切特便将它们放在客厅神龛的中央。

那时候已经是 2009 年，戴文去世已有两年之久。如果说神龛那儿有什么变化的话，就是东西越堆越多了。鞋子两边拥着两只泰迪熊，周围是戴文生日派对上的其他纪念品和一些气球。尽管人已 248
逝，但家人仍为他办了生日派对。普里切特还在上面贴了一张登在《洛杉矶时报》上的凶杀案案发地图。

普里切特在提起戴文时依旧不免心中酸楚，脸上落泪，可为了自己 13 岁的弟弟卡洛斯，她努力控制自己的情绪。普里切特把卡洛斯当成亲儿子抚养，希望他能顺利毕业。家人们都从旁支持她，孩子们最近集资帮她买了一张新沙发和一条新地毯。

戴文死后，普里切特把她那与生俱来的母爱关怀给了那些警察和检察官——在她备受煎熬时，这些人走进了她的生命里。普里切特常给斯凯格打电话，还有马鲁洛、内森·库里和乔·波拉斯——都是因案子结识的。普里切特把他们看作“家人”。

然而，这没有什么实际效用：春日里的一天清晨 5 点 15 分，住在她家里的一个亲戚听到门外有响声，于是，他去看了一眼，结果发现警察把普里切特家围了起来。

那些人是东南区的警察，正拿着搜查令搜人。警方手持抢劫搜查令，要找普里切特的一名不与她同住的兄弟。于是，警方命令普里切特出去候着。她那时候脚上没穿鞋，身上也只披着件睡衣。

那晚同住普里切特家的还有普里切特的一个弟媳和她六个月大的孩子。普里切特的女儿抱着孩子出来了，心情郁闷，因为当时天气很冷。婴儿那时还生着病，但她们没拿毯子。女儿和一名警察激烈地争吵起来，那名警察却让她举起手来。难道他看不出她手里抱着孩子吗？

当警方在他们家里横行时，这家人却站在巷子里的垃圾桶边瑟瑟发抖。

结果是警方弄错了。搜查令写成了普里切特的兄弟的名字。他们要找的人和普里切特走得并不近，并且也不住在她那儿。普里切特的女儿气得火冒三丈，可普里切特倒是庆幸警察没把她家洗劫一空。她暗暗决定，不能让这次的乌龙影响她刚刚对警察建立起的好感。

不久后，一名女子在街上被打伤。普里切特出门一看，发现了身穿蓝色警服的山姆·马鲁洛，可惜他不再是刑警了。那时候她
249 才得知斯凯格已经离开了南部分局，而乔·波拉斯也已不再在康普顿法院工作了——除了库里，那些好人都“叛逃”了，普里切特心想。

又过了几个月，普里切特认识的一个人在尼克森花园小区遇害身亡。前来悼念的人里有个认识她的年轻黑人男子——他也认识戴文。年轻人告诉她他很怀疑这个案子能不能破获。

“我们需要斯凯格回来。”他说，普里切特表示赞同。

而斯凯格此时正远在奥林匹克区，日子越来越无聊。

斯凯格全身心投入新工作。他要求刚入职的年轻警探衣着整洁，并将小队会议定在每天早上 7 点，以确保刑警们没法睡懒觉。只要谁的办公桌上有回形针盒子，斯凯格便会跑去追问。然而尽管如此，直到春天，他的白板上仍然空无一案。新区一起凶杀案都没发生过，而斯凯格此时跟以往不同，无所事事而精力过剩，浑身都不自在。

同时，斯凯格仍在为布莱恩特一案操劳。初审过后，那两名拒不配合的目击证人全都不见了踪影。两人分别是那名坐着轮椅的男子，以及那名年轻的缓刑犯——他曾与布莱恩特的邻居发生过斗殴。法雷尔则在搜寻二人。

与此同时，新证据仍不断浮现。监狱里头的监控曾捕捉到斯塔克斯与戴维斯共同关押期间的对话。前者声称自己跟布莱恩特被杀没有半点关系。而后，他补充道：“如果我要杀个条子的话，那么那个人一定会是斯凯格。高高大大的白小子，穿衬衫，打领带，就是不套外套。”斯凯格听着倒是乐了——好歹他比其他警察高出一截。但是，这盘录音带在法庭上不可能成为合法证据。

检察官斯特林仍然感到十分焦虑，对法官会判决有罪没有把握。斯凯格和别人一样，也觉得斯特林这人很难对付。但他决定承认斯特林，因此老是拿他寻开心。

俩人当年春天去了趟监狱。他们本希望从一名囚犯那儿得到更
多证据，不料那名囚犯对迫在眉睫的审判没有丝毫用处。所幸那次
长途跋涉没有白费，算是加强了两人的默契。斯特林人坐在副驾驶 250
座上，手上却瞎指路；斯凯格开着车，即使完全迷路了也对斯特林
的方向感信心满满。

斯凯格总喜欢故意惹斯特林生气，并且经常因斯特林成天心事重重而打趣他；而斯特林顶多借机刺激刺激斯凯格。斯凯格喜好的咖啡口味就连星巴克服务员都觉得“清奇”，当他停下车去买特浓黑咖啡时，斯特林会点一杯奶油焦糖星冰乐。“什么鬼！”当那浮着奶油的混合饮料被端过来时，斯凯格总会颇为不满地咕哝着，而后嫌弃地把它递给斯特林。斯特林则会心一笑。

几排低矮的监狱楼房渐渐从地平线露出来，一圈一圈的带刺铁丝网在朦胧的光线下寒光闪闪。看守塔中的一名警卫用绳子把水桶放下来，里面放着钥匙，这让人联想起苏斯博士的《老雷斯的故事》。没有任何高科技比这法子更管用。

一名狱警接待了他们，他的胸前挂着一只超大型黑色对讲机，蓝绿相间的文身缠满小臂。斯凯格和斯特林进入监狱，经过重重栅

栏和无信号地带，栅栏上面有高压警告标志，画着人遭到电击的图案。

两人在一间办公室里等候，里面挂着一面足足有一张床那么大的美国国旗。墙上有一溜儿头像，贴着“逮捕”的字样，其中包括不少女性——这些人被抓到探监时企图偷运毒品。斯特林和狱警聊了起来，其中一名狱警爽朗地说起监狱对猥亵露体的新惩治措施：“规定说，向女狱警露体的判 25 年！”另一人则炫耀地说这里关着一名曾经叱咤风云的墨西哥黑手党头目。斯特林表示很惊讶，但在他的质疑之下，那名狱警承认，那个头目实际上在医院躺着。“他的肾有毛病，他老了。”狱警说。

斯凯格全程一言不发，手指不停敲击桌面。这里的狱警有几分自以为是的神气，穿着连体衣、戴着黑色棒球帽悠闲地踱来踱去。
251 他们为自己作为执法人员的身份感到骄傲，并觉得斯凯格也是他们中的一员；他们谈起自己这边的“调查”就像下班后同事私下谈工作一样。但斯凯格紧紧抿着的双唇表明他可不认为监狱看守同自己是一类人。

斯特林嘴不牢靠，立马换上狱警说话的口吻，开始说起布莱恩特一案的种种。斯凯格敲击桌面的手指渐渐停住了，嘴唇抿得更紧了。很显然，他对此很不高兴。

他们要见的那名囚犯是个黑人，与南中央的黑帮有牵扯。那人很年轻，看起来有种运动员的气质；从他的眼神看得出来，他头脑清晰，也很机灵。看着他，让人不禁联想到他也许能过上不同的人生：一名人气很高的高中足球运动员或是一名前途光明的大学生。然而，这辈子，他却不断遭遇枪击或殴打。他在凶杀案里失去了朋友。他说自己曾袭击过别人、打伤过人，但没有杀过人。他自家的房子“被砸了”。一个男人揍了他一顿，打断了他的金手链，留下几句话便走了——那人说：“我可以杀了你，没有人会吭声。”

年轻人很快就会刑满出狱，可他有些不安。对加利福尼亚州的年轻黑人来说，监狱比自由的世界更安全[5]，在监狱外面被杀的概率更大。一些帮派成员甚至将监禁描述为短暂的解脱：暂时摆脱街头的恐怖，就像士兵不必上战场一样。

这名年轻人暗示自己的“帮派身份”是一种生存策略。“得演戏呀。”他告诉斯凯格。他满怀羡慕地谈到一个他认识的帮派成员，这个人死里逃生，逃得远远的，在工地上打工；他爱上了一名女子，他也想这么做。可他没钱，也知道自己坐过牢，很难找到工作或住得起公寓，甚至他连信用卡都申请不到。

斯凯格一直以来都对许多帮派成员感到震惊，就像眼前这个年轻人一样，他们看上去相当普遍。但他们始终都是帮派成员。这些人在十三四岁的时候就加入了帮派，有的是身不由己，有的是为了寻找靠山，还有的则是年轻禁不住诱惑：女人、金钱、刺激，还有 252
打架和“狂欢”的机会。等到 20 多岁，他们便厌倦了；他们变得萎靡不振，像普通人一样被展露的暴力击垮；他们常常哭泣，所有心思都转到女朋友和孩子身上。可青少年时期结下的孽缘他们始终无法摆脱。

当然，贫民区的世界里鱼龙混杂，形形色色的人都有。有的人总是伤害别人，有的人则不会，还有的人渐渐不喜欢暴力，但又变得残酷粗暴、虐待成瘾。也许美国其他群体的情况有所不同；也许其他种族里普通人比例较高，或者容易倾向于暴力的男性比例较低。美国司法部 20 世纪 90 年代的一份报告显示，美国的谋杀率高达 1/35[6]，或许对遭遇谋杀的惧怕会对另一群人产生不同的影响。

但这是站着说话不腰疼。如果从美国一处白人聚居、治安良好的郊区带走一群十几岁的男孩，把他们扔到朋友被杀害、自己的人身安全得不到保障的环境中。假设没人在意，且没能解决那些谋杀案，再加上限制他们逃离的选择余地，那么，那些男孩也会如那名年轻人一样：看着斯凯格和斯特林二人，眼里尽是忧郁、惊恐；他既不想坐牢，也不想丢掉性命，他想要逃离却无路可走。

当斯凯格和斯特林二人穿过重重的栅栏踏进监狱时，警报响起。一名狱警摆了摆手，指向一扇窗，告诉斯特林警报响起的原因：一只麻雀被困在栅栏之间。狱警解释说，鸟儿触到高压线便会“血肉模糊”；它们会扑腾一会儿，随之便彻底覆灭。

斯特林停下脚步，看着那只麻雀走进生命最后的圈套。“真是可怜。”他说完便接着向前走去。

2009 年一整年里，围绕布莱恩特一案有不少动作。斯凯格和斯特林因此认识了指定给被告的两名辩护律师。一名是戴维斯的辩护人，西摩 · 阿普勒鲍姆。此人声音浑厚，仿佛是为应对陪审团致辞量身打造的。就长相而言，他都可以去演苏格拉底了：一头白发
253 披散到衣领上，配上一大把白胡子。阿普勒鲍姆憎恶电子设备。他用铅笔在纸上写讲稿，站在发言台上陈词，和听众进行眼神交流，而不像许多检察官那样眼睛盯着屏幕。另一名则是斯塔克斯的辩护人，伊齐基尔 · 珀洛。此人虽已年近七旬，但身材挺拔似轮船桅杆。珀洛五官分布并不匀称，看着有些滑稽，一条腿微微有些跛，并且最近还在和淋巴瘤殊死搏斗。两名辩护人都是律师中的精英，相比本案的检察官来说，经验更加丰富，且两人都有审理死刑案件的资格，因此均为当地辩护律师中的顶尖人物。在地区检察官决定不进行死刑诉讼之前，这一对就已经被指派为本案辩护[7]。本案的审判时间定于 2010 年。

时间一点一点慢慢流逝，斯凯格负责的奥林匹克区新刑侦科终

于接到几起凶杀案件：第一起是正当防卫，一名少年用滑板反击了袭击他的成年人；第二起是一名 19 岁的拉美裔青年被歹徒驾车开枪杀害；第三起是一名醉酒男子头部神秘被撞两周后死亡。

奥林匹克区源源不断地有目击者（比在东南区的时候多得多）愿意协助警方，这让斯凯格颇为感慨。“我去过两次枪击案的案发现场，那些目击者都没逃走，而是等着和警方详谈！”他说。

罗斯福·约瑟夫曾是 77 街区的一位老刑警，他一直都认为目击者的配合程度因犯罪率而异：“当凶杀案顺势而起时，目击者的配合度顺势而下。”谋杀率与对周围的恐惧之间存在相应的反馈回环，斯凯格正亲身体会这一点。

斯凯格内心仍然不大畅快。他不习惯闲着，于是开始在凌晨 3 点半跑步。4 月份的时候，斯凯格参加了波士顿马拉松比赛，为募集善款贡献自己的一份力。朋友们告诉斯凯格一开始要慢慢跑，要控制好节奏。斯凯格照着做了，尽管这和他的天性背道而驰。斯凯格轻松地跑完了 21 公里，耗时仅 4 小时 09 分，且体力尚有富余。“真是失策。”他想，这已经违背自己永不退缩的信条了。

但斯凯格还是享受工作和家庭生活的，只不过他觉得两者都在经受考验。斯凯格的儿子已经 17 岁了，斯凯格担心这孩子可能会做出“错误决定”，又为他没找着工作发愁。斯凯格自己始终都在工作，12 岁时他就开始割草了。他给儿子下了最后通牒，威胁要 254
收回汽车。最后，他发现自己说得越少，效果反倒越好。“瞧这态度！”斯凯格扯着喉咙喊道，“敢情他觉着自己什么都懂啊！”

照顾十七八岁的孩子是件精细活儿。多年来，针对凶杀案的大量研究和宣传都集中关注“青少年暴力”；而基本上没有针对成年男性受害人的慈善或官方项目。但统计数据表明，使风险加剧的不是年龄小，而是对此置之不理：黑人男性死亡率在 18 岁至 22 岁之间达到峰值，而一直到 40 多岁都保持着相对较高的数值。

而凶杀案中的黑人受害人的父母常常受到谴责，似乎他们的孩子被杀在某种程度上说明其管教不足。然而，年轻黑人男子恰恰是刚摆脱父母权威，被杀的危险便降临在他们身上。这一时期也困扰着许多白人父母。虽然斯凯格的儿子抛出的挑战与布莱恩特所抛出的不同，但同为 17 岁少年的父亲，斯凯格表示自己“100%”能体会到华莱士 · 特内勒的挣扎。

再就是他那最近接手的孩子——杰西卡 · 米德基夫，简直就像噩梦。

杰西卡 · 米德基夫还需要有人持续看顾。某一天，斯凯格接她去法院，参加一场跟她的缓刑有关的诉讼。她头发湿漉漉地跑了出来，大口喘着气，手里攥着艾滋病检测证明。等她跳上车，斯凯格摘下墨镜，定睛打量了她一会儿。“气色不错嘛！”斯凯格说道。米德基夫一脸灿烂地回答：“我尽量早睡了。”

米德基夫还在跳脱衣舞，每晚能赚两百美元；但她没戒烟。米德基夫在后座上睡着了，斯凯格感到一阵欣慰，她总算遇上了个不错的男人，是她跳舞的一家俱乐部的保安；而且，米德基夫终于为了拿到高中毕业证而有所行动了。

当他们开车经过南加利福尼亚大学时，米德基夫睡醒了。她注视着车窗外来来往往的女大学生们——她一直憧憬着看看大学校园是什么样子的。

第二十一章

受害人一方

拉巴贝拉十分想念马鲁洛。那年他手底下走了四名警探，都是 255
为了多些好处、少些失落。这样一来，拉巴贝拉手底下的大部分刑警是些经验不足的新手，而能带他们办事的老手又少得可怜。

限制加班这一项更是雪上加霜。此外，拉巴贝拉仍然吃不透库里，后者似乎从来解释不清楚自己手头究竟在忙些什么。

拉巴贝拉这边新上任的警长凯尔·杰克逊最初并没有受到这群贫民区警察的欢迎。但大家对他的看法貌似正悄然改变：杰克逊不仅为他们争取资源，也怜悯南部分局这一片——照他的形容，这是个“深陷绝望的社区”。

拉巴贝拉对此也很意外，但也许不必如此：身为黑人的杰克逊从小在沃茨长大。杰克逊的母亲一直以来都依靠保障金度日，他小时候有段日子就住在尼克森花园小区里。并且，正是杰克逊的继父修建了臭名昭著的路易斯安那酒店，那家酒店的广告牌还在东南区警察局的点名室里挂着。

一天晚上，拉巴贝拉不在办公室，杰克逊突然走到库里的办公
256 桌前，感叹马鲁洛决定离开。随后，杰克逊夸张地转向库里：“不过你呢？你想留下来吗？”突如其来这么一问，库里毫无防备，于是不假思索地答道：“只求他们让我们好好工作。”他不满地抱怨道。

可库里立马意识到自己说错话了。

库里一直以来都注意到没有被破获的案件轻易就被遗忘了。有时在他看来，侦查人员轻易就放弃了，而他无法接受放弃。当艾曼跟他发牢骚，说拉科尼亚一案中的帮派调解员要让他“吃不了兜着走”，也就是要投诉他时，库里严肃地回答他：“别让那种事妨碍到你。那会让你束手束脚的。”

想到这，库里猛然抬起头直视杰克逊的目光。他意识到警长是在考验他。“不错！”库里突然改口，语气坚定。他确实还想当刑警。“不错，我想留在这儿！”

2009 年 8 月的一天下午，天气难得凉爽，空气也有些雾蒙蒙的。一个男孩儿穿得颇像“老掉牙”黑帮风，口袋外悬着一条橙色头巾，朝着百老汇街和 89 街的街角处缓缓走去，对面就是天主教堂。

一名黑衣人伺机等候，举起手枪。那人双手握枪瞄准，双腿叉开站稳后便开了枪。男孩儿试图跑开，可跑着跑着身子便往前猛地一倾。他一动不动地躺了片刻，挣扎着抬了抬头，立马又无力地垂了下去。男孩儿不住地喊叫，又挣扎着抬了抬头。在他头顶上，一家社区商店节日促销的黄橙色气球随风飘荡。

一名年轻女子跑到男孩儿身旁，然后又匆匆走开，双手紧紧捂着脸。一名男子抱着婴儿从男孩儿身边绕开，然后进了商店。

第二十一章　受害人一方

急救人员不久后便赶到了现场，一分钟后，一辆警车也到了。

一名体型庞大的警察下了车，瞥了一眼躺在人行道上的男孩儿，看见他还在动。然后，这名警察便转过身去，用脚步丈量边界，再同搭档一起拉好犯罪现场的警戒线，并将围观的人群驱散。这名体型庞大的警察突然停下，一只手搭在臀部，朝对讲机吼了几
声；说完又挥舞着手臂赶人，然后转身看着急救人员把男孩儿的衣 257
服和鞋子都脱了。那时候，其他警察也已陆续抵达，同样干站着像看热闹似的。既没人蹲下来和男孩儿说说话，也没人问男孩儿知不知道是谁干的。

不久之后，内森·库里站在那条街上，彩笔的一头从口袋里突出来，旁边是一双被扔在那儿的小小的鞋子。在他附近，拉巴贝拉正挥着手臂叫停一辆往这边开的警车：两名打黑警探差点驾车横穿案发现场。“嘿！”拉巴贝拉难以置信地冲他们吼道。

黄色警戒线的另一边，一小簇人聚在一起。“他们会把血迹弄干净吗？”一名年轻女子对着空气随口一问，皱了皱鼻头。“这帮人老放着不管，这味道实在难闻。”

那名受害人名叫达奎恩·艾伦，13 岁。布莱恩特·特内勒去世已有两年多了，而最终的审判还在几个月后。在这期间，洛杉矶县共有 545 名黑人男性被杀[1]；达奎恩·艾伦则是第 546 名。

艾曼正在休假，库里被委派训练东南区警察局新入职的一名警员，名叫麦克·勒旺，他曾是名打黑警员，环境科学专业硕士毕业。虽然库里办起案来仍不够老道，但是拉巴贝拉别无选择。这个时候，刑侦队的其他警探基本上手头上的时间更紧张。

库里和勒旺跳上警车，库里把黑色文件夹平放在仪表板上。“前几天晚上，胡佛帮和缅因街那帮人在那里胡来！”他对着电话说完，然后一把摁掉。“兄弟，估计是那帮人干的，”他对勒旺说

道，“老天。”

两人还在赶往加利福尼亚大学哈博医院的路上的时候，医院便宣告确认达奎恩·艾伦已死亡。另一名枪击受害人大约在同一时间被送进医院。库里认为这两起枪击案可能有所关联。于是，顶着傍晚刺目的阳光，库里赶去医院，希望能对该幸存者展开询问。

然而，结果证明这个猜想并不成立。那名幸存者是一名年轻女性，她在一场与艾伦一案毫不相干的斗殴中被子弹击中腿部。这起事件碰巧与库里负责的那起案子同时发生，案发现场仅仅相隔几个街区。这场斗殴还牵扯到一名男子的女友、前女友、一根棒球棍
258 以及一部偷来的手机——要是让斯凯格来总结，就是“一场闹剧”。这场斗殴一不小心便会演化成一起凶杀案——只要子弹的角度稍稍偏一点。

女子躺在病床上热情地问候库里，她因为与她侄女相关的谋杀案记住了他。这趟来访也不算白费时间。库里和勒旺在病房里站定，四周的医疗仪器“嘀嘀”地响着，几名年纪轻轻的医生穿着NB跑鞋，一路飞奔。这时一名矮壮敦实、蓄着鬓角的巡警朝他们走过来。

巡警约翰·图米诺一直在找他俩。一名目击者在地上给保护案发现场的警察留下了一张写有其电话号码的便条。可是那些警察没有捡起那张便条。之后赶到现场的图米诺不知从哪儿知道了此事，于是前去寻找那名目击者。眼下，他递给库里的正是那名目击者的电话号码。库里瞪大眼睛，十分惊诧。“谢啦！真的非常感谢！”他惊呼道。库里眼睛看向前方，大笑着，轻轻地摇了摇脑袋：巡警提供线索，如此简单，却如此稀罕。

库里和勒旺从病房出来，坐电梯下楼，走到大厅，大厅的墙被粉刷成蓝绿色，上面画着企鹅和鹳的图案。

前台的一名护士摇了摇头，说道："那孩子都没能挺到这儿。"护士送库里和勒旺原路出去，经过那些缤纷的企鹅和鹳——那里是儿童重症监护室，13 岁的达奎恩 · 艾伦都没能活着看到它们。

他们找到救治达奎恩 · 艾伦的那名医生，医生告知了其死亡的确切时间：下午 2 点 14 分。男孩儿身上共有五处枪伤。

接下来便是去停尸间。停尸间门口前台的工作人员看看库里，又看看勒旺，最后又看向库里，说道："都是可怜人。"她领着他们走到一个双层门外。勒旺虽半开玩笑说自己就不进去了，但还是跟着库里走了进去。

停尸间里冷冰冰的，地上铺了白灰相间的瓷砖——就像更衣室里的那种瓷砖。五扇巨大的不锈钢门沿着墙面排列成行，每扇门的顶部都各有编号。

"他在最底下。"工作人员说道。库里从墙上挂的盒子里拿出一双塑胶手套，打开其中一扇门，然后就着把手拉开了最底下的那个抽屉。

打开后是个带拉链的白色袋子，里面是一团小小的人形。库里 259
弯下腰，小心翼翼地绕开抽屉，顺势拉下拉链。勒旺往后退了退，目光犹豫不决，有几分畏缩。

达奎恩 · 艾伦的尸体被包在一条被单里，上面沾有淡红的血迹。库里一拉被单，被单的一角便掀开了。男孩儿的下半张脸还戴着氧气罩，输氧管在他唇边挤成一团。库里加快动作，只动被单，看看有没有文身；用力一扯后，被单便从头上完全滑落。

达奎恩 · 艾伦脑袋后面长着几绺柔软的鬈发，往下渐渐稀疏，直到颈根连着浅棕色的皮肤。库里又翻了一下，这个 13 岁男孩儿的手臂和胸部露出，还未褪去婴儿肥。最后库里看了看他的双腿，纤细但看着很好动。他没有文身。勒旺静静地看着。库里重新盖好被单，把抽屉推了回去，然后锁好。

之后两人便离开了。夕阳落在地平线上，渐渐沉入一片灰色的海雾之中，色彩越来越淡，将一排排棕榈树映照成轮廓。空气中弥漫着一种莫名的寒意。两人谈起别的案子。库里提到手上另一起案子的证人，一名外号叫“巧克力”的女子。她在排队等着领取县级保障金时遇到了凶手。然后他们又夸了夸图米诺这个人。“那个警官人不错。”库里说。他已经沾上了刑警的习惯，把那些穿制服的警察统称为“警官”，仿佛他们是另一个物种。

两人都没再提起达奎恩·艾伦。但当勒旺的妻子打来电话时，勒旺告诉她自己要晚点回去，并用一种微妙的说法解释说：“一个男孩子去世了。”

两人稍后便去询问证人，从一家到另一家，穿过用锁链连成的围栏，坐在满是涂鸦的沙发上。橘黄的暮色洒满停放着的汽车。勒旺没有手电筒，只能用手去敲钢制防盗门，指关节硌得生疼。

夜幕降临，两人又回到案发现场。一簇蜡烛散发着白光，照在约莫 20 名悼亡人的脚上——原来是些受惊的青少年，他们的手
260 都插在口袋里。一名头发灰白的男子称自己是帮派调解员，他拿着一张海报，上面有达奎恩·艾伦的照片，很可爱，大概是几年前照的。他问库里要纸胶带——只有南部分局管辖地区的人才知道警察会随身携带纸胶带。于是库里便给了他一些。

又过了很久，库里回到办公室去翻阅一堆最近的照片，包括一些涂鸦、隐秘的吹嘘、悲伤的悼词和发誓复仇的声明。“战争已经开始了！”他长叹一声。这时，库里的手机响了：77 街区发生了一起枪击事件。为达奎恩·艾伦复仇的战争已经打响。

库里带着勒旺坐上警车出发。两人开车行驶在昏暗的街道上，天空还是灰白色的：洛杉矶的夜晚从不曾漆黑一片。库里从车窗探

出身去，感受着外面的冷空气，顺便和路人随意搭个话。看到一位父亲带着小孩儿在前院里，库里朝他们喊道：“你们没事吧？”那位父亲咧嘴一笑，指着他的儿子说：“他们不和帮派什么的掺和在一块儿！我不会让他们卷进麻烦里！”

两人又去敲了好几户人家的房门，库里边敲边喊“警察”，简洁明了，听着颇像贫民区的人。

他们找到了达奎恩·艾伦的家。客厅里很乱：墙上挂着钟表，架子上放着一个摇摇欲坠的灯罩，咖啡桌上散乱地放着一叠《乌木杂志》，地上随意地停着几辆儿童自行车。

男孩儿的外祖母就在这些杂乱的东西中坐下。她缺了几颗牙，一缕卷曲的棕发搭在疲惫的脸上，身上穿着一条裙子。她赤着脚坐下，两腿伸到前面。她身边坐着达奎恩·艾伦的10岁的弟弟，他靠在姨妈怀里，泪珠断了线似的从脸上滑落。

库里慰问了几句后便谈及此案。头顶上的吊扇嘎吱作响。坐在沙发上的小男孩呜咽不止——不是婴孩般的啼哭，而是那种不由自主的抽泣，无所顾忌地宣泄痛苦。小男孩哭得翻江倒海，人蜷缩着，泪眼模糊地盯着前方。

在库里说话的时候，勒旺的目光一次次地投向一旁的小男孩。最后，姨妈把孩子一把抱了起来，像抱婴儿似的抱着他出去了。

达奎恩·艾伦的母亲在监狱服刑，故而一直是外祖母照顾他。 261
老妇人吐露，自达奎恩·艾伦加入帮派后，自己便一直替他担心：“一直想让那帮人有多远滚多远。”

老妇人谈起帮派倒直言不讳。一旁的表亲打断了他们，疾言厉色地道：“不管怎么说，都是大人杀了小孩！”她眼神冰冷地看向库里。显然，她愤愤不平。而此前，身穿制服的警员们曾整夜围堵这一带的年轻人——洛杉矶警察局应对凶杀案所采取的“彻底”行动的一部分。据她说，15 名年轻人在街上被迫举起双手靠墙搜身。达奎恩 · 艾伦的表亲摆弄着一串钥匙，语气尖刻：“他们究竟是在抓凶手，还是仅仅在骚扰无辜之人？”

而后库里和勒旺便起身告辞了。达奎恩 · 艾伦的姨妈坐在屋前的走廊中，轻柔地拥着小男孩。两人经过时，那孩子抬眼看着他俩，眼里噙满泪水；勒旺不由自主地伸出一只手，轻轻地摸了摸男孩儿的脑袋，然后赶紧跟上库里。

警方随后拼凑出达奎恩 · 艾伦被害案只是冤冤相报、以牙还牙的循环中的一环。一周后，事态最终平息，报复性的暴力活动造成三名黑人中年男子和两名黑人少年丧命，另有三人负伤。涉案的两个帮派分别是东南区缅因街上的一个帮派和 77 街区的“8 点胡佛罪犯”帮派。

同一个星期，南部分局还发生了其他一些与此无关的凶杀案，以及两起警察开枪事件。刑侦队的警探们忙得不可开交，于是便把其中的一起案件分派给了两名只上岗了几个月的实习刑警。

本次循环报复案件始于东区周六晚上的某次室内派对。“胡佛帮”和缅因街的人聚在一起社交，而后几名女子在聚会上扭打起来。几个小时之后，冲突升级，蔓延到街上：一辆小车经过，车上的人与行人发生冲突；后来小车开走后又掉头回来，紧接着便发生枪袭，一名走在路上的年轻女子腿部中弹。她是缅因街的人，于是战争打响了。

那个星期天一早，缅因街的人出手反击“胡佛帮”所在的社
262 区，朝 89 街及百老汇大道停着的一辆车开枪，一对夫妇坐在那辆车里头。那些人失手了，于是当天下午，缅因街的人再次发起攻势，这次命中并杀害了达奎恩 · 艾伦，因为他口袋里别着的橙色头巾是“胡佛帮”的服饰标志。

“胡佛帮”则于当晚回击，杀害了 21 岁的克里斯托弗 · 拉蒂耶，他当时正好走在 84 街和缅因街附近。拉蒂耶在学校工作，无犯罪记录，与此事毫不相干，却成为近便的打击目标，只因他是黑皮肤的男青年。

此后不久，“胡佛帮”袭击了自己社区的一户人家，从那家窗户扔进一个引燃的装满汽油的玻璃啤酒瓶——瓶口带引线。一名缅因街的老成员靠“通行证”一直住在那里，而现在“通行证”已被撤销。

内森 · 库里从周日晚上一直工作到周一。他掌握到几条有效线索——有的要归功于向约翰 · 斯凯格透露信息的“好心人”。库里运气不错，在巡视流浪汉常常带着碎冰锥潜伏的黑巷子时遇到一名“残疾人”开着一辆庞蒂亚克汽车——车是租来的，那人的残疾是在从前的枪战中落下的。职业介绍所的一名职员曾告诉库里，最佳关注点就是有残疾的人。经查证，那辆车便是涉案汽车，尽管开车的那人并非案件嫌疑人，因为汽车已被转手。

在此期间，库里接到一通电话。一名警员告诉他县儿童家庭服务部门的职员正前往达奎恩 · 艾伦的外祖母家，要把那家剩下的孩子都送往寄养家庭。那人说他们虽然没接到虐待报警，但怀疑达奎恩 · 艾伦的死亡原因。

“儿童家庭服务部门，”库里嘟囔着挂断电话，“真他妈倒霉。”

库里能预想到即将发生的场景：社会福利工作人员把达奎恩 · 艾伦的弟弟从他姨妈怀里拽走，那孩子伤心地哭个不停。库里一下子将警车掉了个头，在昏暗的路上截下处理这事的工作人员——一名一脸疲惫的男子，上身穿着休闲衬衫，脚上穿着皮鞋。库里在人行道上站定，抬头望了会儿天空，接着开口说：“我知道你只是公事公办……”

263 那人以为库里接下来要说的和自己想的一样，便打断他，说道："我理解，你不想蹚这趟浑水。"

但库里摇了摇头，纠正他说："不，你错了，我们都脱不了干系。"

库里异常清楚，这份工作的核心便是剪不断、理还乱。刑侦工作也因此与众不同，与民众紧密相连：处理麻烦、平息争吵、安抚不平。

而在洛杉矶警察局总部，犯罪变成了地图、数字和抽象分析，即所谓的"标记治安"，其中一名警探称，对法律执行来说，最重要的是预判。然而，在内森·库里执勤的89街和百老汇大道附近，犯罪活动发生在个体身上，都是一条条鲜活的生命，仿佛人人都与他相关。库里不是法律执行的工具，像飞机一样盘旋于高空，地上的一片模糊茫然，将受害人和嫌疑人一股脑儿全都当成围城里晦暗的"危险因素"。库里早已学会在这"深陷绝望的社区"中穿行，直视这里的居民，站定一方，并在其身后全力相助。伤在他们身，伤在库里心。他的使命在于让法律在这群受难的活人之中"安营扎寨"，将法律从那高不可攀的空中径直送入沃茨的家家户户。

内森·库里不像很多其他警察一样稀里糊涂地执行任务。他确切地知道自己为何而战、为谁而战，要做的便是站定一方：永远只有一方，永远毫无保留。"站定受害人一方，"加缪写道，"无论在何种困境之下，都在受害人一方。"现在，库里负责的案件的受害人家属遇上了麻烦，他便置身其中，彻彻底底。

那名工作人员一边说，库里一边揉着脸，脚尖蹭蹭地面。一旁的林荫大道上来往的车辆呼啸而过。

最后，库里干脆打断他，表示把一家人分开可能不利于案情调查。"你认为哪件事更重要？是带走那两个孩子，还是破了这起谋杀案？”

那名工作人员是个年轻的黑人，抬眼对上库里苦闷的双眼，答道：“当然是破案。”于是，儿童家庭服务部门最终让步。库里立刻 264
转身回去调查。

第二天早上来到办公室，库里在办公桌后的电视上看见了达奎恩·艾伦。他的年龄让他的被害案登上了媒体报道。“警方称受害人为一名帮派分子。”新闻播报员报道。这与警察局领导对该案件的概括一致。一名警监甚至信口开河，称达奎恩·艾伦是“一名核心帮派分子”。

拉巴贝拉对此非常反感。达奎恩·艾伦才刚满 13 岁，况且身上没有一处文身。拉巴贝拉认为，这么大的小孩加入帮派就跟玩“警察抓小偷”游戏一样。达奎恩·艾伦的那条可笑的橙色头巾，荒诞又过时，同玩具手枪或是牛仔帽装扮没什么两样。

一旁的库里拿起手机，给马鲁洛讲最新案情。这种情况相当频繁，虽然马鲁洛留在了打黑部门，但他常常打电话过问新案件。拉巴贝拉瞥了库里一眼——他早就不把马鲁洛看作“小斯凯格”了。“告诉那小子想查案就回来，”拉巴贝拉发起牢骚，“要是想继续玩数数的游戏就留在那儿，真他妈想查杀人案就回来！”

那个星期，拉巴贝拉对穿警服的那帮人尤其恼火，对他们处理案发现场的方式极其愤怒：不仅懒得和垂死的达奎恩·艾伦交谈，还赶走了他的亲属，随后，连目击者留下的电话号码纸条都没捡起来。那些人承诺继续搜查，但到头来只会是空头支票。打黑警察和缉毒警察就这样瞎忙活、装紧急，忙着巡视东南区，拉巴贝拉称之为“积极骚扰”。可他们从来没有发现什么线索。“我讨厌条子，”拉巴贝拉冷哼一声，“我真他妈讨厌条子。”

周日晚上，距离达奎恩·艾伦和克里斯托弗·拉蒂耶被害有段时间了，警长决定开展有针对性的“彻底”清洗行动。然而，指定负责的部门已轮休，因此两天后“巨浪”才能涤荡街头。

在行动展开前，又有一名黑人遇害、两名黑人受伤。

265 星期二一早，在缅因街地盘上，靠近82街和缅因街附近，49岁的撒迪厄斯·里舍在车里中枪身亡，犯罪嫌疑人为“胡佛帮”成员。几乎同一时间，在两个街区外，克里斯托弗·拉蒂耶灵前的蜡烛、玻璃烛台都被毁得彻底。里舍的女儿敬爱父亲，据她说，自己的父亲虽然蹲过监狱，但是个好“骗子”。并且，里舍与帮派之间的纠纷毫不相干，他被杀只是因为大晚上出现在了缅因街附近。同一天晚上，缅因街的那帮捣乱分子又回击了，他们毁了摆在街上的为达奎恩·艾伦摆的守灵蜡烛。

随着报复行动持续上演，两个帮派头目进行了一次会面，希望平息争斗。这些人认为杀害13岁男孩的行为过了头，也清楚此举将带来争议。可这次会面并未起到作用。年轻混混们要么不知道这次会面，要么根本不在乎，仍然斗个不停。

到星期二下午，洛杉矶警察局的大部队终于全面出动，每隔几分钟巡逻警车便会经过争斗上演的那12个街区。

警察们紧紧盯着路边达奎恩·艾伦的灵位，一度围住了四名20岁出头的年轻人，他们是来悼念达奎恩·艾伦的。警察将四人押到墙边，一旁便是气球、蜡烛以及白色的泰迪熊。最终年轻人们被解下手铐，转过身来同警察理论。一名警员轻蔑地叱责了他们几句，另一名警员理智地告诉他们四个：“小心点儿……这附近最近频频发生枪击案。”可几个年轻人似乎只听见了轻蔑的话。

围观的人群则很愤慨。警察为什么不去抓凶手？“有人被枪杀了，这些人却在干嘛？他们就知道乱抓人！”一名女子说。“他们的优先事项是混乱的。”旁边的一名男子说道。“你们该去查凶手！”另一名女子对撤离的警察大喊。一名年轻人接话说：“不太可能，警方才懒得管这起谋杀案。比起其他人，他们对帮派成员没那么尽心尽力，就像把我们当成二等公民一样。”

当天夜里，街上只剩少许悼念的人，一辆汽车停在街边，一名 266
年轻人跳下车来，他穿着深色衣服，手里端着一把 AK-47 突击步枪。一下车，他便开火，端着枪朝四周扫射。灵前的一名男子被子弹擦伤，一名年轻女子腿部受伤。到星期二晚上，警察局从市里的其他地区另行调派了 50 至 75 名警员进驻那 12 个街区，警长将那些地方统称为“黑匣”。

洛杉矶警察局的领导们经常使用下属不会用的专业词语，比如“受害人研究”、“偏见”、“汇集”资源，以及“大规模”应对。这些词语大部分指的是大量部署警察，叫住行人进行搜查，以及展开假释、缓刑调查。为此次清洗行动调来的警察包括从地铁警队的精英到港口区的交警，并且后者并不乐意从常规职责中调离。

南部分局的警长对此类攻势带来的影响颇为敏感，并着实担心暴力带来的伤亡。他们实在无计可施，就像在其他方面被迫接受市民监督、回应公众的期待以及响应政策一样，他们只能在白天“积极”防治、“打压”犯罪。“我也不想被当成入侵者，”东南区巡逻队的警督托马斯·麦克唐纳说，“可一天天过去了，我们只希望能止住犯罪。”

拉巴贝拉同许多南部地区的刑警一样对此持怀疑态度。2003 年 1 月，6 岁的丹吉洛·贝克被一颗子弹击毙，这颗子弹本射向阿瓦隆街和 87 街附近的某个人，并且一辆巡逻车不久前才经过这里。身在奥林匹克区的斯凯格从电话中得知了这一系列报复性案件，赞同地回答：“他们看不明白才会这样做。”

然而，让拉巴贝拉烦恼的是此次全面行动将刑警排除在外，而身穿制服的新警员却“点缀”在每个角落。他手底下的每个人都疲惫不堪，不顾加班限制持续查案。内森 · 库里已有好些天没回家，睡在了警车里；刑侦队没了“救命”的警车，于是两名警探总是赖着同事以解燃眉之急。

换言之，只要这次行动能够查获线索，拉巴贝拉就会予以支
267 持。警察局高层承诺派出“特别行动组”。这些搜查活动可能会缴获枪支或挖出传言。“要跟那些人搭话！”拉巴贝拉说，“用法律搭上他们的车，然后开聊。我一直对这些警察说，要像个做销售的。我们不需要什么盖世太保。”

然而，几天下来，清洗行动并没有为刑警们打探到任何消息。尽管实施了多次逮捕，也张贴了嘉奖令，可没找到一个证人，挖不出任何传言，搜不到任何枪支。这所谓的积极防治与刑警办案之间始终无法有效对接。

差不多又过了一周时间，拉巴贝拉终于收到一份逮捕报告，它是由参与本次清洗行动的一支毒品搜查特别行动组提交的。拉巴贝拉仔细看过后一脸震惊。

该行动组本应继续调查，但他们却跑到一处停车场，那里一眼望去都是瘾君子。他们抓了几名病恹恹的中年人（包括几名女子），以携带小额度（大概价值二三十美元的）高纯度可卡因为由将其逮捕。拉巴贝拉手下的警探对那片停车场了如指掌，最近他们还从那儿找到了一名杀人案的证人，是个流浪汉。询问时，那名男子号啕大哭，原来受害人是他的女儿。

这些吸毒的人与那次的暴力事件无关。他们甚至没有出现在涉案帮派的地盘上。“这是在逗我吧！”拉巴贝拉边看报告边喃喃道，“那个他妈的停车场！”

此次清洗行动还引发了战术修正预警，即要求警探穿上并不合

身的蓝色警服。连一向平和的瑞克 · 戈登都不干了。“谋杀案件一起接一起，而总部的对策就是让警探都套上警服吗？！”戈登气得直嚷嚷。

警探反感穿成巡警的样子，因为那样一来人们很可能不太愿意同他们说话。人们看见穿警服的警察明显会觉得社区被围困，并且警服丝毫无法赋予警察正义感。作为洛杉矶最杰出的侦查人员之一，瑞克 · 戈登在这本该发挥能力的关键时刻却被迫扮演身着蓝衣的“稻草人”，此情此景便是长期以来美国警察制度运行的缩影：专注于犯罪防控，醉心于打击社会妨害，却在保护黑人性命的问题 268
上马虎松懈。

接下来一个星期的星期二，尽管已经部署了大规模警力，但仍有两名黑人死于那次报复行动：一人是帮派成员特雷文 · 詹姆斯，29 岁，在外逃亡，但为了看望家人又回来了；另一人是詹姆斯的表弟，小罗伯特 · 李 · 纳尔逊，16 岁，还是学生，没有前科。

对拉巴贝拉来说，这就表明清洗行动并未奏效。但对他的上级警官来说，他们则会辩解要是没有这次行动，情况会更糟。在双人命案发生后，警方举行了一次“犯罪控制”大会，会上警长们谈到了“诱捕”车辆以及个人失窃等相关统计。

南部分局局长科克 · 阿尔巴内塞高度评价了此次清洗行动：“在事态升级之前，我们成功阻止了其进一步恶化。”而后，一名区警局主管具体谈到其部门成功处理了众多积压案件，使警探得以积极打击新的犯罪。这时阿尔巴内塞突然打断他，搬出了那套陈词滥调：“你们那是提高了警探的反应速度！可那又不能降低犯罪率！”

洛杉矶警察局针对那次循环报复杀人案召开新闻发布会，让内森 · 库里在会上发言，因为他负责的案子进度最快，其他案件都因遇上各种阻碍而停滞不前。记住要简洁，他被如此要求。

这让库里苦恼不已。在等待新闻发布会开始的那段时间里，阳光透过 77 街区警察局休息室的垂直百叶窗照进来，库里坐在一个角落里，看都没看塞给他的新闻稿。

随着镜头打开，库里在高大的阿尔巴内塞后面找了个位置坐下，避开镜头。阿尔巴内塞说“诉诸暴力是不明智的”，并指出把犯罪嫌疑人送进监狱“对谁来说都不是胜利，我们必须找到另一条出路”。当轮到库里发言时，凯尔 · 杰克逊不得不在他身后推了他一把。

库里脸色变了两次，看着有点难受，走到麦克风跟前说不出话来，上嘴唇上汗珠点点。最后，在一名记者的提示下，库里终于开口了，但声音小到旁人几乎听不见。那些日子，库里独自查案，熬
269 夜工作，拿营养谷物棒充饥，而他却把成果归于旁人。“我们得到了总部大量的资源，”库里一脸严肃地说着，眼睛盯着墙，“比如监管部门、特别行动组、假释缓刑搜查组等警备部门的支持。”

拉巴贝拉听完一脸不悦。库里最近取消了休假以抵消加班时限。这名也许称得上南部分局最为兢兢业业的警察自己付出了那么多，却当着众人的面褒奖那个一无是处、只会做表面文章的“特别行动组”，听到这，拉巴贝拉实在受不了。但库里倒是松了口气，总算结束了。15 分钟过后，媒体收起了相机，库里的脸色才逐渐恢复正常。

在那次新闻发布会上，库里发现其中一名叫利奥 · 斯塔沃斯的记者是在尼克森花园小区长大的。当众人相继离开后，库里坐在斯塔沃斯身旁休息，神态轻松，双手交叉放在头顶，问斯塔沃斯在尼克森花园小区长大是什么感觉。“我每天都在挣扎！我一直记得，那时候我完全活在恐惧里！”斯塔沃斯告诉库里。20 世纪 70 年代初，那里帮派云集。“要么加入，要么去死。”斯塔沃斯说。库里心

下畅快，从可靠来源处获取信息对他而言是件乐事。“你是怎么离开那里的？”库里问。“踢球啊，兄弟！”斯塔沃斯答道。

8 月的那个星期，循环报复杀人案共有五名受害人，跨各个年龄层，其身份背景揭示了公众对“无辜受害人”的理解存在偏差。一个 13 岁的男孩，身上没有一处文身；一个 21 岁的工人，行事干净、举止正派；一个 49 岁的诈骗犯，女友曾抢过银行，现在靠说唱为生；一个 29 岁的帮派成员，想要摆脱帮派生活；最后是第四名受害人的 16 岁的表弟，前途大好。

“都是些无辜受累的人。”斯凯格曾这么说。在这一系列案子里，这些人在一定程度上确实是无辜的。这五个人里面，达奎恩 · 艾伦被杀的原因最有可能不只是其肤色，因为他口袋上别着那条橙色头巾。剩下的人就像布莱恩特 · 特内勒一样，只能说是修短随化。

可这背后的伤痛毫无二致。

撒迪厄斯 · 里舍的女儿坦承父亲有种种缺陷，并且吸毒成瘾。“他生前原本就四处漂泊！”她说。即使如此，当说起父亲被害一事时，她仍忍不住抽泣，仿佛目睹了父亲的身体瘫倒在车里的景象。泪水打湿了她的脸庞，连她本人都未曾想过这种痛苦竟然到了 270
锥心刺骨的地步。“到什么时候才会不这么痛苦？”她央求地问道。

在达奎恩 · 艾伦的葬礼上，少年们纷纷走向敞开的棺椁，亲吻遗体，惋惜地摇摇头，眼里尽是不平；而后他们用力地扣上帽子走开了。

在小罗伯特 · 李 · 纳尔逊和特雷文 · 詹姆斯两人的葬礼上，亲戚帮忙抱着詹姆斯蹒跚学步的儿子，让詹姆斯的母亲再看自己儿子两眼。母亲对着敞开的棺椁便是一阵哭泣；而他刚学走路的孩子被人抱在怀里，就在祖母身后，透过祖母的肩膀看向自己被人杀害的父亲，眼睛瞪得大大的，满是困惑。最后，家人抱着孩子离开，但孩子别过头回望，眼睛仍盯着父亲的脸庞。

而在克里斯托弗·拉蒂耶的葬礼上，一名年轻的黑人走上发言台。“他的死让我悲痛，也让我惊恐，”男子漫无边际地说着，语速很快，眼神空洞，“我怕我也活不长。”

外头的天空被山火染成褐色，浓浓的烟味在教堂里弥漫开来。另一个年轻人起身说：“我想好好活着，至少活到 21 岁，那可不短。”话音刚落，人群一阵骚动。一名青年牧师霍然起身，让两个年轻人过来，把手搭在两人肩上，用浑厚的声音说：“听好了，我们希望你们长长久久地活着，而不只是活到 21 岁。在这个社区里，我们能好好活一辈子！”

随后，牧师呼吁在场的年轻人站起来，让在场的其他人一齐为他们祈祷：“保佑这些孩子，脱离暗处邪灵的侵扰！”“阿门！”人们高声齐呼，接受祈祷的年轻人哭得像孩子。

成群结队的警察在“黑匣”地区巡逻了一周左右。最后，地铁警队闯入“胡佛帮”的一个派对，抓了几个人，缴获了几支枪。萨尔·拉巴贝拉认为这是清洗行动唯一的“实际成果”，但这也没能找出一条有用线索。

等到秋天，拉巴贝拉的小队已经付不起加班费了，于是他只能让一些警探回家歇着，即使他们并没有轮到休假。拉巴贝拉闷闷不乐，心里甚是忧虑：手下的刑警太没经验；资源依旧很紧张；搬到这里已经过了两年，办公室的电话还是用不了；而他的私人问题也越来越糟。案子要么得不到解决，要么分崩离析。

271 马鲁洛先前接手的那起发生在芭芭拉·普里切特家门口的案子，即亨利·亨德森被杀一案，三次审判都没能将凶手定罪。而涉案犯罪嫌疑人在回到普里切特住的社区后，听说又被卷进了之后的几起枪击事件中。

普里切特也有自己的烦恼。她那年仅 13 岁的弟弟卡洛斯遭到了街区男子“打劫”。这些人与拉梅尔·库克一案的犯罪嫌疑人同属一个帮派，而拉梅尔一案至今未破获。在卡洛斯被打劫后，戴文的哥哥找到那些人，警告他们别招惹卡洛斯。普里切特后来得知此事，吓得浑身发冷。要是这个儿子也死了，她该怎么办？她觉得自己大约会失去理智，甚至可能去报仇。

那年秋天，在几个月的奔波劳碌后，拉科尼亚街的那桩双人命案的结果竟是未决审判，完全出人意料。在无数次的重新安置证人后，库里和艾曼软硬兼施，连哄带骗地把相关证人拖上法庭。一名青少年在作证时，用运动衫的帽子把脸遮得严严实实；那名大麻贩子在证人席上的表现却很出色，尽管她抖得很厉害。

可最终，陪审团表示这案子他们没法继续审下去。其中四名陪审员说，那几个被告就在庭内和庭外的走廊围堵纠缠他们。剩下的那名陪审员写了张纸条，说他在自家附近的一家杂货店见过被告亲属，觉得受到了威胁。

库里的搭档汤姆·艾曼对刑侦这一块还不是很了解，头一次因为当警察而心里很不是滋味：他竟然会想保护一个卖大麻的人！当缉毒警察的时候，她可是他奉命抓捕的那类人。可到今时今日，艾曼认为这名女子不仅有原则，而且勇气可嘉。

她和其余证人都不得不再次出庭作证。“对这些人还能更过分些吗？”艾曼强压怒火，“面对这样的场面如何还能宣布不做裁决？居然还把陪审员单独留在走廊上……”

对拉巴贝拉来说，这时东南区的情形并不比他刚来的时候乐观多少。拉巴贝拉觉得一阵颓败：斯凯格在奥林匹克区那儿闲得发慌，马鲁洛厌倦了当巡警，而自己的“宏图伟业”遭遇重创。退休 272

的日子愈渐逼近，可拉巴贝拉什么也没能留下。

只有一个人聊以慰藉。在达奎恩·艾伦被杀后不久，拉巴贝拉注意到库里坐在办公桌前，正埋头看档案。拉巴贝拉一向不跟库里搭话，因为库里内向孤僻。但是这一次，库里主动抬头看了看拉巴贝拉，仿佛知道他在想些什么。

“我来搞定。”库里说道。

第二十二章

开庭

布莱恩特一案开庭当天天气晴朗，但体感温度很低。 *273*

洛杉矶刑事法庭105部的装修展现出当代政府的公共经济时代。天花板上，一盏盏日光灯明亮刺眼，给整个法庭披上一层淡淡的燕麦色，法官席上的话筒闪着金属光泽。蓝色的软垫光滑有余，长度不足，无法完全覆盖住旁听席的木制长凳。陪审席后面的墙上油渍斑驳，必定是由于陪审员累了把脑袋抵着墙休息。而证人席上，一盒纸巾已经就绪。

法庭此刻只有律师和警察已经到场。律师面露焦虑之色，无论入行多少年，审判前的忐忑都是克服不了的。斯特林在审判庭里来回走动，不是被磕就是被绊；他西装没穿正，头发也没理齐整。科莱洛踱着步子，随后坐下，弓着背；他双眼红肿，皮肤苍白，满是斑点。科莱洛得了流感，在疾病和焦虑的双重侵袭下，他整个人看起来颇为可怜。

相比之下，辩护律师伊齐基尔 · 珀洛和西摩 · 阿普勒鲍姆更加冷静。本案结束后便不再出庭的珀洛即将结束他 46 年的律师生涯，274 他今日穿着一身高雅的条纹西装出庭。面对这么豪华的手笔，阿普勒鲍姆才不会放过。他一翻珀洛的衣领，便看到了阿玛尼的标签。珀洛支支吾吾地辩解道：“我是趁降价买的！”

但即使是珀洛和阿普勒鲍姆，也不似以往享受着审判庭的现场氛围。阿普勒鲍姆又紧了紧领带，珀洛轻轻抖着腿。唯独斯凯格看上去仍是一副镇定自若的模样；他穿着一身整洁考究的灰西装，看到斯特林滑稽的动作后摇了摇头。斯凯格上周末一直沐浴在阳光下，脸颊都晒伤了。皮肤白皙的加利福尼亚人每年都会被阳光晒伤——一般是 3 月回暖后的第一个周末，因为冬天养懒了骨头，没涂防晒霜就那么干晒着。斯凯格的腿上放着个蓝色文件夹，里面用黄色标签整齐地分好了类。

斯凯格对斯特林有信心，尽管他们性格各异。斯凯格有一次跟斯特林描绘斯坦贝克的《罐头厂街》里一处他喜欢的场景，说的是麦克和那些男孩们——根据医生的描述，他们“身体健康而且非常爱干净”——转过身子，故意不看国庆日游行的盛况。这一幕刻画出一群不随波逐流、不受热闹庆典诱惑的人物形象，吸引了斯凯格。可是斯坦贝克这引起斯凯格共鸣的抒情描写却没能在斯特林那儿奏效。斯特林皱了皱眉，迟钝地问了个字面问题：“那他们为什么还要去那儿呢？”斯凯格一听便不高兴了，匆匆收尾道：“你压根儿没理解！”虽然斯凯格和斯特林说话有时不在一个频道上，但他尊重斯特林，因而两人配合得不错。

审判庭一侧的门开了，律师和检察官都静了下来，绷紧神经，严阵以待，仿佛在等待起跑的枪声打响。德温 · 戴维斯被带上法庭时，他那双圆圆的眼睛四下打量，寻找母亲的身影。他手上戴着手铐，身穿蓝色囚服。戴维斯的身子总算结实了些，加上他那硕大的脑袋看着还算协调。他现在的外貌也脱去了稚气，蜕变成男人模样，只是眼神还和从前一样天真。下一个进来的是德里克·斯塔克斯，他肩膀宽厚，橙色的囚服紧紧地包裹着他。

主审法官鲍勃·S. 鲍尔斯有着瘦高身材，两边嘴角各有一道深深的皱纹；他神色冰冷，只在偶尔的一丝幽默中才稍稍缓和。随后，众人起立，法官宣布正式开庭。

还有些问题得在陪审团不在场的情况下决定。对于本案的两 276
名下落不明的证人——分别是那名坐着轮椅的男子以及那名对斯凯格说“人人都知道”的年轻的缓刑犯——他们的证词将从记录里调取，但控方首先须证明已做出一切努力寻找这两人。在洛杉矶高等法院，证人无故不出庭就像透明胶带以及不适配的家居装饰一样普遍。

科里·法雷尔坐上证人席，陈述坐着轮椅的男子失踪的情况。之后，科莱洛提出疑问。坐在一边的斯特林等着轮到自己做开庭陈述。他紧张得无法挺直腰杆，双手捂住眼睛。法雷尔告诉科莱洛，警探们循着男子的踪迹直到加利福尼亚州的另一座城市，然后他便失去了踪影。法雷尔查过死亡记录，可并未发现表明该男子可能遇害的蛛丝马迹。或许这名男子终于“走出去了”，抛下了帮派联系，就像他先前声称自己想做的一样。

科莱洛紧接着提到那名年轻的缓刑犯。法雷尔举例说明警探九次探访那男孩家，同男孩的父亲聊了很长时间。法雷尔表示，探访的警探本来认为双方进展顺利，可到后来，事情出现了意想不到的扭转：77 街区的警探雷富希奥·加尔萨曾与男孩的父亲联系，也想找他正处于缓刑期的儿子，似乎这名年轻人也目睹了另一桩凶杀案。

接下来的故事听着并不陌生：布莱恩特·特内勒遇害的两年

前，那名缓刑犯和朋友穿过东区一个敌对帮派的领地去找一个女孩子。他们中途去了一家卖酒的商店，和里面的一名男子发生了口角，那人和“天鹅”帮派——血帮的一支有牵扯。那场争吵最后以开枪告终。受害人马奎斯·伯内特，时年 34 岁，虽是帮派成员，却已多年未参加帮派活动；他一直在工地做事。年轻的缓刑犯同意指认开枪的凶手，对加尔萨说自己根本不知道凶手带着枪。然而，等事情眉目渐渐清晰——年轻人要为两桩凶杀案作证，而非一桩，他父亲便不肯答应了。于是这名年轻人便逃走了，之后警探越是追问其父他儿子的下落，他就越发不配合。

而后，斯特林顺利切换到对受害人的确认上，展示了一张布莱
276 恩特的照片，照片中，他把夹克搭在肩上。随后，阿普勒鲍姆拿出斯塔克斯给米德基夫写的信，截取了其中的“色情片段”，斯塔克斯兀自发笑，脸上泛起一丝红晕。

这一阶段的讨论虽只是例行公事，但渐渐有些偏离正轨，因为斯特林老是引入一些新的不相干的论点。他几次站起来，双手不住地比画，说着说着又来了句“请允许我……”。

斯特林的动作很有特点：双手放在胸前，然后不停地从一头比画到另一头，好像在把自己提出的每个论点放置在空间里。一旦放好，那些论点就各就各位了。最后，这些论点全都悬空着，浮在他面前。接下来，斯特林便会重新排列这些论点以便整合成他自己的观点。如此看来，斯特林就像在表演把看不见的鞋盒摆放在看不见的鞋架上。

听着斯特林的讲述，鲍尔斯法官一会儿觉得好笑，一会儿觉得不耐烦，最后变成一脸煎熬，一直瞪着斯特林在那儿挪动假想出来的“鞋盒”。最后鲍尔斯实在忍不下去，责怪斯特林让人越听越糊涂，且没必要翻来覆去地说一件事。斯特林打心眼儿里赞同鲍尔

斯，但接着又向他讲了一遍先前已经说过的事，而鲍尔斯分明才说过让他别啰唆。于是，鲍尔斯无奈地瞥了他一眼。坐在审判庭后头的法雷尔强忍住没笑。之后，早上的会议就这么告一段落。

下午，审判好歹要郑重开场了。下午 1 点 25 分，审判庭前的大厅里人满满当当。瑞克 · 戈登和另外六名抢劫 - 杀人调查司的警探都在现场，他们统一穿着部门西装，潇洒精干；还有一位意外访客，那便是斯凯格的妻子特蕾莎。虽然在过去的一周里，斯凯格向她保证，这个审判没什么大不了的，特蕾莎却瞧得真切。整个周末，她看着斯凯格煞费苦心，仔细理清案子的每一处细节。开庭当天，特蕾莎送走丈夫，收拾得体，然后跟在他后面来了法院。这是她第一次出席丈夫负责的案子，斯凯格显然很高兴。

特内勒家也来了几个人：特内勒的母亲德拉，她拄着拐杖；特内勒的妹妹；然后便是特内勒本人，在拥挤的过道里占了一角，仿佛笼罩在圣光之中。亚迪拉没有和他同行；特内勒看上去十分不安，两只眼睛微微水肿。

数月前，特内勒不愿再谈起布莱恩特，摆摆手说自己已经往前 277
看，不再为此伤心难过了。然而，临近的审判使他卸下防备，他这几天就没怎么睡过。特内勒微微佝偻着，尴尬于自己竟含着泪。

抢劫 - 杀人调查司的几名警探走开了，但斯凯格径直走到特内勒跟前，像好友一样拍了拍他的肩，而后迅速扭过头去，神态轻松，和众人一一握手。斯凯格的举动就像没有看见特内勒流泪了一般，多年来处理凶杀案的经验让他能娴熟地应对家属的感伤：他的握手感情真挚，他浑身的气度明显缓和了紧张的气氛。

审判庭大门敞开后，抢劫 - 杀人调查司的警探们——共计 11 人——一一落座于审判庭后方那些搭配尴尬的办公椅。特内勒让自己镇定下来，在嘴唇上涂了层唇膏，蜷着身子，眼睛望向地面，两手放在嘴上。

本次审判共有两个陪审团，分别对应一名被告。在陪审员列席时，斯凯格一边整了整西装，一边打量着这些人。前面的斯塔克斯也在观察这些人。

珀洛戴好眼镜，把他的维生素水放在辩方桌上；科莱洛坐在控方桌前，也把他的 Arrowhead 牌瓶装水放在了桌上。斯特林则看起来像在玩放大版的单人纸牌游戏：把六个笔记本放在面前，排列好之后又重新调了调顺序，没让桌子留半点空儿。弄完后他便静静地坐着，看上去在强忍恶心。

这时连斯凯格都难免有些不自在。他眉头蹙得比平时更紧，一动不动地坐着。

法官向陪审团宣读指令，指令长到令人感到煎熬。结束后斯特林立刻起立，顿了顿，整间屋子里的人都屏住了呼吸。斯特林理了理袖子，科莱洛紧张地咧嘴笑了笑，啜了一口红色塑料瓶里的水。接着，似乎到了时候一般，两名检察官都深吸了口气——斯特林先开始。

斯特林首先指出在座的陪审员也许无意出席此次审判，但他呼吁各位陪审员让这段经历有意义。接下来，斯特林开始正式陈词，他的表现一下子便让人了然为何他能坐在这儿。彻底抛却先前略显
278 神经质的小动作以及喜剧组合劳来和哈代般的笨拙，斯特林以专业的姿态深入细致地陈词，仿佛在读学术论文的目录一般。也许正因如此，斯特林才能轻松自嘲。至少在这个“战场”上，他能纵横驰骋，而且他清楚自己的能力。

他对陪审团说，大家有必要了解一下这一地区犯罪的“历史背景”。“大家都听说过瘸帮和血帮。”斯特林说道，并继续讲起媒体和检察官眼中的简化版的帮派日常。他把这些人描述成反对派政府

般的存在，并且强调他们极有组织性，且一心恋战。

根据许多人的说法，所谓的“动荡世纪集团瘸帮”实际上是个无足轻重的小规模帮派，组织性差，成员主要是一个家族里的亲戚。但是斯特林将其称为“联合帮派”。他把椅子踢到一边，走到投影仪旁，展示出一张地图，地图中淡紫色的点都是这个帮派控制的地盘，看起来像一款征服世界的桌游——洛杉矶版“Risk”。斯特林接着说，“动荡世纪集团瘸帮”同“8点流氓瘸帮”是“死敌”，他们“不共戴天”。

就个人而言，约翰 · 斯凯格认为可以没有帮派强化立法以及该法要求的法庭“竞赛”；只要对谋杀案做出适当的判决，司法体制就不需要专门的帮派成文法。他也并不热衷于死刑，无论出于何种动机杀害他人，判个40年有期徒刑就已足够；而比判决更重要的是逮捕凶手。

斯特林像学校老师一样播放着一张张幻灯片，红色激光点在屏幕上跳跃。紧接着就是介绍受害人布莱恩特 · 特内勒。“这个孩子不太关注帮派暴力方面的玄虚。”他说着，快速将屏幕切到布莱恩特的毕业照：他笑得温和，有一头可爱的卷发，夹克就搭在肩头。特内勒原本一直低头坐着，这时候他终于抬起头来，盯着这张照片。一位陪审员注意到了他，并把一只手指按在了嘴唇上。

斯特林跳到下一张幻灯片：街头的涂鸦以及文身——斯塔克斯
胳膊上的文身，文着帮派的名号以及摆出字母b和c形状的双手， 279
表示“集团瘸帮”。

接着，斯特林说道：“5月11日，星期五。”在他身后，特内勒的双脚不自觉地打起了拍子。斯特林拿起一个纸袋，从里面掏出一顶休斯敦太空人黑色棒球帽，它有些褪色，上面有些许淡红的斑点。他告诉陪审团特内勒是最先赶到案发现场的警察——这并不是事实。“救护人员随后赶到，然后……”斯特林顿了一会儿，呷了一口水，“他死了。”

虽然斯特林并没有说法庭上那群穿着西装、神色肃穆的警探中哪个是受害人的父亲，但有些人似乎猜到了，不停地朝特内勒那边望去。布莱恩特与父亲笑起来的时候最像，而现在的特内勒一脸阴郁。但陪审员很可能是从他那浓重的忧伤中看出来的——他仿佛笼罩在愁云里一般。

斯特林滔滔不绝地讲述着，条理分明地陈述是如何找到并鉴别确定涉案枪支的。斯塔克斯紧紧地盯着斯特林，珀洛偶尔提出形式上的反对。总体上，审判有序进行。最后，斯特林煞有介事地提醒：“各位，千万别急着下定论。”

紧接着，伊齐基尔 · 珀洛站了起来，嗓音柔和，说话条理清晰，颇有即兴演讲的感觉，而且几乎不看记录。与斯特林不同的是，珀洛站在陪审团面前就跟走在街上没什么两样；他理性而亲切的口吻让陪审员觉得他不会企图欺瞒。珀洛没有说多长时间，因为他不必像斯特林那样，排除无罪推定；他要做的只是指出斯特林陈述中的漏洞。珀洛对陪审员说，被告愿意承认大部分证据，但对坐着轮椅的男子的证词表示质疑，因为他曾说过自己迫于警方的压力。同时，他也质疑杰西卡 · 米德基夫证词的可信度。他指出，米德基夫并没有主动找到警方，并且她有理由怨恨斯塔克斯。在珀洛侃侃而谈时，斯塔克斯双臂交叉地坐着，看向陪审团那边。随后，法官起立；开庭第一天就这么结束了。当陪审团众人走出法院时，一阵寒风吹向他们。

开庭的第二天，寒风不再，第一束花菱草（加利福尼亚州花）
280 绽放花蕾，道路中间橘黄一片。德温 · 戴维斯的母亲穿着灰色西装出庭，他的一个姐姐也来了。坐在被告席的戴维斯穿着一件微微发皱的白衬衫，系着领带，冲着她们咧开嘴笑。

后来便轮到第二组陪审团听取开场陈词。审判期间，两组陪审团之间轮换出庭可把法警唐德·哈代折腾得够呛。两组陪审团出席听取证词，部分一起听，部分只有其中一组听。当两组都列席时，便需用警戒带隔开旁听席的几排长凳才能容纳所有陪审员。于是大家坐在一起，靠得很近，以至于有一天，特内勒和斯塔克斯的母亲奥利塔肩并肩坐在一起。

斯特林对戴维斯陪审团的陈词与前一天对斯塔克斯陪审团的陈词一样。

只是这一次他让布莱恩特的照片停留的时间更长：照片上的布莱恩特有着柔软的双唇，把夹克搭在肩上。特内勒凝视着儿子的照片，艰难地挪开双眼，可又忍不住再看几眼。

阿丽尔·沃克坐在证人席上。她还是那么漂亮，焦躁的性子也没变，一头金发下一对橘红色大耳环煞是显眼。她说她和布莱恩特交往了四个半月——对交往的时间记得如此清晰，审判庭众人不免意识到这些人毕竟只是年轻人。

当斯特林给她看布莱恩特高中阶段的照片时，阿丽尔·沃克嘴一抿，哭了起来。在随后说证词的过程中，她一直泪流不止、抽噎、尖叫，并夸张地用纸巾擦脸，长长的橙色美甲异常显眼。

阿丽尔·沃克的作证让人感觉是在演戏，虽说真实的悲伤交织其中，但青少年的那种自尊自赏过于凸显，真情实感反倒大打折扣。陪审团看着无动于衷。

接下来站上证人席的是布莱恩特的朋友沃尔特·李·布里奇斯。他深褐色的眼睛直视着菲尔·斯特林，神情庄重，脖子上的文身清晰可见。斯特林要求他走下证人席，实地演示案发时他的位置。布

281 里奇斯的表现远比 18 岁成熟，他把麦克风拿下来，机械地凑到嘴边回答斯特林的问题。

斯特林还在摸索着找节奏，不时地左右、前后走动；当质询和发表观点时，他胸口起伏，并不时扯扯衣角。他的举止也反映出当时庭内的不安。在阐述几处问题时，斯特林说着说着直接屈膝跪地。好在他那些滑稽的习惯性动作本就不少，这一举动看着也就是其中一部分，因此大家眼睛眨都没眨，只是静静地看着。

布里奇斯关于案发现场的证词，已经是当天下午第三次在法庭上上演布莱恩特之死了。特内勒的双手紧紧攥在一起。

接着站上证人席的是约书亚 · 亨利。他详细描述了布莱恩特的伤势，特内勒听后不禁抬手捂住了嘴。案发时在现场的青少年里，约书亚是第四位出庭作证的人。他们讲述着当时的场景，仿佛至今仍然能看到那个场景浮现在眼前：布莱恩特倒在草坪上，颅骨裂开，死在他们眼前。这群年轻人的脸上流露着惊惧，使得证词非常可信。约书亚走出法庭时，斯凯格一只手赞许地握了握他的肩膀。

开庭的第二天夜里，一起凶杀案大半夜"水落石出"，斯凯格赶去处理。因为找到了某辆汽车，相关线索纷纷涌现，犯罪嫌疑人是高等法院的一名法官的儿子。

开庭的第三天，斯凯格穿着一身灰色西服，精神饱满，没有显露出一丝疲倦。他坐在平常坐的位置上，就在斯塔克斯和戴维斯身后的第一排，嘴里嚼着口香糖，研究着黑色皮质笔记本里用黑笔记的笔记。

斯塔克斯把两件毛衣轮换着穿；戴维斯系着领带，紧张地坐在那儿，一只手握拳放在嘴边。诉讼霎时严肃起来。

特内勒随后现身，面带笑意，神色轻松。他弟弟从圣地亚哥来
282 到洛杉矶旁听审判，一家人头一天晚上在市区吃了顿晚饭，吃饭的

餐厅名叫“棕榈餐厅”，颇受欢迎。特内勒没吃几口东西不说，到现在还抱怨那家东西太贵，惹得好脾气的母亲和妹妹都笑话他。

当鲍尔斯法官入座后，斯特林起立，说道：“控方请求传唤华莱士·特内勒。”

特内勒站了起来，表情僵硬而坚定，走上证人席坐下。

斯特林问他叫什么名字。

特内勒僵硬地回答“华……莱……士”，接着不自觉结结巴巴地继续。“特……”他突然住口，顿了会儿。众人似乎跟着屏住了呼吸。

“特……”特内勒再次开口，泪水霎时流了出来，没法接着往下说。陪审团的众人、双方律师都僵在那儿，时间滴答、滴答地流逝。特内勒为今天精心挑选了一套抢劫-杀人调查司的西装，他穿着这身深蓝色的西装，挣扎着恢复镇静。陪审席上，众人双手紧握，嘴唇绷紧。

特内勒哭了出来，随后挣扎着恢复，挺直身体，然后再次崩溃——在这满满当当的法庭里，对着这么多出席的人，他同自己进行着极度痛苦的战斗，痛苦到连自己的姓都说不出来。“特……内……勒。”他最后沙哑地说了出来，声音小得几乎听不见。

斯凯格虽然脸上无动于衷，但十指牢牢地缠在一起。特内勒努力地控制着自己，让人心中一阵发堵，但却比阿丽尔·沃克夸张的演绎更加感人肺腑。当最后总算说完自己的名字后，特内勒拿纸擦了擦眼睛，艰难地看向斯特林。

“你有几个孩子？”

“三个。”特内勒回答。“嗯，”他回过神，“只剩两个。”

他坐在椅子上，整个人蜷缩着。陪审席上，大家一动不动地盯着他。

“你有个儿子名叫布莱恩特，是吗？”

特内勒微微倒吸了一口气：“是，没错，正是。”

斯特林接着问特内勒的职业是什么。特内勒这时抬起下巴，一字一句、掷地有声地说道：“我是洛杉矶的一名警探。”

斯特林引导特内勒还原5月11日当天他看到的情形。特内勒带着亚拉巴马口音，语速较快，声音却显得有气无力。当快讲到弹
283 片以及儿子倒在地上的样子时，特内勒又开始不安地动着身体。他边说边深深地喘着气，而后继续，一点点讲到棒球帽、血迹等等。尽管声音听着隐隐夹杂激动的情绪，但他还是以一副警探的口吻，精确地报出街道名，描绘着细枝末节，指出方向——哪些在东，哪些在西；他讲到自己如何停的车，在确保证人安全后，他又如何开车朝88街行驶，去找“我儿子”。

特内勒坚持着说完一切。而后斯特林问他为什么没有陪着布莱恩特坐上救护车。特内勒说这是因为——每每提及，特内勒都一阵心痛——他还得回家去“告诉我妻子”。

辩护律师无意耽搁于此，没问任何问题。特内勒便蹒跚着走下了证人席。

旁听席上，众人眼里泪光点点。斯特林似乎从不刻意掩饰情绪，退到后面擤了擤鼻子。

然而陪审员们不为所动，板着脸，专注于自己的工作。斯凯格第一次遇上这样难以看穿的陪审团。

案发现场的图片闪现在屏幕上：暮光下的棕榈树，地上的斑驳血迹。

辩护席上，戴维斯的母亲过分操心儿子的着装，不停地问阿普勒鲍姆该把儿子打扮成什么样子。治安官差不多每天都会给戴维斯送来一件挂在衣架上的衬衫；但由于他们随意拎着衣架，因而衬衫

送来时总是歪歪扭扭的，有的地方都起皱了，无一例外。对总是穿戴得整整齐齐的桑德拉·詹姆斯而言，这种漠不关心大约令她感到了巨大的不尊重。

开庭的第五天，亚迪拉·特内勒在法庭上露面，脖子上挂着一个心形吊坠，里头装着照片。

当戴维斯抽抽搭搭的声音充斥整个法庭时，亚迪拉坐在那儿纹丝不动。“我没想过害谁！我只是想合群！”录音播放，戴维斯猛烈地摇着脑袋。一位陪审员将一只手抬起来放在额头上。亚迪拉始终抬着头，抱着胳膊，一脸悲戚，仿佛伤痛持续了百年。

那天，斯凯格也站上了证人席。

那把椅子斯凯格坐着不太合适，他腿伸不直，手不能搭在扶手 284
上，何况他手里还拿着个大号的蓝色文件夹。他半对着陪审团，让他们能看到他的脸，他金色眉毛下的一双蓝眼睛一直看着陪审团。此外，他还像老师一样拿着一支激光笔和一张地图。他掌控自如、从容文雅。只有一次，阿普勒鲍姆成功地让他有些紧张。

阿普勒鲍姆试图让事情变成，在斯凯格的强压之下，脆弱而懵懂的少年德温·戴维斯供出了那番话。在质问之下，斯凯格承认为了挖出真相，他偶尔会对嫌疑人撒谎；而且，的确，他会设法控制嫌疑人。

“作为警察，你相当执着吧？”阿普勒鲍姆逼问。斯凯格迟疑了一下，但那迟疑持续了不到片刻，然后他脸上闪过一丝微笑，恢复了平常自信的模样，坚定地看着阿普勒鲍姆，答道：“的确！”

斯凯格的世界里容不下虚伪的谦虚，况且事实上，他本就是一位非常执着的警察，货真价实。

第二十三章

祈祷安宁

285 “我们希望的是救赎，而不是复仇！”尼克森花园小区的一间公寓外响起一道声音。

公寓里，铺着地毯的地板上散布着星星点点的米黄色斑点，一名年轻男子的尸体蜷缩在地上。男子侧躺在地，肚子差不多完全贴在地上，阖着双眼，一副熟睡的姿势，安逸舒适，就像正在午睡的婴儿。男子的一只胳膊沿着地板伸直，手里攥着几张 5 美元、10 美元的纸币——一共 45 美元；头发为褐色，有点长，该理理了；皮肤为棕色；中等身高，中等身材。确切地说，男子的身体发育成熟，比例协调。29 岁的健康男子与生俱来的便是生命的这一时期稚气完全褪去，而岁月的痕迹尚未显露。男子光着的背上有一处褪色的文身，无从辨识；身体渗出大量的血液，汇集在地毯上。那一团鲜血中间有条直线，可能是急救人员留下的，也可能是年轻人垂死时伸出那只胳膊，做最后的挣扎。

房间里除了一辆靠在一旁的绿色 Schwinn 自行车（它的坐垫被

拆了下来）、台面上放着的蓝色 Calypso 苏打水以及地板上的弹壳外，空空如也。清晨时分，不知为何，加利福尼亚泛白的光线透过 286
尼克森花园小区半掩的门和上头安了防盗窗的窗户洒进室内，洗尽纤尘，房间里棕色的墙壁上油漆斑驳，墙上安有消防报警器。这光线将建筑师保罗·里维尔·威廉姆斯设计的小公寓装点成了一处乡村小屋，明亮而静谧。柔和的光线洒落在这名被害的年轻人那光滑的皮肤表面，宛若盖着一条婴儿毯，那番情状之可怜可悲，可谓世间极致。

内森·库里穿着深色的西装进进出出，胸前紧抱着一本黑色皮质笔记本，他眉头紧锁，拧成了“V”形。当他正处理案发现场时，外头的人群中传来一声大喊：“救赎！”一名穿着 Ugg 靴子的女子正在呼吁大家：“让我们一同祈祷安宁吧！”

2010 年 3 月 13 日清晨，迈克尔·斯科特在位于 115 街和胜利街附近的尼克森花园小区的 88 单元内被人枪杀。他的尸体是自称他妻子的女人发现的。当众人聚成一团围观警察侦查时，朝阳正渲染、驱散着弥漫了一整夜的薄雾。

人群在天竺葵旁挤成一堆，中间飘着缕缕大麻的气息，那名女子的呼喊声盖过杂音，头顶的电线边掠过鸽子的身影。东南区的巡警和打黑警察在外面应对这群情绪激动的人，他们的眼里满是惊惧：几个 11 岁的男孩儿戴着耳环，一脸受惊的样子；还有几个 15 岁的女孩儿手里拿着旧手机，一直抽噎。

斯科特的家人坐在外面白色的塑料椅子上，他的母亲穿着拖鞋，弓着腰，正伤心不已，脚边放着一包 Aquafina 牌矿泉水。妇人闭着眼睛，脑袋微微仰起，胸部起伏。另一边，一名男子坐在路沿上，双手抱头，浑身颤抖地呜咽着。

一名女士走到妇人身边，张开胳膊搂住她——那是芭芭拉·普里切特，妇人是她的一位好友。普里切特一上午都陪在她身边，抚摸着她的头发，打量着警察。

287 库里风风火火地侦查。他上衣翻领上夹着一支笔，外套斜搭在枪上。他正陷入沉思，同时思索着好些物品：几张黄色的塑料标语牌、一本笔记本、几个马尼拉信封，以及几个塑料袋。最后，他走过去和斯科特的母亲说话。普里切特看到了他。

普里切特抱了抱库里——毫不避讳，当着小区居民的面。普里切特知道附近的人可能会鄙夷地看着她拥抱警察并和警察打招呼，可她并不在意。“库里！”她喊道，“你来调查这个案子吗？”

28 名身穿制服的警察形成一个战线，护着斯科特的遗体从室内转移到在外头等候的验尸车上。警察站得远远的，人群中的“战友”向警察保证，他们会阻止人群冲上前来抢夺遗体——常见的风险之一。几名警察对允许尼克森花园小区这帮情绪激动的人围观感到恼火。“就该把这些人拦在 114 街那儿。”其中一名警察一边抱怨，一边瞟了那几个孩子几眼。

漆着蓝色字母的验尸车停在路边，橙色的灯光不停地闪着。担架被从房子里抬了出来，上面放着装了尸体的蓝色尸体袋。一看见尸体被抬出来，人群便躁动起来。有人叫了几声，有几个人往前挤。混在人群中的“战友”冲着人群大喊：“大家保持冷静！”当儿子的遗体经过母亲身边时，那名母亲大哭起来，瘫倒在地。“啊，不要！迈克尔，我的儿子！”妇人喘着大气，伤心欲绝，头往一边歪着。警察远远地看着，抿着嘴，脸上露出一丝痛苦的神色。

斯科特此前加入了某个帮派，犯罪记录足足有 20 页。此番遇害与毒品交易或是帮派内部某次鲜有人知的争斗有关。然而，和以往一样，故事远非这么简单。斯科特差一点便逃离了过往种种：他爱上了一个女孩儿，两人逃到了贝克斯菲尔德。斯科特在一家玻璃厂找到了一份不错的工作，有一阵子时薪达到了 30 美元。可到后来，经济不景气，斯科特丢了工作。于是两人搬回了洛杉矶。他被杀时，两人正准备搬进一处空房子。

斯科特有一些同在帮派的朋友和亲戚。库里和一位名叫格里·潘托哈的警探在案发后询问了其中一人。三人坐着交谈，那人坦率地告诉他们自己是怎么想的。“我会自己动手……我会亲手解 288
决那个人。”他说，语气似乎像在道歉。

“别这么做，”库里平静地劝告他，“你们合起伙来也抓不到他。”

现在，库里处理起案发现场来麻利稳妥。他一直坚信自己永远不可能像他的导师约翰·斯凯格一样，天生擅长做这些。因此，为了弥补自己所谓的缺陷，他只能加倍努力，比旁人付出更多。

事实证明，库里的兢兢业业本身就是一种天资。长期坚持、高度集中以及全身心投入让库里发掘出了自己身上那种“斯凯格式决绝”。

库里尽管在与人交谈时仍然不是很自在，但已不似以前那般焦虑。他发现只要真诚地与人讲道理，就能行之有效；用自己最得心应手的方式处理，说话磕磕绊绊就磕磕绊绊。尽管他说话做不到行云流水般流畅，但他神色诚恳、态度温和，让人容易托付信任。

更重要的是，随着处理的案件的累积，库里对这一技巧——对这份工作情感上的共鸣——越来越信奉，这对他取得成功来说异常关键。他坦率且敏感，对涉案人员敞开自己的心扉，让他们的苦痛和恐惧重塑他对这份职业的理解。

正如斯凯格以及斯凯格的父亲，库里发现踏上调查凶杀案这条路后一切都变了。他发现自己再也无法在其他警务工作上倾注这种信念。调查凶杀案让他放眼世间。在此之前，他不能理解沃茨的悲有多深，沃茨的伤有多重；对每次谋杀所引起的痛苦也没有概念。库里说，在穿着蓝色警服的那些年里，“我不曾看明白，后来通过询问那些人，我惊觉这是一个完全不同的世界”。

一桩桩案子经手下来，库里的心渐渐向另一群人倾斜。他开始同情那些他在穿着蓝色警服时最不信任的人。那些诈骗犯、毒贩、妓女、违反缓刑条例的人成了他的证人、受苦受难的家人，同他联手对抗那个“怪物”。“我不在乎他们是谁，但‘怪物’也伤害了他们。”他说。

289 库里的看法不再与他那些身穿蓝色警服的同事一致，他们嘴里依旧说着那些陈词滥调，始终认为沃茨的人缺乏“价值观”，不珍惜生命。“只有真正活在这儿，你才会明白。”

洛杉矶警察局的正副局长都认定刑侦工作是“被动的”，换句话说，促使警探快速反应并不能降低犯罪率。而库里逐渐确信，为了破获贫民区的凶杀案，无论代价如何，都是值得的。

他内心坚信先有暴力，然后才有国家为应对暴力而制定的法律。同时，他也相信积极寻求对策比单纯预防更合理，更契合法律的精神，长远来看也更行之有效。相比任何其他品质，这一信念见证了一名寻常的侦查人员走向崇高、卓越。那一年年初，拉科尼亚街的那起案子终于结案了，那时候距离案发已经过去了 18 个月。初审未决审判后进行了新一轮审判，所有证人再次经受出庭作证的巨大考验。所幸这一次，该案的四名被告均被定罪。

同以往一样，在法庭上坚持到最后的，唯有父母。当法官准备宣读判决时，一名被告的母亲跑了出去——光是看见法官手里拿着的淡黄色信封，她就受不了了。当法官说出“有罪”一词时，受害人雷蒙德·雷克纳的母亲垂下了头，双手捂着脸。

然而，为了得到这个结果，付出的代价实在不轻。其中一名证人是个高中生，本来前途坦荡。但在这两次审判期间，由于遭到各种威胁，又经历多次搬家折腾，男孩儿退学了。而那名大麻贩子最终背井离乡，没有任何经济来源，还被毒打了不止两次。在一次被打后，库里来看望她，发现她前额青紫，缝了好几针。女子被重新安置在远离家人和常客之地，审判结束后多年来，当她遇上各种私人问题时仍会找库里，打电话让他帮帮自己。

后来当被问及为什么她会同意配合案件调查，为什么她甘愿被威胁、被殴打也要为州法院的公正出力时，她的回答很简单：“因为我相信内特（内森的昵称）。”

库里最后把迈克尔·斯科特一案移交给了潘托哈，后者则成功地将其破获，并将凶手绳之以法。

然而警探们并不知道，这案子传开后，芭芭拉·普里切特花了 290
好几个小时对熟人和朋友又是劝说，又是恳求。他们想报仇，普里切特则恳求他们别冲动，可这些人不相信警方能处理好。普里切特一遍又一遍地请求他们给警察一次机会。她也一遍又一遍地提及内森·库里，那个她在案发现场拥抱的警察。普里切特向她的熟人和朋友保证：实在没必要以命抵命，库里是个好警察；他们可以相信库里，交给他处理。她不再说起需要约翰·斯凯格回来。

初春之际，在布莱恩特一案结案的最后几天，拉巴贝拉终于不得不承认库里就是他盼望良久的新生代警探，天资独到。库里是他一直以来所苦苦寻找的人，是真正的“小斯凯格”——面对社会冷漠时活力的化身。现在的库里就是西摩·阿普勒鲍姆刁难约翰·斯凯格时曾说的“相当执着”的警察。在斯凯格的世界里，没有比这更高的赞誉了。

审判的第二周迎来了夏令时，因此工作日结束的傍晚时分阳光依旧明媚。珀洛和斯凯格都被约翰·科莱洛传染了流感——流感已在法庭上蔓延开了。珀洛开玩笑说，他这样咳嗽说不定能得到陪审团的同情。

马上轮到米德基夫出庭作证了。斯特林从来不像斯凯格一样相信她，在他眼里，她始终是一名妓女，是个在街头流浪的人，况且她毕竟还是给凶手开车的司机。米德基夫本身让被告一方有机可乘、借题发挥，以使她看上去并不可信；而她反复搬家这事儿也可能在法庭上为被告一方所利用，被拿来说事。

斯特林也担心，万一米德基夫在被告一方的质问下变得急躁易怒，可能会给案子带来不利影响。控方指控斯塔克斯教唆这场谋杀案主要依赖于米德基夫的证词。手机记录、那辆雪佛兰萨博班以及米德基夫和戴维斯的证词之间不少细节相互吻合，能拼凑出相当一部分证据。然而，如果米德基夫出庭作证表现欠佳，这案子的控方胜率就会大大削弱。

291 斯特林为米德基夫的出庭下足了功夫——准备好了之前问她的各种问题以及她的陈词，以便让她能看着念出来。斯特林和科莱洛直到开庭前一天夜里才见到米德基夫。斯特林还是很紧张，初审的时候，米德基夫的表现无法让他安心；而这回斯特林担心，米德基夫可能无法承受法庭上的高压环境。

斯凯格一反常态，也显得有些焦躁，后来他将此归结于流感引起的不适感。但斯凯格在这桩案子上付出的诸多心血，究竟是添砖加瓦还是付诸东流就看米德基夫的表现了，这一点毋庸置疑。

可是，眼前的杰西卡·米德基夫已经不是两年前那个烟不离手又天真懵懂的少女了。如今已 25 岁的米德基夫会定期去看望女儿；距离考试通过并取得高中文凭只差了不到 10 分——只是还得提一提数学成绩；新任男友长相英俊，人也温柔得体，有自己的工作。

想想她不久前的境况，再看看现在，一切都显得神奇且不可思议。

最令斯凯格感叹的不是米德基夫在教育方面取得的进步，不是生活上的节制，也不是新交的男友，而是她在健身房健身锻炼这件事儿。米德基夫正在学习跆拳道，这与斯凯格理念中的健康生活完美契合。

出庭那日，米德基夫进来时一身黑色搭配，身穿长袖衬衫，脚蹬高跟鞋；颈上挂着个金制十字架；染过的头发也恢复原样了，乌黑的长发编成一条紧实的辫子垂在背后。那条辫子配着修过的眉毛，与她香草色的肌肤对比鲜明，显得非常虔诚。走上证人席后，米德基夫深深吸了一口气，抬了抬肩膀，然后放松。随后，她身体向前靠了靠，对着麦克风，神情严肃而伤感。这一次不像初审的时候，米德基夫不再因感觉到那股两性之间的吸引力而焦躁不安；因为这次她压根儿没看斯塔克斯。于是，斯特林开始了。

米德基夫一一回答斯特林的提问。这一次，她也没有重复此前夸张的“表演”，出现那带戏剧性的眼泪或是失控的情绪。相反，她一点一滴地讲述她眼里的一切，表情严肃认真，眉头微皱；偶尔停顿，思考时盯着天花板，或咬着唇，努力回想记忆中渐渐模糊的细节，不记得时坦然承认。斯凯格很久之前在77街区警察局挖出了本案的细枝末节，那一夜，布莱恩特一案水落石出；现在，斯特 292
林正如抽丝剥茧般有条不紊地将之还原。米德基夫讲述时的姿态足以媲美斯特林的井井有条，同与斯凯格2007年12月在审讯室第一次打照面时的那副时而哭泣时而扭捏作态的样子相比，实在是云泥之别。而在法庭后排位置上，奥利塔·斯塔克斯静静地听着，一脸怀疑、厌恶。那天，陪在她身边的是一名女子，表情空洞，满是敌意地盯着米德基夫。但米德基夫始终没有回头看她们。

斯凯格坐在那儿，要么双手握在一起，要么摆弄着手里的笔。

有一会儿，米德基夫偏头看地图，陪审团完全看清了她颈上的文身。时间一点点流逝，米德基夫看起来有点冷，倚靠在椅子上，缩着肩膀，但她没有漏掉任何线索。

米德基夫有时可能稍显不自然，刻意表现得像个淑女（当斯特林问米德基夫与斯塔克斯是否曾经关系“亲密”时，她表现得过于敏感，这有些多余）。但除此之外，她完全是斯特林求之不得的理想证人。控方问讯结束后，斯特林坐下，打起精神准备迎战辩方。

但无论是阿普勒鲍姆还是珀洛都没有对米德基夫展开强烈攻势，两人的质询平淡谨慎，珀洛试图证实米德基夫认识那名坐着轮椅的男子的表亲——名叫鲍比·雷·约翰逊，26岁，绰号“鼠盗”。警方认为此人于2008年被自己帮派的一名成员杀害。珀洛正试图在这场审判后半段揪出谋杀约翰逊的犯罪嫌疑人。

阿普勒鲍姆问起米德基夫为什么一开始躲避警察，这么问显然成功触到了米德基夫的逆鳞。他问：“难道不是不想被警察抓住吗？”“当然不想，”米德基夫厉声说道，“谁会希望被抓？”所幸，斯特林设想中的辩方质询并未成真。厉害的辩护律师都很清楚，如果证人实话实说，那么展开进攻只会对自己这一方不利。询问结束后，米德基夫冷静地走下证人席。当她走出法庭时，恰好经过特内勒身边，他低声对她说了句“多谢”。

293 最后一场庭审当天发生了地震。这一带的居民在凌晨4点30分便被皮科里韦拉地下4.4级的地震搅醒了。

当然，我们的约翰·斯凯格早早地起床了。可阿丽尔·沃克慌了。她对斯凯格抱怨说，自从她当证人以来，她家门前就停着一辆汽车，安了黑色的玻璃窗。于是，她坚信自己受人威胁，但斯凯格不太确定是否真的如她所言。

那天，半数陪审员似乎都在咳嗽、打喷嚏。出庭的证人阵容令其不敢有丝毫松懈，分别是一名法医和枪支分析员鲁宾。将斯塔克斯连人带车一同扣下的加利福尼亚州巡警面无表情地说了一通“枪口”“铅芯”之类的字眼。接下来出庭的是“打黑专家”，伦尼克斯治安局的警探丹尼尔·里昂，他平头短下巴，身着浅米色西装，手里拎着个公文包。

里昂熟练地说起帮派之间不可泯灭的仇恨以及那些人脸上猖狂的文身，好像在描述哪个异国部落一样。他说，他们活着就是为了“完成任务”。里昂的证词原本是用来支撑控方加强打黑力度和加强防控的主张。斯特林给里昂看了一张涂鸦，是个向下的箭头，这大概是洛杉矶地区最普遍的帮派标识，意思是“这是我们的地盘”，但里昂却回答不出这个箭头表示的意思。斯凯格看着，表情有些揪心。接着，里昂又没有认出首字母为“S.C.”的涂鸦。斯特林不得不告诉他这层明显的意思：“南中央。”

由于预算削减，国家下令休假一天，因此判决日又往后推迟了一天。辩方感到此案基本已尘埃落定，闷闷不乐的伊齐基尔·珀洛将开庭的第二周总结为：控方“造了个大案子”。

然而菲尔·斯特林仍然紧张兮兮的，此案的核心问题——证明斯塔克斯是罪魁祸首——仍然不甚明朗。所有的一切，包括米德基夫的证词，都对控方有利；可是没人知道陪审团如何看待这起案件。斯特林和斯凯格一样，对陪审席内一张张冰冷的面孔感到不安。如果陪审团认为，在这起案件中，米德基夫比她坦白的牵连更大，或是认为戴维斯行凶是主观起意，那么对斯塔克斯的起诉仍可 294
能立足不稳。那漫长且炎热的休假日放在周三，把悬念的时间生生拉长。

周四那日重新开庭，德温·戴维斯起初不肯出牢房，沮丧且懊恼。五名法警在法庭上严阵以待，以免他行为失常。

稍后珀洛站起来，说出的话让人意想不到。

“辩方传唤德里克·斯塔克斯。”他说。

珀洛在开庭前一天一直劝说其委托人不要站上证人席。珀洛有个计策，目的不是瓦解控方陈述的案件事实——他翻阅了斯凯格的调查报告，没有找到任何疑点——而是建立起足以在陪审团心里埋下怀疑、困惑的种子的新的推测。如果能使米德基夫的证词出现漏洞，那么要将那辆萨博班、那把枪与布莱恩特联系在一起还有其他可能——前提是不扯上德里克·斯塔克斯。最主要的一点是，珀洛计划证明鲍比·雷·约翰逊——坐着轮椅的男子的表亲——可以接触到上述所有要件。他不希望出现任何其他可能与这一新推测互相矛盾的证据，而如果控方质询时控制住斯塔克斯，那么挖出新证据的可能性很高。

此外，珀洛还看出了另一处危害：斯塔克斯的证词可能会给此前法官排除的证据开路，使之重新进入考量范围。在想到这个法子之前，珀洛原本对这个案子就没有抱太大希望，但至少他尽力了，奋力出击过；可斯塔克斯站上证人席可能将此付诸一炬。

但无论珀洛说什么都不管用。亲眼看着对自己的起诉日趋成形，斯塔克斯认定了自己的辩护律师软弱无能。所以现在，他大步走向证人席，坐在椅子上动动身子，找了个舒服的姿势，深呼吸了几下。珀洛进行询问，尽量掩饰情绪，不让陪审团看出自己的失落。

在审理期间，斯塔克斯一直在捣鼓他的胡须，他棕色的络腮胡打理得齐整，下巴处稍微长点。他穿着一件棕色衬衫，系着栗色领
295 带，脸上淡淡地笑着，仿佛志在必得。他的胡子一直长到嘴角，衣领没有翻平；他眼眶上下有黑色的阴影。从陪审席那看过去，斯塔

克斯眼角那一小方文身仿佛一块胎记。当目光落在母亲身上时，他脸上闪过一瞬间的柔和。

“你是集团瘸帮的人吗？”珀洛问。“是的。”斯塔克斯回答，众人一阵哗然。

斯塔克斯采用的思路是，“我虽不是什么天使，但我没杀人”。他说自己虽然像那些帮派“专家”描述的一样，但案发时他人不在这儿，去了北卡罗来纳州。布莱恩特被害前一周他就走了，回来后才听说了这事儿。他说，之前他去了东边，帮一个表亲搬家——她住在查尔斯顿附近，怀着孩子，要借他的卡车。他还说，米德基夫出事的时候，他不在那辆雪佛兰萨博班上，他赶来看看究竟怎么了，然后就被警察抓住了。

珀洛不紧不慢，表情冷淡。斯塔克斯在回答问题时，不时地轻晃着椅子。中午休庭时，斯塔克斯摇摇摆摆地走下来。

午间休庭结束，德温·戴维斯缓缓步入法庭。他衬衣下摆没有塞进裤子里，正在跟法警哈代和阿普勒鲍姆开玩笑。珀洛继续开始，斯塔克斯照着珀洛的思路说着这个案子，珀洛希望这个逻辑能成：是约翰逊把那把枪卖给了坐着轮椅的男子；案发那一阵，约翰逊和米德基夫正在交往。斯塔克斯还在轻轻晃着，仿佛脑子里自动播放着音乐；他一副悠闲的样子，回答问题时摇头晃脑，过一段时间便瞥一眼时间。珀洛问完后便坐下了，脑袋垂了下去。

菲尔·斯特林随后起立，把手里的一张纸揉成一团，装模作样地扔了出去。

接着他正式出击。

一切都是公平的。斯特林提起斯塔克斯近期犯的事：抢劫，入室盗窃未遂。随后，斯特林开始就斯塔克斯的说辞发起猛攻，迫使斯塔克斯重述一遍前往北卡罗来纳州的每个细节：每天做了什么，吃了什么，和谁住一起。斯塔克斯显然越来越慌张，不时地抿抿嘴，同时坐在椅子上也不乱动了。

296 斯特林计算过两个地方的距离和驾驶时间。于是，他问斯塔克斯油箱里有多少油，并查验他何时何地停车加油。斯塔克斯接下来的回答便让自己陷了进去，他坚持说自己先开车到了路易斯安那州的州府巴吞鲁日，时速 80 英里；中途基本没停，喝了点功能饮料提神，然后一路开到了北卡罗来纳州。斯特林问他在途中遇到过什么人，斯塔克斯说记得碰见过几个亲戚，但还有谁他就不记得了。

当前的情形对斯特林有利。他没怎么看笔记，也没有特意指出查尔斯顿在南卡罗来纳州，并且车开不了那么快。面临谋杀起诉的人至少得让自己的不在场证明合乎常理，但斯特林没必要指出这些。

斯塔克斯说，从路易斯安那州到北卡罗来纳州的最后一段路程，他坐了一位表亲的顺风车。斯特林探问具体情况。斯塔克斯说他不记得他的表亲开的是什么车，并提到车上还有一个人。斯特林继续施压。“我不记得他叫什么。”斯塔克斯答道。“在被监禁的两年半的时间里，你就没费心去查一查这个人的名字？”斯特林问道。

最后，斯塔克斯说住在哪儿、住在谁家他都不记得了，身边一帮人他也都不知道叫什么。斯塔克斯说不出同乘一辆车的人叫什么，他说因为“我一路上都昏昏沉沉的”，一直在喝白兰地，还吸了大麻。他说，离开的时候是白天还是晚上他也都记不清了。

斯塔克斯浑身僵硬，但他正对着斯特林。一次，斯塔克斯在回答完一个问题之后，疲倦地把一只手搭在额头上。珀洛一言不发，痛苦地看着自己的委托人走向自我毁灭，手捂着唇，一条腿抖个不停。

戴维斯坐在被告席上观望，神色放松，看起来心情不错，仿佛已经抛下了一切。斯凯格出去接了个电话，回来的时候满面春风，藏也藏不住。一群地方检察官纷纷走进法庭。该来的总算来了。

斯特林首先搬出了监狱的记录资料，用它们来控诉斯塔克斯——直到这一刻它们总算能被呈上法庭了。里面包括斯塔克斯在 297
监狱里责备戴维斯的话——“你该管好你那张嘴”，以及他说米德基夫的话——“那娘们还敢叽叽呱呱”。“我那是说别人。”斯塔克斯辩解道，声音明显底气不足。

最后，斯特林呈上监狱里的录音，是斯塔克斯恐吓斯凯格的话。他播放录音，要求斯塔克斯承认他曾说过“如果我要杀个条子的话，那么那个人一定会是斯凯格。高高大大的白小子，穿衬衫，打领带，就是不套外套”。

“记不清了。”斯塔克斯回答。奥利塔 · 斯塔克斯呆呆地望着天花板，凄凉地笑了。

斯塔克斯的陪审团最后总算暴露出一点情绪：渐渐不耐烦斯塔克斯的那套说辞。珀洛看出来了。而控方的刁难差不多到头了。

斯特林又回到斯塔克斯的不在场证明，再次让他确认案发前一晚不在城里，可根据米德基夫的说法，两人那晚一同下榻沙漠旅馆。

而后，斯特林默默拿出一张蓝色单子，放在投影仪下。

四四方方的横格纸——是一张老汽车旅馆的收据单，印有沙漠旅馆的标志、复古体的旅馆名以及一棵棕榈树。收据单的内容包括：2007–5–10, 印刷体姓名德里克 · 斯塔克斯，驾照号和手写签名。

陪审团注视着那张单子，斯特林指着单子让斯塔克斯承认上面写的是他的驾照号，后者勉强回答：“看起来是我签的。”

“就到这儿。”斯特林说完便坐下了。

休庭后，约翰 · 科莱洛抑制不住内心的激动。“结束了！”他喊道，从座位上站起来，转身朝向身后的同事们。在走廊里，斯特林尴尬地抱了抱约翰 · 斯凯格。“剩下的 7 岁的孩子都会处理，”他激动不已，“7 岁的孩子都知道该怎么判！”

那张旅馆收据单是斯凯格对这个案件最后的贡献。在听完斯塔克斯的证词后，斯凯格趁着午间休庭把自己在奥林匹克区警察局的
298 一名年轻警探马特 · 加雷斯派去沙漠旅馆查看。加雷斯为了找这张收据单，从洛杉矶一头开往另一头。斯凯格没有给具体的指示，只是像往常一样说：“自己看着办。”

加雷斯看着办了，在旅馆的结算室里翻着一堆又小又薄的收据单。

旅馆的工作人员会把每日的收据单扎成一小叠一小叠的。可加雷斯找的时候，并未找到 2007 年 5 月 10 日的那叠收据单。因此，他又把 11 日那天的收据单翻了一遍，然后又找了 12 日的，还是没找到。然而，他不死心，继续翻找。正如斯凯格一次次折返，不停敲门一样，加雷斯不断往前走，坚持不懈，直到那扇门终于打开。最后，加雷斯只能随机抽查，一箱接一箱地翻找。

功夫不负有心人，加雷斯最后总算找到了那堆失踪的收据，它们被错放在了 5 月 27 日的收据里头。于是，加雷斯从里面抽出了他苦苦寻觅的东西：一张蓝色的小单子，上面写着德里克 · 斯塔克斯。

法庭于 3 月 19 日，也就是星期五那日重新开庭。那天云层密布，格外凉爽。斯特林打着一条靓丽的黄领带，看着颇像伴娘裙的镶边。科莱洛的流感总算好了。从审判开始以来，这对搭档第一次神色自若。德温 · 戴维斯也像斯塔克斯一样坐上了证人席，一遍遍

地催促阿普勒鲍姆坐实自己的嫌疑，此前斯塔克斯曾尽力掩饰，却将其搞砸了——“后果很严重，对吧？”戴维斯现在似乎不紧张了，准备好了了结。甚至连斯塔克斯看起来都比平常松懈，冲着后面旁听席里的家人微笑，如释重负。

斯凯格受到传唤，确认斯塔克斯口中的“穿衬衫，打领带，就是不套外套”的“高高大大的白小子”指的是他。“不错。”斯凯格回答，因为他在办案的时候就是这身打扮。并且，他偶尔才穿西装外套，比如出庭时，以及在案发现场时。斯凯格神情庄重：对他而言，刑警的着装标准是件大事。

上午10点45分，庭审结束，只剩最后的总结陈词。亚迪拉·特内勒看上去心力交瘁。

总结陈词进行了两天，因为得对两组陪审团分别陈词。约 299
翰·科莱洛代表控方对起诉戴维斯一案做总结陈词。陈词时，他的脖子和脸颊带着几分红晕。他充分调动情绪，向陪审团再次展示了控方查证到的一点一滴。科莱洛一副惋惜感伤的模样，洋洋洒洒一通。他假装手里持枪，模拟戴维斯的行为，并且嘴里发出“砰、砰、砰”的声音。

阿普勒鲍姆起身，摸了摸胡子，靠在他热爱的发言台上。他开口陈词，双手揣在口袋里，站姿随意，一边陈词，一边一只手摆弄着口袋里的硬币或钥匙。他设法缓和本案引发的情绪，承认在发生这种惨剧的情形下为德温·戴维斯辩护可能引得群情激愤。他还试图巧妙地掩盖控方陈词中极其打动人心的部分。“确实很棘手，”他说，“站在这里，约翰·科莱洛眼里闪着泪花，大家都深受触动，我也一样！看着一位坚强的刑警……泪洒法庭着实令人难受。”但他接着便恳请众位陪审员秉持公心。

他主张以犯罪意图为基准判决二级谋杀罪。斯塔克斯意在杀人，至于戴维斯，阿普勒鲍姆说戴维斯不知道自己到底干了些什么蠢事，直到最后一刻。随后，他反复强调自己的论点，屈指可数：米德基夫作证说斯塔克斯操控一切；开枪的方式无法表明戴维斯刻意瞄准目标；大部分证据表明戴维斯当时在毒品的作用下大脑不清醒，加之他惧怕斯塔克斯，才在压力下犯罪。

阿普勒鲍姆提到“德温当时一把鼻涕一把泪”，承认罪行的时候还想到母亲，哭个不停。这一情景有力地提醒了陪审团戴维斯的年纪。阿普勒鲍姆揪住约翰 · 斯凯格的追查到底作为反击：“由于受害人是警察的儿子，因此他们不遗余力。”最后，阿普勒鲍姆攻击斯特林滥用幻灯片，这一点确实讨陪审团喜欢，因为陪审团受到控方无情的摧残，硬生生地看了两周幻灯片。“我不用什么幻灯片
300 来作秀，”阿普勒鲍姆轻蔑地说道，“我只想跟大家把事情好好说明白。”

阿普勒鲍姆可谓使出浑身解数，但他的王牌还是坐在辩护席那边的德温 · 戴维斯。在整个审判期间，陪审团曾看着大眼睛、圆脑袋、敦实的德温 · 戴维斯又是坐立不安，又是大惊小怪；他时而打哈欠，时而咯咯笑。阿普勒鲍姆说，控方企图把他形容成“精明、狡猾”的人。他说这个时，戴维斯靠着椅背，双腿伸直了，双脚伸出辩护席，看着就像个慵懒的学生。阿普勒鲍姆朝戴维斯那边指了一两次：“要是他真的那么狡猾，为什么还会在入狱后文个文身？”“说他想活下去才更合情合理。”阿普勒鲍姆说道。

即便没有明说，这话也清楚地暗示：戴维斯精明到能策划出一级谋杀简直荒谬；看看眼前这孩子。

接下来轮到菲尔 · 斯特林辩驳。他啰唆个没完，甚至还表演了开枪——于是他又遭到法官训斥，让他少说废话。法庭上你一言我一语无休无止，可约翰 · 斯凯格还有案子要查。让他在这儿干坐着

听长篇大论的总结陈词，可想而知，这才是对他施以极刑。漫长的一天在法庭上消磨殆尽，斯凯格最初烦躁不安，现在已是如坐针毡；他一动不动，嘴部越来越僵硬。看来挥霍时间对他的血液循环都产生了影响：他的脸色愈渐苍白。

第二天早上，轮到了斯塔克斯的陪审团。斯特林起身，声音沙哑残破。他整了整外套，一把拽开椅子，一开场就说自己会尽量言简意赅，接着却又重复控方的事实证据，同时不忘强调本案迎来的“佩里 · 梅森时刻”，即印有德里克 · 斯塔克斯姓名的旅馆收据出现在屏幕上的时刻。

而后伊齐基尔 · 珀洛起立，献上职业生涯最后的总结陈词。只不过此时此刻，辩方已是连连溃败；珀洛一早上都莫名沉静。

兴许连陪审团都同情他现在的处境，因为他们听的时候神情
专注。珀洛和阿普勒鲍姆一样得心应手，稳重而健谈。他一只手拿 301
着笔，另一只手放好眼镜，举止自然。珀洛开场便试图控制颓势：“我不指望大家完全相信德里克 · 斯塔克斯说的话，但请不要轻下决断。”

他指出，陪审团应仔细衡量，那些堆积如山的证据有多少真正证明了斯塔克斯确实在案发现场。这一关键点实则根基不稳：坐着轮椅的男子有撒谎的理由；米德基夫也不像她装出来的那样无辜。她难道没有协同作案的可能吗？珀洛有条不紊地盘查证人证言，指出其中的不相吻合之处。阿普勒鲍姆这时才觉察到这些问题，可惜太迟了，因此他一脸惋惜；而珀洛正充分利用它们。

休庭后，珀洛走出法庭，走进阳光里，他 46 年的辩护律师生涯就此结束。

在整个审判过程中，检察官最担心的是针对斯塔克斯的起诉。

但最后，斯塔克斯一案却比戴维斯一案更早宣判，他那组陪审团只商议了两天时间。当戴维斯的陪审团还在商议时，斯塔克斯的陪审团于周四下午 3 点 25 分拿着裁决结果回到了法庭。

那天下午空气湿润，天气凉爽。特内勒那天赶上培训，穿着一件夏威夷衬衫便赶来了，他是唯一出席判决的受害人家属。16 名同一科室的警探同样到场。“那么问题来了，现在谁在巡视洛杉矶的街道呢？”珀洛咕哝着，打量着法庭上这个身穿商务西装的队列一字排开。

特内勒的同事前来助阵，但特内勒并没有和他们坐在一起。他默默地坐在一边，身边环绕着一堵隐形的墙，一只胳膊顺着长椅靠背垂下，轻松地坐着，可与之对比鲜明的是他那紧绷的神情。当法官宣布开庭时，检察官们坐到一起，亢奋不已，科莱洛拳头紧贴着嘴。虽然斯凯格没有出席，但法雷尔来了。斯凯格的原则是坚决不听判决：因为那不属于他的工作范畴。出席判决只会浪费时间。

302 陪审团提交裁决结果。当鲍尔斯法官开始宣读时，特内勒吃力地抬起下巴。

“有罪，”鲍尔斯宣布，“一级谋杀罪名成立……”

斯塔克斯眼睛直直地盯着前方，扩展胸腔，深深吸入一口气后又重重叹了口气。特内勒艰难地咽了口唾沫，眼眶渐红。倦怠似乎将其包裹，特内勒硬挺着，满身疲惫、悲伤，体力仿佛透支殆尽。陪审员一一投票，每个人都神情凝重，没有人表现出释然或是胜利的姿态，也没有人看向特内勒。

奥利塔 · 斯塔克斯没能及时赶到法庭，也没赶上判决宣读。在众人都离场后，她和丈夫才一起赶到审判庭门口。当得知儿子被判有罪后，她静静地点了点头，脸上尽是无奈。

科里 · 法雷尔用手机给约翰 · 斯凯格发了一条短信，告知其判决结果。短信刚发出去，伴随“嗡”的一声，法雷尔便收到了回复。收到的回复言简意赅，典型的斯凯格作风，只有一个词：“痛快”。

戴维斯陪审团第二日早上开庭。这次法庭上出席的人寥寥无几，只有一群检察官——他们都是斯特林和科莱洛的朋友。特内勒没有出席。戴维斯盯着书记员把信封从陪审团那里递到法官手中。当法官宣判“有罪”时，戴维斯一只手放在嘴上，边晃脑袋，边抬起头注视天花板，法官则在一旁继续宣读着案件事实。休庭时，戴维斯仍坐在那儿晃脑袋。

科里·法雷尔没有出席，因为他一早接到通知，让他前往圣费尔南多谷的富特希尔警察局就任。新成立的警察局一周内接到两起凶杀案报警，受害人分别是一名拉美裔男子和一名年轻黑人女子。两个案子都很棘手，因为证人不愿协助。好在法雷尔通过手机时刻关注法庭上的动态，并告知斯凯格戴维斯的罪名成立。这次，他收到的回复更加简洁，这个打领带、不套外套的警察回道“好”，表示“收到了”。

第二十四章

人间蒸发

303 据采访，陪审团说他们疲惫不堪、精神透支，几名陪审员还说他们害怕遭到报复。在等候法警陪同进入法庭内听法官宣读判决时，一名陪审员承认自己双手在颤抖。几名陪审员表示，尽管他们当时表面上看起来平和坦然，但其实内心早已翻江倒海，一直强忍眼泪。

有的陪审员认为辩护律师能力很强，也有陪审员认为他们无可救药，一直处于被动地位。有的陪审员不明白为什么辩护律师没有抓住米德基夫不放，还有几名陪审员认为检察官在庭审期间公然表露激动之情有些过分，也有几名陪审员为珀洛感到遗憾。

同时，有几名陪审员还认为斯特林在控方的总结陈词中对斯塔克斯的交叉询问多此一举：斯塔克斯撒谎这事儿不必拿来大肆渲染一番。同样，旅馆收据单的戏剧性出场让众人印象深刻，但显然没有起到一击制胜的效果。然而，斯特林援引的“佩里 · 梅森时刻”在陪审团会议室里引发热议，因为其中一名年轻尚轻的陪审员连佩里·梅森是谁都不知道。

而戴维斯那组陪审团分歧更甚，故而讨论的时间更长。他们仔细分析了相关的物证，得出的结论是戴维斯并不是凭空胡乱开枪的。众人均称自己认真履行了肩负的职责。“我永远不会忘了这些 304
天的一点一滴。”一名陪审员如此说道。

辩护律师在注意到陪审员大多是白人后，曾考虑过这些人无法切身体会这起案子背后的种种。然而，里面至少有一名陪审员并不像辩护律师想象的那样脱离贫民区的世界。他便是戴维斯陪审团的主席，一名 44 岁的白人男性，金发碧眼；他在当地一家快餐连锁店担任高级经理。由于工作需要，他经常前往康普顿一带和十号州际公路以南的那些社区。虽然他现在住在郊区，但他从小在华盛顿军事收容区长大，并就读于一所位于黑人社区中的学校。他小的时候常常在街头打架。青少年时期，他便知道黑人“围城”的规矩，知道在法律缺失的地方打架，“要是退后，就永远别想翻身”。

当谈起布莱恩特一案时，这名陪审员甚至比那些进出法庭的警察更加敏锐。他看出米德基夫曾是妓女；甚至在庭审挑明之前，他就曾怀疑斯塔克斯是她的皮条客。对于其他陪审员不明白布莱恩特为什么要戴着那顶“傻里傻气的帽子”，他震惊不已。“在那样的环境里不过是图个安心！”他说。

说到布莱恩特，这名陪审员似乎理解这个 18 岁的男孩儿在一群朋友中的角色地位。当得知布莱恩特的朋友们教布莱恩特打拳时，他心领神会地点了点头，说道，他们确实得教他怎么打架，不然无法跟他一起玩。和被视作弱者的人做朋友可能伤及自身地位及尊严，从而危及自身安全。

这名陪审员同许多洛杉矶人一样，清楚十号州际公路以南地区黑人间的凶杀案早已是痼疾沉疴。他注意到特内勒在 77 街区安家落户，认为他“想法很好，并且以身作则”，同时意识到这些杀人案很少引发公众重视。而这一点令他烦恼。

305 “有的人想的是这是黑人伤害黑人，而我是白人，所以跟我没关系。”这名身为白人的陪审团主席说道。他的眼睛突然闪过一丝愤慨：“别再这么想了，跟谁都有关系。”

特内勒和斯凯格这两位身怀智计的贫民区警探的人生轨迹因一人之子的死亡交汇在一起，两人故事的结局似乎应该扣人心弦。但实际上，德里克·斯塔克斯和德温·戴维斯的审判甚至不存在太大的悬念。这个案子长久以来没有取得进展，竟像海滩上筑起的一座堡垒，只不过终究是以细沙为材料的。凭借斯凯格坚持不懈的追查，这波浪潮给了它最后一击，于是这堡垒轰然倒塌。

多年来，左翼和右翼政治家都一直在公众心中植入一种观念：“帮派暴力”是社会的顽疾，无法治愈。这种顽疾源于存在良久的道德危机或是家庭、经济、文化等方面的病态问题。

但布莱恩特一案的审理暗示着一种不同的观念：将法律权威嵌入由南中央年轻人的非法暴力引起的混乱状态之中并不至于难于登天；并且国家对暴力的垄断最终一定能够轻松地实现。

但是总得付出代价，总得付出汗水，还得孜孜不倦。

布莱恩特一案本不是个容易破获的案子，但它最后相当微妙地、戏剧般地水落石出，正如斯特林所说，7 岁的孩子都知道该怎么判。很多人早已听说过德温·戴维斯和德里克·斯塔克斯的所作所为，一时间流言四起；就连犯罪嫌疑人互相之间都已通过气，丝毫没有隐匿踪迹的意思。他们还带着一名年轻女子，想当然地认为她会按照规矩，替他们保守秘密；想当然地认为她没有那般胆量。而她却意料之外的勇敢，决心站出来并改变生活，像她后来说的，

就把证词当成“遗言”。他们还想当然地认为这次袭击只会是另一
起没有人注意、没有人调查的南中央小摩擦，简而言之，就是典型
的帮派案件，直到他们听说杀的是一名警察的儿子。一旦施加了正
确的压力，案子显然是可以破获的。莱尔·普里多曾说斯凯格是个 306
“冷酷的男人”。可事实并非如此，他只是办起事来毫不含糊。在他
手中，谋杀案的事实衡量上升到了法律衡量：一旦出现暴行，就必
得奉上回应。

然而，世界并没有在看。对于斯凯格为之奉献一生的战斗，国民、上级乃至这个国家众多的智囊人士仅仅一瞥而过。但斯凯格毫不介意——声名如浮云。

如果法律制度运作的方式有所改变，比如司法部门能充分展现重视黑人性命，并赋予其深远的意义，那么便无从想象南中央的面貌仍会一成不变；同样，若凶手在犯罪前早早知道会是“限定版约翰·斯凯格”调查案子，那么也无从想象在斯凯格的职业生涯中，会有成千上万的年轻人命丧洛杉矶县街头。

如果街上的每一起针对黑人男子的谋杀或严重伤人案都能被有斯凯格那般充沛的精力与坚毅的决心的警探展开调查——怀着受害人是自己的孩子的心境，或者将受害人当作我们无法忍受失去的人，那么状况会有所不同。如果司法制度多年来保持高水平的案件清理率（斯凯格确信这一点完全做得到），且认定总体清理率没达到 40% 便是失败的，那么暴力不会如此频发，受害人也不会如此不受重视，布莱恩特也许不会死得那样无人知晓、无足轻重。

布莱恩特一案代表了所有这类案件。当然，有的时候，正如警探所说的，情况就是这样：地上只有零星的弹片，没有证人愿意协助。然而，布莱恩特一案强烈表明，还有更多这类谋杀案可以破获，远高于那惨淡的清理率——无论是伤人案，还是杀人案；也表

明斯凯格一辈子追踪的那个“怪物”并非不可战胜。

307 那个“怪物”源于人性中最为残忍、最为恶毒的一面。它让几代美国黑人深陷痛苦的泥潭，仿佛墙上的影子，放大为其本体的几倍之大，因为人们不愿正视黑人被杀问题的本质：由于国家没能牢牢掌控暴力，一群人深陷苦难。

“怪物”的形成并非由于遭受苦难的群体心肠歹毒，而是由于法律系统薄弱，长久以来没有将黑人受伤或殒命的案件置于法律执行的中心地带，先是失责于美国南方，再是失责于种族隔离的城市。那些命案没能破获，于是年复一年，暴力侵害一起又一起地堆积起来，黑人男子死于枪杀却没人回应，也没人真正在乎。

斯塔克斯的辩护律师珀洛在布莱恩特一案之前从来没听说过约翰·斯凯格。在辩护生涯的最后一天，珀洛走出法院，他的委托人在各方面都被铮铮铁证压垮，珀洛不得不折服；同时他心中猜想，斯凯格定是经过抢劫 - 杀人调查司精心挑选，派来调查此案的。

后来，珀洛发现事情并非他所想的那样——斯凯格只是区警察局的普通警探，半辈子都待在沃茨荒僻冷清的刑侦队，总部负责刑事案件的警督连他的名字都没听说过，于是珀洛吃惊地摇了摇头。但凡警察局还有点常识的话，早该让斯凯格来“训练警察”。

而后，珀洛自发地说了一番话，这也是此次报道的重点：“如果所有案子都能像布莱恩特一案那样调查，就没有破不了的案子。”

斯塔克斯和戴维斯都被判处无期徒刑，不得假释。

受害人家属得到特许，在法庭上发表讲话，亚迪拉·特内勒在德温·戴维斯的判决现场起身发言。

308 亚迪拉让戴维斯看着她。

然后，她选择了宽恕他。

第二十四章　人间蒸发

但在这漫长的审判中让人难以释怀的不是亚迪拉独自站在那儿与戴维斯面对面的场景，而是宣读完斯塔克斯的判决之后，特内勒默然垂泪的场景。

最后，特内勒西装革履的同事们纷纷离庭，留下他一人在那儿。特内勒刻意留下不走，先是对两位检察官表示感谢，举止谦和；而后他又磨蹭了一会儿，直到法庭里的人几乎走光，外面大厅静谧无声才离开。一切尘埃落定，特内勒缓缓走向吱吱作响的旧电梯，乘电梯下楼，步伐轻快，迎着午后的湿润凉爽走了出去。

一阵风吹过洛杉矶市中心，傍晚的雾气开始从地面弥漫开来。天色越来越晚，一群群白领纷纷从高楼出来，陆续穿过马路，往家的方向走去。

特内勒从克拉拉 - 福尔茨中心走到斯普林大街，迎着早春清凉的空气。特内勒决心回归工作。早先脸上哭过的痕迹早已消失殆尽，只残留着几分失魂落魄的神色，那是所有失去亲人的人都有的“受害的神色”。特内勒的表情像往常一样平淡，作为肩负职责的警务人员回去继续参加反恐培训会——履行“洛杉矶警探”众多义务中的一项。

夜里一阵潮湿的风吹过，这座城市缺失了一块。它失去了一个孩子。如果有土生土长的孩子这一说，那么布莱恩特便是其一：一个拥有这座城市的一切美好品质且个性十足的年轻人，代表着这座城市的美丽、勤奋务实、开拓进取、随性慷慨且不乏艺术气息；一个在公务员家庭成长起来的孩子，有一半黑人血统，一半拉美裔血统，背上文了“洛杉矶”这个地名。倘若布莱恩特能够安然走过青少年时代的荆棘载途，他本会一切顺遂，不幸的是，死亡带走了他。布莱恩特身上有很多美好的地方，特内勒一家那种积极向上的力量深入其骨髓，无法看出他会走上歧途。那天晚上他本该在暮色

309 中参加活动，本该待在某个地方，继续追寻人生之路。事实上他不是反面案例。

特内勒的身影渐渐消失在这个再也没有布莱恩特的城市。天上的云层渐渐汇集，阵阵晚风飘忽不定，使人莫名感到一阵阴森，似乎佐证了乔伊斯·库克的看法：洛杉矶的街头不该再燃起更多烛火，因为已有不计其数的亡灵在街上游荡。特内勒重新回到工作岗位上，继续服务于这座不值得他如此付出的城市，而这座城市依旧冷漠前行，仿佛从未注意过人群中一个个身影无形蒸发。

即使将来布莱恩特被害一事的教训被吸取，斯凯格在此案中运用的手段被借鉴，仍然会有人消失。死伤依旧无法计算。

“都是些无辜受累的人！”斯凯格曾哀叹。这些人的数量何其多——确实如此。布莱恩特·特内勒被人杀害，今后还会有更多的“布莱恩特”被人杀害。无数的黑人相继陨落。

尾声

经过两次转狱和一次单独监禁之后，德里克·斯塔克斯最终被 311
送往鹈鹕湾州立监狱关押一段时间。该监狱位于俄勒冈州州界附近，非常偏僻，路途遥远，他母亲一连几个月没去探监。这座监狱临着一处沿海潟湖，名为厄尔湖，位置荒凉僻静，常年有风，在克雷森特城（新奥尔良市）的一个小镇东北方向10英里处。对在洛杉矶待惯了的人来说，这地方确实冷了些。斯塔克斯连着几日独自一人被关在一间小牢房里，凝望着外面的水泥墙。墙底，淡黄色的蒲公英发芽了，斯塔克斯迷上了这些花。它们夜里合上，清晨盛放，白天迎着阳光：它们怎么办到的？他的脑海里浮现出答案："它们是活的！"他的声音里满是敬畏。斯塔克斯大多数时间被独自关在一间牢房里，监狱方认为他很危险，因为此前关押期间他曾多次打架斗殴。斯塔克斯说他喜欢被单独监禁，总比和别人关在一起要好。同狱的囚犯让他心神不宁。按监狱规定，斯塔克斯和其他"集团瘸帮"成员被关在同一个地方，有的人曾是与他同住一个社区的熟人。他不喜欢这一点。他说，一个帮派的人内讧比和敌对帮派的人对打更残暴。比起后者，他更畏惧前者。

312 斯塔克斯常想死了倒好。他抬头看了眼监狱院子上空西北角那方灰暗的天空，心想，什么时候能重获自由就好了；然而，监狱外面的生活也是一种囚禁。外面有那么多他不可能安然无恙地站在那儿的地方，他也挣脱不了帮派的羁绊。无论想不想动手开枪，他都得学着“接纳”一切，“总得顺着大家吧”。他说以前一个年长的混混把枪塞到他手里，然后把车开到一处停下，撂下一句话：“就这儿。”他喜欢在巴吞鲁日的老家。那里生活平静，没有街头暴力，但那边的亲戚不肯收留他。他说，他们觉得他不服管教，粗野暴躁。于是，他又回来了。

斯塔克斯爽快地承认他在证人席上撒谎了。他说他是在情急之下才撒的谎，可仍坚持自己是无辜的。他说是德温·戴维斯和鲍比·雷·约翰逊（“鼠盗”，坐着轮椅的男子的表亲）干的；杰西卡·米德基夫也在现场，过后，他们勾结在一起诬告、陷害他。斯塔克斯说案发时自己在社区闲逛，但已经不记得自己当时在做些什么了。他说自己下定决心离开这儿——无论如何，“我会出去的”。在法庭上，斯塔克斯表示同情布莱恩特的遭遇；但他却想不起布莱恩特的名字，疑惑地问：“华莱士？”

斯塔克斯对斯凯格心怀怨恨，但却似乎对斯特林没什么恶意，虽然斯特林才是将他送进监狱的检察官。他还坦言挺喜欢斯特林。

德温·戴维斯运气更好，最终在位于洛杉矶县兰开斯特的加利福尼亚州立监狱服刑，那是距离洛杉矶最近的一座监狱。他选择保护性监禁，切断一切帮派联系（斯塔克斯后来也选择如此），说自己现在很安全、很平静。戴维斯信奉了伊斯兰教，比审判期间看着更健康；他瘦了些，体重降到 72 公斤左右。他丝毫没有抱怨监狱

生活，倒显得整洁放松、精力充沛。他说他定期服用药物治疗各种
疾病，包括双相障碍；但他的眼睛仍四下张望，动作笨拙，说话急 313
促。面对面交谈的时候，戴维斯比斯塔克斯看着更急躁，更让人捉摸不透，说起话来也前言不搭后语。

戴维斯谈起在之前关押的监狱里参加过几次斗殴，并自我开脱道：“得自卫呀。”当他听到帮派成员通常做不好警察的说法时，他笑着表示赞成。“是啊，帮派的人会朝任何人开枪，”他说，“如果是黑人的话。”

戴维斯同样不承认自己杀了布莱恩特，但他的说法和斯塔克斯不同。他说斯塔克斯、米德基夫和鲍比 · 雷 · 约翰逊带着他坐上车，但他事先不知道他们的计划，也没有下车。在某些方面，他的说法与斯塔克斯的说法有一致性：与斯塔克斯一样，他也称约翰逊是车里的第四个人，而且称约翰逊才是真凶。但在其他方面，两人的说法几乎对不上。戴维斯说自己是故意向斯凯格招供的，称此前他曾同意替约翰逊揽下罪名，想着自己未成年，判刑不会很重。尽管如此，戴维斯仍坚持自己无罪，但他不打算想法子出监狱；他说自己出狱后也不知道要做些什么——不知道该怎么活下去。“没关系。”戴维斯一直这么说。当提到布莱恩特一家时，他说：“他们失去了他，我失去了这辈子。所以，就这样吧。”

斯凯格继续当着刑警，为洛杉矶警察局工作，偶尔和杰西卡 · 米德基夫一起吃个午饭。米德基夫现在是全职女性，继续朝着目标前进，彻底抛下了以前的生活。斯凯格觉得在奥林匹克区警察局的日子就像流放。他日益沮丧，于是在布莱恩特一案结束后尝试让自己调回南部分局，可还未成功。他认为他供职的这个新分局的某些管理体制存在缺陷——没有达到应有的效果，对特定的调查做法极为不利——因而烦闷不已。

没有考虑过后果，斯凯格便给自己的警长发了一份建议书，直言不讳，批评现有的组织形式，并指出由于案件数量本身少得可
314 怜，应将西部分局的刑侦部门进行合并。他详细阐明了这种集中式侦查的有利之处。他认为，其中一项有利之处在于这一改变将确保年轻警探能持续办案。他写道，这样他们能成长得更优秀。在南部分局，获得足够的案件从来不是个问题，可在西部分局，警探几个月才会接到一起案件。

警长挺欣赏斯凯格的建议书。于是，还没回过神来，斯凯格便接到通知，让他按建议里所说的，领导成立一个新的刑侦队——一个集中化的西部分局刑侦队。斯凯格后来才意识到自己无路可退了，于是仍然留在西部分局；他出去的机会多了，但节奏依旧缓慢。斯凯格想念南边，然而，他也快到退休的年纪了，不太可能回去了。

芭芭拉·普里切特最小的弟弟快高中毕业了，她很期待，这是她第一次不再需要照顾孩子——她从很小开始便一直照顾孩子。后来，普里切特的一个妹妹死于分娩并发症，婴儿活了下来。于是，普里切特又把这个新生的婴儿带回家，给他喂奶，悉心照料。普里切特现在还在抚养那孩子——年近半百又重新把一个婴儿养大。每当笔者拜访她时，一想到戴文她仍不禁潸然泪下。普里切特一直住在沃茨。最近，她的一个侄子被人杀了。

山姆·马鲁洛终于无法再忍受打黑警察的生活，于是脱掉蓝色警服，系上领带，回去查办杀人案。马鲁洛再次被分配到南部分局刑侦队，依旧是最高效的刑警之一；他最终总算晋升到了最低级别的警探，即一级警探。

内森·库里和马鲁洛在一处工作。普里切特对他的描述，或许最能表明他的现状。“库里，”她说，“还是老样子。”库里目前的

上司是瑞克 · 戈登，他称赞库里是组里最厉害的侦查人员之一。至
于萨尔 · 拉巴贝拉，他轮调于几个刑侦组，在警督手下任职，正打
算退休。在本书撰写时，达奎恩 · 艾伦之死引发的杀戮循环仍在继
续，缅因街和“胡佛帮”的人仍然陷于“复仇”怪圈。之后的一
名受害人名叫哈罗德 · 赫尔马尼，21 岁；本书曾提到在达奎恩 · 艾
伦灵堂前悼念时被抓的几名年轻男子，他便是其中一人。哈罗 315
德 · 赫尔马尼被杀一案仍未破获。最近遇害的另一人是 21 岁的杰
瑞特 · 克伦普，他是一名门卫，去吃饭时因为开的车被误认成缅因
街的人。

特内勒还在抢劫 - 杀人调查司工作，定期办些案子。特内勒一家目前孙辈都有好几个了，他们认真生活着。他们一家还住在布莱恩特长大的那座房子里。

而布莱恩特一案的杀人动机仍不明确。斯凯格认为斯塔克斯和戴维斯可能瞄准的是布莱恩特的朋友，而戴维斯要么是失手了，要么是拿布莱恩特当替身。斯凯格说，本案的一些细节表明有个人恩怨的因素，而不仅仅是帮派之间的斗争。他说，有一点值得关注。根据戴维斯和米德基夫的描述，斯塔克斯指示方向的时候似乎在寻找记忆中的地点：某条街。如果斯凯格估计正确，那就意味着，正如不少“帮派”谋杀案一样，这一起案件实际上同样与争吵有关，可能源于之前的摩擦。同时，这还意味着斯凯格在另一点上也没错：布莱恩特戴的帽子不是诱因。戴维斯朝他开枪只是因为他所处的地点。

从斯塔克斯和戴维斯不同的说法中很难提取更多有效信息。然而，斯塔克斯的另一个说法，尽管无从验证，尽管主要是为了强调自己在该案中的次要角色，但仍具有一定的可信度。

斯塔克斯说虽然鲍比 · 雷 · 约翰逊平时讨得不少人喜欢，可时

不时喝醉酒的时候也很招人嫌。在布莱恩特一案案发之前，约翰逊喝酒时把一个资历较老、颇受尊重的“集团瘸帮”成员给打了，于是“集团瘸帮”里一些有影响力的人计划杀了他报仇。斯塔克斯说，约翰逊需要证明自己对帮派的忠诚，而这，就是案件发生的背景。当被问及是否是这些事导致了约翰逊数月后遇害，斯塔克斯摇了摇头。“不是一件事，”他说，“那次的事是为了女人。”至于鲍比·雷·约翰逊室内被杀一案的未知凶手是谁，斯塔克斯狡黠地笑了：“大家都知道，大家都知道的！”

316 在本书撰写期间，洛杉矶县的凶杀案发生率大幅下降，这是世纪之交时的斯凯格难以想象的——那时候他刚来到东南区。到2010年，即斯塔克斯和戴维斯受审那年，死于凶杀的20到24岁黑人男子数量已下降到每10万人中约有158人，不到“大事件年”峰值的一半。当然了，这个数字仍比全美平均值高出二三十倍。从那之后，凶杀案数量进一步下降，尤其是洛杉矶市，跌幅明显。2011年，该市共计297起凶杀案；2013年，共计251起，下降幅度很大。但与过去类似：在2013年，三个犯罪高发区——东南区、西南区及77街区共计109起凶杀案，占凶杀案总数的43%。三个地区的受害人几乎均为男性，其中超过3/4为黑人（是该地区黑人人口比例的两倍），而84%的已知犯罪嫌疑人也为黑人。可无论如何，这一下降趋势都使得洛杉矶警察局的侦查部门好歹能够喘口气，以便更好地存档、调查未破获的案件，以及处理更多新案件。案件数量不断下降，警探的时间更加充裕，而清理率也不断上升。东南区警察局也不再需要拖车了——总局总算把那些案件存入了计算机数据库；而枪械分析实验室最近引进了新的技术，能够更快、更准确地匹配子弹和左轮手枪。

在推动谋杀案数量下滑的因素中，有些是客观因素，有些是积极因素，但也有一个消极因素。洛杉矶市的人口变化显然是其中一个重要的推动力，黑人人口正迅速消失：黑人曾占该市人口的近1/5，但在2010年的人口普查中仅占9%。随着黑人居民分散到各个周边城镇居住，洛杉矶市的黑人人口数量逐年稳步下降。从某种程度而言，他们也带走了高凶杀率。这一改变恰好符合隔离居住呈现大幅缓和的局面[1]，而正是隔离滋生了“围城”之中居高不下的 317
谋杀率。黑人终于开始融入流动性更强、更多元的社区当中，因而“怪物”正节节败退。

这一变化也许部分得益于相关政策的发展：贫困黑人，尤其是黑人男性享受的公共福利有所提高，它主要以附加保障收入（提供给残疾人的保障金）的形式发放。这么做的其中一个原因是监狱改革的需要。2005年出台的联邦《第二次机会法》鼓励政府加大力度，为符合条件的二次入狱的囚犯提供附加保障收入；许多囚犯有资格获取该项保障金，因为加利福尼亚州1/3的囚犯经诊断患有精神疾病。正如我们看到的，自主独立正对抗着凶杀案。发到人手上的现金效果明显：在过去的十多年里，笔者看到附加保障收入改变了洛杉矶南中央的方方面面，而生活困顿的黑人的改变尤为突出。相关统计也支持这一观点：2009年，附加保障收入中登记在册的劳动年龄黑人比例为对应人口比例的近两倍，而在15至17岁领取附加保障收入的青少年中，约有1/3为黑人后裔。领取附加保障收入的美国黑人比其他领取人相对更贫困，接受过大学教育的可能性更小。这也表明这笔钱确实落实到了城市贫困居民的手里——包括历来被排除在社会福利项目以外的成年男性。

于是，金钱转化为自主。经济自主就像法律自主一样，通过减少彼此间的依赖以及降低发生冲突的风险来分离凶杀案集中之势。许多贫困的黑人申报自己是“残疾人”——其中不少人患有精神疾病，比如注意障碍和双相障碍。这对曾经挣扎在经济边缘地带的赤贫人群来说意味着前所未有的收入来源。对一名犯过重罪且失业的黑人来说，每月 800 美元的收入无疑能从根本上改变其生活；兼具风险和利益的各类犯罪在他眼中必定跟此前意味不同。现在，他能搬去其他地方，离开狐朋狗友，减少犯罪频率，不再参与斗殴。当
318 然，不少人会批判这一举措，谴责附加保障收入的开支巨大。然而，对这样一个拯救了无数条生命，使之免于被杀或重伤致残的项目，笔者无法横加指责。

对那些不相信人道主义观点的人来说，有一点值得一提：凶杀案的代价同样高昂。而为这些贫困的黑人提供医疗保险的新《平价医疗法案》则有可能进一步改变当前的不利局面。至于降低凶杀率的另一个因素则让人颇为揪心：大量黑人男性被关押在狱。在狱服刑能够降低凶杀率，因为如此一来，黑人男性相对安全，在监狱内遇害的可能性远远低于在外面的世界。加利福尼亚州的入狱率在 1972—2000 年间上升了五倍之多。在这些多为黑人和拉美裔的多达数十万的服刑人员当中，每年的遇害人数屈指可数。但是，毋庸置疑，这种应对问题的方法相当糟糕，且代价高昂。至于其他因素，诸如毒品交易渐渐转向手机买卖，滥用合法药品，电脑游戏将青少年困在室内，以及警察执法行为日益改善（此项主要归功于洛杉矶警察局前任总局长伯纳德 · 帕克斯的努力），大约均有所贡献。

总体而言，美国人比过去更加安全，这一现象无疑是人们乐见其成的。但任何关注洛杉矶县或其他地方凶杀案的人仍然不能忽略：黑人男性仍然一边倒地成为受害人。解决这个问题需要一点一滴、实实在在的努力。虽然人们可能对不同的补救措施，特别是关于如何平衡预防和应对两项举措产生分歧，但不可否认的是，这一问题的解决早已迫在眉睫。

尾声

在本书记述这些事件时，凶杀案问题方面的两位伟大而敏锐的先师威廉 · J. 斯顿茨和艾瑞克 · 门克宁先后逝世。两位学者均认为，要认识暴力，必须从研究法律结构和正规法律机构的运作入手。两位学者均死于癌症，可谓天妒英才。于是，遏制这场“瘟疫”所需的大量工作都有待后人完成。斯顿茨于 2011 年离世，他对这一问题的总结堪称精辟，至今仍然适用：“黑人社区着实堪怜，放眼
望去，区域治安和刑事处罚的成效少之又少，可荼毒遗祸却不在少 319
数。”加利福尼亚大学洛杉矶分校的教授门克宁于 2005 年离世，虽然他没能活着看到洛杉矶近几年急剧下滑的凶杀率，但他给未来留下了几句话：“21 世纪的挑战，在于即便凶杀率看似自动降低也不能放弃努力。”

作者后记

321 本书的创作基于2001—2012年洛杉矶凶杀案件的相关报道。2001年年底，《洛杉矶时报》将我派往洛杉矶警察局，直到2012年我才完成本书的实地调研工作。

在洛杉矶警察局待了一两年后，我向其申请“常驻”77街区警察局，获批准后在警察局二楼的刑警办公室有了一张办公桌。此后，我便紧密关注南部分局的各个街道以及77街区警察局和附近东南区警察局的警车和日常点名情况，同时报道各起杀人案，与证人、旁观者、犯罪嫌疑人及受害人家属交谈。也是在那些日子里，我第一次见到萨尔·拉巴贝拉、约翰·斯凯格和克里斯·巴林。大约从那时候起，我便开始搜集本书中用到的各项数据，并在搜集过程中得到了洛杉矶警察局分析员、县疾病预防控制中心负责伤暴预防项目的流行病专家，以及县法医办公室的相关工作人员的帮助。

2006年年底，我在《洛杉矶时报》的网站上开辟了“凶杀案报道”专栏，希望借此全面报道本县日常发生的每起凶杀案。接

下来的两年里，我在这个专栏中报道了近一千桩凶杀案。我总是 322
开着我那辆 2001 款的福特雅仕汽车出门采风。我会听着警方的电台，赶去案发现场，与在街上遇到的人交谈，也因此结识了不少警察。当我为该专栏供稿时，已经报道过不少凶杀案，并对凶杀案统计数据十分熟悉。尽管如此，我始终觉得这个项目非常发人深省。一瞬间，我仿佛看到这些数据真实地呈现在我眼前，我可以切身感受它们，而不仅仅是从纸上看。一具具遗体、一个个垂泪的亲属、一名名睡眠不足的警探都和我硬盘里的数据点相关联，仿佛在本县 4 000 平方英里之地穿行的我实则驾船穿过 Excel 文档的汪洋大海。于是，我注意到从前未曾发现的规律，甚至想出新的分类方法，以使图表归类清晰："帮派坐标"、"派对"、"垂死"（缩写，治安官用它来表示受害人在医院或医护中心接受救治）。看着这些数据，我的心情再也无法回到从前。2007 年的时候，我曾在专栏中简短地提到过布莱恩特 · 特内勒和戴文 · 哈里斯——后者去世几天之后，我曾上门拜访他的母亲芭芭拉 · 普里切特。

2008 年年中，《洛杉矶时报》取消了"凶杀案报道"专栏，于是我便着手撰写本书。在接下来的五年里，我断断续续地边做调研边撰稿，在处理工作及私事的间隙抽空写作。2008 年 6 月伊始，我又重新回到 77 街区警察局，像从前一样跟在刑警身后。山姆 · 马鲁洛和内森 · 库里那时已经在拉巴贝拉麾下，与 77 街区和西南区刑侦队于同一屋檐下办公。在那一年多里，我跟随东南区警探赶往案发现场、参加法庭审讯以及展开询问；傍晚和周末抽空探访受害人家属，出席葬礼，或走上街头。而在接下来的几个月中，我继续跟进后续询问，以及去图书馆查资料。

本书中描写的所有事件、场景和相关细节都源自本人的直接观察，或对相关参与人的询问情况的事后参考。本书尽可能参考了法

323 院的文件、警方的通告或其他官方记录以核实细节。所涉姓名均为真名；出于安全考虑，一些名字被隐藏——特别考虑到他们是可能遭到报复的证人。

我一直困扰于如何协调官方统计数据与我通过实时报道收集到的数据。正如本书所暗示的，官方报告的案件清理率往往与警探上报的数据相互冲突，而警探常常会被问："你提起公诉了吗？"然而令人惊讶的是，凶杀案的直接统计结果竟也各不相同。在凶杀案统计方面遇到的各类难题，着实令我头疼不已。

就本书而言，大部分数据依赖于法医办公室整合的凶杀案清单，同时与警方数据、警探的记录以及我个人的报道进行相关核验。这一方式可以说使我能直接接触到非常详尽的一手信息。同时，我汇编成的表格包括受害人姓名、死因、我在案发现场和葬礼上的观察，以及家属和警探提供的信息。这些年，为了弄清楚案件清理率，我开展了不少调查，经常通过电话或登门采访负责相关案件的警探或其上级主管得知案件结果或最新进展。

多年来，我一直试图解开黑人凶杀率居高不下的谜团。有关联并不意味着就是缘由。我希望确切了解事情的原貌以及为何如此。我在报道的事实和观察中寻找答案，也尽量避免轻下论断或拾人牙慧。我大多数时候是凭借自己亲眼所见或直接从案件相关人员那儿亲耳所闻之事来做判断的。与此同时，我也有意倾听死者家属之言，聆听黑人凶杀案中的受害人父母、手足、配偶及子女的心声——很少人会代表他们在刑事司法系统中发声。我尽力让自己发现那些身处痛苦中的人，因为从某种程度而言，正是由于这一话题令人不安、招致悲伤，因而遭遇冷落，进而鲜被提及。尤其是这些
324 访谈引导我进行学术调研，探查黑人凶杀案的历史，以及司法部门对此所持的态度和采取的对策。因此，虽然数据很重要——毕竟，

作者后记

黑人男性当中凶杀案频发正是激励我撰写本书的缘由，但我同约翰·斯凯格一样，更加关注实地调查以及真实生活的自然样貌。当然，本书是我尝试叙述所闻之事，罗缕纪存一起真实发生的案件，尽管不曾目睹。

致谢

325 如果没有我弟弟斯蒂文 · 里奥维的忠实、热忱的付出，本书将无法面世。尽管他有自己的事业和职责，可他会阅读每一章的稿件、校对相关事实并在撰稿的各阶段同我讨论，给我建议。我弟弟是一名工程师，本不太可能参与到本书的撰写当中，但他在各方面都帮了我很多（包括写作和讲故事等专业话题，以及行话和错别字这样的琐碎细节），同时也给予我精神支持和其他各种各样的实际帮助。我不知道如何感谢他才配得上他给予我的无限支持，只能在此重申他对本书的投入与付出是其问世的一大助力。

还有许多人对本书的问世提供了大大小小的帮助。虽然无法实名感谢所有人，但我仍希望感谢我的编辑和《洛杉矶时报》的各位同事。在他们的支持和努力下，本书才有机会理清事情的来龙去脉。因此，感谢约翰 · 斯帕诺、山姆 · 恩里克斯、米里亚姆 · 帕维尔、道格 · 史密斯、桑迪 · 波因德克斯特；尤其感谢盖尔 · 霍兰德，一名非常出色的编辑，也是我的朋友，他负责审核“凶杀案报道”

专栏以及本书草稿。同时，我也十分感激洛杉矶警察局的许多工作人员，虽然有些人的名字并未出现，但正是他们的善良——准许我
“入侵”——确保了相关事项朝积极的方向推进。在此谨对马特 · 马 326
奥尼、格伦 · 克雷伊奇、帕特 · 加农、多莱雅 · 达萨里、格里 · 潘托哈、罗杰 · 艾伦、瑞克 · 戈登、大卫 · 加里多、卡洛斯 · 韦拉斯克斯、凯尔 · 杰克逊、保罗 · 弗农、麦克 · 欧文斯、布伦特 · 约瑟夫森表示感谢；尤其感谢克里 · 波特和马克 · 哈恩。同时，特别感谢汤姆 · 艾曼，虽然他在本书中只有简短的露面，但我无法忽略他对本书的无私周到的帮助。同时，感谢威廉 · 布拉顿、查理 · 贝克、厄尔 · 裴辛格、安迪 · 史密斯、瑞克 · 雅各布斯、吉姆 · 麦克唐奈和威利 · 潘内尔的坦诚，以及南部分局犯罪团伙刑侦处的工作人员；还要特别感谢伯纳德 · C. 帕克斯，他对洛杉矶警察局深厚的了解多年来令我受益良多。最后，必须致意已故的肯尼思 · O. 加纳，他于本书撰写中途去世。加纳相信真正开放的政府机构，并为我提供了很大的帮助。

在此，同样衷心感谢法利 · 蔡斯，他在本书一文不名时便看到了本书的潜力，还有辛迪 · 施皮格尔和朱莉 · 格劳，以及 Spiegel & Grau 出版社的诸位同人，他们欣然接受挑战，坚持克服重重艰险。而本书的编辑克里斯 · 杰克逊，凭借自身的聪慧才智让本书焕然一新，对此，我感激不尽且心生敬畏。还要感谢 W. 菲茨休 · 布伦戴奇，感谢他审校稿件的历史部分；感谢商人格蕾丝 · 拉伊、拉旺达 · 霍金斯、道格拉斯 · 李 · 艾克贝格、卡特 · 斯派克和布奇 · 莱蒙，证人专家斯蒂文 · E. 克拉克的研究支持，兰乔洛斯阿米戈斯国家康复中心的本 · 阿黛尔、布莱恩 · 范德 · 布鲁格、吉尔 · 康纳利、克雷格 · 哈维、汤姆 · 道特恩、杰弗里 · 阿德勒、道格拉斯 · 梅西、路易 · 蒙特斯和他们的同事，洛杉矶市行道树木的蒂莫西 · 泰森和

其他员工，受害人亲属服务中心的莫妮卡·乔丹、费罗尔·罗宾斯，以及其他许多勇敢发声的受害人家属。同时，对无数没有出现在本书中的受害人说声抱歉，但你们是本书创作的动力之源。最后，深深感谢我的亲人和朋友，他们在我不断摸索的这些年一直鼓励我；感谢我的父母，他们在本书调研期间离世；感谢始终陪伴我的姊妹们；感谢我的丈夫马克，一名优秀的记者、编辑，也是我世间难求的知己。

注释

第一章

[1]“瘟疫”一词借用自阿尔贝·加缪的同名小说（*La Peste*，1947 年出版），本书中还有不少内容同样参考了该书。本书的开篇引文及后续一些内容均引自斯图尔特·吉尔伯特和罗宾·巴斯翻译的英文版《瘟疫》一书。

[2] 这是笔者根据洛杉矶警察局凶杀案数据所做的分析。在笔者的恳请下，洛杉矶警察局提供了 1986—2009 年第一季度洛杉矶市 16 435 起凶杀案的案情特征和状态更新。为得出这一结论，笔者审查了发生于 1991—2006 年间的共计 3 333 起黑人男性被杀案件。在此期间，38% 的案件被破获。此处呈现的案件清理率的计算方法与联邦计算方法不同。这一数据代表每起案件的结果，而不是每年对比新增凶杀案得出的清案总数，并且不包括以“特殊手段清理”的案件，即没有逮捕犯人便宣布结案。（近年来，洛杉矶警察局一直拒绝提供这一方面的数据，并表示将不再更新案件的最新状

态，同时不再发布超过六个月的案件的相关信息。）与美国其他地区一样，洛杉矶的凶杀案大部分发生在同一种族内部。例如，2006年，在洛杉矶警察局南部分局的236起凶杀案中，仅有22起（约占10%）跨种族案件。

[3]Douglas A. Blackmon, *Slavery by Another Name: The Re-Enslavement of Black Americans from the Civil War to World War II* (New York: Doubleday, 2008), p. 305. 州长科尔·布利兹在解释的时候为这首“歌”提供了歌词：“热乎乎的晚餐、酒、死了的黑人。”

[4] Edward L. Ayers, *Vengeance & Justice: Crime and Punishment in the 19th Century American South* (New York: Oxford University Press, 1984), p. 231. 美国南方的一名警察匿名提供的完整原话如下：“如果黑鬼杀了白人，那是谋杀。如果白人杀了黑鬼，那情有可原。如果一个黑鬼杀了另一个黑鬼，那就又少了一个黑鬼。”这话听起来似乎有点民间传说的味道。在洛杉矶接受采访的黑人提供的版本不尽相同，也有的说“又少了一个麻烦”或是“又少了一个黑帮”。

[5] Max Weber, *The Vocation Lectures: Science as a Vocation, Politics as a Vocation* (Indianapolis: Hackett Publishing Company, 2004), p. 33.

此处乃至全书都要感谢法学家马库斯·德克·杜贝尔指出预防性警务中固有的法理问题。如需深入探究法律自治、暴力以及杜贝尔提出的“未完成”的犯罪监管三者间的关系，参见：Markus Dirk Dubber, *Victims in the War on Crime: The Use and Abuse of Victims' Rights* (NewYork: New York University Press, 2002).

[6] 数据来自：Powdermaker, *After Freedom*, pp. 173, 395. 洛杉矶的数据基于图尔斯基和罗尔利希的文章：“And Justice for Some:

Solving Murders in L.A. County," *Los Angeles Times*, Dec. 1, 1996, and Dec. 3, 1996.

图尔斯基和罗尔利希在对 9 442 起案件进行深入研究后发现，经报告的杀人案被判处谋杀罪或过失杀人罪的比例不到 1/3，且受害人为黑人或拉美裔的案件被起诉的更少，相比受害人为白人的案件判刑更轻（该研究发现，受害人为白人的案件比受害人为黑人或拉美裔的案件破案的可能性高出 40%）。但图尔斯基和罗尔利希没有在他们的研究结果中列出被研究案件中 7% 仍待裁决的部分。因此，此处提到的 20 世纪 90 年代初的数据为笔者估计。这部分数据考虑到受害人为黑人的案件清理率较低，以及案件未结等因素，调整后取平均定罪率。笔者将这部分数据与笔者多年来对洛杉矶警察局凶杀案数据的分析以及加利福尼亚州司法部公布的定罪率进行了对照——二者得出了类似的结论。也参见：Catherine Lee, "The Value of Life in Death: Multiple Regression and Event History Analysis of Homicide Clearance in Los Angeles County," *Journal of Criminal Justice*, 33, no. 2 (November–December 2005): pp. 527–534. 李在该文章中分析了《泰晤士报》的数据并得出了类似的结论。

[7] Powdermaker, *After Freedom*, p. 173. 鲍德梅克在其他著作中还写道：由于黑人无法期待通过适当的法律程序来寻求正义，因而长远来看，只能默默忍受痛失亲人的结局或者干脆亲自铲奸除恶。从这个角度来看，黑人引发的"无法无天"的状态有的时候可能是一种个人"执法"（p. 126）。

[8] 黑人人口约占洛杉矶县总人口的 12%，但却占了凶杀案受害人人数的近一半。该数据来自多个渠道，包括 FBI 的数据，以及：James Alan Fox and Marianne W. Zawitz，"Homicide Trends in the

United States," *Bureau of Justice Statistics* (2007); see "Trends by Race, 1976—2005." 根据福克斯和扎维茨的数据，1995—2005 年间，全美共计 186 807 人死于凶杀案，其中，黑人 89 991 名，占总数的 48%。

美国疾病控制与预防中心公布的凶杀案数据一直比 FBI 公布的稍微高一些，因为它们取自不同的数据集，即死亡率记录；然而两种数据反映的种族之间的差异相似。例如，该中心报告，在 2005—2010 年间，全美凶杀案的约 47% 的受害人为非拉美裔美国人（参见《致命伤报告》）。

[9] 例如，历史学家艾瑞克 · 门克宁在研究纽约时发现，19 世纪后半叶黑人凶杀率高得不成比例 [Eric H. Monkkonen, *Murder in New York* City（Berkeley and Los Angeles: University of California Press, 2001）, p. 164.]。旺达尔在研究路易斯安那州时也得出了同样的结论，莱恩对费城的研究也不例外 [Roger Lane, *Roots of Violence in Black Philadelphia 1860–1900*（Cambridge: Harvard University Press, 1986）]。当说起为什么不能将 20 世纪黑人凶杀率居高不下的原因简单归结为黑人工业化"城中城"兴起时，旺达尔写道，"最初的迹象甚至早于大迁徙……重建时代的政治经济条件才是现代美国黑人暴力猖獗的根源所在"（*Rethinking Southern Violence*,p. 208）。而门克宁发现，纽约黑人与白人的凶杀率之间的差距在 19 世纪 80 年代后期较为明显，后来越来越大，在 20 世纪 30 年代便成了鸿沟。"20 世纪黑人与白人的凶杀率之间的差异非常大，对此该有个说法和解释。" 门克宁写道。

历史学家曾谈及，研究表明，在某一段时间内凶杀率呈 U 形曲线——19 世纪末 20 世纪初美国凶杀率降到了一个相对较低的水平，但之后便急剧上升。但这一结论并不正确。道格拉斯 · 李 · 艾克伯格及其他人的研究表明，位于U形曲线底部的几十年的凶杀率基本可以确定被低估了。导致错误的因素很可能是对美国南方凶杀案的遗漏以及一些案件被判定为正当防卫（某些城市的此类案件比例高达50%）。现在，我们知道世纪之交的凶杀率下降大概率是子虚乌有的事，实际情况是凶杀案一直不停蔓延。参见：Douglas Lee Eckberg, “Estimates of Early Twentieth Century U.S. Homicide Rates: An Econometric Forecasting Approach,” *Demography*, vol. 32, no. 1: pp. 1–16.

[10] 在那个时代，包括鲍德梅克、查尔斯·S.约翰逊、约翰·多拉德、戴维斯和加德纳在内的杰出社会科学家都评论过这一现象。后人的研究也证实了他们的观点。有人发现，亚拉巴马州伯明翰市85%的凶杀案受害人为黑人，但黑人人口在全市总人口中占比不到一半。Howard Harlan, “Five Hundred Homicides,” *Journal of Criminal Law and Criminology* 40, no. 6 (1950): pp. 736-752.

[11]Marvin E. Wolfgang, *Patterns in Criminal Homicide* (Philadelphia:University of Pennsylvania Press, 1958; 1975 reprint), pp. 33, 223, 84. 有趣的是，沃尔夫冈还发现那个时代费城的黑人用枪的可能性远远小于用小刀、冰镐或其他钝器的可能性，但其死亡率与当今的死亡率类似。这更加证明使用枪支并非黑人凶杀率高的根本原因。沃尔夫冈对1948—1952年的数据进行了核查，发现那个时代费城的黑人男性凶杀案中的受害人有61%死于非枪支（如刺伤和殴打致死），而每年每10万黑人中有23人死于枪支和钝器。从全美范围来看，近年来全美大约67%的凶杀案涉及枪支，而黑人死亡率为0.021%。在21世纪头十年中，洛杉矶70%的黑人凶杀案涉及枪支，而黑人死亡率为0.03%。(FBI Uniform

Crime Reports and Mary-Ann Hunt, "2007 Homicide Analysis," Los Angeles Police Department Robbery-Homicide Division, Powerpoint presentation, slides 13, 15.)

[12] Fox and Zawitz, "Homicide Trends in the United States." 福克斯和扎维茨的数据统计表明：1980 年，黑人死亡率是白人的六倍，1985 年为五倍，1990 年为七倍，1995 年为近七倍，2000 年为六倍，2005 年同样为六倍。最近一些年的犯罪数据不详，而美国国家卫生统计中心国家生命统计系统中 2010 年的死亡率数据表明，黑人死亡率是白人的八倍，但如前文所述，这一数据与之前的统计不具有可比性。

[13] 经笔者请求，洛杉矶县公共卫生局伤害和暴力预防计划以及县公共卫生、数据收集和分析局对死亡率数据进行了分析。非常感谢流行病学家伊莎贝尔·斯坦菲尔德多年来协助提供相关记录。

[14] 经笔者请求，洛杉矶县法医办公室工作人员克雷格·哈维提供的相关统计数据显示，1992 年全县凶杀案死亡人数达到 2 113 人，2006 年降至 1 085 人。当然了，此后犯罪率大幅下降。

第二章

[1]2007 年，南部分局辖区枪击受害人共计 835 名，2006 年为 1 016 名。Los Angeles Police Department, *Crime and Arrests Weekly Statistics*, Dec.31, 2007.

第三章

[1] 此处为斯凯格在职业生涯中的大部分时间所任职的洛杉矶

警察局的部门。2014 年，洛杉矶警察局共分为 21 个警区。本书撰写时正值洛杉矶警察局的第 19 个警区成立，它位于圣费尔南多谷。洛杉矶的警察不喜欢“辖区”这个词，且官方不使用该词，但为清楚达意，本书偶尔使用该词。

[2] 该同事为警探罗杰 · 艾伦。

第四章

[1] 数据来源于多方，包括：Fox and Zawitz, “Homicide Trends in the United States” ; Alexa Cooper and Erica L. Smith, “Homicide Trends in the United States” (Bureau of Justice Statistics, 2011); FBI Uniform Crime Reports.

[2] County mortality data; Iraq data from Samuel H. Preston and Emily Buzzell, “Service in Iraq: Just How Risky?” *The Washington Post*, Aug. 26, 2006. 据普雷斯顿和巴泽尔的计算结果，2003—2006 年部署于伊拉克的美军，每 10 万人中约有 392 人死亡。根据这一数据，如果仅排除战斗死亡，那么伊拉克的美军死亡率达到 0.309%。而在 1993 年，洛杉矶县 22 至 24 岁的黑人男性死于凶杀的概率高达 0.368%。

[3] Homicide of Stephanie Smith, Dec. 7, 2008, 546 W. 102nd. 斯蒂芬妮 · 史密斯当时 37 岁。

[4] 该术语一般来说仅用于指代洛杉矶警察局抢劫 - 杀人调查司的在职三级警探。南部分局在职的三级警探很少，但那里实际上急需这类人才帮助弥补长久以来的经验不足，破除阻碍当地刑侦发展的障碍。然而，被提升为 D-3 监督级别的斯凯格和其他美国南部的警察喜欢这个术语并使用它。原因很明显：他们毫无疑问是杀人案专家。很长一段时间，斯凯格都希望在南部分局设置一个负责破

案而非监督他人的永久性的 D-3 工作岗位，但除了他在西南区分局的短暂工作外，它从未实现过。

[5] 约翰 · 多拉德在谈论吉姆 · 克劳时代黑人男子采取激进炫耀姿态所得到的好处时，将之比作“对身体和道德上都有能力照顾好自己的人的奖赏”。他认为之所以出现这种情况，是由于“正规的法律机制在处理黑人冤屈的时候远不如处理白人冤屈，无法适当抚慰黑人的伤痛”，并且就另一层面而言，黑人往往不得不制定和执行内部法律。Dollard, *Caste and Class in a Southern Town*, p. 274.

[6] 参见：Roberta Belli and William Parkin, “Immigration and Homicide in Contemporary Europe,” p.253, and Nora Markwalker and Martin Killias, “Homicide in Switzerland,” p.351, in Marieke C. A. Liem and William Alex Pridemore, editors, *Handbook of European Homicide Research: Patterns,Explanations, and Country Studies* (New York: Springer, 2012). See also Patsy Richards, “Homicide Statistics,Research Paper 99/56,” House of Commons Library, May 27, 1999: pp.20–21.（以上资料进一步指出，在英国和威尔士，仅有 40% 的涉及黑人受害人的案件确定了犯罪嫌疑人，而涉及白人受害人的案件的这一比例则高达 90%。）

[7] Randolph Roth, *American Homicide* (Cambridge: The Belknap Press, 2009), p. 162. 基于洛杉矶县公共卫生、数据收集和分析局的数据，在本书探讨的历史时期内，南洛杉矶死于凶杀案的黑人为每 10 万人中有 20~40 人；罗斯报告，在 1760—1812 年，从格鲁吉亚皮埃蒙特地区到俄亥俄河谷地区，死于凶杀案的白人为每 10 万人中有 25~30 人。

[8] Edmund Sanders, “Arab Citizens Call for More Israeli Police,” *LosAngeles Times*, Oct. 30, 2012. 相关数据由笔者计算

得出。

[9] 出自埃斯库罗斯的《欧墨尼得斯》（即《复仇女神》）。在戏剧中，雅典娜说服复仇女神放弃裁决的权力，并将之交给正式法庭。因此，“原始宿怨的枷锁将力量赋予法律的束缚，长长久久”，古典学派的罗伯特·法格尔斯和 W.B. 斯坦福如此形容道。*The Oresteia:Agamemnon, the Libation Bearers, the Eumenides* 一书由罗伯特·法格尔斯翻译而成（New York: Penguin Books, 1966; 1977 reprint）；引文来自罗伯特·法格尔斯和 W.B. 斯坦福所写的序言部分（p.22）。

第五章

[1] 应笔者请求，佛罗里达大学的杰弗里·S. 阿德勒提供了 1875—1920 年间的数据。阿德勒发现，在黑人男性杀害黑人男性的凶杀案中，近 41% 的人被定罪，其他群体的此数据差别不大。费城的数据来自罗杰·莱恩的《暴力的根源》（*Roots of Violence*, p.89）。莱恩表示，被捕的凶杀案犯罪嫌疑人只有不到一半被定罪；而全部类型凶杀案的定罪率极有可能更低。也参见：William J. Stuntz, *The Collapse of American Criminal Justice*(Cambridge: The Belknap Press, 2011),p. 137.

[2] 笔者根据洛杉矶警察局的年度报告计算得出相关结论。相关报告强化了艾克伯格关于未计入凶杀案的结论，如上文所述。例如，在 1932—1933 财政年度，洛杉矶市公布了 107 起凶杀案，但其中 8 起为正当防卫，21 起为“在犯罪时死亡”。此外，还有 20 起因犯罪嫌疑人自杀而结案——远多于今天的正常情况。另外还有 6 起案件的犯罪嫌疑人逃脱，但令人不解的是，这些案件被与未破获的案件分开归类。

还有另外42起案件，警方宣布由于犯罪嫌疑人“被捕或遇害”而结束调查——但并未具体说明原因究竟是前者还是后者。由于出现如此之多的正当防卫杀人、犯罪嫌疑人神秘消失或不合时宜地死亡，洛杉矶警察局当年的调查成绩看上去相当可观：据公布只有10起案件“未破获”。而在20世纪20年代末30年代初的报告中也提到过少数凶杀案被归入“安乐死”一类，但并未说明具体死法。

[3] June 17, 1925, “Screen Writer Bandit Killed,” *Los Angeles Times*. 受害人是一名黑人。

[4] 这些数据由笔者根据加利福尼亚州司法部公布的州级犯罪凶杀数据计算得出，并与现在的加利福尼亚州刑事局公布的历史普查数据进行了比对。相关表格包含了新近在加利福尼亚州监狱服刑的重罪犯（包括女性罪犯和少年犯，同时排除了车辆过失杀人犯）的统计数字。分析使用十年增量，目的是体现案发时间与警方抓捕犯罪嫌疑人及法院处理案件的时间之间产生的时间差。参见：California Department of Corrections, “Summary Statistics of Felon Prisoners and Parolees,” “California Prisoners,” and “California Prisoners and Parolees,” and related reports; 表格名为“Felons Newly Received from Court”。也参见：California Department of Justice, *Homicide Crimes in California 2004*, p. 14.

显然，衡量刑事司法系统应对谋杀的效力的更有效的方法是跟踪个案结果，并从中搜集相应的定罪率。但是，州司法部对这一地区的数据统计存在问题，因此只能使用监狱接收犯罪嫌疑人的数量。而使用监狱数据的不利之处在于无法区分涉及单一受害人或犯罪嫌疑人的案件与涉及多名受害人或犯罪嫌疑人的案件。然而，研究表明，在谋杀案件中，单一受害人、犯罪嫌疑人的案件占主导，而一名受害人、多名犯罪嫌疑人的案件的数量要多于一名犯罪嫌疑人、多名受害人的案件。鉴于上述情形，得出的数据可能少算了没有将犯罪嫌疑人逮捕入狱的杀人案数量。

[5] 该数据为笔者根据洛杉矶警察局的档案计算得出，同前文。

[6] 2007 年，在全县范围内受害人为黑人的凶杀案中，38% 的犯罪嫌疑人在六个月后才被拘捕。洛杉矶县全县人口是洛杉矶市人口的两倍，这一发现针对全县而言。笔者在六个月的时间里采访了全县主要警察机构参与 710 起凶杀案调查的警察，但不包括波莫纳市。经考虑，调研排除了谋杀 - 自杀案件，并将两次和三次作案的连环杀人案视为单一案件。已发出逮捕令捉拿犯罪嫌疑人的案件被视为已清理，因为这些案件表明调查已取得重大进展。

[7] Jill Leovy and Doug Smith, "Getting Away with Murder in South L.A.' s Killing Zone," *Los Angeles Times*, Jan. 1, 2004. 绘图和数据分析由史密斯完成，在此，笔者对他多年来认真细致地统计杀人案数据深表谢意。

[8] 数据来源于多方，包括：Los Angeles Police Department "Weekly Crime and Arrest Comparison Report," Dec. 25, 2004. 2002—2004 年，警方调查的"枪击案受害人"人数是实际死亡人数的 5.5 倍。在疾病控制和预防中心的数据中，在枪袭中受伤与死亡的人数之比接近 5 ∶ 1。

[9] 警探格里 · 潘托哈。

[10] 2002—2004 年，东南区平均每月有 32 起案件的受害人受的伤为非致命伤。Los Angeles Police Department, "Weekly Crime and Arrest Comparison Report, " Dec. 25, 2004.

[11] 官方数据来自洛杉矶警察局统计摘要。此处的定罪率是

经笔者请求，由东南区警察局的刑侦主管卢·莱克计算得出的。莱克囊括了2004年其手下的“警探组”调查过的234起东南区一级人身攻击案件。一级案件包括重伤类案件以及线索清晰的案件。

[12] 2009年8月31日，笔者采访了洛杉矶市一名消防调查员莱斯·威尔克森。威尔克森表示，近1/2的纵火案是牵扯到帮派的扔燃烧弹的案件，即纵火是“暗示”。此类案件的目的在于恐吓，而且很难侦破。“没人愿意开口谈及。”他说。

[13] 他进一步总结道：“在黑人杀害黑人的案件中，对被告宽大处理实际上是一种歧视。” Gunnar Myrdal, *An American Dilemma: The Negro Problem and Modern Democracy* (New York: Harper and Row, 1944; 1962 reprint), pp. 542, 551.

第六章

[1] 2001年，洛杉矶警察局的一次新闻发布会公布有23%的警察住在市里，该发布会将此称为一项进步，还称赞了住房激励措施。Los Angeles Police Department news release, March 8, 2001.

第七章

[1] 数据来源于洛杉矶警察局，关于不同种族的数据由东南区警探分类整理。

[2] 警察机构受到行政控制，在斯凯格生活的年代里，洛杉矶警察局局长对该市的市长负责。因此，即使他们认为有必要，警局高层也无法在没有公众支持的情况下对资源结构进行较大力度的整合。一些批评刑事司法系统的人倾向于将失败一股脑儿归咎于专业的警察，可实际上将其归咎于政治领导人以及给他们投票的选民才

公平。

第八章

[1] 哈利姆·达尼蒂纳，现为洛杉矶市高等法院法官。

[2] 数据来源于笔者进行的调查。调查结果根据 2008 年对洛杉矶 381 起凶杀案的侦查人员进行的采访得出。接受采访的侦查人员提供了案件的详情并按照优先级给出了案件未能侦破的相关原因。

[3] 谋杀证人的案件数量根据 1999—2004 年洛杉矶县高等法院受特别指控谋杀证人的被告人数得出。“已知的”案件包括杀害证人的凶手已被起诉的案件，而不包括尚未被侦破的案件。相关报告经笔者请求，由洛杉矶县地方检察官办公室的工作人员编写而成。在此向桑迪·吉本斯致谢。

[4] 这句话和其中的真知灼见适用于洛杉矶和芝加哥地区，在此感谢文卡特施，尤其是他的开创性著作 *Off the Books: The Underground Economy of the Urban Poor*(Cambridge: Harvard University Press, 2006)。

[5] 该帮派的帮派名据说是指以前沿缅因街设置的限制性契约边界，而非指美国的大西洋沿岸地带。“东海岸”就是诗意化的“东边”，即缅因街以东，黑人在 20 世纪中期被有效地限制在了那片区域。缅因街为一条南北走向的街道，位于 77 街区警察局后方。

[6] 引自凯斯·R. 桑斯坦的联邦党人文集：“The Enlarged Republic—Then and Now,” *The New York Review of Books*, March 26, 2009.

[7] 之后，疾病控制和预防中心发布的一项研究结果证实了洛杉矶警察局刑警已经了解到的信息，即街头凶杀案直接涉及毒品

交易的很少。该研究显示，在洛杉矶和长滩地区的凶杀案中，只有不到 5% 涉及毒品交易。参见：Arlen Egley, Jr., et al., “Gang Homicides, Five U.S. Cities, 2003–2008,” *Morbidity and Mortality Weekly Report*,Jan. 27, 2012. 关于帮派是保护机构这一观点的精彩讨论，请参见：Russell S. Sobel and Brian J. Osoba, “Youth Gangs as Pseudo-Governments: Implications for Violent Crime,” *Southern Economic Journal* 75,no. 4 (2009): pp. 996–1018. 笔者认为，帮派的存在弥补了国家对暴力垄断的缺失，为人们提供了替代性的保护，这样一来实际上可以降低犯罪率，而非相反。

[8] 波拉斯现为洛杉矶市高等法院法官。

[9] 该证人在 24 岁的伦德尔 · 伍兹被杀一案中出庭作证，伍兹在 2008 年 4 月 24 日于 109 街被杀害。芭芭拉 · 普里切特认识伍兹。

第十四章

[1] 死者名为阿克利 · 霍利，29 岁，2003 年 7 月 4 日于 114 街被杀害。

[2] 美国国家综合弹道信息数据库由美国烟酒枪炮及爆炸物管理局管理。在一次采访中，管理局发言人蒂姆 · 格拉登和克里斯 · 阿蒙表示，尽管他们不了解本书中所描写的事件的具体细节，但他们没有理由怀疑哈德森的一番论述。他们证实该数据库确实像她说的一样由于某些原因在左轮手枪匹配上存在困难，它主要用于匹配半自动手枪的子弹。因此，洛杉矶警察局虽然是该数据库的一大用户，但截至 2007 年却并未使用它进行过左轮手枪匹配并不奇怪。

[3] 此类帮派的命名风格反映了洛杉矶网格状的地理特征。“动荡 × ×”指的是南北街道带有此数字的帮派。因此，“动荡 30”就

包括南30至39街，“动荡60”就包括南60至69街（大致），依此类推。街道越往南移，死亡人数越多，且每年夏秋季节官方统计的死亡人数也会相应递增一些。这些帮派根据帮派数字确定帮派庆祝日。例如，来自南89街的“8-9家庭血帮”会于8月9日聚会；而来自南97街的“9-7瘸帮”会在9月7日聚会，依此类推。而这样的聚会可能引发暴力冲突。

[4] 若希望详细了解美国独立战争前后的暴力活动，参见：Randolph Roth, *American Homicide* (Cambridge: The Belknap Press, 2009). 也参见：Stuntz, *Collapse of American Criminal Justice*, p.68; Monkkonen, *Murder in New York City*, pp. 162, 167; and Berg,*Popular Justice*.

[5] 门克宁引用过一句流行语：“纸上的法令空软话，手里的警棍硬道理。”Monkkonen, *Murder in New York City*, p. 166.

[6] 直到1956年，洛杉矶警方每年都因“醉酒”等各类违反市政法规的行为逮捕20多万人，这一数字大约相当于该市人口的1/10。今天，警方已基本不会逮捕这么多人。Los Angeles Police Department statistical digests (population figures from historic U.S. census data, 1950 and 1960).

[7] 此处对南方反革命情绪的强调并非偶然。第一，保守派反对重建；第二，黑人和持反对意见的白人时不时挑战统治阶级，且经常暗中抵制救赎时期的统治秩序。最终，该运动在第二次重建中达到了高潮。内战后几十年里的动荡使笔者得出这样一个结论：这个国家的合法性在南方从来都不是定论，因而也不可避免地加剧了个人暴力泛滥的局面。凶杀案历史学家伦道夫·罗斯说，内战和革命都是凶杀案的引擎。罗斯指出，正如美国内战后南方爆发凶杀案一样，法国大革命后凶杀案也在法国人中掀起巨浪，魏玛时期的德

国人以及第二次世界大战后的意大利人和比利时人中的凶杀案数量同样飙升。让凶杀案愈演愈烈的莫过于罗斯所说的“一系列无休止的革命和反革命运动”(Roth, pp. 243, 146, 436–443)。欲拓宽眼界，探索救赎时期之前种族内和种族间的暴力模式，以及前南方邦联重获权力之后的变化，参见：Vandal, *Rethinking Southern Violence*.

[8] 该概念由布莱克蒙在 *Slavery by Another Name* 一书中有效整合，该书讲的是法律严重失调的故事。布莱克蒙偶然注意到，在 20 世纪初，黑人有时候会因谋杀别的黑人遭受严厉的惩罚，而谋杀一名黑人可能会导致多人被捕（p. 334）。这与吉姆 · 克劳时代的其他社会学家或人类学家的观察结果背道而驰，后者强调的是美国南方法律体制对黑人间暴力的宽大处理。然而笔者认为，他们的观点并不矛盾。没人断言黑人不会因谋杀而受惩罚——事实上，他们过去和现在都要接受相应惩罚，且受罚的比重很大。但是布莱克蒙所描绘的由于需要征召黑人做劳工而被破坏的制度，符合更大范围的法律图景，这一图景被美化了，变得毫无意义，这也是许多当代观察者的结论。美国南方的法律无论是过于宽松还是过于严苛，都因为一个影子国家服务而被扭曲；事实上，它的部分作用——逮捕了一些凶手，花了一些时间——给了整个系统推诿的理由和持久力。如果南方当局拒绝起诉任何黑人凶手，它就不会有这种持久力。这种以法律为门面的情况可能比彻底的法律缺失更易滋生凶杀案件。

[9] 该部分在很大程度上归功于克里斯托弗 · 沃尔德里普的作品。*Roots of Disorder: Race and Criminal Justice in the American South, 1817–1880* (Urbana and Chicago: University of Illinois Press, 1998).

[10] 这是 1899 年密西西比州的黑人佃农受访时所言，引自：Terence Finnegan，“Lynching and Political Power in Mississippi and South Carolina,” in W. Fitzhugh Brundage, editor, *Under Sentenceof Death: Lynching in the South* (Chapel Hill: University of North Carolina Press, 1997), p. 205.

[11] “Mortality Statistics reports, 1921 and 1920, Twenty-First Annual Report,” U.S. Department of the Census. 感谢道格拉斯 · 艾克伯格。该死亡率对一般群体而言高得惊人，甚至远高于洛杉矶警察局南部分局辖区内形势严峻的街道——因为那几条街有妇女和儿童，中和了数据。成年男子往往是凶杀案的主要受害人，因此可以认为他们的死亡率要高很多。目前尚不清楚这两个城市的具体情形，但不论真实状况究竟如何，那些经历过的人回想起来都必定心惊胆战。

[12] 感谢斯图尔特 · E. 托尔奈和 E.M. 贝克那令人震撼的研究，使我们得以窥探一二：*A Festival of Violence: An Analysis of Southern Lynchings, 1882–1930* (Urbana and Chicago:University of Illinois Press, 1995).

[13] 例如，利特瓦克的书中曾出现这样一句话：“他们手握法律。” (Litwack, *Trouble in Mind*, p. 278) 同时，在接受舒尔茨的采访时，来自佐治亚州汉考克县的一名黑人佃农曾说：“不论收成多少，他们都会通通收走……说法律站在他们那边。” (Schultz, *Rural Face of White Supremacy*, p. 34)

[14] 人类学家布鲁斯 · M. 克努夫认为，同有些假设相反，在平等主义社会中，成员权力均等，但凶杀率可能更高而非更低。克努夫是一名研究传统格布西人（Gebusi）的学者，该族群杀人成性。克努夫认为，该族群将共识作为施行暴力的先决条件之一，而

非听命于一名首领或长老。引用该例并非为了夸大两个群体间的相似之处：格布西人的杀戮往往与巫术相关，且从克努夫第一次提及此事以来，他们的凶杀率一直在下降。但克努夫所说的平等使个人之间的暴力扩散并导致更多存在争议的死亡的观点仍然值得我们参考。在吉姆·克劳时代，美国南方的黑人同样没有领导，而且组织无序，在混乱、平等的条件下凑在了一起。由于受到社会限制，黑人连最基本的阶层分化的条件都没有 (Knauft, "Reconsidering Violence," p. 476)。欲了解美国南方黑人阶层分化不明显的具体表现，参见：Allison Davis,Burleigh B. Gardner, and Mary R. Gardner, *Deep South: A Social Anthropological Study of Caste and Class* (Chicago:University of Chicago Press, 1941; reprint University of South Carolina Press, 2009), p. 241.

[15] 许多吉姆·克劳时代的报道提到间谍和线人。例如鲍德梅克的叙述："黑人和白人的混血儿扮演白人与有色人种的'中间人'的角色，他类似于间谍，声誉不佳。" (Powdermaker, *After Freedom*, p. 184) 同时贡纳·米达尔也提到警方利用黑人作为"告密者、检举人或线人" (Myrdal, *An American Dilemma*, p. 541)。雷·诺克斯提供给笔者的例子极为形象。雷·诺克斯是一名已退休的洛杉矶县青年管理局顾问，生于 1951 年。他是个黑人，经常回家乡密西西比州麦库姆看看。诺克斯说："如果有谁被处以私刑、枪杀或其他什么……你就算知道是怎么一回事也不能在别的黑人面前谈起；那里总有黑人从掌权人，也就是白人那儿拿好处。"

[16] Dollard, *Caste and Class in a Southern Town*, p. 283. 美国南方历史上不乏此类案例，白人老板或保护人在刑事及商业事务上使得一些黑人的地位高于其黑人同族，包括为替自己工作的黑人罪犯争取宽大处理。多拉德称："如果一个白人因为种植园需要

人手干活而帮助一个黑人逃脱谋杀指控，那么这个黑人会对他感激不尽。”有趣的是，多拉德将这种非正规体系与现代之前的法律环境进行了比较，并将前者称为“封建保护关系”。参见：Dollard, *Caste and Class in a Southern Town*, pp. 282–285. 也参见：Davis, Gardner, and Gardner, *Deep South*, pp. 520–523; Schultz, *Rural Face of White Supremacy*, p. 152.

[17] 在此笔者想起一些小插曲：有时候南方的白人警察或白人市民为保护黑人免于私刑而应战，打击暴徒。至少一半的私刑威胁因为上述原因得以避免。布伦戴奇发现不少私刑是秘密实施的，似乎凶手并不相信其他白人同样支持该行为，这也暗示了南方白人与黑人间存在的分歧。在法庭上，白人有时也会确保他们喜欢的黑人比不受尊重的白人占优势。参见：Larry J. Griffin, Paula Clark, and Joanne C.Sandberg, “Narrative and Event: Lynching and Historical Sociology,” in Brundage, *Under Sentence of Death*, pp. 26,24–47. 也参见戴维斯、加德纳和加德纳的作品：他们描述过这么一个案例，一名被认为“老实、‘本分勤恳’”的黑人妇女在法庭上战胜了一个不受当地人喜欢的、傲慢的“年轻的城市白人男子”（*Deep South*, pp. 524–526）。

[18] 艾瑞克 · 福纳将此写进自己描写重建时期历史的著作的副标题并非没有道理。Eric Foner, *Reconstruction: America's Unfinished Revolution1863–1877.*

[19] 例如，利特瓦克曾在书中写道：“重建后，白人在巩固其至高无上的地位方面不断推进，最明显地体现了权力凌驾于黑人生命之上的莫过于警察机构和刑事司法系统这两大机器。”Litwack, *Trouble in Mind*，p. 247.

[20] 洛杉矶的黑人凶杀案问题显然在毒品问题凸显以及像瘸

帮、血帮等现代帮派组织崛起之前便已存在。早在 1941 年，该市 21% 的凶杀案受害人为黑人，尽管当时黑人的人口比例不到 5%，并且只有一起案件的犯罪嫌疑人不是黑人。1952 年，类似的情形出现在黑人人口占大多数的牛顿区，即曾经的“南中央”——该地由于地处南中央大街而得名，该区凶杀率高得惊人：每 10 万人中便有 80 多人死亡。人们大多不会将 20 世纪 50 年代与高犯罪率联系在一起，但在后来被称为洛杉矶“黑人社区”的地方，凶杀率远远高于 21 世纪初的全市黑人死亡率。（数据来源于洛杉矶警察局的年度报告和美国历年来的人口普查报告。）

洛杉矶上了年纪的黑人常常强烈支持一个观点，即黑人凶杀案高发是新现象，是由邪恶的年轻人导致的。他们坚持说自己那辈人用拳头打架，而不是使用枪支战斗，且新帮派相比老帮派更加致命。然而，统计显示，事实并非如此；并且上文引述的费城研究也显示，即使枪支不是首选武器，很多人依旧走向死亡。谢恩 · 斯特林格曾是一个名为“商人”的洛杉矶帮派的成员，该帮派活跃于 20 世纪六七十年代，他的观点颇具典型性：“在我那个年代，90% 是用拳头互殴，很少有枪战。对了，我们通常也会用刀捅人。”当然，他也承认，“用拳头互殴”包括“踢裆或是勒脖子”。

[21] Los Angeles Police Department, 1961 *Annual Report*. 由笔者计算得出。

[22] 非常感谢詹姆斯 · Q. 惠特曼的这番言辞形容。

[23] 那个“怪物”的规模迅速席卷上文提及的部署模式。到 1975 年，以黑人为主的西南区的凶杀率是西洛杉矶的 6 倍多，但前者的人均警察数量只是后者的 1.5 倍。

[24] California State Department of Corrections and Rehab-

ilitation, *Prisoners and Parolees* (2007), p. 3 (Arrivals). 因监狱监禁人员流动性较大，所以最终只囊括了 1/6 的在狱囚犯。

[25] 1976—2005 年，全美的案件侦破率从 79% 下降到 62%（包括以其他方式清理），参见：Fox and Zawitz, "Homicide Trends in the United States."

第十七章

[1] 也许斯凯格不在意这些程序改革，但法学家斯顿茨颇为挑衅地写道，他认为美国太关注表面实在是本末倒置。令斯顿茨感到不满的是，最高法院法官厄尔 · 沃伦没有认识到暴力犯罪也是民权问题，并且斯顿茨表示唯独黑人因此遭罪是不公平的。此外，斯顿茨还对《美国宪法第十四条修正案》给出了另一番诠释，即"平等保护"可以是有权享有同等的安全措施。他写道，在该修正案实施初期，谋杀案肆虐，这一观念可能会使暴力犯罪起诉更为稳健，说不定还能推动出台一部联邦凶杀法案。Stuntz, *Collapse of American Criminal Justice*, pp. 104–122, 232–233.

第十八章

[1] 此处的警探是指比尔 · 里奇。

第十九章

[1] California Department of Justice, *Crime in California 2007*, p. 149. 该机构发布的成年人重罪逮捕处置数据显示：1975 年，48.4% 的重罪案件最终定罪，随后的五年平均每年有 56% 的案件最终定罪。到 2005 年，重罪案件的定罪率已达到 71%。

第二十章

[1] 门克宁非常强调这一点，并将其单独列为历年来的凶杀案的最主要教训之一。“在纽约市最悲惨的那几个历史时期内，凶杀率反而处在历史最低水平。”门克宁写道 (Monkkonen, Murder in New York City, p. 8)。另外，在经济大萧条时期也不见凶杀案大幅蹿升。

[2] 数据来源于 2000 年美国人口普查数据、洛杉矶城市规划部门整理的数据。

[3] 关于拉美裔人口渐趋分散的人口研究，参见：Philip J.Ethington, William H. Frey，and Dowell Myers, “The Racial Resegregation of Los Angeles County,” Public Research Report 2001—2004, *Race Contours 2000 Study* (University of Southern California–University of Michigan, 2001).

[4] 源自笔者于 2012 年 3 月 8 日对道格拉斯 · S. 马西的采访。

[5] 2009 年和 2010 年加利福尼亚州 18 岁以上的黑人、白人和拉美裔男子整体的凶杀案死亡率是当年对应监狱服刑人员的死亡率的 2.5 倍。监狱外的男子面临更高的凶杀案死亡率；而一般来说，他们的年龄比监狱服刑人员大，本应风险更低。

对高危群体，即年轻黑人男子来说，监狱带来的安全效益甚至可能比上述数字显示的更高。发生在监狱内的凶杀案的受害人基本上都是上了年纪的人。2009 年和 2010 年的相关凶杀案报道基本列出了受害人的年龄，其中只有一人处于 20~30 岁的年龄层，是一名 26 岁的囚犯；剩下的基本上都在 40 岁以上，甚至还有 60 多岁的。鉴于监狱外 20 岁出头的黑人男子的死亡率非常之高，因而这一年龄段的黑人男子在监狱高墙之内几乎没有遇害确实值得关注。笔者在此并非想争辩监狱里没有致命的人身攻击，事实上监狱内存在斗殴甚至情节更为恶劣的人身攻击，这里只是希望说明监狱里的死伤致死率远远低于监狱之外。（监狱服刑人员统计数据和凶杀案犯人释放情况由加利福尼亚州刑事局提供，经笔者请求，该部门还提供了凶杀案数据以方便核实，在此感谢比尔 · 塞萨。成年男性相关数据来自美国疾病控制与预防中心的致命伤害报告。同时，经笔者请求，人口年龄分布数据由乔纳森 · 巴特尔、加利福尼亚州人口普查数据中心、美国人口研究中心及加利福尼亚州财政部提供。）

[6] “The 1997 Chances of Lifetime Murder Victimization,” Section V, in *Crime in the United States, 1999*, Uniform Crime Reports, U.S. Department of Justice, Washington, D.C. 此处使用的数据是针对监禁年龄内黑人男子的数据，以五年为一间隔，白人男子相应的概率为 1/251。

[7] 珀洛是由洛杉矶县贫困人员律师指派项目指定给本案的私人律师；阿普勒鲍姆也做过多年的私人律师，后来受雇成为洛杉矶县候补公共辩护律师，他本人挺享受公共辩护律师无须操心档案记录这一点。他说：“我喜欢干净利落地实践法律。”

第二十一章

[1] 相关文件由洛杉矶县法医办公室提供。感谢克雷格 · 哈维多年来提供相关数据。

尾声

[1] 感谢人口统计学家威廉 · H. 弗雷帮忙讲解居住地隔离的分布模式。

参考文献

Alexander, Michelle. *The New Jim Crow: Mass Incarceration in the Age of Color Blindness*. New York: New Press, 2010. 2012edition.

Anderson, Elijah. *Code of the Street*. New York: W.W. Norton, 1999.

Ayers, Edward L. *Vengeance and Justice: Crime and Punishment in the 19th Century American South*. New York: Oxford University Press, 1984.

Berg, Manfred. *Popular Justice: A History of Lynching in America*. Lanham, Md.: Ivan R. Dee, 2011.

Berg, Manfred, and Simon Wendt, editors. *Globalizing Lynching History: Vigilantism and Extralegal Punishment from and International Perspective*. New York: Palgrave Macmillan, 2011.

Black, Donald. *The Behavior of Law*. New York: Academic

Press, 1976.

Blackmon, Douglas A. *Slavery by Another Name: The Re-Enslavement of Black Americans from the Civil War to World War II*.New York: Doubleday, 2008.

Bodenhamer, David J., and James W. Ely, Jr., editors. *Ambivalent Legacy: A Legal History of the South*. Jackson:University Press of Mississippi, 1984.

Brearley, H. C. *Homicide in the United States*. Chapel Hill: University of North Carolina Press, 1932.

Brundage, W. Fitzhugh. *Lynching in the New South: Georgia and Virginia, 1880–1930*. Urbana and Chicago: University of Illinois Press, 1993.

Brundage, W. Fitzhugh, editor. *Under Sentence of Death: Lynching in the South*. Chapel Hill: University of North Carolina Press, 1997.

Butterfield, Fox. *All God's Children*. New York: Alfred A. Knopf, 1995; 2002 reprint.

Davis, Allison, Burleigh B. Gardner, and Mary R. Gardner. *Deep South: A Social Anthropological Study of Caste and Class*.Chicago: The University of Chicago Press, 1941; reprint University of South Carolina Press, 2009.

Dollard, John. *Caste and Class in a Southern Town*. Garden City, N.Y.: Doubleday Anchor, 1937; 1949 reprint.

Dubber, Markus Dirk. *Victims in the War on Crime: The Use and Abuse of Victims' Rights*. New York: New York University Press, 2002.

Flamming, Douglas. *Bound for Freedom: Black Los Angeles*

in Jim Crow America. Berkeley and Los Angeles: University of California Press, 2005.

Foner, Eric. *Reconstruction: America's Unfinished Revolution, 1863–1877*. New York: Harper and Row, 1988; 1989Perennial Library edition.

Frank, Stephen P. *Crime, Cultural Conflict, and Justice in Rural Russia, 1856–1914*. Berkeley and Los Angeles:University of California Press, 1999.

Grossman, Dave. *On Killing: The Psychological Cost of Learning to Kill in War and Society*. New York: Back Bay Books,1995, 1996.

Hahn, Harlan, and Judson L. Jeffries.*Urban America and its Police: From the Postcolonial Era Through the Turbulent 1960s*. Boulder: University Press of Colorado, 2003.

Hawkins, Darnell F., editor. *Homicide Among Black Americans*. Lanham, Md.: University Press of America, 1986.

Johnson, Charles S. *Shadow of the Plantation*. Chicago: University of Chicago Press, 1934; 1966 Phoenix Books edition.

Kennedy, Randall. *Race, Crime and the Law*. New York: Vintage Books, 1998.

Kleiman, Mark A. *When Brute Force Fails: How to Have Less Crime and Less Punishment*. Princeton, N.J.: Princeton University Press, 2009.

Knox, Colin, and Rachel Monaghan. *Informal Justice in Divided Societies: Northern Ireland and South Africa*. New York:Palgrave Macmillan, 2002.

Lane, Roger. *Roots of Violence in Black Philadelphia, 1860–*

1900. Cambridge: Harvard University Press, 1986.

———. *Murder in America: A History*. Columbus: Ohio State University Press, 1997.

Langer, Lawrence L. *Admitting the Holocaust: Collected Essays*. New York: Oxford University Press, 1995.

Lemann, Nicholas. *The Promised Land: The Great Black Migration and How it Changed America*. New York: Alfred A. Knopf,1991; 1992 reprint.

Litwack, Leon F. *Trouble in Mind: Black Southerners in the Age of Jim Crow*. New York: Alfred A. Knopf, 1998.

———. *Been in the Storm So Long: The Aftermath of Slavery*. New York: Alfred A.Knopf, 1979; 1980 reprint.

Martinez, Ramiro, Jr. *Latino Homicide: Immigration, Violence, and Community*. New York: Routledge, 2002.

Massey, Douglass S., and Nancy A. Denton. *American Apartheid: Segregation and the Making of the Underclass*. Cambridge:Harvard University Press, 1993.

Monkkonen, Eric H. *Murder in New York City*. Berkeley and Los Angeles: University of California Press, 2001.

Myrdal, Gunnar. *An American Dilemma: The Negro Problem and Modern Democracy*. New York: Harper and Row, 1944; 1962 reprint.

Nieman, Donald G., editor. *Black Southerners and the Law, 1865–1900*. African-American Life in the Post-Emancipation South, volume 12. New York: Garland Publishing, 1994.

Powdermaker, Hortense. *After Freedom: A Cultural Study in the Deep South*. New York: Viking Press, 1939.

———. *Stranger and Friend: The Way of an Anthropologist*. New York: W. W. Norton, 1966.

Redfield, H. V. *Homicide, North and South: Being a Comparative View of Crime Against the Person in Several Parts of the United States, 1889*. Ithaca, N.Y.: Cornell University Law Library, 1893.

Report of the National Advisory Commission on Civil Disorders. Otto Kerner, chairman. New York: Bantam Books, 1968.

Roth, Randolph. *American Homicide*. Cambridge: The Belknap Press, 2009.

Rubinstein, Jonathan. *City Police*. New York: Farrar, Straus and Giroux, 1973; 1985 reprint.

Schatzberg, Rufus, and Robert J. Kelly.*African-American Organized Crime: A Social History*. New York: Garland Publishing,1996; reprint New Brunswick, N.J.: Rutgers University Press, 1997.

Schultz, Mark. *The Rural Face of White Supremacy: Beyond Jim Crow*. Urbana and Chicago: University of Illinois Press,2005; 2007 paperback edition.

Sides, Josh. L.A. *City Limits: African American Los Angeles from the Great Depression to the Present*. Berkeley and Los Angeles: University of California Press, 2003.

Skaggs, William H. *The Southern Oligarchy*. New York: The Devin-Adair Company, 1924.

Steinberg, Allen. *The Transformation of Criminal Justice: Philadelphia, 1800–1880*. Chapel Hill: University of North Carolina Press, 1989.

Stuntz, William J. *The Collapse of American Criminal Justice*. Cambridge: The Belknap Press, 2011.

Tolnay, Stewart E., and E. M. Beck. *A Festival of Violence: An Analysis of Southern Lynchings, 1882–1930*. Urbana and Chicago: University of Illinois Press, 1995.

Vandal, Gilles. *Rethinking Southern Violence*. Columbus: Ohio State University Press, 2000.

Venkatesh, Sudhir Alladi. *Off the Books: The Underground Economy of the Urban Poor*. Cambridge: Harvard University Press,2006.

Waldrep, Christopher. *Roots of Disorder: Race and Criminal Justice in the American South, 1817–1880*. Urbana and Chicago:University of Illinois Press, 1998.

Weber, Max. *The Vocation Lectures: Science as a Vocation, Politics as a Vocation*. Indianapolis: Hackett Publishing Company, 2004.

Whitman, James Q. *Harsh Justice: Criminal Punishment and the Widening Divide Between America and Europe*. New York:Oxford University Press, 2003.

———. *The Origins of Reasonable Doubt: Theological Roots of the Criminal Trial*. New Haven: Yale University Press,2008.

Wolfgang, Marvin E. *Patterns in Criminal Homicide*. Philadelphia: University of Pennsylvania, 1958; reprint Montclair,N. J.: Patterson Smith, 1975.

Woodward, C. Vann. *The Strange Career of Jim Crow*. New York: Oxford University Press, 1955; 2002 reprint.

索引

译后记

洛杉矶贫民区喋血的街头：今日杀人者，明日遭人夺命。相似的中弹，各异的终局：是魂归西天，从此逃离身份的枷锁，还是侥幸得活，辗转流离于这循环往复的宿命轮回？

吉尔·里奥维的这本书以旁观者冷静的视角，借局中人的经历一点点深入蔓延在洛杉矶南部的重重谋杀暗影，揭露美国黑人延续上百年的悲惨宿命。他们始终趋于同族而聚居，带来的非但不是期盼中的凝心聚力，反而是屠戮同族的异象。于是，“瘟疫”就此而起，黑人自小活在朝不保夕的恐惧之中——毕竟身为黑人，无论是成为特定的枪杀目标还是被无辜卷入枪战皆有可能。而生而具有天然优势的白人，掌控杀伐决断之权却未能持正义之天平，为黑人“挥法律之利剑，除人间之邪恶”。所幸，在 77 街区警察局一间办公室中驻守简陋一隅的刑侦警探们化身为正义的使者，他们夜以继日，克服重重阻碍，破获一起起新案、旧案，力阻“瘟疫”肆虐。

以那堆积如山的黑人谋杀案中的一起为引子，本书作者将形形色色的人物——杀人犯、受害人及其亲属、各司其职的警察、贫民区的普通黑人民众——串联起来。有的人也许兼具多重身份，做着违法勾当的人未必生而奸邪，外表正派的人怎料心比豺狼，人性的复杂随着案件调查的深入一点点显露端倪。本书中描绘的人物性格鲜明立体，愈发衬托出故事之真实。警探之中，壮志未酬已白头的拉巴贝拉唯有将希望寄托于培养下一代警探；自信从容、果断坚毅的斯凯格奔波于查案前线，二十年如一日严格自律，令人叹服且揪心；讷于言而敏于行的库里凭借兢兢业业的勤奋与坚守茁壮成长，最终堪当大任。他们三人是三代洛杉矶警探的缩影，虽出身、性格和处事风格等方面迥然不同，可追求正义的信念始终被坚定地传承。而犯罪嫌疑人也并非全是穷凶极恶之徒，其中不乏受人教唆、遭受威压胁迫的青少年。最令人唏嘘的莫过于无辜的受害人及其悲痛欲绝的亲属，有时候难以承受的并不是一时的沉痛，而是痛苦持续发酵的后遗症，它暗中潜伏，伺机而动，令人猝不及防，且终其一生如影随形……

本书严格来说属于报告文学的范畴，兼具叙事与说理的特征。最初着手翻译时，词条的统一、机构及街头暗语的翻译等对我而言均是不小的挑战。本书是我第一次实践十万字以上的图书翻译，因而着实倾注心力，唯愿译作尽可能忠实准确，同时符合汉语的表达习惯。然而，奈何能力有限，不少地方苦思而不得妙语，希望未来能坚守翻译的初心，锤炼语言能力，宁缺毋滥，日臻佳境。

最后，深谢中国人民大学出版社的编辑盛杰老师，感谢她最初的知遇之恩，一路以来的指点扶助之情，让我在研究生阶段留下一段珍贵的回忆，毕竟人生难得纯粹的孤独：无论炎炎夏日，还是寥寥秋光，抑或凛冽冬时，独自沉心静气地日夜久坐于书桌前，一方天地间只剩下眼前的文字与键盘的敲击声……

龚佳云

2019 年 2 月 16 日，于北外八号楼

图书在版编目（CIP）数据

街边社会：美国黑人贫民区犯罪调查 /（美）吉尔·里奥维（Jill Leovy）著；龚佳云译. -- 北京：中国人民大学出版社，2023.1

ISBN 978-7-300-31177-7

Ⅰ.①街… Ⅱ.①吉… ②龚… Ⅲ.①美国黑人 - 犯罪 - 社会问题 - 调查研究 Ⅳ.① D771.288

中国版本图书馆 CIP 数据核字（2022）第 229246 号

街边社会：美国黑人贫民区犯罪调查

[美] 吉尔·里奥维（Jill Leovy）著

龚佳云 译

Jiebian Shehui：Meiguo Heiren Pinminqu Fanzui Diaocha

出版发行	中国人民大学出版社		
社　　址	北京中关村大街 31 号	**邮政编码**	100080
电　　话	010–62511242（总编室）		010–62511770（质管部）
	010–82501766（邮购部）		010–62514148（门市部）
	010–62515195（发行公司）		010–62515275（盗版举报）
网　　址	http://www.crup.com.cn		
经　　销	新华书店		
印　　刷	涿州市星河印刷有限公司		
规　　格	145 mm × 210 mm　32 开本	**版　　次**	2023 年 1 月第 1 版
印　　张	13.625 插页 3	**印　　次**	2023 年 1 月第 1 次印刷
字　　数	321 000	**定　　价**	68.00 元